LA COCINA PASO A PASO

BLUME

Título original:
Good Housekeeping Step by Step Cookbook

Traducción:
Ana María Pérez Martínez
Especialista en temas culinarios

Coordinación de la edición en lengua española:
Cristina Rodríguez Fischer

Primera edición en lengua española 2008

© 2008 Naturart, S.A. Editado por BLUME
Av. Mare de Déu de Lorda, 20
08034 Barcelona
Tel. 93 205 40 00   Fax 93 205 14 41
e-mail: info@blume.net
© 2007 Collins and Brown, Londres
© 2007 del texto National Magazine Company
Limited y Collins and Brown
© 2007 Anova Books Company, Londres

I.S.B.N.: 978-84-8076-743-9

Impreso en China

CONSULTE EL CATÁLOGO DE PUBLICACIONES ON LINE
WWW.BLUME.NET

Notas

- Las medidas de cucharadas
  se entienden rasas: 1 cucharadita = 5ml,
  1 cucharada = 15 ml.
- Los hornos y los grills deben
  precalentarse a la temperatura
  indicada.
- Utilice sal marina y pimienta negra
  recién molida a no ser que
  se especifique lo contrario.
- Emplee hierbas frescas a no ser
  que en la receta se indique el empleo
  de secas.
- Elija huevos de tamaño mediano
  a no ser que se indique lo contrario.
  Se recomienda el empleo de huevos
  procedentes de gallinas de cría
  ecológica.

Notas dietéticas

- Tenga en cuenta que algunas recetas
  llevan huevos crudos o ligeramente
  cocidos. Los niños, los ancianos,
  las mujeres embarazadas y cualquier
  persona con problemas inmunitarios
  deben evitarlos debido al riesgo
  de la salmonela.
- Tenga en cuenta que algunas recetas
  llevan alcohol. Compruebe la lista
  de ingredientes antes de servirlas
  a los niños.

LA COCINA PASO A PASO

MÁS DE 650 TÉCNICAS Y 400 RECETAS

BLUME

Good Housekeeping

Contenido

Introducción

Siempre digo que he aprendido a cocinar dos veces: la primera al observar a mi madre preparar la cena, o platos más sofisticados, en nuestra cocina, y la segunda al realizar mis estudios en una escuela de restauración. Ambas experiencias tienen un gran valor para mí. La cocina casera fue importante, pues fue el lugar donde más veces me equivoqué. Por lo que respecta a la escuela de restauración, fue decisiva ya que fue en ella donde aprendí las reglas elementales de la cocina.

En este libro hemos intentado combinar ambas de la mejor manera posible. Cada capítulo empieza con los fundamentos básicos, que enseñan paso a paso la forma de preparar y cocinar los diferentes ingredientes. A continuación se ponen en práctica dichas técnicas en forma de fantásticas recetas, todas ellas probadas en el Instituto Good Housekeeping por lo que los resultados están más que garantizados.

Desde 1924, año en que se fundó el Instituto Good Housekeeping, el papel de la mujer en la sociedad ha experimentado enormes cambios, entre ellos la incorporación de la mayoría de mujeres al mundo profesional. Ahora bien, somos plenamente conscientes de que la cocina sigue siendo todavía tan importante como antaño. Esperamos que disfrute de este libro y que encuentre en él fuente de inspiración y satisfacción durante muchos años.

Emma

Emma Marsden
Editora

Equipo básico y utensilios

Tablas de picar

Se presentan en dos materiales: madera y plástico (por lo general, polipropileno).

Si dispone de varios tamaños tendrá más opciones, de modo que podrá destinar las tablas pequeñas para picar o cortar a rodajas cantidades reducidas. En principio, basta con tres, en concreto de 15-23 cm, 20-30 cm y 25-35 cm.

Madera Las mejores tablas de este material se fabrican con una plancha de madera en vez de varias piezas coladas, pues las juntas pueden albergar bacterias. Algunos modelos modernos pueden ir al lavavajillas, aunque la mayoría no. Compruébelo con antelación.

Polipropileno Estas tablas pueden comprarse en diferentes colores, y se suelen destinar para carne, pescado y frutas y hortalizas. Pueden lavarse en el lavavajillas.

Cuchillos

Los cuchillos de calidad son imprescindibles. Existiendo tres reglas básicas que hay que tener en cuenta a la hora de comprarlos.

- Compre cuchillos por separado en vez de por juegos: los diferentes tamaños elegidos por el fabricante quizás no le resulten adecuados.
- Pruébelos antes de comprarlos; para ello, sostenga el cuchillo, que debe sentir confortable y equilibrado en su mano.
- No intente ahorrar dinero: los cuchillos son una inversión, y los que tienen buenas hojas nunca son baratos.

Como mínimo hay cinco tipos básicos de cuchillos apropiados para realizar la mayoría de tareas:

- Un cuchillo pequeño mondador.
- Un cuchillo trinchante para filetear, cortar a rodajas y deshuesar.
- Un cuchillo de «cocinero» grande para picar en general y cortar a rodajas.

Hojas afiladas

Conserve los cuchillos bien afilados o le resultará difícil trabajar con ellos, además de peligroso. Existen varios tipos de afiladores: la tradicional piedra para afilar es adecuada para la mayoría de cocineros, pero las mejores tienen una cobertura de diamante muy dura. Recuerde, como regla general, que es preferible afilar poco los cuchillos, pero a menudo.

- Un cuchillo para pan de borde serrado.
- Un cuchillo multiusos.

Balanzas

Pesar correctamente es básico a la hora de preparar la mayoría de recetas, en especial las de dulces y pasteles. Se emplean para pesar ingredientes secos y la más fiable es la electrónica, capaz de pesar hasta 2 kg, en incrementos de 1-5 g. Compre una balanza de plataforma plana, sobre la cual podrá colocar su propio cuenco o jarra, y recuerde que siempre debe nivelarla a cero antes de añadir los ingredientes.

Jarras medidoras

Se utilizan para medir ingredientes tanto líquidos como sólidos. Llegan hasta $1/2$ l o 500 g de capacidad.

Cucharas medidoras

Son útiles para medir pequeñas cantidades de hasta 15 ml (1 cucharada). Pueden ser de plástico o metálicas, y se venden, por lo general, en forma de juego unidas por un anillo.

Cuencos mezcladores

Para pequeñas cantidades, los cuencos para sopas y cereales deberían bastarle. Sin embargo, al mezclar mayores cantidades, como por ejemplo al preparar pasteles o panes, necesitará como mínimo

dos cuencos grandes, uno de ellos muy grande, de un diámetro de hasta 38 cm.

Los cuencos de acero inoxidable van muy bien si utiliza una batidora de varillas manual, o cuando desee colocar el cuenco dentro de otro con agua helada para enfriarlo, o bien sobre agua hirviendo.

Los cuencos de plástico o vidrio son preferibles si va a utilizarlos en el microondas.

Los cuencos de acero con una base de goma se agarran mejor a la superficie de trabajo.

Cortar con facilidad

- Una mandolina ofrece la forma más fácil y uniforme de cortar rodajas y tiras finas (*véase* pág. 182). Las francesas metálicas son las mejores, aunque también las más caras.
- Las más pequeñas, que llevan un marco de plástico que sostiene las hojas, son menos versátiles y más económicas.
- La medialuna, un cuchillo de hoja curvada, es ideal para picar hierbas.

Equipo básico y utensilios

Los cuencos de base abierta, mucho más anchos en el borde que en la base, son ideales para mezclar masas y también pueden emplearse como ensaladeras.

Cucharas

Para mezclas en general, las cucharas de madera, fuertes y económicas, no tienen rival, pero aquellas realizadas con materiales termoplásticos son refractarias y quizás le vayan mejor. La cuchara debe ser rígida para poder trabajar alimentos densos, como la polenta o las masas.

Una cuchara grande metálica para mezclar ingredientes y una perforada o una espumadera para desespumar y retirar ingredientes de los líquidos resultan también muy útiles.

Espátulas

Debe disponer de tres como mínimo: una metálica para sartenes de hierro, una acrílica (que pueda soportar elevadas temperaturas) y otra para recipientes antiadherentes.

Las espátulas metálicas deben ser lo bastante fuertes como para poder dar la vuelta o levantar una pieza que esté dorando antes de brasearla.

Pinzas

La mayoría de cocineros recomiendan al menos un par de pinzas. Descubrirá que son muy útiles y, si es la primera vez que las compra, se preguntará cómo se las ha arreglado antes sin ellas.

Las pinzas metálicas de bordes ondulados son particularmente buenas. Pueden emplearse para retirar los alimentos de las cazuelas, así como también para darles la vuelta, lo que resulta muy útil al freír, pues las salpicaduras de grasa son peligrosas.

Otros extras

- Tamiz de malla fina
- Colador
- Vaporera
- Perilla para rociar
- Descorazonador de manzanas
- Mondador de hortalizas
- Batidora de varillas metálica
- Pincel o brocha de pastelería
- Rodillo
- Ralladores: fino y grueso
- Tijeras para aves (o tijeras de cocina fuertes)
- Termómetro digital de lectura instantánea

Cazuelas, sartenes y utensilios para hornear

Existe una amplia variedad de batería de cocina de diferentes materiales, de entre los que destacan:

- Acero inoxidable (con un recubrimiento interno de otro metal para mejorar la conductividad del calor).
- Hierro colado (al natural o esmaltado)
- Aluminio (anodinado para evitar que los alimentos se agarren y con una baja reactividad a los alimentos).

Sartenes

Las elecciones más prácticas son el aluminio y el acero inoxidable con una capa antiadherente. Conviene disponer de diferentes medidas, como 20 cm, 24-25 cm y 30 cm.

Elija sartenes de fondo grueso ya que ofrecen calor uniforme y eficiente. Las sartenes antiadherentes reducen el empleo de grasa y aceite, pero deben utilizarse con utensilios no metálicos para evitar rayaduras; tampoco deben calentarse demasiado cuando están vacías.

Sartenes de hierro colado

Pueden ser esmaltadas o al natural. Aunque son pesadas en relación a su tamaño, son las preferidas de muchos cocineros por su conducción del calor lenta y uniforme; algunas pueden utilizarse en el horno.

Salteadoras

Estas sartenes de paredes rectas son mejores que una sartén convencional para brasear sobre el fuego.

Ollas y cazuelas

Para la mayoría de operaciones, sobre todo para las cazuelas multiuso y las ollas, el acero inoxidable constituye la mejor opción. Necesitará al menos tres tamaños: una pequeña (de unos 16 cm de diámetro), una mediana (de unos 24 cm) y una grande para preparar caldo y cocer pasta. Los recubrimientos antiadherentes no son tan importantes en este caso, si bien resultan útiles al preparar salsas y platos con huevo. El aluminio anodizado, tiene resistencia al agarre, es otra buena opción.

Los quemadores

Son probablemente los protagonistas de cualquier cocina; a buen seguro se sorprenderá del número de veces que los utiliza a diario. La mayoría de baterías de cocina están diseñadas para quemadores de gas o eléctricos; sin embargo, asegúrese de que son compatibles con su cocina.

Cazuelas, sartenes y utensilios para hornear

Cacerolas

El hierro colado es el mejor material para las cacerolas refractarias. Conduce el calor poco a poco y de modo uniforme, y sus paredes y fondo gruesos protegen los alimentos del calor del horno.

Las cacerolas pueden estar esmaltadas y deben tratarse con cuidado. Aunque son caras, si se tratan bien duran décadas. Vale la pena disponer de dos como mínimo: una para preparaciones pequeñas y otra más grande.

Utensilios para hornear

Deben ser lo bastante finos como para conducir el calor de forma rápida y eficaz, pero lo suficientemente pesados para que no se deformen. La mayoría son de aluminio, y pueden estar esmaltados o recubiertos con una capa antiadherente.

Fuentes para asar El acero esmaltado es excelente, y puede llevar una capa antiadherente, que facilita la limpieza. Vale la pena disponer de varios tamaños:

- Una pequeña para unos pocos trozos de carne u hortalizas.
- Una mediana para un pollo o trozos pequeños.
- Una muy grande para un pavo o para cuando cocine para muchos.

Placas para hornear Son más planas que las fuentes para hornear; indicadas para cocer patatas y otras hortalizas que no suelten demasiado líquido.

Moldes para pasteles Disponibles en muchas formas y tamaños, pueden ser de una pieza, y con el fondo o las paredes desmontables.

Moldes para pan Hay varios tamaños, aunque el más útil es el de 900 g.

Tarteras y moldes para madalenas Debe disponer de moldes de una sola pieza y de otros con el fondo desmontable.

Fuentes para hornear Suelen ser de cerámica o pyrex. Disponga de varios tamaños.

Silicona

Este nuevo material para moldes de pasteles y madalenas es flexible y apto para hornear. Puede tocarse al sacarlo del horno y su principal cualidad estriba en que es antiadherente y flexible, lo que facilita el desmoldado de pasteles y madalenas.

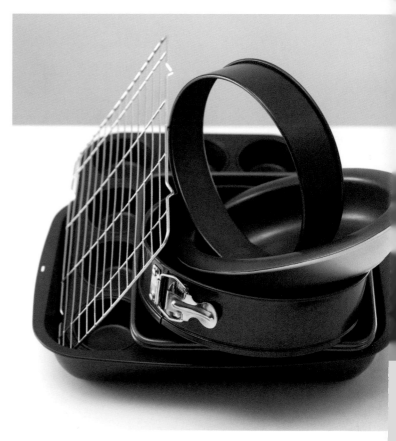

Equipo eléctrico

Equipo eléctrico

El robot de cocina resulta muy útil para preparaciones rápidas. Sin embargo, y en lo referente a los aparatos eléctricos, siempre debe tener en consideración el espacio disponible.

Robot Para ciertas tareas como preparar pan rallado o masas, así como picar grandes cantidades de cebollas o frutos secos, los robots de cocina son ideales. La mayoría llevan diferentes accesorios, como varillas para amasar, ralladores, cortadores, etc., que conviene tener aunque sólo se empleen de vez en cuando.

Batidoras Son menos versátiles que los robots, pero muy útiles para ciertas tareas, como reducir frutas, hortalizas y sopas a puré, así como preparar batidos.

Mezcladoras Algunos cocineros no les ven utilidad, mientras que otros están encantados con ellas. Constituyen una buena inversión si prepara muchos pasteles, pero compruebe que dispone de espacio suficiente en la cocina, pues ocupan mucho lugar y pesan.

Batidoras eléctricas manuales Son útiles para batir mantequilla y azúcar, así como para preparar merengues. Ocupan muy poco espacio y se guardan en un momento.

Panificadoras Amasar el pan a mano no requiere demasiado esfuerzo, pero las panificadoras son muy útiles si dispone de poco tiempo. Las masas también pueden prepararse en la máquina y luego modelarse y cocerse en el horno.

Heladoras Incluso, aunque sólo prepare helados unas pocas veces al año, una buena máquina le ahorrará mucho tiempo; además, ofrece muy buenos resultados. Las que llevan dos recipientes permiten preparar dos sabores a la vez, o una gran cantidad del mismo sabor.

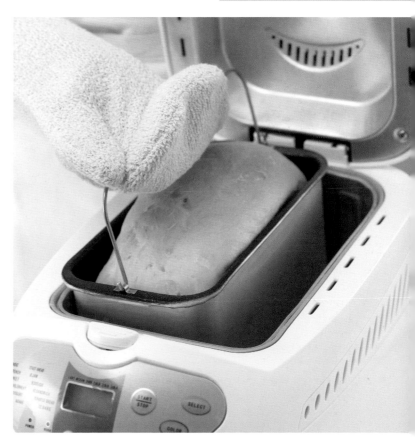

SALSAS, ALIÑOS Y ACOMPAÑAMIENTOS

Una salsa puede transformar tanto platos dulces como salados, desde un simple chorrito de aliño balsámico vertido sobre una ensalada, una cucharada de refrescante salsa cruda sobre un pescado o pollo asados, un poco de mayonesa cremosa para remojar patatas fritas, un pesto fresco para mezclar con una pasta, hasta un poco de crema vertida sobre una tarta o un chorrito de un *coulis* de frambuesa o una salsa de chocolate con un helado. En este capítulo se ofrecen recetas con técnicas fáciles de seguir para todas las salsas clásicas y acompañamientos. También se incluyen consejos básicos y trucos impagables, como recuperar una salsa cortada, así como indicaciones útiles a la hora de congelar, e ideas para obtener sorprendentes efectos decorativos cuando desee preparar una comida especial.

Salsas saladas

Las salsas aportan el toque final a muchos platos, a los que aportan jugosidad en el caso de las carnes asadas o una textura aterciopelada y un sabor contrastante a la hora de acompañar hortalizas, carnes y pescados asados

Salsa de vino blanco

Esta salsa a partir de los fondos de cocción es perfecta con el pollo asado.

Para 8 personas necesita 4 cucharadas de harina, 500 ml de caldo de pollo, 150 ml de vino blanco seco, 2 cucharadas de gelatina de grosellas, sal y pimienta negra molida.

1 Tras asar el pollo, retire la grasa de la cocción. Mezcle 3 cucharadas de los fondos de cocción con la harina.

2 Vierta el caldo de pollo, el vino blanco y la gelatina de grosellas sobre la fuente de cocción y raspe los residuos de la base con una cuchara de madera.

3 Coloque la fuente sobre el fuego y bata la mezcla anterior con la preparación de harina. Cueza a fuego lento 5-10 minutos, salpimiente al gusto y vierta en una salsera.

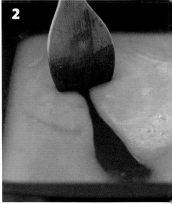

Salsa de vino blanco

Esta salsa de los fondos de cocción va bien con el pollo y buey asado.

Para 8 personas necesita 4 cucharadas de harina, 300 ml de vino tinto, 1,1 l de caldo de pollo o buey, sal y pimienta negra recién molida.

1 Cuando el asado esté listo, filtre los fondos de cocción de la fuente sobre un cuenco y desgráselos, reservando 3 cucharadas de la grasa.

2 Bata la grasa con la harina. Cueza a fuego medio hasta que la harina adquiera un tono marrón. Retire del fuego y mezcle con el vino (Oporto) hasta que esté homogénea. Déjela hervir 2-3 minutos.

3 Mezcle con los fondos de cocción del pollo o la carne, deje hervir 10-15 minutos hasta que la mezcla se haya reducido a la mitad y la salsa esté lisa. Desgrase la salsa y sazónela.

Salsa de champiñones y escalonias

Para 6 personas necesita 375 g de escalonias peladas, 1 cucharada de aceite de oliva, 300 ml de vino tinto, 225 g de champiñones pequeños cuarteados, 1 tallo de apio partido por la mitad, 4 ramitas de tomillo, 40 g de mantequilla, 1 cucharadita de azúcar, 15 g de harina.

1 Pique 2 escalonias y dórelas en el aceite. Vierta el vino y deje hervir hasta reducirlo a 2 cucharadas.

2 Añada los champiñones y cueza otros 3 minutos. Agregue 600 ml de agua, el apio y el tomillo y cueza 20 minutos sin ebullición. Caliente 25 g de mantequilla en otro recipiente, agregue las escalonias enteras y el azúcar, tape y cueza a fuego lento 20 minutos. Retire el tomillo y el apio, vierta la salsa y redúzcala a la mitad. Mezcle el resto de la mantequilla y la harina, bátala y cueza a fuego lento 1-2 minutos. Sazone.

Salsa de pan

Para 8 personas necesita 1 cebolla cuarteada, 4 clavos, 2 hojas de laurel, 450 ml de leche, 175 g de miga de pan fresco, 50 g de mantequilla, 200 ml de crema acidificada, sal y pimienta negra recién molida.

1 Pinche 1 clavo en cada cuarto de cebolla, póngalos luego en una cacerola con 1 hoja de laurel y la leche. Caliente a fuego muy lento durante 15 minutos.

2 Retire el recipiente del fuego y deseche la cebolla y la hoja de laurel

3 Mezcle la leche con las migas de pan, la mantequilla y la crema acidificada. Salpimiente y sirva adornado con una hoja de laurel.

4 Puede guardar la salsa en la nevera hasta 2 días.

Salsa bechamel

Para 300 ml de salsa necesita 1 rodaja de cebolla, 6 granos de pimienta negra, 1 hoja de laurel, 1 arilo de macís, 300 ml de leche semidescremada, 15 g de mantequilla, 15 g de harina, una pizca de nuez moscada recién rallada, sal y pimienta negra recién molida.

1 Coloque la cebolla, los granos de pimienta, la macís y la leche en una cacerola. Lleve casi hasta el punto de ebullición y retire del fuego, tape y deje en infusión 20 minutos. Filtre la leche.

2 Derrita la mantequilla en una cacerola a fuego lento. Añada la harina y cuézala removiendo durante 1 minuto, pero no deje que tome color.

3 Retire del fuego y vierta poco a poco la leche sin dejar de batir. Salpimiente y sazone con la nuez moscada.

4 Cueza la mezcla al fuego removiendo hasta que la salsa se espese y esté homogénea. Cuézala 12 minutos.

Variantes

- **Salsa blanca sencilla** Omita los aliños, excepto la sal y la pimienta.
- **Salsa para ligar** Incremente la mantequilla y la harina en 25 g.
- **Salsa de queso** Mezcle con 50 g de queso cheddar o gruyer rallado, y una pizca de mostaza en polvo.
- **Salsa de perejil** Mezcle con 2 cucharadas de perejil picado.
- **Salsa de cebolla** En el paso 4, mezcle con 1 cebolla picada.

Salsas saladas

Salsa holandesa

Para 6 personas necesita 4 cucharadas de vinagre de vino blanco, un arilo de macís, 1 rodaja de cebolla, 1 hoja de laurel, 6 granos de pimienta negra, 3 yemas de huevo, 150 g de mantequilla, un poco de zumo de limón, sal y pimienta blanca.

1 Coloque en un cazo el vinagre, la macís, la hoja de laurel y la pimienta. Lleve a ebullición y reduzca a 1 cucharada. Corte la mantequilla en 10 trozos.

2 Ponga las yemas de huevo en un cuenco refractario con un trozo de mantequilla y sal. Bata y filtre por encima la mezcla de vinagre. Coloque el cuenco sobre una cacerola con agua caliente (sin tocarla). Bata la mezcla 3 minutos hasta que blanquee y empiece a espesarse.

3 Agregue un trozo de mantequilla y bata hasta que se haya absorbido. Repita con el resto de la mantequilla. Sazone y agregue zumo de limón.

Resultados perfectos

- Si la salsa se calienta demasiado, sumerja la base del cuenco en agua muy fría un par de segundos.
- Agregue un trozo de mantequilla y no incorpore el siguiente hasta que el anterior esté bien incorporado.
- Si la salsa se cortara, agregue un cubito de hielo y bata de nuevo.

Salsa bearnesa

Para 4-6 personas necesita 4 cucharadas de vinagre de vino blanco, 2 escalonias picadas, unas ramitas de estragón fresco, 6 granos de pimienta negra, 2 yemas de huevo medianas, 75 g de mantequilla a temperatura ambiente, 2 cucharaditas de perejil o perifollo (opcional) recién picado, sal y pimienta blanca.

1 Coloque en un cazo el vinagre, las escalonias, el estragón y la pimienta. Lleve a ebullición y reduzca el líquido a 1 cucharada.

2 Corte la mantequilla en 10 trozos. Ponga las yemas en un cuenco refractario con un trozo de mantequilla y una pizca de sal. Bata y filtre el vinagre por encima. Coloque el cuenco sobre una cacerola con agua caliente. Bata 3-4 minutos hasta que blanquee y empiece a espesarse.

3 Agregue un trozo de mantequilla y bata hasta que se haya absorbido por completo. Repita la operación con el resto de mantequilla. Salpimiente al gusto. Mezcle con las hierbas, si es el caso, y sirva.

Salsa de tomate sencilla

Para 8 personas necesita 2 cebollas dulces picadas, 4 cucharadas de aceite de oliva, 2 dientes de ajo aplastados, 2 latas de tomates pera picados de 400 g cada una, 2 cucharadas de hojas de albahaca desmenuzadas, sal y pimienta negra molida.

1 Sofría un poco las cebollas en el aceite durante 10 minutos. Agregue el ajo y cueza otros 10 minutos removiendo de vez en cuando hasta que estén blandas.

2 Agregue los tomates y sazone. Lleve a ebullición y cueza luego a fuego lento 30 minutos o hasta que la salsa esté espesa. Agregue la albahaca y rectifique la condimentación.

Pesto

Sírvalo con pasta o en aliños para ensaladas y mezclado con crema acidificada para mojos. También puede extenderlo sobre pan chapata tostado y cubrir con queso y tomate.

Para 4 personas necesita 50 g de hojas de albahaca fresca troceadas sin más, 1-2 dientes de ajo, 25 g de piñones, 6 cucharadas de aceite de oliva virgen, 2 cucharadas de queso parmesano recién rallado, sal y pimienta negra, y zumo de limón al gusto (opcional).

1 Coloque las hojas de albahaca en el robot con el ajo, los piñones y 2 cucharadas de aceite. Bata hasta obtener una pasta homogénea.

2 Incorpore de forma progresiva el resto del aceite y salpimiente.

3 Transfiera a un cuenco y mezcle con el parmesano. Rectifique el aliño y añada un chorrito de zumo de limón si así lo desea. Refrigere 3 días, cubierto con una capa fina de aceite de oliva y bien tapado.

Variantes

- **Pesto de cilantro** Utilice cilantro en vez de albahaca y añada 1 chile sin semillas y finamente picado al chile picado con el ajo. Omita el queso.
- **Pesto de roqueta** Supla la albahaca por hojas de roqueta y añada 1 cucharada de perejil picado.
- **Pesto de tomates secados al sol** Sustituya la mitad de la albahaca por 50 g de tomates secados al sol en aceite, escurridos y picados.

Salsas de frutas

Las salsas de frutas ácidas combinan bien con las carnes. Se suelen servir con aves, caza y carnes grasas, como cerdo, pato y oca, que ligan bien con el sabor astringente de las salsas de frutas.

Salsa de arándanos

Para 8 personas necesita 225 g de arándanos frescos, la cáscara rallada y el zumo de 1 naranja, 4 cucharadas de mermelada de cítricos gruesa, 125 g de azúcar mascabado, 50 g de oporto.

1 Coloque los ingredientes en un cazo.

2 A la ebullición, cueza a fuego lento 5-10 minutos. Remueva alguna vez hasta que la salsa se espese. Refrigere.

Salsa de manzanas

Es perfecta para acompañar cerdo u oca asados.

Para 8 personas necesita 450 g de manzanas para cocinar, 2 cucharadas de azúcar (o al gusto), 25 g de mantequilla.

1 Pele, descorazone y corte las manzanas a gajos. Póngalas en un cazo con 2-3 cucharadas de agua.

2 Tape y cueza a fuego lento 10 minutos, removiendo de vez en cuando hasta que estén blandas y pulposas.

3 Bata la pulpa con una cuchara de madera hasta que esté bien lisa y después tamícela si la quiere más lisa. Mezcle con azúcar al gusto y luego con la mantequilla. Sirva caliente.

Variantes

- La salsa de manzanas puede sazonarse con un poco de canela, nuez moscada o macís.
- Puede utilizar manzanas de postre en vez de manzanas para cocinar, como las Granny Smith.
- Endulce la salsa con miel en vez de azúcar, si así lo desea.

Consejos de congelación

Ambas salsas pueden congelarse hasta un mes. Siga las instrucciones de la pág. 434 para congelar salsas.

Mayonesa y mantequilla aromatizada

La mayonesa, uno de los acompañamientos más sencillos, combina bien con las ensaladas, el pescado y las aves escalfadas, mientras que unas rodajas de mantequilla aromatizada constituyen una deliciosa cobertura para hortalizas, carnes y pescados asados.

Mayonesa

Para 250 g necesita 2 yemas de huevo, 1 cucharadita de mostaza inglesa, 200 ml de aceite de girasol, 100 ml de aceite de oliva virgen, 1 cucharadita de vinagre de vino blanco o zumo de limón, sal y pimienta negra molida.

1 Coloque las yemas de huevo en un cuenco de 900 ml de capacidad. Mézclelas con la mostaza, 1 cucharadita de sal y abundante pimienta negra.

2 Mezcle los aceites y añada 1 cucharadita a las yemas. Bata a fondo, añada otra cucharadita y continúe hasta que la mezcla se espese. Añada casi la mitad del aceite, cucharada a cucharada. Incorpore batiendo el zumo de limón o el vinagre, y luego el resto del aceite en forma de chorrito firme y uniforme hasta que la mayonesa esté espesa.

3 Rectifique el aliño y añada más zumo de limón o vinagre si conviene.

Consejo de cocinero

Si la mayonesa se corta:

- Añada un chorrito de agua fría (1 cucharada) y mezcle con una cuchara. Siga el resto de la receta.
- Si esto no funciona, ponga otra yema de huevo en un cuenco limpio y bátala con la mezcla cortada, agregando 1 cucharada a la vez.

Mantequilla aromatizada

Cuente 25 g de mantequilla por porción.

1 Bata la mantequilla con los aromatizantes (*véase* Variantes). Colóquela sobre una película de plástico, déle forma de salchicha y envuélvala bien apretada. Refrigere 1 hora como mínimo (o congele hasta 1 mes).

2 Corte la mantequilla en rodajas de unos 5 mm de grosor y sírvala.

Variantes

Para 125 g de mantequilla.

- **Mantequilla de anchoas** 6 filetes de anchoas majados.
- **Mantequilla de hierbas** 2 cucharadas de hierbas picadas, un chorrito de zumo de limón.
- **Mantequilla de ajo** 1 diente de ajo majado, 2 cucharaditas de perejil fresco finamente picado.

Salsas crudas

Las hierbas frescas finamente picadas y otros ingredientes crudos hacen que este tipo de salsas constituyan un buen acompañamiento para carnes y pescados. Son rápidas y fáciles de preparar, y tienen un sabor refrescante además, permiten crear infinitas variaciones.

Salsa de aguacate

Para 4-6 personas necesita 3 tomates grandes maduros, 1 pimiento rojo grande, 2 chiles rojos pequeños, 1 cebolla roja finamente picada, 4 cucharadas de cilantro recién picado, 2 cucharadas de perejil picado, 2 aguacates maduros, sal y pimienta negra recién molida.

1 Cuartee, retire las semillas y corte los tomates a daditos. Retire las membranas y las semillas al pimiento y píquelo finamente. Parta los chiles por la mitad, retire las semillas y píquelos finamente, mézclelos con los tomates, pimientos, cebolla y hierbas.

2 Corte los aguacates por la mitad, deshuéselos y córtelos a dados. Agréguelos a la mezcla anterior y salpimiente. Mezcle bien y sirva en el plazo de 10 minutos (la carne de aguacate cortada se oxida rápidamente).

Sobre las salsas crudas

Estas salsas son, como su nombre indica, una mezcla de ingredientes crudos que se sirven para acompañar carnes o pescados.

- Son muy aromatizadas, por lo que se precisa muy poco por porción.
- Siempre contienen un ácido para proporcionarles sabor.

Salsa verde

Adecuada para carnes y pescados asados.
Para 4 personas necesita un puñado pequeño de perejil, unos 40 g de migas de pan blanco frescas, 5 cucharadas de aceite de oliva virgen, 1 cucharadita de alcaparras, 1 pepinillo, 2 cucharadas de zumo de limón, 1 cucharada de cebollinos picados.

1 Coloque los ingredientes en el robot. Bata hasta que estén bien mezclados.

2 Transfiéralos a un cuenco, rectifique la condimentación y sirva.

Aliños para ensaladas

Tanto si prefiere el aliño ácido y picante o rico y cremoso, aliñe siempre la ensalada justo antes de servir, y no lo haga en exceso, sólo debe recubrir bien las hojas.

Aliño balsámico

Para 4 persona necesita 2 cucharadas de vinagre balsámico, 4 cucharadas de aceite de oliva virgen, sal y pimienta negra molida.

1 Bata en un cuenco pequeño el vinagre con el aceite. Salpimiente al gusto.

2 Si no va a usarlo enseguida, bata brevemente antes de aliñar la ensalada.

Consejo de cocinero

- Añada 1 cucharadita de agua fría al aliño para que se emulsione con facilidad.
- Para obtener una buena emulsión, bata de forma enérgica el aliño en un frasco de rosca cerrado.

Aliño francés

Para preparar 100 ml necesita 1 cucharadita de mostaza de Dijon, una pizca de azúcar, 1 cucharada de vinagre de vino blanco o tinto, 6 cucharadas de aceite de oliva virgen, sal y pimienta negra molida.

1 Ponga en un cuenco pequeño la mostaza, el azúcar y el vinagre. Bata a fondo hasta que estén bien mezclados e incorpore el aceite sin dejar de batir hasta que estén bien amalgamados.

Variantes

- **Aliño de hierbas** Utilice la mitad de la mostaza, sustituya el vinagre por zumo de limón, y añada 2 cucharadas de hierbas picadas, como perejil, cebollinos y perifollo.
- **Aliño de ajo** Añada 1 diente de ajo majado al aliño en el paso 2.

Aliño de queso azul

Para 4 personas necesita 50 g de queso roquefort, 2 cucharadas de yogur descremado, 1 cucharada de vinagre de vino blanco, 5 cucharadas de aceite de oliva virgen.

1 Desmenuce el queso en el robot junto con el yogur, el vinagre y el aceite de oliva.

2 Bata 1 minuto hasta que estén bien mezclados. Sazone al gusto.

Salsas dulces

Las salsas dulces permiten transformar dulces y postres, como helados caseros, frutas escalfadas y soufflés, en postres excepcionales con muy poco esfuerzo.

Crema de vainilla

Perfecta para acompañar postres dulces. como *crumbles*, copas y empanadas. Puede servirse tanto fría como caliente.

Para 8 personas necesita 600 ml de leche entera, 1 vaina de vainilla o 1 cucharada de extracto de vainilla, 6 yemas de huevo grandes, 2 cucharadas de azúcar moreno, 2 cucharadas de maicena.

1 Vierta la leche en un cazo. Parta la vaina de vainilla por la mitad y raspe las semillas sobre el cazo, luego añada la vaina. Si utiliza extracto de vainilla, agréguelo. Lleve a ebullición, apague el fuego y deje reposar 5 minutos.

2 Coloque las yemas, el azúcar y la maicena en un cuenco y bata hasta mezclarlos. Retire la vaina de vainilla de la leche y bata poco a poco la leche con la mezcla de huevo.

3 Lave el cazo. Vierta de nuevo la crema dentro y caliéntela a fuego lento sin dejar de batir 2-3 minutos. La mezcla debe espesarse lo suficiente como para recubrir el dorso de una cuchara de madera y formar una capa fina. Retire el recipiente del fuego.

4 Si no va a servir la crema enseguida, viértala en una salsera. Cubra la superficie con papel sulfurizado para evitar que se forme una película sobre la superficie, envuelva con una película de plástico y refrigere. Para servirla caliente, recaliéntela un poco.

Una crema perfecta

- Para evitar que la crema se corte, no deje que hierva durante la cocción.
- Para controlar el calor, utilice un cazo doble.
- Si desea obtener una consistencia más líquida, omita la maicena.
- La crema puede prepararse con hasta 4 horas de antelación. Cúbrala y refrigérela hasta emplearla.

Salsa de chocolate

Fácil de preparar, queda deliciosa sobre helados o con bayas frescas.

Para 4 personas necesita 75 g de chocolate negro de calidad y 140 ml de crema de leche espesa.

1 Coloque el chocolate en un cuenco pequeño refractario dispuesto sobre una cacerola con agua no muy caliente. Vierta la crema por encima.

2 Deje reposar el chocolate 10 minutos como mínimo hasta que se haya derretido por completo, pero no lo mezcle mientras se derrite. Una vez derretido, mézclelo con la crema hasta que la preparación esté homogénea; sirva la salsa enseguida.

Derretir chocolate

- Aunque se vea tentado de mezclarlo, deje el chocolate tranquilo mientras se derrite: si lo remueve, lo hará espesar de forma desastrosa (*véase* pág. 346).
- El calor debe estar al mínimo.
- Asegúrese de que la base del cuenco no toca el agua.

Variantes

- Utilice chocolate aromatizado con menta en vez del común.
- Añada un chorrito de expreso al chocolate y la crema mientras se derriten.
- Vierta un chorrito de licor de naranja al chocolate y la crema mientras se derriten.

Salsa de caramelo

Para 8 personas necesita 50 g de mantequilla, 50 g de azúcar de caña dorado, 75 g de azúcar mascabado, 150 g de jarabe de melaza dorado, 125 ml de crema de leche espesa, unas gotas de extracto de vainilla, el zumo de ½ limón.

1 Caliente la mantequilla, los azúcares y el jarabe a fuego lento; remueva hasta derretirse. Cueza 5 minutos y retírelo.

2 Mezcle con la crema, la vainilla y el limón, y cueza lentamente 1-2 minutos.

Salsas dulces

Sabayón de ron

Esta salsa de consistencia aterciopelada va bien con pasteles y budines (se puede preparar con vino dulce o licor). Para 8 personas necesita 75 g de azúcar de caña dorado, 3 yemas de huevo medianas, 140 ml de crema de leche espesa, 2 cucharadas de ron añejo, la cáscara de 1 limón, 2 cucharadas de zumo de limón.

1 Ponga el azúcar en un cazo con 100 ml de agua. Caliente a fuego lento hasta que el azúcar se disuelva, luego hierva 7-8 minutos hasta que la mezcla esté almibarada.

2 Bata las yemas en un cuenco hasta que blanqueen y se espesen. Sin dejar de batir, vierta poco a poco el almíbar. Bata hasta que se enfríen.

3 Bata la crema hasta que esté firme, agréguele el ron, la cáscara y el zumo de limón. Incorpore la mezcla de huevo. Tape y enfríe hasta el momento de servir.

Sabayón perfecto

- No deje que el azúcar tome color mientras lo hierve.
- Añada el almíbar muy poco a poco a los huevos; si estuviese demasiado caliente, los huevos se cortarían.

Mascarpone al ron

Esta salsa es perfecta con frutas horneadas. Para 6 personas necesita 250 g de mascarpone frío, 2-3 cucharadas de azúcar mascabado claro, 2-3 cucharadas de ron añejo.

1 Coloque el mascarpone en un cuenco y mézclelo con el azúcar.

2 Añada el ron. Tape y deje reposar en un lugar frío.

Mantequilla de brandy

Para 8-10 personas necesita 125 g de mantequilla, 125 g de azúcar mascabado claro tamizado, 6 cucharadas de brandy.

1 Coloque la mantequilla en un cuenco y bátala hasta que se ablande; incorpore poco a poco el azúcar de modo que la mezcla quede ligera y esponjosa.

2 Agregue el brandy cucharada a cucharada. Refrigere 3 horas mínimo.

Coulis de frambuesas

Este puré de frutas sencillo es fantástico con helados y merengues.

Para 4-6 personas necesita 225 g de frambuesas, 2 cucharadas de *kirsch* o aguardiente de frambuesas, azúcar lustre al gusto.

1 Introduzca las frambuesas en la batidora o robot con el *kirsch* o el aguardiente. Bata hasta que queden reducidas a puré.

2 Pase el puré a través de un tamiz fino, presionando sobre el mismo hasta que sólo queden dentro las semillas.

3 Endulce con azúcar lustre al gusto y refrigere hasta el momento de servir.

Variantes

- Utilice diferentes frutas blandas y licores. Por ejemplo, *crème de casis* con moras o *amaretto* con albaricoques.
- Prepare una salsa cociendo a fuego lento frutas cubiertas hasta la mitad con agua y la mitad de su peso de azúcar. Una vez blandas, tamícelas y realce el gusto con zumo de limón. Puede espesarlas con maicena (1 cucharadita por 300 ml de salsa).

Efectos decorativos

Las salsas no sólo pueden servirse como un acompañamiento de platos dulces o salados, sino que también permiten formar sorprendentes efectos decorativos dejándolas caer desde una cuchara, una manga o un biberón para obtener un acabado profesional.

Lágrimas y corazones

1 Ponga unas cucharadas de salsa en el plato de servicio y extiéndala por el fondo hasta formar una capa homogénea.

2 Deje caer pequeños goterones de la segunda salsa a 2,5-5 cm del borde del plato hasta formar un círculo.

3 Pase la punta de un cuchillo pequeño o una broqueta por el extremo del «goterón» para formar una cola.

Plumas

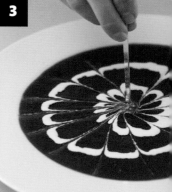

1 Ponga unas cucharadas de la salsa base en los platos de servicio y deje que se extienda de modo uniforme por el fondo hasta formar una capa homogénea.

2 Trabajando de manera rápida, pero cuidadosa, forme círculos concéntricos sobre la base con la salsa decorativa.

3 Pase un cuchillo pequeño o una broqueta por ambas salsas desde el círculo externo hasta el central. Gire el plato y repita la operación hasta obtener un diseño de plumas simétrico.

Decoraciones perfectas

- Para obtener un buen efecto decorativo, utilice dos salsas de colores contrastantes: una como base y otra como decoración. Un buen ejemplo sería una crema (como base) con un *coulis* de frutas, o bien una salsa de chocolate o caramelo (como decoración).
- Decore los platos con tiempo y refrigérelos hasta el momento de emplearlos.
- Aplique la salsa decorativa con una manga pastelera provista de una boquilla fina (para las salsas espesas) o un biberón de plástico (para las salsas más líquidas).

Rayas

Puede obtener una decoración fácil y atractiva con una o dos salsas, siguiendo este método:

1 Con un biberón de plástico o una cuchara pequeña, reparta rayas finas de salsa hasta formar un diseño de líneas paralelas sobre todo el plato.

2 Si emplea una segunda salsa de color contrastante, realice las segundas rayas hasta que formen ángulo con las primeras.

3 Otra opción es utilizar una salsa como base para cubrir el plato y formar rayas con la otra por encima.

4 Las salsas también quedan atractivas formando rayas sobre helados y postres.

Salsas coloreadas

Elija dos salsas de colores contrastantes. Vierta la primera con una cuchara sobre la mitad del plato. Reparta la segunda sobre la otra mitad. Mueva el plato en una dirección y luego en la contraria para que las salsas se encuentren y unan en el centro.

Círculos

1 Extienda con una manga pastelera un borde ondulado en el plato con una salsa oscura, luego vierta con una cuchara una salsa o crema más líquida y clara en el centro; mueva el plato para que se reparta hasta el borde.

2 Otra opción es formar con la manga un diseño decorativo, tal como una espiral alrededor de un postre o plato principal, para obtener un efecto sorprendente.

Ondas

Cubra el fondo del plato con la salsa, vierta por encima otra de color contrastante hasta formar un círculo. Con ayuda de un cuchillo o broqueta, mueva con cuidado el círculo de salsa de modo que se formen unas ondas sobre la salsa base.

CALDOS Y SOPAS

El secreto de una sopa sensacional consiste por lo general en un caldo realmente bueno y bien aromatizado. En este capítulo se enseña a preparar cuatro caldos esenciales de hortalizas, carne, pollo y pescado, al tiempo que se proporcionan trucos y consejos sobre la forma de desgrasarlos, conservarlos y congelarlos. Las técnicas ilustradas paso a paso muestran los procedimientos básicos para preparar sopas, desde batirlas y reducirlas a puré y espesarlas, hasta la preparación de guarniciones sencillas, todo ello seguido de unas recetas de deliciosas sopas. Demuestre sus habilidades con un gazpacho frío con chips de tortilla, una sopa cremosa de guisantes y berros, un caldo de hortalizas primaverales, una sopa agripicante asiática o una sopa de arroz y espinacas.

Caldos

Un buen caldo marca la diferencia entre un buen plato u otro fantástico. Proporciona profundidad de sabor a numerosos platos. Hay cuatro tipos principales de caldo: de hortalizas, de carne, de pollo y de pescado.

Caldo de hortalizas

Para 1,2 l necesita 225 g de los siguientes ingredientes: cebollas, apio, puerros y zanahorias todos picados, 2 hojas de laurel, unas ramitas de tomillo, 1 manojo pequeño de perejil, 10 granos de pimienta negra, ½ cucharadita de sal.

1   Coloque todos los ingredientes en una cacerola y vierta 1,7 l de agua fría por encima. Lleve a ebullición y espume la superficie. Tape parcialmente y cueza 30 minutos por debajo del punto de ebullición. Filtre el caldo a través de un tamiz fino y déjelo enfriar.

Caldo de carne

Para 900 ml necesita 450 g de los siguientes ingredientes: huesos de carne y carne para guisar, 1 cebolla, 2 tallos de apio y 1 zanahoria a rodajas, 1 ramillete aromático (2 hojas de laurel, unas ramitas de tomillo y 1 manojo pequeño de perejil), 1 cucharadita de pimienta negra en grano, ½ cucharadita de sal.

1   Precaliente el horno a 220 °C (200 °C en un horno de convección). Coloque la carne y los huesos en una fuente para hornear y ase 30-40 minutos, dando vueltas hasta que estén dorados.

2   Introduzca los huesos en una cacerola grande con el resto de ingredientes y añada 2 l de agua fría. Lleve a ebullición y espume la superficie. Cubra parcialmente y cueza a fuego lento 4-5 horas. Rectifique la condimentación. Filtre a través de un tamiz forrado con muselina y deje enfriar rápidamente. Desengrase el caldo (*véase* pág. siguiente) antes de utilizarlo.

Caldo de pollo

Para 1,2 l necesita 1,6 kg de carcasa de pollo, 225 g de cebollas y 225 g de apio a rodajas, 150 g de puerros picados, 1 ramillete de hierbas aromáticas (2 hojas de laurel, unas ramitas de tomillo y 1 manojo pequeño de perejil), 1 cucharadita de pimienta negra en grano, ½ cucharadita de sal.

1   Coloque todos los ingredientes en una cacerola grande con 3 l de agua fría.

2   Lleve a ebullición y espume la superficie. Cubra parcialmente y cueza 2 horas por debajo del punto de ebullición. Rectifique la condimentación si fuese necesario.

3   Filtre el caldo a través de un tamiz forrado con una muselina y dispuesto sobre un cuenco, y déjelo enfriar rápidamente. Desengrase (*véase* pág. siguiente) antes de utilizar.

¿Cómo se prepara un buen caldo?

La mayoría de caldos se preparan cociendo huesos o recortes de pescado con hortalizas. Las hortalizas y las hierbas aportan sabor a cualquier caldo. Utilice cebollas, puerros, zanahorias y apio, pero no hortalizas de sabor muy fuerte, como la col, ni aquellas que se desintegren, como las patatas. Al preparar el caldo:

- Pida al carnicero o pescadero huesos y recortes. Puede congelarlos hasta seis meses o hasta que tenga los suficientes para preparar un caldo.
- El caldo puede refrigerarse hasta tres días o congelarse hasta cuatro meses (*véase* pág. 434), por lo que es interesante preparar una buena cantidad.
- Si tiene mucho caldo para congelar, redúzcalo una vez preparado para que ocupe menos sitio en el congelador. Primero desgráselo (*véase* pág. siguiente), luego póngalo en una cacerola limpia y cuézalo a fuego medio hasta reducirlo a tres cuartas partes. Déjelo enfriar por completo antes de guardarlo.

Caldo de pescado

Para 900 ml necesita 900 g de espinas y recortes de pescado lavados, 2 zanahorias, 1 cebolla y 2 tallos de apio a rodajas, 1 ramillete de hierbas aromáticas (2 hojas de laurel, unas ramitas de tomillo y 1 manojo pequeño de perejil), 6 granos de pimienta blanca, ½ cucharadita de sal.

1 Coloque todos los ingredientes en una cacerola grande con 900 ml de agua fría. Lleve a ebullición y espume la superficie.

2 Cubra parcialmente la cacerola y cueza a fuego lento 30 minutos. Rectifique la condimentación si fuese necesario.

3 Filtre el caldo a través de un tamiz forrado con muselina y déjelo enfriar rápidamente. El caldo de pescado tiene muy poca grasa, por lo que no suele ser necesario desgrasarlo. Sin embargo, si lo ve graso, hágalo (*véase* inferior).

Variante

El caldo corto es un caldo de pescado enriquecido, perfecto para escalfar pescado (*véase* pág. 78). Añada simplemente 150 ml de vino blanco seco y 3 cucharadas de vinagre de vino blanco a la receta del caldo de pescado en el paso 1.

Desgrasar el caldo

Los caldos de carne y pollo deben desgrasarse, no así el de hortalizas. Puede retirar la grasa de la superficie con un papel de cocina, pero el siguiente método es fácil y más efectivo. Puede emplear tres sistemas: con el cucharón, vertiendo el caldo en una jarra y enfriándolo

1 Cucharón Mientras el caldo todavía está caliente, ponga un cucharón sobre la superficie. Llévelo hacia abajo presionando para que la grasa que flota sobre la superficie caiga dentro hasta que el cucharón esté lleno. Tire la grasa y repita la operación hasta retirarla por completo.

2 Vertido En este caso, necesita una jarra para desgrasar o una desgrasadora de doble pico, que tiene un pico en la base. Al llenar la jarra o desgrasadora, la grasa sube a la superficie, de manera que al verter el contenido sale el caldo y la grasa permanece en el recipiente.

3 Enfriado Esta técnica funciona bien con un caldo de carne cuya grasa se solidifica al enfriarse. Refrigere el caldo hasta que la grasa se solidifique. Luego, retire ésta con una cuchara perforada.

Consejo de cocinero

- Para obtener un caldo límpido al preparar un caldo de pescado, carne o pollo, fíltrelo a través de un colador forrado con cuatro capas de muselina.
- Si desea conservar el caldo más de 3 días, páselo a una cacerola y hiérvalo de nuevo durante 5 minutos. Déjelo enfriar y páselo a un cuenco limpio, y refrigérelo hasta 3 días.
- Cuando prepare un caldo de carne o pollo, asegúrese de que lleva una buena proporción de carne con relación a los huesos. Cuanta más carne haya, más sabor tendrá.

Sopas

Las sopas son nutritivas y sabrosas, y pueden ser ligeras si las va a servir como entrada, o sustanciosas como plato principal. Pueden llevar legumbres, hortalizas, carne, pollo o pescado. Una sopa básica es muy fácil de preparar.

Reducir sopas a puré

1 Con una mezcladora de vaso Deje enfriar la sopa, y llene el vaso del aparato hasta la mitad, asegurándose de que hay más líquido que sólidos. Cubra la tapa con un paño y sosténgala bien apretada. Bata hasta que la mezcla esté homogénea, luego añada más sólidos y bata de nuevo hasta haber utilizado toda la sopa (si tiene mucha, transfiera cada tanda a un recipiente limpio).

2 Con una batidora eléctrica manual Deje enfriar la sopa. Introduzca la base de la batidora en el fondo del recipiente, ponga en marcha la batidora y vaya moviéndola hasta que toda la sopa quede reducida a puré.

3 Con un pasapurés Este utensilio es perfecto para conseguir sopas de textura uniforme. Con un pasapurés se obtiene un puré muy fino, aunque lleva más tiempo que si se emplea una batidora eléctrica. Coloque el disco fino en el pasapurés y disponga éste sobre un cuenco colocado sobre un paño para que no se mueva. Llene el pasapurés hasta la mitad, agregando más sólidos que líquido. Trabaje por tandas si tiene mucha sopa. Cuando los sólidos se hayan reducido a puré, repita la operación con el resto del líquido.

4 Con un tamiz Si no tiene una mezcladora, batidora o pasapurés, puede reducir una sopa a puré haciéndola pasar a través de un tamiz, aunque necesitará más tiempo.

Sopa de hortalizas sencilla

Puede utilizar casi cualquier mezcla de hortalizas para preparar una sopa. Para una sopa básica para 4 personas, fría 1 ó 2 cebollas finamente picadas en 2 cucharadas de aceite (o 1 cucharada de aceite y 25 g de mantequilla), y añada 1 ó 2 dientes de ajo aplastados (opcional). Incorpore 450 g de hortalizas picadas variadas, como puerros, patatas, apio, hinojo, tomates enlatados y chirivías (puede picarlas finamente o cortarlas a trozos más grandes). Añada 1,1 l de caldo casero. Lleve a ebullición y cueza 20-30 minutos por debajo del punto de ebullición hasta que las hortalizas estén tiernas. Deje la sopa tal cual, o bien redúzcala a puré.

Sopas con tropezones

1 Corte las hortalizas en trocitos pequeños. Caliente el aceite o la mantequilla en la cacerola, y cueza las cebollas y el ajo hasta que se ablanden y empiecen a tomar color.

2 Agregue el resto de ingredientes colocando primero los que necesitan más tiempo de cocción. Vierta un poco de caldo y lleve a ebullición

3 Cueza a fuego lento hasta que todos los ingredientes estén tiernos. Si el líquido se redujera demasiado, añada un poco más.

4 Si algún ingrediente necesitara una cocción breve, agréguelo al final. Los ingredientes feculentos contribuyen a espesar la sopa; también puede utilizar cualquiera de las técnicas de la pág. 38.

Sopas parcialmente reducidas a puré

1 Para obtener una sopa cremosa pero con tropezones, reduzca a puré la mitad o un tercio de la misma y mézclelo.

2 También se pueden picar las hortalizas reservando unas pocas. Mientras la sopa se cuece, hierva o cueza al vapor estas piezas hasta que estén tiernas. Enfríelas. En trozos pequeños, añádalos a la sopa.

Espesar sopas

Puede espesar una sopa justo antes de servirla para proporcionarle una textura más suave.

1   Maicena Puesto que la maicena no es más que harina de maíz a la que se le han retirado todos los componentes excepto la fécula, requiere muy poca cocción. Mídala en un cuenco (necesita 1-2 cucharadas por litro de sopa). Añada casi el doble de volumen de agua que de maicena a ésta y bata hasta que se haya disuelto por completo. Mezcle la maicena con la sopa y caliente (la fécula de patata puede emplearse de la misma forma que la maicena).

2   Huevos y crema La crema de leche aporta textura y riqueza, si bien para espesar una sopa las yemas de huevo y la crema funcionan mejor. Retire la sopa del fuego. Utilice una yema de huevo por 4 cucharadas de crema de leche espesa y bátalas en un cuenco. Añada un poco de la sopa caliente, no demasiada, pues el huevo podría cortarse. Bata a fondo, añada más sopa y bata de nuevo. Cuando tenga una taza de líquido, vierta éste en la sopa. Puede calentar la sopa de nuevo, pero no hervirla, ya que la yema podría cortarse.

3   Pan rallado Agregue migas de pan fresco o seco a la sopa durante la cocción (incorpore un puñado a la vez). Cueza unos 20 minutos y añada más si fuese necesario. Reduzca la sopa a puré si desea una textura homogénea (un puñado de arroz hervido o puré de patatas funciona igual de bien, pero asegúrese de cocer la sopa un poco más de tiempo).

4   *Beurre manié* o mantequilla amasada Esta pasta de mantequilla y harina es útil para espesar sopas y salsas. Utilice partes iguales de mantequilla y harina; necesita 1-2 cucharadas de cada una para una sopa. Bata la mantequilla en un cuenco con una cuchara de madera hasta que esté cremosa y mézclela luego con la harina hasta obtener una pasta homogénea. Agréguela a la sopa en pequeñas cantidades y removiendo bien tras cada adición. Añada sólo la que precise para obtener la consistencia adecuada (puede guardar el resto en un recipiente tapado hasta 3 días en la nevera o congelarlo hasta 6 meses).

Guarniciones sencillas

Una guarnición marca la diferencia a la hora de presentar una sopa. Puede ser tan sencilla como unas simples hierbas espolvoreadas, un chorrito de crema o unos picatostes apenas cocidos repartidos por encima.

Picatostes tostados

1 Corte las cortezas de unas rebanadas de pan blanco y luego córtelas en dados de 1-2 cm de lado. Colóquelas sobre una placa de hornear y rocíelas con un poco de aceite (mezcle bien con las manos).

2 Extienda el pan hasta formar una capa y hornee a 200 °C (horno a convección: 180 °C) durante 8-10 minutos hasta que los picatostes estén ligeramente dorados.

Picatostes fritos

Los picatostes fritos en abundante aceite quedan crujientes de modo uniforme.

1 Retire la corteza de unas rebanadas de pan blanco y luego córtelas en dados de 1-2 cm de lado.

2 Caliente el aceite en una sartén a fuego medio. Fría los picatostes hasta formar una sola capa. Remueva hasta que se doren. Escurra sobre papel de cocina.

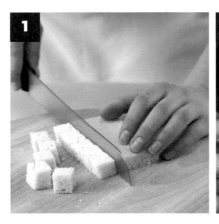

Hierbas frescas

Unas hierbas frescas simplemente espolvoreadas sobre una sopa constituyen una guarnición deliciosa. Las flores de hierbas frescas también conforman una guarnición muy atractiva.

1 Pique las hierbas justo antes de servir; elija una que complemente el sabor de la sopa, como por ejemplo albahaca con tomate, cebollinos con sopa cremosa o cilantro con las sopas asiáticas.

Crema de leche

La crema de leche y otros productos lácteos, como el yogur y la crema acidificada, también pueden transformarse en un adorno sencillo, repartidos sobre la sopa justo antes de servirla. También aportan cuerpo y textura, por lo que deben utilizarse con mesura si la sopa ya incluye crema.

Gazpacho con chips de tortilla

PARA 8 PERSONAS

900 g de tomates maduros

4 dientes de ajo

50 g de migas de pan blanco frescas

6 cucharadas de aceite de oliva virgen

el zumo de ½ lima pequeña

1 chile rojo, sin semillas y picado

2 pepinos, sin semillas y picados

2 manojos de cebollas tiernas picados

1 pimiento rojo, sin semillas y picado

600 ml de zumo de tomate

6 cucharadas de cilantro fresco picado

sal y pimienta negra molida

175 g de chips de tortilla para servir

Guarnición

1 aguacate grande

el zumo de ½ lima pequeña

140 ml de crema agria

unas ramitas de cilantro fresco

TIEMPO DE PREPARACIÓN 25-30 minutos
más 2 horas o toda la noche para enfriar

POR PORCIÓN

181 calorías

13 g de grasas (de las cuales 2 g saturadas)

14 g de hidratos de carbono

0,6 g de sal

TÉCNICAS

Véase también migas de pan fresco
(pág. 308)

Consejo de cocinero

No prepare la guarnición con demasiada antelación. El color verde pálido del aguacate se oxida cuando se expone al aire, por lo que es preferible prepararlo justo antes de servir.

1 Entalle una cruz en la piel situada en la base de los tomates y póngalos en un cuenco. Cúbralos con agua hirviendo y déjelos reposar 30 segundos. Transfiéralos a un cuenco con agua fría. Pélelos, deseche las pieles y cuartéelos. Retire las semillas.

2 Coloque los ingredientes del gazpacho en un cuenco grande y mezcle bien, luego póngalos por tandas en el robot y bata hasta que la mezcla quede homogénea. Transfiera el gazpacho a un cuenco o jarra. Sazone con generosidad con sal y pimienta, y mezcle bien. Tape y refrigere 2 horas como mínimo o toda la noche.

3 Justo antes de servir, pele y corte a dados el aguacate y mézclelo con el zumo de lima. Sirva la sopa adornada con la crema agria, el aguacate, un poco de pimienta negra molida y el cilantro. Sirva aparte los chips de tortillas.

Vichysoisse con crema de espinacas

PARA 4-6 PERSONAS

1 kg de puerros preparados y picados

50 g de mantequilla

350 g de cebollas, picadas no muy finas

1,1 l de caldo de hortalizas

140 ml de crema de leche espesa

225 g de patatas a rodajas

sal y pimienta negra recién molida

langostinos cocidos y pelados

hojas de albahaca fresca para adornar

Para la crema de espinacas

15 g de mantequilla

125 g de hojas de espinacas

la cáscara de 1 limón

140 g de crema de leche espesa

TIEMPO DE PREPARACIÓN 20 minutos
más 6 horas como mínimo para enfriar
TIEMPO DE COCCIÓN 40 minutos

POR PORCIÓN

610 calorías para 4 personas

54 g de grasas (de las cuales 33 g saturadas)

25 g de hidratos de carbono

1 g de sal

407 calorías para 6 personas

36 g de grasas (de las cuales 22 g saturadas)

17 g de hidratos de carbono

0,6 g de sal

TÉCNICAS

Véase también pelar langostinos (pág. 83)

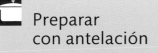

Preparar con antelación

Complete la receta hasta
el final del paso 3, enfríe,
tape y refrigere toda la noche.
Para servir Complete la receta.

1 Enjuague los puerros con agua fría, escúrralos y resérvelos. Derrita la mantequilla en una cacerola de fondo grueso y añada las cebollas y puerros. Cueza 10 minutos sin dejar de remover. Vierta el caldo, la crema y las patatas. Lleve a ebullición, tape y cueza 30-40 minutos a fuego lento o hasta que las hortalizas estén tiernas.

2 Deje enfriar y bata la sopa por tandas hasta que quede uniforme. Pásela a través de un tamiz fino, si así lo desea, y salpimiéntela con generosidad. Enfríela 6 horas o toda la noche.

3 Mientras, para preparar la crema de espinacas caliente la mantequilla en una cacerola y añada las espinacas y la cáscara de limón. Cueza 5 minutos sin dejar de remover. Incorpore la crema y deje hervir 1-2 minutos. Bata con la batidora o robot hasta que todo esté liso. Sazone y enfríe.

4 Transfiera la sopa a los platos fríos y reparta por encima la crema de espinacas. Adorne con los langostinos y la albahaca, espolvoree con pimienta negra y sirva.

Sopa de guisantes y berros

PARA 8 PERSONAS

75 g de mantequilla
175 g de berros
10-12 cebollas tiernas
700 g de patatas peladas y picadas
225 g de guisantes congelados
1,7 l de caldo de hortalizas caliente
140 ml de crema de leche espesa
sal y pimienta negra molida

TIEMPO DE PREPARACIÓN 20 minutos
TIEMPO DE COCCIÓN 30-35 minutos

POR PORCIÓN

206 calorías
12 g de grasas (de las cuales 7g saturadas)
20 g de hidratos de carbono
0,4 g de sal

TÉCNICAS

Véase también caldos (pág. 34)

1 Derrita la mantequilla en una cacerola grande, agregue los berros y las cebollas troceadas sin más con unas tijeras. Cueza a fuego lento 10 minutos.

2 Agregue las patatas a la cacerola junto con los guisantes y la mayor parte del caldo de hortalizas. Tape, lleve a ebullición y cueza a fuego lento 20-25 minutos o hasta que las patatas estén muy tiernas.

3 Vierta la crema y salpimiente.

4 Reduzca la sopa a puré con la batidora eléctrica manual o déjela enfriar y bátala luego en la mezcladora. Añada un poco más de caldo si la sopa estuviera demasiado espesa.

5 Caliente la sopa antes de servirla, pero no la deje hervir, pues la crema se cortaría.

Consejo de cocinero

Una batidora eléctrica manual de pie metálico es ideal para preparar sopas, pues no es necesario enfriar antes de batir. La mezcla puede reducirse a puré en la misma cacerola, lo que también evita lavar otro cacharro.

Sopa de hierbas y limón

PARA 6 PERSONAS

1,7 l de caldo de pollo

*140 g de orzo u otras formas de pasta
      pequeñas*

3 huevos medianos

el zumo de 1 limón grande

*2 cucharadas de cebollinos finamente
      picados*

*2 cucharadas de perifollo finamente
      picado*

sal y pimienta negra molida

gajos de limón

TIEMPO DE PREPARACIÓN 10 minutos

TIEMPO DE COCCIÓN 15-20 minutos

POR PORCIÓN

120 calorías

3 g de grasas (de las cuales 1 g saturadas)

18 g de hidratos de carbono

0,4 g de sal

TÉCNICAS

Véase también caldos (pág. 34)

1 Ponga a hervir el caldo en una cacerola grande. Añada la pasta y cuézala 5 minutos, o de acuerdo con las instrucciones del paquete.

2 Bata los huevos en un cuenco hasta que estén espumosos, y mézclelos con el zumo de limón y 1 cucharada de agua fría. Incorpore, lentamente y removiendo, dos cucharadas del caldo caliente. Devuelva la mezcla a la cacerola y caliéntela a fuego muy lento 2-3 minutos.

3 Agregue las hierbas y los condimentos. Sirva la sopa en platos o cuencos hondos con los gajos de limón.

Consejo de cocinero

Una vez añadidos los huevos, no deje hervir la sopa, pues los huevos se cortarían.

Caldo de hortalizas primaveral

PARA 4 PERSONAS

1 cucharada de aceite de oliva

4 escalonias picadas

1 bulbo de hinojo picado

1 puerro picado

5 zanahorias pequeñas picadas

1,1 l de caldo de pollo caliente

2 calabacines picados

1 manojo de espárragos picados

2 latas de 400 g de judías blancas
en conserva, escurridas y enjuagadas

50 g de queso gruyere o parmesano
en virutas para adornar

TIEMPO DE PREPARACIÓN 20 minutos

TIEMPO DE COCCIÓN unos 20 minutos

POR PORCIÓN

264 calorías

6 g de grasas (de las cuales 3 g saturadas)

35 g de hidratos de carbono

2,4 g de sal

TÉCNICAS

Véase también hortalizas (págs. 170-182),
caldos de pollo (pág. 34)

1 Caliente el aceite en una cacerola grande. Agregue las escalonias, el hinojo, el puerro y las zanahorias, y fríalo todo 5 minutos o hasta que empiece a ablandarse.

2 Añada el caldo, tape y lleve a ebullición. Incorpore los calabacines, los espárragos y las judías, y deje cocer 5-6 minutos a fuego lento hasta que las hortalizas estén tiernas. Vierta en los platos o cuencos y esparza el queso por encima.

Variante

Este caldo queda muy bien añadiendo una cucharada de pesto a cada plato y acompañándolo con pan crujiente.

Sopa agripicante

PARA 4 PERSONAS

1 cucharada de aceite vegetal

*2 filetes de pechugas de pavo, de unos
300 g o la misma cantidad de tofu,
cortado a tiras*

5 cm de jengibre fresco, pelado y rallado

4 cebollas tiernas, a rodajas finas

*1-2 cucharadas de pasta de curry
roja tailandesa*

75 g de arroz silvestre de grano largo

*1,1 l de caldo de pollo o de hortalizas
caliente o agua hirviendo*

200 g de tirabeques a tiras

el zumo de 1 lima

*4 cucharadas de cilantro picado para
adornar*

TIEMPO DE PREPARACIÓN 20 minutos

TIEMPO DE COCCIÓN 30-35 minutos

POR PORCIÓN

255 calorías

10 g de grasas (de las cuales 1 g saturadas)

10 g de hidratos de carbono

0,7 g de sal

TÉCNICAS

Véase también caldos (pág. 34),
especias frescas (pág. 429)

1 Caliente el aceite en una cacerola grande. Agregue el pavo o el tofu y cueza a fuego medio unos 5 minutos o hasta que esté dorado. Agregue el jengibre y las cebollas tiernas, y cueza otros 2-3 minutos. Mezcle con la pasta de curry y cueza 1-2 minutos para calentar las especias.

2 Agregue el arroz y remueva para recubrirlo con la pasta de curry. Vierta por encima el caldo caliente o el agua. Mezcle y lleve a ebullición. Baje la temperatura y deje cocer tapado y por debajo del punto de ebullición unos 20 minutos.

3 Incorpore los tirabeques y cueza 5 minutos más o hasta que el arroz esté cocido. Justo antes de servir, exprima por encima el zumo de lima y mezcle bien. Reparta la sopa en cuencos y esparza por encima el cilantro.

Sopa de chirivías con queso

PARA 8 PERSONAS

40 g de mantequilla

150 g de cebolla picada

225 g de patatas harinosas, peladas
*   y picadas*

400 g de chirivías, peladas y picadas

4 cucharaditas de pimentón,
*   más un poco para espolvorear*

1,1 l de caldo de hortalizas

450 ml de leche

4 cucharadas de crema de leche espesa

65 g de chorizo a rodajas y luego a tiras
*   finas*

sal y pimienta negra molida

Para los crujientes de parmesano

1 chirivía grande de unos 75 g, pelada

aceite vegetal para freír

3 cucharadas de parmesano recién rallado

TIEMPO DE PREPARACIÓN 30 minutos

TIEMPO DE COCCIÓN 1 hora

POR PORCIÓN

111 calorías

81 g grasas (de las cuales 35 g saturadas)

72 g de hidratos de carbono

3 g de sal

TÉCNICAS

Véase también caldos (pág. 34),
preparar crujientes de hortalizas
(pág. 186)

❄ Consejo de congelación

Prepare la receta hasta el final
del paso 2, enfríe, envase y congele.
Para servir Descongele la sopa
toda la noche en la nevera. Luego
complete la receta.

1 Derrita la mantequilla en una cacerola de fondo grueso. Agregue la cebolla y cueza a fuego lento 5 minutos. Incorpore las patatas, las chirivías y el pimentón. Mezcle bien y cueza a fuego lento, removiendo de vez en cuando, unos 15 minutos o hasta que las hortalizas empiecen a ablandarse. Vierta el caldo, la leche y la crema, y sazone. Lleve a ebullición y cueza a fuego lento unos 25 minutos o hasta que las hortalizas estén muy blandas. Agregue 50 g de chorizo. Deje enfriar un poco la sopa y bátala hasta que quede homogénea. Puede alargarla con un poco de caldo o leche. Rectifique la condimentación y pase de nuevo la sopa a la cacerola.

2 Con un pelador de hortalizas, pele tiras anchas y largas de chirivía. Vierta 2,5 cm de aceite en una sartén honda o cacerola y caliéntelo a temperatura media. Fría las tiras de chirivía por tandas hasta que estén ligeramente doradas y crujientes. Escúrralas sobre papel de cocina y sálelas un poco. Colóquelas formando seis pilas sobre una placa de hornear y espolvoree con la mitad del parmesano y el resto del chorizo. Cueza los crujientes de parmesano a 200 °C (80 °C en un horno de convección) 3-5 minutos, hasta que el queso justo empiece a derretirse.

3 Recaliente la sopa. Sírvala recubierta con los crujientes de parmesano, y espolvoree con el resto del queso y el pimentón.

Sopa de coliflor

PARA 6 PERSONAS

2 latas de 400 ml de leche de coco

750 ml de caldo de hortalizas

4 dientes de ajo finamente picados

5 cm de jengibre fresco picado y pelado

4 tallos de hierba limonera picados

4 hojas de lima kafir o cafre desmenuzadas
   (opcional)

4 chiles rojos

2 cucharadas de aceite de cacahuete

1 cucharadita de aceite de sésamo

1 cebolla grande a rodajas finas

2 cucharaditas de cúrcuma molida

2 cucharaditas de azúcar

900 g de ramitos de coliflor

2 cucharadas de zumo de lima

2 cucharadas de salsa de soja clara

4 cebollas tiernas a tiras finas

4 cucharadas de cilantro fresco picado

sal y pimienta negra molida

TIEMPO DE PREPARACIÓN 25 minutos
TIEMPO DE COCCIÓN 40 minutos

POR PORCIÓN

113 calorías

5 g de grasas (de las cuales 1 g saturadas)

15 g de hidratos de carbono

1,4 g de sal

TÉCNICAS

Véase también especias (pág. 429)

1 Vierta la leche de coco y el caldo en una cacerola. Añada el ajo y el jengibre con la hierba limonera, las hojas de lima y los chiles. Lleve a ebullición, tape y cueza 15 minutos a fuego lento. Filtre y reserve el líquido.

2 Caliente los aceites en una cacerola limpia. Agregue la cebolla, la cúrcuma y el azúcar, y fría a fuego suave 5 minutos. Agregue la coliflor y saltee 5 minutos hasta que esté ligeramente dorada.

3 Incorpore el líquido reservado, el zumo de lima y la salsa de soja. Lleve a ebullición, tape y cueza 10-15 minutos hasta que la coliflor esté tierna. Salpimiente, añada las cebollas tiernas y el cilantro, y sirva.

Consejo de cocinero

Si desea preparar su propia leche de coco con coco fresco recién rallado, consulte la técnica correspondiente en la pág. 221.

Sopa de arroz y espinacas

PARA 4 PERSONAS

4 cucharadas de aceite de oliva virgen extra

1 cebolla finamente picada

2 dientes de ajo aplastados

2 cucharaditas de tomillo fresco picado,
*   o una pizca generosa del seco*

2 cucharaditas de romero fresco picado,
*   o una pizca generosa del seco*

la cáscara de ½ limón

2 cucharaditas de cilantro molido

¼ cucharadita de pimienta de Cayena

125 g de arroz arborio o de Calasparra

1,1 l de caldo de hortalizas

225 g de espinacas frescas o congeladas
*   y descongeladas, a tiras*

4 cucharadas de salsa pesto

sal y pimienta negra molida

aceite de oliva virgen y parmesano recién
*   rallado para servir*

TIEMPO DE PREPARACIÓN 10 minutos
TIEMPO DE COCCIÓN 25-30 minutos

POR PORCIÓN

335 calorías

20 g de grasas (de las cuales 4 g saturadas)

29 g de hidratos de carbono

0,7 g de sal

TÉCNICAS

Véase también hortalizas (págs. 170-182), hierbas (pág. 428), caldos (pág. 34)

Consejo de cocinero

Puede comprar pesto de calidad envasado, pero es muy fácil de preparar en casa si dispone de hojas de albahaca fresca, ajo, piñones, aceite de oliva y parmesano. *Véase* la técnica en la pág. 21.

1 Caliente la mitad del aceite en una cacerola. Agregue la cebolla, el ajo, las hierbas, la cáscara de limón y las especias, y sofría lentamente 5 minutos.

2 Agregue el resto del aceite con el arroz y cueza 1 minuto sin dejar de remover. Vierta el caldo, lleve a ebullición y cueza a fuego lento 20 minutos o hasta que el arroz esté tierno.

3 Mezcle la sopa con las espinacas y la salsa pesto. Cueza 2 minutos y salpimiente al gusto.

4 Sirva la sopa rociada con un poco de aceite y espolvoreada con el parmesano.

Sopa de calabaza y langostinos

PARA 6-8 PERSONAS

75 g de mantequilla

75 g de cada uno de los siguientes
  ingredientes: zanahorias, cebollas, apio
  y puerros, todo picado

2 dientes de ajo aplastados

175 g de lentejas

900 ml de caldo de pescado

200 ml de vermú

140 ml de crema de leche espesa

2 ramitas de tomillo fresco

2 hojas de laurel

6-8 calabazas pequeñas, de unos 700 g

18-24 langostinos crudos grandes, pelados
  y sin el conducto intestinal

sal y pimienta negra molida

cebollinos picados para adornar

TIEMPO DE PREPARACIÓN 20 minutos
TIEMPO DE COCCIÓN 55 minutos

POR PORCIÓN

388 calorías por porción para 6 personas
24 g de grasas (de las cuales 15 g saturadas)
21 g de hidratos de carbono
0,7 g de sal

291 calorías por porción para 8 personas
18 g de grasas (de las cuales 11 g saturadas)
16 g de hidratos de carbono
0,6 g de sal

TÉCNICAS

Véase también langostinos (pág. 83)

Consejo de congelación

Complete la sopa hasta
el final del paso 2, déjela enfriar,
envásela y congélela.
Para servir Descongele la sopa
toda la noche en la nevera y luego
complete la receta.

1 Caliente 50 g de mantequilla en una cacerola grande y cueza
las hortalizas 5 minutos removiendo de vez en cuando. Añada el ajo
y cueza 1 minuto. Mezcle con las lentejas, el caldo y 150 ml de vermú,
la crema de leche, las hierbas y los condimentos. Vierta 300 ml de agua, lleve
a ebullición, tape y cueza 40-45 minutos por debajo del punto de ebullición
hasta que las hortalizas estén tiernas. Tire las hierbas.

2 Mientras, precaliente el horno a 200 °C. Corte las bases de las calabazas
y corte unos sombreros en la parte de los tallos. Retire las semillas del interior.
Disponga de pie las calabazas en una fuente para asar y cuézalas 40 minutos
o hasta que estén tiernas. Retire parte de la carne y añádala a la sopa. Déjela
enfriar un poco y bátala por tandas hasta que quede homogénea. Pásela
a través de un tamiz fino, si lo desea, y rectifique la condimentación. Si
la sopa está demasiado espesa, deslíela con caldo o agua, póngala de nuevo
en la cacerola (enjuagada) y resérvela al calor.

3 Coloque los langostinos en una cacerola con el resto de la mantequilla
y el vermú, y cueza 2-3 minutos a fuego lento hasta que los langostinos
se vuelvan rosados. Filtre el líquido sobre la sopa. Viértala en cuencos
o las calabazas vaciadas, añada los langostinos y adorne con los cebollinos.

HUEVOS

Los huevos constituyen un ingrediente maravillosamente versátil. Pueden disfrutarse por sí mismos simplemente cocidos, o bien utilizarse en cientos de recetas de diferentes formas. En este capítulo, se muestran las técnicas básicas para hervirlos, escalfarlos y freírlos, así como otras técnicas más complejas, como la preparación de tortillas, tortitas, soufflés y merengues. Una vez domine las técnicas básicas, podrá preparar recetas deliciosas, como la *frittata* de setas variadas, los soufflés horneados dos veces, las tortitas de canela rellenas de compota de frutas y el pastel merengado de avellanas.

Preparaciones básicas

Sólo hay tres preparaciones básicas para los huevos: cascarlos, separarlos y batirlos: una vez las domine, podrá cocinarlos de un sinfín de formas diferentes.

Separar

Deberá separar los huevos así como para preparar salsas como la mayonesa, soufflés, merengues o algunos pasteles. Es fácil, pero requiere cierta práctica.

1 Casque el huevo con más cuidado de lo normal: hágalo en el centro para realizar una abertura entre las dos mitades en la que quepa el dedo pulgar.

2 Sosteniendo el huevo sobre un cuenco y con el extremo más ancho hacia abajo, levante con cuidado la mitad más pequeña de la cáscara. Caerá parte de la clara en el cuenco, mientras que la yema permanecerá en la mitad grande de la cáscara.

3 Deslice con cuidado la yema hacia el trozo pequeño de cáscara y luego de nuevo hacia el grande para que el resto de la clara caiga en el cuenco. No rompa la yema, pues ésta impide que las claras subieran al montarlas.

Consejo de cocinero

Si va a separar más de un huevo, casque cada uno en un cuenco difere[...]. De ese modo, si rompe una yema, n[...] estropeará el resto. Mantener las clar[...] libres de yema es muy importante en algunas técnicas como en el batid[...]

Batir

1 Utilice una batidora de pie o manual. Asegúrese de que no hay trazas de yema en las claras que va a batir y que el cuenco está limpio y seco. Bata a velocidad lenta en una zona pequeña de las claras hasta que empiecen a formar espuma.

2 Aumente la velocidad y continúe batiendo hasta que las claras estén brillantes y formen picos redondeados. No bata en exceso, pues la espuma quedaría seca y granulosa.

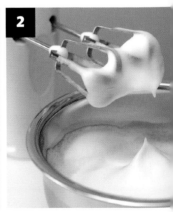

Cocinar con huevos

Existen diferentes formas de cocinar los huevos, desde las más sencillas, como hervir, escalfar y revolver, hasta las más complejas, como la preparación de tortillas, soufflés y merengues.

Hervir: método 1

1 Ponga a hervir un cazo con agua. Una vez hierva, añada un huevo mediano. Para un huevo pasado por agua, cuézalo 6 minutos; para uno en ensalada cueza 8 minutos, y para uno duro cueza 10 minutos.

2 Retire el huevo del agua con una cuchara perforada y sírvalo.

Hervir: método 2

1 Ponga un huevo mediano en un cazo pequeño y cúbralo con agua fría. Tape y lleve a ebullición. Cuando el agua empiece a hervir, destape el cazo y cueza 2 minutos en el caso de un huevo pasado por agua, 5 minutos en el de uno para ensalada, y 7 minutos para un huevo duro.

2 Retire el huevo del agua con una cuchara perforada y sirva.

Huevos hervidos perfectos

Hay dos maneras de hervir un huevo: empezar a cocerlo en agua hirviendo o bien en agua fría. Ambas funcionan bien siempre que siga ciertas reglas.

- El huevo debe estar a temperatura ambiente
- En ambos casos, cubra los huevos con agua sobrepasándolos 2,5 cm.
- Si empieza con el agua hirviendo, haga un pequeño agujero en el lado más ancho de la cáscara. Esto permite que se escape la bolsa de aire de la base del huevo y éste no se rompa.
- Deslice los huevos en el agua con una cuchara larga para evitar que se cuarteen.
- Cuézalos por debajo del punto de ebullición en vez de agua hirviendo.

Sancochar

Es una variante de los huevos pasados por agua, sólo que éstos quedan muy blandos y tienen unas claras tiernas. Son adecuados cuando van a cocerse de nuevo una vez pelados, como en el caso de una empanada o el de los huevos escoceses o rebozados con carne.

1 Deje caer los huevos enteros con ayuda de una cuchara perforada en el fondo de una cacerola con agua por debajo del punto de ebullición, y retire enseguida el recipiente del fuego.

2 Deje reposar los huevos en el agua 4-5 minutos de manera que se cuezan con el calor residual.

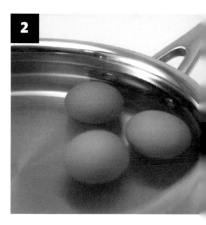

Cocinar con huevos

Escalfar

1 Caliente unos 8 cm de agua ligeramente salada en una sartén hasta que esté por debajo del punto de ebullición. Casque un huevo muy fresco en un cuenco y luego deslícelo en el agua. La clara de un huevo fresco es muy firme y forma un «nido» para la yema, mientras que las claras de huevos de más días son aguadas y se extienden en la sartén.

2 Cueza 3-4 minutos hasta que la clara esté justo cuajada. Retire con una cuchara perforada y escurra sobre papel de cocina.

Revolver

1 Cuente 2 huevos por persona. En un cuenco, bata los huevos con un tenedor y salpiméntelos.

2 Derrita una nuez de mantequilla en un cazo de fondo grueso a fuego lento; utilice un difusor de calor si fuese necesario (con una sartén antiadherente necesitará menos mantequilla).

3 Vierta los huevos y empiece a removerlos enseguida con una cuchara de madera o una espátula plana para romper los grumos a medida que se formen. Vaya revolviendo los huevos sin cesar durante la cocción.

4 Cuando empiecen a cuajar, raspe el fondo del recipiente para que no se cuezan en exceso y rompa los grumos grandes que se hayan formado. Debe obtener una mezcla bastante homogénea, sin grumos visibles.

5 Los huevos revueltos pueden dejarse bien cocidos y bastante firmes, o bien líquidos: es una cuestión de gustos. Continuarán cociéndose fuera del fuego, por lo que deben retirarse del recipiente cuando todavía estén un poco blandos si los desea más cuajados.

Freír

1 Caliente un poco de aceite o una buena nuez de mantequilla a fuego medio alto. Casque el huevo en un cuenco pequeño y deslícelo con cuidado a la sartén.

2 Cuézalo 2-3 minutos, sacudiendo suavemente la sartén para que toda la clara entre en contacto con la mantequilla o el aceite. Rectifique el calor para que el huevo no se oscurezca demasiado por debajo mientras la yema todavía está fría. Para obtener una yema firme, dé la vuelta al huevo y cuézalo unos segundos más.

Hornear

Puede cascar los huevos en fuentes individuales o en una fuente grande y hornearlos. Asimismo, pueden cocerse al natural, o bien con carne u hortalizas.

1 Unte con generosidad una fuente individual o grande refractaria con mantequilla.

2 Agregue los acompañamientos, si los hay (*véase* el cuadro a la derecha). Si emplea hortalizas, haga un agujero en cada uno de ellos con el dorso de una cuchara y casque cuidadosamente los huevos sobre los espacios liberados.

3 Hornee 8-10 minutos a 200 °C (180 °C en el horno de convección), o 15-18 minutos a 180 °C (160 °C en un horno de convección), hasta que las claras estén justo cuajadas; las yemas todavía deben ser bastante líquidas.

Variantes y acompañamientos

- Los huevos quedan deliciosos horneados sobre un lecho de hortalizas salteadas (como pisto, por ejemplo), patatas cortadas a dados y ligeramente doradas con cebollas, y espinacas bien cocidas.
- Los acompañamientos deben estar del todo cocidos antes de transferirlos a la fuente y colocar los huevos crudos por encima.
- Entre otras incorporaciones sencillas adiciones puede poner hierbas frescas picadas o unas tiras de beicon crujiente.
- Si lo desea, reparta una cucharada pequeña de crema de leche y pimienta negra molida sobre los huevos antes de hornearlos.

Tortillas

Existen diferentes tipos de tortilla, desde la clásica tortilla doblada con huevos batidos a las tortillas planas y gruesas, como la española o la *frittata* italiana.

Tortilla clásica

1 Para preparar una tortilla para 1 persona, caliente una sartén de fondo grueso de 18 cm. Bata 2 huevos con un tenedor y sazone.

2 Agregue 15 g de mantequilla a la sartén y déjela chisporrotear un momento, sin que se dore; luego, vierta los huevos y remueva con un tenedor.

3 Cuando la tortilla empiece a pegarse a los lados, levante los extremos y deje que el huevo crudo ocupe el espacio vacío.

4 Cuando la tortilla esté casi cuajada y la base esté dorada, separe los extremos y sacuda la sartén con fuerza para deslizar la tortilla por el fondo.

5 Añada el relleno (queso rallado o champiñones salteados, por ejemplo), si lo hay, y doble el extremo más alejado de la tortilla hacia usted. Sacuda la sartén para deslizar la tortilla al plato y sírvala.

Tortillas perfectas

- No añada mantequilla hasta que la sartén esté bien caliente, pues se doraría demasiado.
- Bata los huevos ligeramente.
- Cuézalos a fuego vivo.

Tortilla de patatas y chorizo

Para 4 personas necesita 6 cucharadas de aceite de oliva, 450 g de patatas cortadas a rodajas muy finas, 225 g de cebollas a rodajas muy finas, 2 dientes de ajo picados, 50 g de chorizo a tiras, 6 huevos, sal y pimienta negra molida.

1 Caliente el aceite en una sartén antiadherente de 18 cm. Agregue las patatas, la cebolla y el ajo, y mezcle bien. Tape y cueza a fuego suave 15 minutos, removiendo de vez en cuando hasta que la patata esté blanda. Sale.

2 Agregue el chorizo. Bata los huevos y salpiméntelos, viértalos en la sartén y cuézalos unos 5 minutos hasta que los extremos empiecen a dorarse y el huevo haya cuajado en sus tres cuartas partes.

3 Coloque la tortilla bajo el grill precalentado y dore la superficie rápidamente. Retire del calor y deje enfriar. Retire la tortilla de la sartén y córtela en porciones.

Soufflés

Los soufflés, ligeros y esponjosos, se preparan con claras de huevo batidas mezcladas con una crema, que puede ser dulce o salada. Para que suban bien, utilice un molde de soufflés tradicional de paredes rectas.

Soufflé de queso

Para 4 personas necesita 25 g de mantequilla (más un poco para engrasar), 1 cucharada de parmesano recién rallado, 200 ml de leche, 6 granos de pimienta negra, unas rodajas de cebolla y zanahoria, 1 hoja de laurel, 2 cucharadas de harina común, 2 cucharaditas de mostaza de Dijon, una pizca de pimienta de Cayena, 4 huevos separados más 1 clara, 75 g de queso cheddar curado y finamente rallado, sal y pimienta negra molida.

1 Engrase con mantequilla 4 moldes para soufflé individuales o *ramequins*. Cubra el fondo y las paredes con el parmesano. Ponga la leche, la pimienta, zanahoria, cebolla y hoja de laurel en un cazo. Lleve a ebullición, retire del fuego y tape; reposar 30 minutos. Filtre. Precaliente el horno a 180 °C (160 °C en uno de convección).

2 Derrita la mantequilla en una cacerola. Mézclela con la harina y la mostaza. Añada la sal, la pimienta y la Cayena, y cueza 1 minuto sin dejar de remover. Retire del fuego y mezcle con la leche. Lleve lentamente a ebullición y cueza removiendo hasta que se espese. Deje enfriar un poco y bata la mezcla con las yemas; añádalas de una en una. Mezcle con el queso, del que habrá reservado 1 cucharada.

3 Bata las claras hasta el punto de nieve.

4 Mezcle una cucharada de claras con la salsa y agréguele el resto de las claras.

5 Reparta la preparación en los moldes. Espolvoree con el queso. Cueza hasta que los soufflés estén dorados.

Soufflés perfectos

- Pase un cuchillo alrededor de las paredes internas del molde justo antes de hornear para obtener el clásico efecto de «sombrero».
- Para preparar los suflés con antelación, siga la receta hasta el final del paso 2 y deje reposar varias horas antes de hornear.
- Asegúrese de que tiene una salsa bien aromatizada y condimentada ya que las claras atenúan el sabor.
- Cuando mezcle la salsa y las claras, no aplaste el aire de estas últimas.

Merengues

Dulces y fáciles de preparar, los merengues caseros sólo llevan dos ingredientes: claras de huevo y azúcar, pero tienen un frescor único. Se conservan bien si se guardan de forma adecuada.

Merengues sencillos

Para 12 merengues, necesita 3 claras medianas y 175 g de azúcar blanquilla.

1 Precaliente el horno a 170 °C (150 °C en uno de convección). Cubra una placa de hornear con papel sulfurizado. Coloque las claras en un cuenco grande y limpio.

2 Bátalas hasta que formen picos blandos. Agregue una cucharada de azúcar y bata hasta que estén brillantes.

3 Vaya añadiendo el azúcar cucharada a cucharada, batiendo bien tras cada adición, hasta incorporar la mitad. La mezcla debe estar espesa y brillante.

4 Espolvoree la mezcla con el resto del azúcar y mezcle cuidadosamente con una cuchara metálica.

5 Con una cucharilla de postre en cada mano, tome una cucharada de la mezcla en una cuchara y raspe la otra contra la mezcla para desprenderla. Repita el proceso varias veces hasta obtener una forma ovalada. Con la cuchara vacía empuje el óvalo hacia la placa; sosténgala justo sobre ésta para que la mezcla no caiga desde una gran altura. Continúe de esta forma hasta preparar los 12 merengues restantes.

6 Coloque los merengues en el horno y hornee 15 minutos, apague el horno y deje dentro los merengues para que se sequen durante toda la noche.

Variantes

- Para aromatizar los merengues, añada 1 cucharadita de extracto de vainilla o 50 g de almendras molidas o avellanas tostadas.
- Puede añadir un poco de colorante alimentario para que adquieran un tono rosa pálido, lila, etc.
- Puede moldear los merengues con una manga pastelera en vez de cucharas.

- Si escalfa los merengues, quedarán lo bastante blandos como para servir sobre una crema, postre que se conoce como «Islas flotantes». Para escalfar merengues, déles forma de óvalos con dos cucharas soperas y escálfelos en una cacerola con agua por debajo del punto de ebullición unos 3 minutos.

Merengues perfectos

- Es preferible hornear los merengues por la noche, o cuando sepa que no va a necesitar el horno, pues deben dejarse secar dentro varias horas (con el horno apagado).
- Antes de empezar a prepararlos, ponga a calentar el agua en una cacerola y forre una placa de hornear grande con papel sulfurizado o una esterilla de silicona.
- Asegúrese de que el cuenco mezclador está del todo limpio, pues el mínimo resto de grasa puede provocar que las claras no suban de forma adecuada. La batidora eléctrica también debe estar perfectamente limpia.
- Si va a utilizar una batidora mezcladora de pie con las varillas para batir en vez de la batidora manual, coloque el cuenco sobre una cacerola con agua recién alcanzado el punto de ebullición. Séquelo bien y ajústelo de nuevo en el aparato.
- No se apresure durante el proceso de batido. Si las claras no están lo bastante batidas, no mantendrán su forma al hornearse.

Pavlova

Esta variante de merengue presenta una textura diferente gracias a la incorporación de vinagre y maicena, que lo ablandan y eliminan la textura más crujiente de los merengues habituales.

Necesita 4 claras de huevos medianos, 225 g de azúcar moreno claro, 1 cucharada de maicena, 1 cucharada de extracto de vainilla y 2 cucharaditas de vinagre de vino blanco.

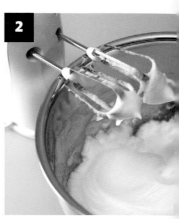

1 Precaliente el horno a 130 °C (110 °C en uno de convección). Prepare una placa para hornear y un papel sulfurizado grandes. Dibuje un círculo de unos 20 cm sobre el papel, dé la vuelta a este último y colóquelo sobre la placa.

2 Sobre un cuenco libre de grasa, bata las claras hasta que empiecen a formar picos.

3 Agregue el azúcar, 1 cucharada a la vez, hasta que la mezcla esté espesa y brillante. Mezcle en un cuenco pequeño la maicena, la vainilla y el vinagre, y reparta sobre la mezcla de merengue. Bata otro minuto.

4 Disponga un copito de merengue bajo cada esquina del papel para asegurarlo a la placa. Con una cuchara metálica dibuje un anillo de merengue en el interior del círculo. Llénelo con merengue, luego aplástelo lo más homogéneamente posible con un cuchillo paleta o espátula.

5 Hornee hasta que el merengue esté firme en los extremos, pero un poco blando en el centro (aproximadamente 1 ½ horas). Déjelo enfriar.

Coberturas para la pavlova

1 Bata 280 ml de crema de leche espesa hasta que mantenga la forma y extiéndala sobre la pavlova ya horneada.

2 Cubra con frutas frescas estacionales, como fresas, frambuesas y arándanos. También puede añadir mango picado y un racimo de grosellas, o bien rodajas de kiwi y granos de uva blanca partidos.

Masas

Las masas se pueden utilizar para un sinfín de preparaciones y son tan versátiles como fáciles de preparar. Lo único que debe recordar cuando trabaje con ellas es que debe hacerlo con rapides y suavidad.

Tortitas

Para preparar 8 tortitas necesita 125 g de harina común, una pizca de sal, 1 huevo mediano, 300 ml de leche, y aceite o mantequilla para freír.

1 Tamice la harina y la sal, haga un hueco en el centro y bata con el huevo. Incorpore la leche, batiendo, y deje reposar 20 minutos. Caliente una sartén y cúbrala con grasa. Vierta una capa de masa.

2 Cueza 1 ½ - 2 minutos hasta que esté dorada y déle la vuelta con cuidado.

Scones

Para 15-18, necesita 125 g de harina con levadura incorporada, 2 cucharadas de azúcar blanquilla, 1 huevo mediano batido, 150 ml de leche y un poco de aceite vegetal para engrasar.

1 Mezcle en un cuenco la harina con el azúcar. Haga un hueco en el centro y mezcle el huevo con leche hasta obtener la consistencia de la crema de leche espesa.

2 Ponga aceite en una plancha o sartén de fondo grueso y caliéntela a fuego medio alto. Deje caer un poco de la masa formando pequeños círculos sobre la plancha o sartén, y cueza a calor uniforme hasta que aparezcan unas burbujas sobre la superficie (2-3 minutos).

3 Dé la vuelta a los *scones* y cuézalos otros 2-3 minutos. Transfiéralos a un paño limpio. Cubra con otro paño limpio para mantenerlos jugosos y continúe cociendo el resto hasta finalizar la masa.

Piperade

PARA 4 PERSONAS

2 cucharadas de aceite de oliva

1 cebolla mediana finamente picada

1 diente de ajo finamente picado

1 pimiento rojo sin semillas y picado

*375 g de tomates, pelados sin semillas
    y picados*

una pizca de pimienta de Cayena

8 huevos grandes

sal y pimienta negra molida

perejil finamente picado para adornar

TIEMPO DE PREPARACIÓN 20 minutos

TIEMPO DE COCCIÓN 20 minutos

POR PORCIÓN

232 calorías

17 g de grasas (de las cuales 4 g saturadas)

7 g de hidratos de carbono

0,4 g de sal

TÉCNICAS

Véase también hortalizas
(págs. 170-182)

1 Caliente el aceite en una sartén de fondo grueso. Agregue la cebolla y el ajo, y cueza 5 minutos a fuego lento. Añada el pimiento rojo y cueza 10 minutos o hasta que se ablande.

2 Incorpore los tomates, suba el fuego y cueza hasta que estén reducidos a una pulpa espesa. Sazone bien con la pimienta de Cayena y salpimiente.

3 Bata los huevos ligeramente y agréguelos a la sartén. Muévalos con una cuchara de madera hasta que empiecen a cuajarse, pero todavía estén cremosos. Adorne con el perejil y sirva enseguida.

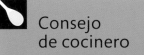

Consejo de cocinero

Para un *brunch* sustancioso, sirva la *piperade* con una *baguette* crujiente.

Huevos cremosos horneados

PARA 4 PERSONAS

mantequilla para engrasar

4 tomates secados al sol

4 huevos medianos

4 cucharadas de crema de leche espesa

sal y pimienta negra recién molida

TIEMPO DE PREPARACIÓN 5 minutos

TIEMPO DE COCCIÓN 15-18 minutos

POR PORCIÓN

161 calorías

14 g de grasas (de las cuales 7 g saturadas)

3 g de hidratos de carbono

0,2 g de sal

TÉCNICAS

Véase también hornear huevos
(pág. 55)

1 Precaliente el horno a 180 °C (160 °C en uno de convección). Engrase 4 moldes refractarios individuales o *ramequins*.

2 Ponga 1 tomate en cada molde y salpimiente. Casque 1 huevo por encima con cuidado y rocíe cada huevo con 1 cucharada de crema de leche.

3 Hornee 15-18 minutos. Los huevos continuarán cociéndose una vez los haya retirado del horno.

4 Deje reposar 2 minutos antes de servir.

Frittata de setas variadas

1 Caliente el aceite en una sartén grande y honda dispuesta a fuego medio. Agregue las setas y el tomillo, y saltee 4-5 minutos hasta que empiecen a ablandarse y dorarse. Mezcle con el zumo y la cáscara de limón, y deje hervir 1 minuto. Baje el fuego.

2 Precaliente el grill. Agregue los berros a los huevos batidos, salpiméntelos y agréguelos a la sartén. Cueza sobre el fuego unos 7-8 minutos o hasta que los lados estén firmes, pero el centro esté todavía un poco blando.

3 Transfiera la sartén bajo el grill y cueza 4-5 minutos más hasta que la tortilla esté justo cuajada. Córtela en porciones y sirva.

Consejo de cocinero

Esta *frittata* sabe especialmente bien acompañada con pan integral y una ensalada verde.

Ensalada tibia de huevos y lentejas

PARA 4 PERSONAS

1 cucharada de aceite de oliva

1 cebolla, 1 zanahoria y 1 tallo de apio finamente picados

2 pimientos rojos sin semillas y picados no muy finos

200 g de champiñones a rodajas

200 g de lentejas enjuagadas y escurridas

600 ml de caldo de hortalizas caliente

4 huevos medianos

100 g de espinacas

2 cucharadas de vinagre balsámico de calidad

pimienta negra molida

TIEMPO DE PREPARACIÓN 20 minutos
TIEMPO DE COCCIÓN 35-40 minutos

POR PORCIÓN

310 calorías

10 g de grasas (de las cuales 2 g saturadas)

33 g de hidratos de carbono

0,3 g de sal

TÉCNICAS

Véase también hortalizas (págs. 170-182), lentejas (pág. 243)

1 Caliente el aceite en una cacerola grande. Agregue la cebolla, la zanahoria y el apio, y cueza 5 minutos. Incorpore las setas y los pimientos. Tape y cueza 5 minutos más. Mezcle la preparación con las lentejas y el caldo. Lleve a ebullición y cueza a fuego lento y con la cacerola tapada 25-30 minutos.

2 Mientras, ponga a hervir agua en otra cacerola. Casque los huevos en el agua y cuézalos 3-4 minutos. Retírelos con una cuchara perforada, escúrralos sobre papel de cocina y resérvelos al calor.

3 Un par de minutos antes de finalizar la cocción de las lentejas, añada las espinacas y cueza hasta que se ablanden. Mezcle con el vinagre. Reparta entre cuatro platos y cubra cada uno con un huevo escalfado. Sazone con pimienta y sirva.

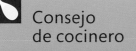

Consejo de cocinero

Para obtener el mejor sabor, utilice un caldo de hortalizas de calidad, o bien prepárelo usted mismo.

Empanada de salmón y espárragos

PARA 6-8 PERSONAS

275 g de harina, más un poco para espolvorear

200 g de mantequilla fría a dados

1 huevo grande batido, más 1 grande
para glasear

Para el relleno

2 huevos grandes y 2 yemas grandes batidos

200 ml de crema acidificada

3 cucharadas de eneldo finamente picado

25 g de mantequilla

200 g de champiñones pequeños a rodajas

150 g de yemas de espárragos

450 g de filete de salmón fresco a tiras
anchas de 11 cm de longitud

TIEMPO DE PREPARACIÓN 40 minutos,
más 1 ½ horas de enfriado

TIEMPO DE COCCIÓN 1 hora 10 minutos

POR PORCIÓN

782 calorías por porción para 6 personas

59 g de grasa (de las cuales 32 g saturadas)

37 g de hidratos de carbono

0,8 g de sal

587 calorías por porción para 8 personas

45 g de grasas (de las cuales 24 g saturadas)

28 g de hidratos de carbono

0,6 g de sal

TÉCNICAS

Véase también pasta (pág. 278)

Consejo de cocinero

- Para comprobar si la empanada está cocida, inserte una broqueta en el centro durante 30 segundos; debe sentirla caliente al retirarla.
- Déjela enfriar 1 hora para servirla caliente, o 3 horas para servirla a temperatura ambiente.

1 Bata la harina, la mantequilla y la sal en el robot. Agregue 1 huevo y 2 cucharadas de agua fría, y accione el aparato hasta que se amalgamen. Amase. Corte un tercio de la masa, envuelva las partes y refrigere 30 minutos.

2 Precaliente el horno a 200 °C (180 °C en uno de convección). Extienda el trozo grande de masa hasta formar un círculo de 28 cm de diametro. Forre con él una tartera de base desmontable de 20 cm de diámetro y 5 cm de altura, y pinche la base con un tenedor. Forre el molde con papel sulfurizado y ponga encima unas judías para hornear. Hornee el fondo de tarta durante 25 minutos. Retire el papel y las judías, pincele la pasta con huevo batido y cueza 5-10 minutos hasta que la pasta casi esté cocida. Déjela enfriar.

3 Para preparar el relleno, mezcle los huevos enteros, la crema acidificada y el eneldo, y sazone. Derrita la mantequilla y saltee los champiñones 1-2 minutos. Sazone y enfríe. Vierta los espárragos en agua hirviendo, devuelva el líquido a ebullición y escúrralos. Refrésquelos con agua fría. Coloque la mitad del pescado en el fondo de tarta y disponga las hortalizas por encima hasta llegar a 1 cm de la altura del molde. Pincele el borde de pasta con huevo batido. Corte el resto de la pasta hasta formar un círculo de 25 cm, colóquelo encima del relleno y selle los bordes. Pincele la superficie con huevo. Haga un agujero para que salga el vapor. Hornee la empanada 40 minutos.

Soufflés horneados dos veces

PARA 8 PERSONAS

25 g de almendras molidas

*50 g de mantequilla, más un poco
   para engrasar*

250 g de ramitos de coliflor

150 ml de leche

40 g de harina

75 g de queso cheddar finamente rallado

*75 g de queso emmental finamente
   rallado*

3 huevos grandes separados

285 ml de crema de leche espesa

1 cucharadita de mostaza en grano

sal y pimienta recién molida

hojas de roqueta y tomates cereza para servir

*aceite de oliva y vinagre balsámico
   para rociar*

TIEMPO DE PREPARACIÓN 20 minutos

TIEMPO DE COCCIÓN 1 ¼ horas

POR PORCIÓN

385 calorías

35 g de grasas (de las cuales 20 g
   saturadas)

7 g de hidratos de carbono

0,7 g de sal

TÉCNICAS

Véase también coliflor (pág. 180),
separar huevos (pág. 52).

Consejo de congelación

Prepare la receta hasta el final del paso 3, envuelva por separado y congele.
Para servir Complete la receta. Cueza los soufflés congelados a 200 °C (180 °C en un horno de convección) 25-30 minutos hasta que esté dorado.

1 Precaliente el horno a 180 °C (160 °C en uno de convección). Tueste las almendras bajo el grill. Engrase y forre 8 moldes individuales refractarios o *ramequins* con papel sulfurizado. Espolvoréelos con las almendras.

2 Cueza la coliflor en agua salada hirviendo 5-10 minutos hasta que se ablande. Escúrrala, sumérjala en agua helada y escúrrala de nuevo, luego bátala con la leche 2-3 minutos hasta que la mezcla quede homogénea. Derrita la mantequilla en una cacerola, agregue la harina y mezcle hasta obtener una pasta lisa, incorpore el puré de coliflor, mezcle y lleve a ebullición. Deje enfriar, incorpore los quesos sin dejar de batir y luego las yemas. Sazone.

3 Bata las claras a punto de nieve y mézclelas con la preparación anterior. Reparta la mezcla en los moldes, colóquelos en una fuente para asar y vierta agua caliente hasta alcanzar la mitad de las paredes de los moldes. Hornee 20-25 minutos hasta que la mezcla esté firme al tacto. Apague el horno. Retire los moldes de la fuente y déjelos enfriar por completo. Pase un cuchillo alrededor del borde interno de los soufflés y vuélquelos sobre una placa.

4 Precaliente el horno a 200 °C (180 °C en uno de convección). Vierta la crema de leche en una cacerola ancha, hiérvala y déjela burbujear hasta que esté almibarada. Añada la mostaza y sazone. Vierta crema sobre los soufflés y hornéelos 15-20 minutos. Acompáñelos con hojas de roqueta y tomates cereza.

Budín salado

PARA 6 PERSONAS

*150-175 g de pan blanco cortado
a rebanadas gruesas (como
el de masa ácida), con su corteza*
65 g de mantequilla ablandada
mostaza de Dijon
*200 g de jamón en lonchas picado
no muy fino*
140 g de queso cheddar curado y rallado
575 ml de leche entera
5 huevos grandes batidos
una pizca de nuez moscada recién rallada
*2 cucharadas de hierbas frescas picadas,
como perejil, mejorana o tomillo*
sal y pimienta negra molida

TIEMPO DE PREPARACIÓN 15 minutos,
más 15 minutos de remojo
TIEMPO DE COCCIÓN 1-1 ¼ horas

POR PORCIÓN
411 calorías
28 g de grasas (de las cuales 15 g
saturadas)
17 g de de hidratos de carbono
2,2 g de sal

1 Unte el pan generosamente con mantequilla y luego con un poco de mostaza. Coloque la mitad de las rebanadas en la base de una fuente refractaria de 2 l de capacidad. Cubra con el jamón y la mitad del queso, y luego con el resto de pan de manera que la cara de la mantequilla quede hacia arriba. Bata juntos la leche, los huevos, la nuez moscada y abundante sal y pimienta. Mezcle con las hierbas, vierta luego poco a poco la mezcla resultante sobre el pan. Reparta el resto del queso por encima y deje remojar unos 15 minutos. Mientras, precaliente el horno a 180 °C (160 °C en uno de convección).

2 Coloque la fuente dentro de otra de mayor tamaño, vierta agua caliente hasta alcanzar la mitad de su altura y hornee 1-1 ¼ horas o hasta que el soufflé esté hinchado y dorado, y justo cuajado en el centro.

Tortitas de canela

PARA 6 PERSONAS

140 g de harina

¼ cucharadita de canela molida

1 huevo mediano

300 ml de leche semidescremada

aceite de oliva para freír

compota de frutas o azúcar para servir

TIEMPO DE PREPARACIÓN 25 minutos

TIEMPO DE COCCIÓN 20 minutos

POR PORCIÓN

148 calorías

6 g de grasas (de las cuales 1 g saturadas)

21 g de hidratos de carbono

0,1 g de sal

TÉCNICAS

Véase también tortitas (pág. 61),
compota de frutas (pág. 214),
freír frutas (pág. 214),
hornear frutas (pág. 216)

1 Bata en un cuenco grande la harina con la canela, el huevo y la leche hasta obtener una masa homogénea. Déjela reposar 20 minutos.

2 Caliente 1 cucharadita de aceite en una sartén de fondo grueso dispuesta a fuego medio. Vierta un cucharón de masa y sacuda la sartén hasta recubrir el fondo de la misma con una capa homogénea. Cueza la tortita 1 minuto o hasta que esté dorada. Déle la vuelta y cuézala 1 minuto por el otro lado. Repita la operación con el resto de la masa, añadiendo más aceite si fuese necesario para obtener seis tortitas. Sírvalas con una compota de frutas o bien espolvoréelas con azúcar.

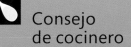

Consejo de cocinero

El secreto para preparar tortitas consiste en asegurarse de que la sartén está realmente caliente antes de empezar a cocinarlas. La primera siempre queda gomosa, pero no se preocupe: haga otra y ya verá como le queda bien.

Crema de naranja horneada

PARA 6 PERSONAS

la cáscara de 1 naranja

450 ml de leche

140 ml de crema de leche espesa

*75 g de miel clara (véase consejo
   de cocinero)*

2 huevos grandes, más 4 yemas grandes

25 g de azúcar blanquilla

tiras de cáscara de naranja para decorar

TIEMPO DE PREPARACIÓN 10 minutos,
más 30 minutos para la infusión
y 15 minutos de enfriado

TIEMPO DE COCCIÓN 50 minutos,
más 6 horas como mínimo de enfriado

POR PORCIÓN

294 calorías

21 g de grasas (de las cuales 11 g
   saturadas)

18 g de hidratos de carbono

0,2 g de sal

TÉCNICAS

Véase también cortar cáscaras
de cítricos (pág. 207),
separar huevos (pág. 52)

1 Ponga la cáscara de naranja, la leche y la crema en una cacerola y lleve a ebullición. Retire del fuego y deje en infusión 30 minutos.

2 Precaliente el horno a 150 °C (130 °C en uno de convección). Introduzca un molde para soufflé de 1,7 l de capacidad, o 6 moldes para soufflé individuales o *ramequins,* en el horno para calentarlos. Ponga a hervir la miel en un cazo de fondo grueso. Déjela burbujear 2-3 minutos hasta que empiece a caramelizarse (*véase* consejo de cocinero). Vierta el caramelo en los moldes calientes y gírelos hasta recubrir las bases. Reserve para que el caramelo se enfríe y endurezca.

3 Coloque en un cuenco las yemas, los huevos y el azúcar, y bata hasta que la mezcla esté homogénea. Incorpórele la leche infusionada, mezcle bien y filtre sobre el molde (o moldes).

4 Ponga el molde o moldes en una fuente para asar de mayor tamaño y vierta agua caliente hasta alcanzar la mitad de su altura. Hornee 1 h y 10 minutos para el molde grande, o 45-50 minutos para las tazas o moldes, hasta que la preparación esté justo cuajada en el centro (*véase* consejo de cocinero). Deje enfriar y refrigere 6 horas como mínimo o toda la noche. Decore con la cáscara de naranja.

Consejo de cocinero

- Elija una miel de flores de sabor medio, como la de lavanda o flor de azahar (las más fuertes podrían dominar el sabor del postre).
- La miel debe cocerse a un punto de caramelo marrón dorado, pues si se oscurece más queda amarga.
- La crema puede estar no del todo cuajada al finalizar la cocción, pero no se preocupe, cuajará durante el enfriado.

Gratín de mango con sabayón

PARA 6 PERSONAS

3 mangos grandes maduros

5 yemas de huevo medianas

6 cucharadas de azúcar moreno dorado

300 ml de cava

*6 cucharadas de azúcar mascabado
    oscuro para espolvorear*

lenguas de gato o pastas para acompañar

TIEMPO DE PREPARACIÓN 5 minutos

TIEMPO DE COCCIÓN 10 minutos,
más 10 minutos opcionales de reposo

POR PORCIÓN

249 calorías

5 g de grasas (de las cuales 1 g saturadas)

45 g de hidratos de carbono

0 g de sal

TÉCNICAS

Véase también mangos (pág. 210),
separar huevos (pág. 52)

1 Corte los mangos a rodajas y colóquelos en 6 cuencos de servicio. Bata las yemas y el azúcar en un cuenco grande dispuesto sobre una cacerola con agua apenas hirviendo, hasta que la mezcla esté espesa y al caer forme cintas blandas. Agregue el cava y continúe batiendo hasta que la mezcla espese y quede espumosa. Retire del calor.

2 Vierta el sabayón sobre los mangos, espolvoree con el azúcar mascabado y luego queme con el soplete para caramelizar el azúcar, o bien deje reposar 10 minutos para que se derrita. Sirva con las pastas.

Toques finales

Puede preparar unas pastas crujientes para servir este postre. Pruebe las pastas de vainilla (pág. 333) o las de jengibre (pág. 335).

Empanada merengada de frambuesas

PARA 8 PERSONAS

8 bizcochos de soletilla

450 g de frambuesas ligeramente
  aplastadas

2-3 cucharadas de licor de frambuesas

3 claras de huevo medianas

150 g de azúcar moreno dorado

TIEMPO DE PREPARACIÓN 15 minutos
TIEMPO DE COCCIÓN 8 minutos

POR PORCIÓN

176 calorías

2 g de grasas (de las cuales 1 g saturadas)

37 g de hidratos de carbono

0,1 g de sal

TÉCNICAS

Véase también separar huevos (pág. 52),
bayas (pág. 209)

1 Precaliente el horno a 230 °C (210 °C en uno de convección).
Disponga los bizcochos en el fondo de una fuente refractaria
de 2 l de capacidad. Extienda las frambuesas por encima y rocíe con el licor.

2 Bata las claras de huevo en un cuenco limpio hasta que estén a punto
de nieve. Incorpore poco a poco el azúcar hasta que la mezcla quede
homogénea y brillante. Repártala sobre las frambuesas y hornee 6-8 minutos
hasta que esté dorada.

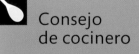

Consejo de cocinero

Si no tiene licor de frambuesas,
emplee otro licor a base de frutas,
como el Grand Marnier.

Pastel merengado de avellanas

PARA 8 PERSONAS

aceite para engrasar

175 g de avellanas peladas y tostadas

3 claras de huevo grandes

175 g de azúcar moreno dorado

250 g de queso mascarpone

285 ml de crema de leche espesa

*3 cucharadas de licor Baileys, más un poco
    para servir*

140 g de frambuesas congeladas

340 g de gelatina de grosellas

TIEMPO DE PREPARACIÓN 10 minutos,
más el enfriado

TIEMPO DE COCCIÓN unos 30 minutos

POR PORCIÓN

598 calorías

38 g de grasas (de las cuales 16 g
    saturadas)

57 g de hidratos de carbono

0,1 g de sal

TÉCNICAS

Véase también tostar frutos secos (pág. 218),
separar huevos (pág. 52)

1 Precaliente el horno a 190 °C (170 °C en uno de convección). Engrase con aceite dos moldes para bizcocho de paredes rectas de 18 cm de diámetro y forre la base con papel sulfurizado. Pique finamente las avellanas en el robot.

2 Ponga las claras de huevo en un cuenco limpio y bátalas hasta que estén a punto de nieve. Incorpóreles, sin dejar de batir, el azúcar cucharada a cucharada y luego agregue la mitad de las avellanas con una cuchara metálica. Divida la mezcla entre los dos moldes y extiéndala bien. Hornee en el centro del horno unos 30 minutos y deje enfriar en los moldes otros 30 minutos.

3 Para preparar el relleno, coloque el queso en un cuenco y bátalo con la crema y el licor hasta que la mezcla esté lisa. Ponga las frambuesas y la gelatina en un cuenco y caliente a fuego lento. Tamice la mezcla.

4 Con un cuchillo paleta desprenda los extremos de los merengues y vuélquelos sobre una rejilla metálica. Pele el papel sulfurizado y retírelo. Coloque una lámina grande de papel sulfurizado sobre la superficie de trabajo y disponga encima un merengue con el lado plano hacia abajo. Extienda un tercio de la mezcla de mascarpone sobre el merengue y luego reparta el puré de frambuesas. Cubra con el otro merengue y recubra el conjunto con el resto del mascarpone. Esparza por encima las avellanas restantes. Traslade con cuidado el pastel a una fuente de servicio y rocíelo con más licor (opcional).

Consejo de congelación

Si congela el merengue queda un poco más blando, pero no menos sabroso. Prepare el dulce hasta el final del paso 4, pero no lo coloque en la fuente ni lo rocíe con más licor. Levante el merengue con el papel, deposítelo en el congelador y déjelo hasta que se solidifique. Una vez sólido, colóquelo en un recipiente apto para congelar y congélelo hasta un mes.
Para servir Descongele toda la noche en la nevera; luego complete la receta.

PESCADOS Y MARISCOS

Deliciosos y saludables, pero a veces intimidantes para el cocinero doméstico, en este capítulo se muestra lo fácil que resulta preparar y cocinar pescados y mariscos. Las instrucciones, enseñan paso a paso todas las técnicas básicas para preparar y cocinar el pescado, tales como pelar y abrir en «mariposa» colas de langostinos, retirar la carne de cangrejos y bogavantes, cocinar almejas y mejillones, abrir vieiras y ostras, así como limpiar y preparar calamares, sepias y pulpos. Las recetas que se incluyen ilustran todas estas técnicas, con preparaciones como broquetas de rape, langostinos y lima, pasteles de cangrejo con mayonesa, atún con arroz al cilantro, langostinos salteados con col, pescado y patatas fritas, empanada de pescado ahumado y curry tailandés de marisco.

Pescados redondos

Entre los pescados de cuerpo redondo cabe destacar el bacalao, el arenque, la caballa y la trucha. Lo normal es que se los vendan ya limpios, pero es muy simple vaciarlos, eviscerarlos y filetearlos uno mismo.

Limpiar y desespinar

1 Corte las aletas con unas tijeras. Con el lado plano de un cuchillo raspe el pescado trabajando de la cola a la cabeza y lávelo para desprender las escamas (la piel, una vez descamada debe quedar lisa).

2 Inserte un cuchillo afilado en la base del vientre y corte a lo largo hasta debajo de las agallas. Retire las entrañas. Utilice unas tijeras para retirar cualquier resto. Corte con el cuchillo a lo largo de la vena situada bajo la espina dorsal. Lave la cavidad bajo un chorro de agua fría.

3 Trabajando desde el vientre del pescado, corte a lo largo de un lado de la espina dorsal y retire tantas espinas como le sea posible, separando la espina de la carne.

4 Dé la vuelta al pescado y repita la operación en el otro lado de la espina dorsal. Córtela con unas tijeras y tírela.

Filetear

1 Con ayuda de un cuchillo muy afilado, corte la carne contra la espina dorsal justo por debajo de la cabeza.

2 Trabajando desde el final de la cabeza, inserte el cuchillo entre la carne y las espinas en el lomo del pescado.

3 Sosteniendo el cuchillo plano contra las espinas, corte hacia la cola hasta separar toda la carne a lo largo del pescado.

4 Levante la porción de carne y, situando de nuevo el cuchillo plano contra las espinas, corte hasta que la carne quede del todo separada de las espinas; retire el filete.

5 Dé la vuelta al pescado y repita la operación en el otro lado, trabajando de nuevo desde la cabeza a la cola, para retirar el segundo filete del pescado.

Consejo de cocinero

Algunos cocineros encuentran más fá retirar el segundo filete manteniendo el pescado con la parte no desespina hacia abajo y pasando el cuchillo baj la espina dorsal.

Pescados planos

Las técnicas son apropiadas para pescados planos como el rodaballo, la solla y el lenguado. Este tipo de pescado se suele filetear a menudo para cocinarlos y a veces se enrollan en torno a un relleno. Para ello, deben despellejarse.

Limpiar y despellejar

1 Para eviscerar el pescado, entalle la piel justo por debajo de la cabeza, donde empieza la bolsa estomacal. Introduzca los dedos y tire de las entrañas; luego, corte el resto con unas tijeras.

2 Los pescados de piel gruesa como el lenguado pueden despellejarse a mano. Practique una incisión cerca de la cola. Introduzca los dedos debajo de la piel hasta que la haya separado lo suficiente como para poder agarrarla.

3 Sosteniendo la cola en una mano, estire la piel en dirección a la cabeza. La piel debe separarse en una sola pieza.

4 Los pescados de piel más fina pueden filetearse primero y luego despellejarse con un cuchillo. Coloque el filete sobre la superficie de trabajo con la piel hacia abajo y la cola hacia usted. Realice un corte en la carne de la cola lo bastante profundo como para llegar a la piel, y levante una pequeña parte de la carne con el cuchillo.

5 Sostenga el cuchillo contra la piel de modo que forme un ángulo casi paralelo con la superficie de trabajo, y trabaje entre la carne y la piel hasta retirar la piel en una sola pieza.

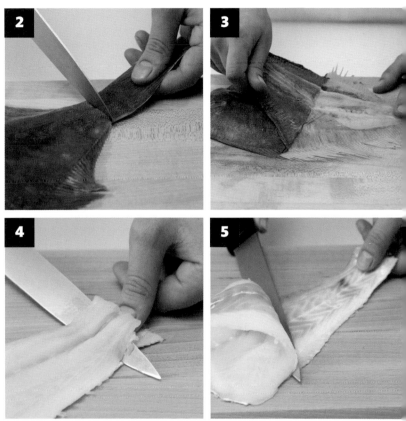

Filetear

1 Inserte un cuchillo afilado entre la piel y las espinas de un lado de la espina dorsal. Sosteniendo el cuchillo de forma casi paralela a la espina, corte entre ésta y la carne hasta separar el filete. Gire al pescado y repita la operación en el otro lado.

2 Dé la vuelta al pescado y repita la operación en el otro lado. Los pescados pequeños quizás sólo proporcionen dos filetes.

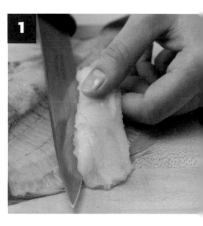

Cocinar el pescado

El pescado es muy versátil y puede cocinarse de muchas formas, desde la sencilla cocción al vapor
y el escalfado a un salteado rápido o una fritura por inmersión, pasando por el asado, horneado y braseado.

Cocer al vapor

Para cocer al vapor pescados pequeños
o bien troceados, el cestillo de bambú
grande tradicional ofrece buenos
resultados, pero para trozos más grandes
es preferible utilizar un wok provisto
de una trébede de bambú o metálica.

1 Disponga el pescado sobre una fuente
refractaria un poco aceitada que pueda
contenerlo con comodidad, y colóquela
dentro de la vaporera.

2 Sazone con sal y pimienta negra
molida o marínelo (*véase* recuadro).

3 Ponga a hervir agua en la vaporera
a fuego medio. Coloque el pescado
en la fuente dentro de la vaporera,
tape y cueza hasta que esté justo
cocido. Cuente unos 10 minutos
de cocción por cada 2,5 cm de grosor.

Escalfar

El pescado puede escalfarse entero
o troceado. Si va a cocer un pescado
grande, como el salmón, necesita
una besuguera. Los más pequeños
o los troceados pueden cocerse en
una sartén grande o en una besuguera.

1 Coloque el pescado en el recipiente
y cúbralo con el líquido para escalfar
(*véase* pág. 35). Debe quedar justo cubierto.

2 Lleve a ebullición y baje el calor
de forma que el líquido apenas se agite.
El pescado necesita unos 10 minutos
de cocción por 2,5 cm de grosor.

3 Retire el pescado, déjelo escurrir
y transfiéralo con cuidado a una fuente
de servicio. Cúbralo con la salsa y sírvalo.

Marinadas

- Puesto que el pescado ya es de por sí tierno, las marinadas se emplean
  para aportar sabor y no para ablandarlo. Por otra parte, debe marinarse
  poco rato (unos 10 minutos suelen ser suficientes).
- Si va a cocinar un pescado entero, entalle la piel en diagonal a ambos lados
  para que la marinada penetre en la carne. Al cocerlo, vaya mojándolo
  con la marinada para realzar el sabor.
- Las marinadas sencillas son quizás las mejores; mezcle por ejemplo aceite vegeta
  salsa de soja y ajo, o aceite de oliva virgen, zumo de limón y escalonias picadas.

Freír un pescado entero

1 Vierta unos 5 mm de aceite en una sartén. Ponga ésta a fuego medio alto. Enharine el pescado y deslícelo con cuidado en el aceite caliente.

2 Cuando esté un poco dorado y la parte inferior esté crujiente, déle la vuelta con dos espátulas. Cuézalo hasta que la segunda cara esté dorada y la carne esté justo cocida.

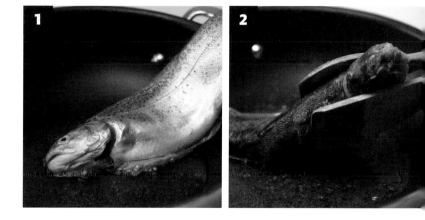

Freír filetes o rodajas

1 Vierta unos 3 mm de aceite en una sartén y caliéntelo a fuego medio alto. Añada el pescado. Si lo desea, puede enharinarlo con antelación.

2 Cueza el pescado unos pocos minutos. Levántelo con unas pinzas para comprobar el color inferior; si está dorado, déle la vuelta y fríalo por el otro lado hasta que esté bien cocido.

Soasar

1 Vierta unos 3 mm de aceite (o una mezcla de aceite y mantequilla clarificada) en una sartén. Añada el pescado a la sartén y fríalo.

2 Fría los pescados de carne firme como el atún o el salmón, o mariscos como las vieiras, a fuego muy vivo para que se cuezan rápidamente, de modo que el interior quede casi crudo y el exterior dorado.

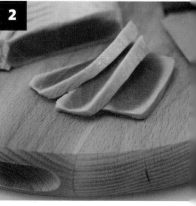

Saltear

Elija un pescado firme como el rape,
ya que otro más delicado podría romperse.

1 Corte el pescado en trozos pequeños.
Caliente un wok o una sartén.

2 Cubra el fondo del recipiente con
aceite. Añada el pescado y cuézalo a fuego
vivo removiendo 2 minutos. Retírelo a una
fuente. Cueza las hortalizas y los aliños.
Devuelva el pescado al recipiente.

Fritura por inmersión

1 Prepare el pescado para freír
(ya sea un pescado pequeño entero
o troceado) y enfríelo. Prepare la harina
condimentada, la masa o cobertura.
Caliente aceite vegetal en una freidora
a 180 °C (compruebe el calor con
un dado pequeño de pan, que deberá
dorarse en 40 segundos). Enharine el
pescado o cúbralo con la masa para freír.

2 Deslice con cuidado el pescado
en el aceite evitando las salpicaduras.
No ponga demasiados trozos a la vez
(si lo hace, la temperatura bajará
y necesitará más tiempo para cocerlo;
además, quedará graso).

3 Cuando el pescado empiece
a dorarse y a estar crujiente, retírelo
con una cuchara perforada y escúrralo
sobre papel de cocina. Sírvalo enseguida
o resérvelo al calor en el horno hasta
que lo haya frito todo.

Masas y coberturas

Harina, huevo y pan rallado Para obtener una cobertura ligera, pase el pescado
por harina sazonada con sal y pimienta. Para una cobertura crujiente, pase
el pescado enharinado por huevo batido y luego por pan rallado seco.
Masa para freír Necesitará 125 g de harina tamizada, una pizca de sal, 1 huevo media
y 150 ml de leche. Mezcle la harina, la sal, el huevo y la leche suficiente para obtener
una masa que cubra ligeramente el dorso de una cuchara; bátala hasta que quede
homogénea. Sumerja el alimento en la masa, escúrralo un poco y agréguelo al aceite ca
Masa para tempura Para esta masa delicada necesita 125 g de harina, 125 g
de maicena, una pizca de sal, 1 yema de huevo mediana y 300 ml de agua con gas.
Bata un poco los ingredientes (la masa debe quedar grumosa). Fría los alimentos
por inmersión en el aceite a 170 °C (un dado de pan debe dorarse en 40 segundos).

Asar

Los pescados firmes deben tener al menos 4 cm de grosor.

1   Precaliente el horno a 190 °C (170 °C en uno de convección). Colóquelo sobre una placa de hornear aceitada.

2   Bata juntas 2 partes de aceite de oliva por 1 de zumo de limón. Pincele con ello el pescado. Áselo 2 minutos por cada 2,5 cm de grosor.

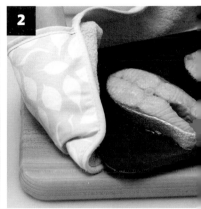

Hornear

Este método es apropiado para cocinar un pescado entero y trozos grandes. Los tiempos de cocción varían de acuerdo con el peso y grosor del pescado. Para hornear un salmón entero para 6-8 personas, necesita 2,5 kg de salmón fileteado, 1 bulbo de hinojo sin el corazón duro y a rodajas, 2 cucharadas de aceite de oliva virgen, 1 limón a rodajas finas, unas ramitas de eneldo, 4 cucharadas de vino blanco seco y pimienta negra.

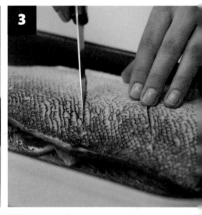

1   Cueza el hinojo en la mitad del aceite de oliva unos 10 minutos o hasta que se ablande. Resérvelo y déjelo enfriar. Mientras, precaliente el horno a 190 °C (170 °C en uno de convección).

2   Retire con unas pinzas los restos de espinas del salmón. Coloque un filete en una fuente para asar con la piel hacia abajo. Ponga encima las rodajas de limón junto con el hinojo, el eneldo y la pimienta negra molida, y empape luego con el vino. Coloque encima el otro filete con la piel hacia arriba.

3   Entalle la piel de modo uniforme a intervalos de 5 cm con un cuchillo afilado. Pincele el pescado con el resto del aceite y cubra con papel de aluminio arrugado las partes carnosas expuestas del pescado.

4   Hornéelo 30-40 minutos o hasta que la piel esté opaca y la carne firme al tacto. Para comprobar si está cocido, deslice un cuchillo en la parte entallada del pescado: la carne debe estar opaca.

5   Sírvalo caliente o frío con patatas nuevas a la menta y mayonesa.

Cocinar el pescado

Brasear

Éste es un buen método cuando se desea un plato consistente con su propia salsa.

Para 4 personas, necesita 1 cucharada de aceite, 15 g de mantequilla, 1 cebolla picada, 2 dientes de ajo picados, 2 cucharadas de perejil y 2 de tomillo fresco picados, 400 g de tomates enlatados y picados, y 1 pescado plano grande, como rodaballo o lenguado, de unos 900 g.

1 Ponga el aceite y la mantequilla en una sartén, y cueza la cebolla y el ajo hasta que se ablanden.

2 Incorpore las hierbas y los tomates a la cacerola y cueza hasta que los tomates se hayan espesado un poco.

3 Coloque el pescado sobre los tomates y reparta parte de éstos por encima. Cueza 5-10 minutos más o hasta que el pescado esté justo cocido.

Pescado braseado perfecto

- Elija un pescado grueso de carne bastante firme si va a cocerlo troceado (el eglef el bacalao, el rape y la merluza y el merlán son buenas opciones). También pued emplear mariscos, sepias y calamares.
- Puede elegir diferentes hortalizas para los platos braseados. Asegúrese de que tod los demás ingredientes estén bien cocidos y sus sabores amalgamados antes de incorporar el pescado.
- Una vez haya colocado éste en el recipiente, no lo mueva demasiado, pues la car se rompe con facilidad. También debe tener cuidado al retirarlo.

Asar al grill

Adecuado para cortes gruesos, pescados pequeños o medianos, así como los planos con su espina dorsal intacta. No despelleje los filetes.

1 Pincele la superficie del pescado con aceite o marínelo (*véase* pág. 78).

2 Ponga el grill a temperatura alta y cueza hasta que el pescado empiece a dorarse; luego, déle la vuelta con cuidado. Cuente 4-5 minutos para los filetes y 10-15 minutos para las rodajas gruesas, los centros y los pescados enteros.

Langostinos

Repletos de sabor e insuperables si se sirven de forma sencilla, los langostinos y las gambas crudos quedan deliciosos simplemente hervidos, cocidos al vapor, salteados, a la parrilla o en sopa. Pueden cocerse enteros o pelados.

Pelar y abrir en «mariposa»

1 Para pelar langostinos, arranque la cabeza y resérvela. Con unas tijeras afiladas, corte a través de la cáscara por el lado del vientre.

2 Separe el caparazón, pero deje la cola unida al langostino (añada los caparazones a las cabezas; puede utilizarlos más tarde para preparar un caldo).

3 Con un cuchillo pequeño y afilado, realice una pequeña incisión a lo largo del lomo del langostino. Con la punta del cuchillo tire y arranque el conducto intestinal que discurre a lo largo del lomo.

4 Para abrir el langostino en forma de «mariposa», córtelo por la mitad a lo largo, desde el extremo de la cabeza a la base de la cola, abriendo el cuerpo.

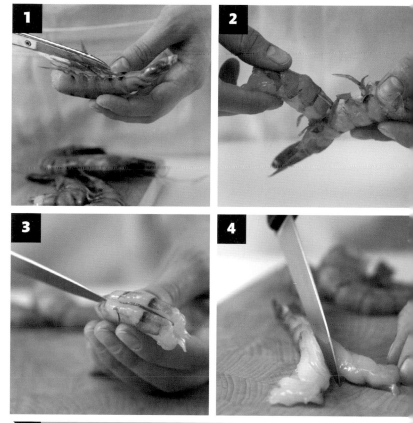

Cigalas y cangrejos de río

- Las cigalas y los cangrejos de río están emparentados con los langostinos y pueden pelarse y utilizarse de la misma forma que éstos. Para retirar la carne de las pinzas de las cigalas, arranque la pinza pequeña y abra la sección principal a lo largo. Retire la carne interna en una sola pieza. Para sacar la carne de un cangrejo de río grande, rómpalo con un martillo o un cascador de bogavante y retire la carne.
- Las cigalas están en su mejor punto tan sólo hervidas o cocidas al vapor, y degustadas al natural. También pueden usarse en sopas de mariscos.
- Los cangrejos de río se pueden vender vivos y cocidos. Para cocerlos, hiérvalos en un caldo corto 5-10 minutos. Retírelos y déjelos enfriar. Cómalos al natural o en una sopa.

Cangrejos

El sabor sorprendente de los cangrejos frescos es exquisito; además, se venden un precio razonable. Evite los ejemplares congelados, cuya carne queda aguada, y prepárelos usted mismo para obtener el mejor sabor.

Preparar y cocinar

1 Los cangrejos vivos deben sacrificarse antes de cocinarlos. Coloque el cangrejo sobre la superficie de trabajo, con la parte inferior mirando hacia arriba. Inserte un cuchillo de cocinero grande en la cabeza y corte justo entre o bajo el nivel de los ojos.

2 Meta el cangrejo en una cacerola con agua hirviendo y cuézalo 5 minutos por cada 450 g. También, puede cocerlo al vapor 8 minutos por cada 450 g.

3 Para servirlo entero, preséntelo en la mesa acompañado de pinzas y cascadores de marisco.

4 Si desea retirar la carne para preparar una receta, coloque el cangrejo sobre la superficie de trabajo con la parte estomacal mirando hacia arriba. Retuerza las patas y las pinzas hasta arrancarlas. Levante y retire el «delantal», largo y puntiagudo en el macho y más ancho en la hembra.

5 Retire el cuerpo del caparazón y deseche las agallas plumosas y la bolsa grisácea estomacal. Trocee el cuerpo y retire la carne con los dedos y un punzón para mariscos o un cuchillo pequeño. Retire la carne marrón del caparazón, manteniéndola separada de la blanca. Si la hembra tiene huevos, sepárelos también.

6 Casque las pinzas con el dorso de un cuchillo grande y pesado, y retire la carne en una sola pieza o pedazos grandes.

7 Corte la cáscara de las patas con tijeras por un lado, y por el otro. Separe ambas mitades y luego retire la carne interna.

Bogavantes

El bogavante, el rey de los crustáceos, tiene un maravilloso sabor dulce y es excelente preparado de forma simple: frío con una ensalada y mayonesa o una salsa, o caliente con mantequilla.

Preparar y cocinar

1 Para sacrificar un bogavante antes de asarlo, hervirlo u hornearlo, colóquelo sobre la superficie de trabajo y sostenga el cuerpo con firmeza. Atraviese con ayuda de un cuchillo grande de cocinero la cabeza, entre o justo por debajo de los ojos (es inhumano sumergirlo en agua hirviendo o ponerlo en agua fría y después llevarla a ebullición).

2 Para cocinarlo, métalo en una cacerola con agua hirviendo y cuézalo 15-20 minutos.

3 Si va a partir el bogavante por la mitad para asarlo u hornearlo, corte a lo largo de la cabeza y luego a lo largo de la cola hasta partirlo por la mitad.

4 Retire la bolsita de arenilla situada justo debajo de los ojos y tírela. Si lo desea, puede retirar el coral rojo y el intestino verde, situado dentro del dorso del caparazón, justo debajo del la bolsita de arenilla, aunque también puede dejarlos y cocinarlos.

5 Si desea sacar la carne de la cola en una sola pieza, parta la cabeza a partir del punto en donde empieza la cola; luego, con unas tijeras corte el caparazón blando de la parte interna de la cola hasta llegar al extremo de la misma.

6 Arranque la carne con los dedos. Lave la cabeza como en el paso 4. Corte las patas y las pinzas . Casque estas últimas con un martillo o un cascador de mariscos y retire la carne interna. Guarde el caparazón para preparar caldo.

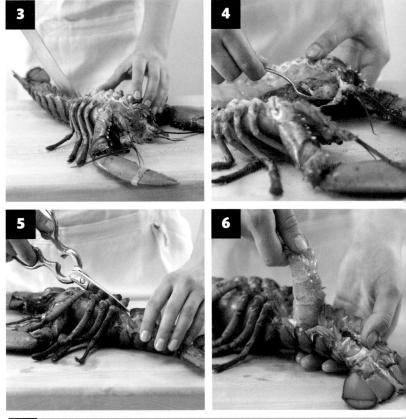

Comprar marisco

El marisco siempre debe estar lo más fresco posible y desprender un suave aroma a mar.

- Los bogavantes vivos tienen un color azul oscuro que se vuelve rojo o rosáceo una vez cocidos. Al comprar un ejemplar vivo, elija uno que tenga todas las patas y pinzas intactas.
- El cangrejo común o buey de mar es el que se encuentra más a menudo en las pescaderías, pero existen muchas variedades. Al conprar ejemplares vivos, asegúrese de que realmente lo estén, pues tienen mejor sabor y textura.
- Al elegir moluscos, deben estar bien cerrados y enteros. Los mejillones, las almejas, las vierias y las ostras frescos están todavía vivos y una concha abierta puede indicar que el ejemplar está muy lejos de estarlo. Toque la concha, si no se cierra enseguida, deséchelo.

Mejillones y almejas

Dos de los moluscos más populares, los mejillones y las almejas, necesitan tiempo para cocerse, por lo que conviene prepararlos con antelación.

Cocinar mariscos

1 Raspe las fibras o barbas unidas a las conchas. Si los mejillones están muy limpios, lávelos bajo el chorro del agua fría. Si parecen arenosos, frótelos con un cepillo grueso.

2 Si las conchas presentan adherencias, es preferible, pero no esencial, retirarlas. Ráspelas con una cuchara metálica o el dorso de un cepillo para lavar y retírelas.

3 Deseche los mejillones que se mantengan abiertos tras haberlos tocado (síntoma de que están muertos y es peligroso comerlos).

4 En una cacerola de fondo grueso, sofría en 25 g de mantequilla 2 cucharadas de escalonias finamente picadas y un puñado generoso de perejil unos 2 minutos hasta que se ablanden. Vierta 1 cm de vino blanco seco.

5 Añada los mejillones al recipiente y tápelo herméticamente. Déjelos cocer al vapor 5-10 minutos o hasta que las conchas se abran. Saque de inmediato la cacerola del fuego.

6 Con ayuda de una cuchara perforada, retire los mejillones de la cacerola y tire los que no se hayan abierto; luego, hierva el líquido de cocción hasta reducirlo. Viértalo sobre los mejillones y sirva enseguida.

Cocinar almejas

Las pequeñas se utilizan a menudo como ingrediente; las de mayor tamaño pueden comerse crudas en la propia concha.

1 Para cocerlas, enjuague o frote un poco las almejas. Colóquelas en un cuenco grande con agua fría salada (2 cucharadas de sal por 1 l de agua) y déjelas reposar unas pocas horas para que dejen escapar la arena e impurezas.

2 Cuézalas como los mejillones y empléelas siguiendo la receta.

Vieiras y ostras

Estos moluscos de carne delicadamente aromatizada se esconden tras una robusta concha, por lo que puede resultar algo difícil abrirlos. Pida en la pescadería que se los abran, si así lo prefiere.

Abrir vieiras

Las vieiras pueden comerse crudas, ya sea sazonadas o marinadas en un zumo de cítrico sazonado (*véase* pág. 78). Necesitan entre 5 y 10 minutos para cocerse.

1 Sostenga la vieira con la mitad plana de la concha mirando hacia usted. Introduzca con firmeza la punta de un cuchillo pequeño entre las conchas en un punto cercano a la charnela.

2 Con el cuchillo formando ángulo hacia la concha plana, corte a lo largo de la superficie de la concha hasta que ambas mitades puedan separarse con facilidad. Corte a lo largo de la base de la concha redondeada para desprender el contenido. Corte la carne y el coral naranja/gris, y deseche el resto.

3 Enjuague cualquier impureza, corte el coral de la carne redonda y luego el pequeño resto muscular.

Cocinar vieiras

- Escalfe la carne blanca en vino 5 minutos, agregue el coral y cueza 5 minutos por debajo del punto de ebullición.
- Saltee las vieiras hasta que estén crujientes en la parte externa.
- Soase cado lado en una sartén muy caliente hasta que la superficie se dore.
- Ensártelas en broquetas y áselas.
- Hornéelas en la concha con una salsa.

Abrir ostras

Las ostras pueden freírse, escalfarse o asarse bajo el grill; pueden comerse al natural con vinagre de vino tinto o con zumo de limón.

1 Con la parte plana de la concha mirando hacia arriba, y protegiéndose la mano con un paño, inserte un cuchillo para ostras en la charnela y retuérzalo.

2 Cuando la concha superior se separe, retire cualquier resto de la misma y separe la ostra de la concha inferior.

Calamares y sepias

Los populares calamares pueden cortarse en forma de anillos o bien dejarse enteros y rellenarse. Las sepias también tienen muy buen sabor y quedan especialmente bien guisadas.

Lavar y preparar

1 Si desea reservar la tinta para emplearla en un plato, coloque la cabeza del calamar sobre un cuenco y corte la bolsa de la tinta de manera que ésta caiga dentro del recipiente. Resérvela.

2 Corte los tentáculos justo por debajo del pico.

3 Arranque el pico y limpie a fondo los tentáculos, retirando el mayor número de ventosas posible.

4 Introduzca los dedos dentro de la bolsa y arranque los órganos internos, incluida la pluma que parece una tira de plástico, o la pluma, en el caso de la sepia.

5 Pele la piel púrpura que recubre el cuerpo. Enjuague bien la bolsa hasta retirar todos los órganos internos, la arena y demás desechos.

6 Corte las aletas y luego el cuerpo, tal como se indique en la receta. Por lo general, cuanto más tiempo se vaya a cocer la sepia o el calamar, tanto más grandes deben ser los cortes.

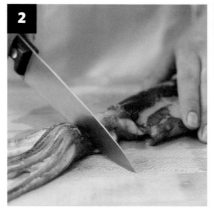

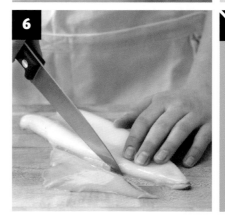

Consejo de cocinero

Los calamares pequeños son los más dulces y es preferible cocerlos un poco, ya sea enharinados y fritos, o bien a la parrilla o la barbacoa. Las sepias pequeñas se cocinan de la misma forma. Los calamares y sepi grandes también pueden guisarse.

Pulpo

Los pulpos pequeños pueden cocerse como los calamares, pero deben cocinarse durante más tiempo para que queden tiernos. Los de mayor tamaño quedan más blandos si se cocinan con vino tinto.

Limpiar y preparar

1 Corte los tentáculos justo por debajo del pico (boca).

2 Arranque el pico y limpie a fondo los tentáculos, arrancando la mayoría de ventosas adheridas a los mismos.

3 Dé la vuelta al cuerpo de manera que el interior de la bolsa quede hacia afuera con los órganos internos a la vista. Arranque la bolsa, y luego tire y arranque la membrana pegajosa que recubre el cuerpo. Lave éste a fondo hasta retirar todos los órganos internos, la arena y demás desechos.

4 Corte los tentáculos y el cuerpo tal como se indique en la receta.

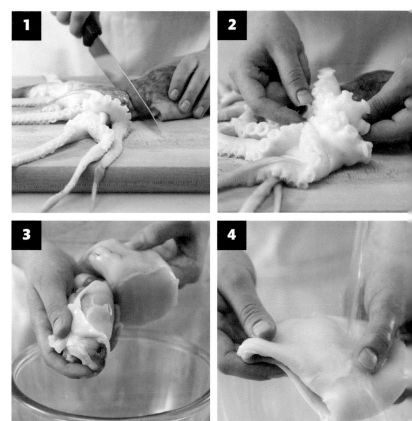

Comprar el mejor pescado

Para obtener los mejores resultados, los pescados deben ser muy frescos. En el supermercado no siempre resulta fácil saberlo, pero hay varios signos que deben tenerse en cuenta. Un pescado realmente fresco debe:

- Estar recubierto de escamas y con las aletas en buen estado.
- Los ojos deben ser brillantes y las agallas de color rojo vivo.
- La carne debe ser firme al tacto, pero no blanda ni esponjosa.
- Los filetes deben ser jugosos, brillantes y carnosos.

Paquetes de salmón ahumado

PARA 6 PERSONAS

6 vieiras grandes o 12 vieiras pequeñas
con corales (225 g)
1 aguacate grande maduro
1 diente de ajo picado
4 cebollas tiernas finamente picadas
1 chile verde, sin semillas y picado
1 cucharada de aceite de pepitas de uva
la cáscara y el zumo de 1 lima,
más un poco para rociar
6 lonchas grandes de salmón ahumado,
300 g en total, y de 23 cm de largo
sal y pimienta negra molida
hojas de roqueta y gajos de lima
para adornar

Para el aliño de cilantro

35 g de ramitas de cilantro
1 diente pequeño de ajo picado
50 ml de aceite de pepitas de uva
1 cucharada de zumo de lima
una pizca de azúcar blanquilla

TIEMPO DE PREPARACIÓN 40 minutos
TIEMPO DE COCCIÓN 6 minutos

POR PORCIÓN
219 calorías
13 g de grasas (de las cuales 2 g saturadas)
3 g de hidratos de carbono
2,5 g de sal

TÉCNICAS
Véase también abrir vieiras (pág. 87),
hortalizas (págs. 170-182),
cortar la cáscara a los cítricos (pág. 207),
aliños para ensaladas (pág. 25)

1 Para preparar el aliño de cilantro, introduzca todos los ingredientes en la batidora y bata a fondo. Reserve.

2 Para preparar los paquetes, retire los restos de membrana dura de las vieiras y sazone con sal y pimienta. Ponga en una vaporera y cueza unos 5 minutos o hasta que la carne esté justo blanca. También se pueden poner las vieiras en otra fuente y cocerlas al vapor 3 minutos por lado sobre una cacerola con agua apenas hirviendo. Escúrralas y colóquelas sobre papel de cocina para que se enfríen.

3 Coloque el aguacate, el ajo, las cebollas tiernas, el chile, el aceite y el zumo y la cáscara de lima en un cuenco. Aplaste el aguacate con un tenedor, mezcle y sazone el conjunto.

4 Extienda las lonchas de salmón sobre la superficie de trabajo, ponga una vieira grande o 2 pequeñas sobre cada loncha y reparta la mezcla de aguacate por encima. Enrolle el salmón en torno al relleno.

5 Para servir, coloque los paquetes en los platos de servicio y exprima un poco de zumo de lima por encima. Reparta el aliño de cilantro, adorne con las hojas de roqueta y espolvoree con la pimienta.

Broquetas de rape, langostinos y lima

PARA 4 PERSONAS

225 y de langostinos crudos grandes,
  pelados y sin el conducto intestinal
550 g de filete de rape cortado en dados
  de 2,5 cm
el zumo de ½ lima
1 diente de ajo picado
2 cucharadas de aceite de chile
2 cucharadas de salsa teriyaki
2 limas y 1 limón (cada uno en 8 gajos)
chile verde sin semillas y finamente
  picado, rizos de cebolla tierna y perejil
  para adornar
fideos fritos para acompañar
  (véase recuadro)

TIEMPO DE PREPARACIÓN 25 minutos,
más 1 hora para marinar
TIEMPO DE COCCIÓN 6 minutos

POR PORCIÓN

363 calorías
10 g de grasas (de las cuales 2 g saturadas)
34 g hidratos de carbono
0,8 g de sal

TÉCNICAS

Véase también langostinos (pág. 83),
chiles (pág. 177)

1 Coloque los langostinos y el rape en un cuenco. Mezcle el zumo de lima, el ajo, el aceite de chile y la salsa teriyaki, y viértalo por encima. Mezcle bien y deje reposar en un lugar frío 1 hora. Mientras, si va a utilizar broquetas de madera, remójelas en agua 30 minutos.

2 Retire el pescado del cuenco con la marinada y ensártelo en las broquetas intercalándolo con los gajos de lima y limón

3 Caliente la parrilla o encienda el grill. Ase las broquetas 3 minutos, dándoles la vuelta a media cocción y pincelándolas con la marinada. Adorne con el chile verde, las cebollas tiernas y el perejil, y acompañe con los fideos fritos.

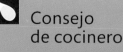

Consejo de cocinero

Para preparar los fideos, remoje 175 g de fideos de huevo en agua hirviendo durante 10 minutos; escúrralos y séquelos bien. Fríalos por tandas hasta que estén dorados.

Mousse de salmón rápida

PARA 6 PERSONAS

225 g de filete de salmón pelado
  y picado no muy fino
2 bulbos de hinojo pequeños a rodajas finas
2 aguacates pequeños a rodajas
1 calabacín cortado a tiras con un pelador
  de hortalizas
50 g de queso ricota u otro queso blando
2 cucharadas de cebollinos recién picados
el zumo de ½ limón
100 g de hojas de ensalada variadas
6 rebanadas de pan de nueces tostadas
6 lonchas de salmón ahumado
sal y pimienta negra molida
gajos de limón para adornar

TIEMPO DE PREPARACIÓN 20 minutos,
más el enfriado

POR SERVICIO
468 calorías
28 g de grasas (de las cuales 8 g saturadas)
19 g de hidratos de carbono
3,2 g de sal

TÉCNICAS
Véase también hortalizas (págs. 170-182),
aliños para ensaladas (pág. 25)

1 Coloque el filete de salmón en un cuenco y cúbralo con agua hirviendo. Tape con una película de plástico y deje enfriar.

2 Ponga el hinojo, aguacate y calabacín en un cuenco, y vierta por encima el aliño de vinagreta.

3 Escurra el salmón y aplástelo con el queso, la mitad de los cebollinos y el zumo de limón. Salpimiente.

4 Coloque el hinojo, el aguacate y el calabacín en 6 platos con las hojas de ensalada. Ponga una rebanada de pan en cada plato, cubra con la mezcla de salmón y disponga por encima una loncha de salmón doblada. Adorne con los gajos de limón, espolvoree con el resto de los cebollinos y sirva enseguida.

Pasteles de cangrejo con mayonesa

PARA 4 PERSONAS

1 cucharada de aceite de girasol
3 cebollas tiernas a rodajas finas
2 dientes de ajo picados
1 chile rojo, sin semillas y picado
350 g de carne de cangrejo
2 cucharaditas de kétchup de tomate
4 cucharadas de mayonesa
1 cucharadita de salsa Worcester
50 g de migas de pan blanco fresco
aceite vegetal para freír
sal y pimienta negra molida
rizos de cebolla tierna, chile a rodajas
  y gajos de lima para adornar

Para la mayonesa de chile

2 cucharadas de salsa de chile dulce
1 cucharada de cilantro recién picado
la cáscara y el zumo de 1 lima
5 cucharadas de mayonesa

Para la cobertura

50 g de harina sazonada
1 huevo grande batido
125 g de migas frescas de pan blanco

TIEMPO DE PREPARACIÓN 30 minutos,
más 1 ½ horas de enfriado
TIEMPO DE COCCIÓN 15 minutos

POR PORCIÓN

620 calorías
37 g de grasas (de las cuales 5 g saturadas)
50 g de hidratos de carbono
3,2 g de sal

TÉCNICAS

Véase también hortalizas (págs. 170-182),
cangrejos (pág. 84),
pan rallado (pág. 308),
mayonesa (pág. 23)

1 Para preparar la mayonesa de chile, mezcle en un cuenco los ingredientes. Salpimiente, tape y refrigere (puede hacerlo con un día de antelación).

2 Para preparar los pasteles de cangrejo, caliente el aceite de girasol en una sartén, agregue la cebolla tierna y cuézala sin dejar de remover 3 minutos. Retire del fuego y mezcle con el ajo y el chile. Transfiera a un cuenco grande y deje enfriar. Añada la carne de cangrejo, el kétchup y la mayonesa, la salsa Worcester y el pan, y mezcle hasta que todo esté bien combinado. Sazone.

3 Forme con las manos 12 pasteles y colóquelos sobre una placa de hornear. Tape y refrigere 1 hora como mínimo.

4 Para preparar la cobertura, pase los pasteles por la harina sazonada, luego por el huevo batido y finalmente por el pan rallado. Póngalos de nuevo sobre la placa y refrigere 30 minutos.

5 Caliente 2,5 cm de aceite en una cacerola. Fría los pasteles por tandas y 2-3 minutos por lado hasta que estén dorados. Retírelos y déjelos escurrir sobre papel de cocina. Sazone, adorne con rizos de cebolla tierna, chile y gajos de lima, y acompañe con la mayonesa de chile.

Atún con arroz al cilantro

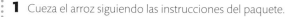

PARA 4 PERSONAS

250 g de arroz basmati

8 filetes de atún de 125 g cada uno

5 cm de jengibre fresco, pelado y rallado

1 cucharada de aceite de oliva

100 ml de zumo de naranja

300 g de pak choi picado no muy fino

un puñado pequeño de cilantro fresco picado

pimienta negra molida

gajos de lima para adornar

TIEMPO DE PREPARACIÓN 10 minutos

TIEMPO DE COCCIÓN unos 5 minutos

POR PORCIÓN

609 calorías

15 g grasas (de las cuales 4 g saturadas)

51 g de hidratos de carbono

0,6 g de sal

TÉCNICAS

Véase también cocinar arroz (pág. 236), especias frescas (pág. 429), soasar pescado (pág. 79)

1 Cueza el arroz siguiendo las instrucciones del paquete.

2 Mientras, ponga los filetes de atún en una fuente. Agregue el jengibre, el aceite y el zumo de naranja, y sazone con pimienta. Dé la vuelta al pescado para recubrirlo.

3 Caliente a fondo una sartén antiadherente. Agregue cuatro filetes de atún y la mitad de la marinada. Cueza 1-2 minutos por lado hasta que esté apenas cocido. Repita la operación con el resto del atún y la marinada. Retire el pescado de la sartén y resérvelo al calor.

4 Agregue el *pak choi* a la sartén y cuézalo 1-2 minutos hasta que empiece a ablandarse. Cueza el arroz, escúrralo y mézclelo bien con el cilantro. Sirva el atún con el *pak choi*, el arroz y los fondos de cocción de la sartén. Adorne con los gajos de lima.

 Consejo de cocinero

El arroz basmati debe lavarse antes de cocinarse para retirarle el exceso de fécula y para que quede realmente ligero y suelto. *Véase* la técnica para enjuagar el arroz en la pág. 236.

Salmón al eneldo

PARA 4 PERSONAS

4 cucharadas de mayonesa aromatizada
con mostaza de Dijon

4 cucharadas de eneldo fresco finamente
picado

4 cucharadas de miel clara

1 cucharada de zumo de limón

4 centros gruesos de salmón,
de unos 150 g cada uno

ensalada de tomates para acompañar

TIEMPO DE PREPARACIÓN 2 minutos
TIEMPO DE COCCIÓN 5-7 minutos

POR PORCIÓN
422 calorías
28 g de grasas (de las cuales 5 g saturadas)
12 g de hidratos de carbono
0,4 g de sal

TÉCNICAS
Véase también mayonesa (pág. 23),
picar hierbas (pág. 428),
despellejar pescado (pág. 77),
asar pescado al grill (pág. 82)

1 Precaliente el grill a temperatura alta. Ponga en un cuenco la mayonesa con el eneldo, la miel y el zumo de limón y mezcle a fondo.

2 Coloque el salmón sobre una placa de hornear y extienda la mezcla de mayonesa por encima. Áselo bajo el grill 5-7 minutos, dependiendo del grosor, hasta que esté justo cocido. Acompáñelo con una ensalada de tomate.

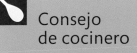

Consejo de cocinero

No es necesario dar la vuelta
al salmón a media cocción.
Recuerde que sólo debe vigilarlo
y bajar el fuego si fuese necesario,
para que la miel de la salsa
no se queme.

Eglefino ahumado

PARA 4 PERSONAS

25 g de mantequilla

1 cucharada de aceite de oliva

1 diente de ajo a rodajas finas

4 filetes de eglefino ahumado
o de bacalao de unos 175 g cada uno

un manojo pequeño de perejil
recién picado (opcional)

la cáscara finamente rallada de 1 limón
pequeño, más algunos gajos para
acompañar

TIEMPO DE PREPARACIÓN 10 minutos
TIEMPO DE COCCIÓN unos 10 minutos

POR PORCIÓN

217 calorías

9 g de grasas (de las cuales 4 g saturadas)

1 g de hidratos de carbono

3,4 g de sal

TÉCNICAS

Véase también ajo (pág. 171),
picar hierbas (pág. 428),
freír pescado (pág. 79)

1 Caliente la mantequilla, el aceite y el ajo en una sartén ancha antiadherente antes de que la mezcla empiece a espumar. Coloque el pescado en el recipiente con la piel hacia abajo y fríalo a fuego vivo 10 minutos, hasta que la parte inferior quede bien crujiente.

2 Dé la vuelta al pescado y reparta el perejil por encima, si es el caso, y la cáscara de limón. Fríalo unos 30 segundos. Coloque cada filete de pescado cocido en un plato y reparta un poco de la mantequilla por encima. Acompañe con los gajos de limón.

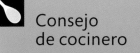

Consejo de cocinero

El pescado ahumado es bastante salado, por lo que debe probar la salsa antes de salarla.

Langostinos salteados con col

PARA 4 PERSONAS

225 g de pak choi o col china

2 cucharadas de aceite vegetal

2 dientes de ajo a rodajas finas

*1 tallo de hierba limonera cortado
   por la mitad y aplastado*

*2 hojas de lima kafir finamente
   desmenuzadas*

1 chile rojo picante, sin semillas y a rodajas

*4 cm de jengibre fresco, pelado y cortado
   a tiras largas y finas*

*1 cucharadas de semillas de cilantro
   ligeramente aplastadas*

*450 g de langostinos grandes crudos
   y pelados, sin el conducto intestinal*

175 g de tirabeques cortados por la mitad

*2 cucharadas de salsa de pescado
   tailandesa (nam pla)*

el zumo de 1 lima, o al gusto

*chile rojo sin semillas, a rodajas y frito para
   adornar*

TIEMPO DE PREPARACIÓN 30 minutos

TIEMPO DE COCCIÓN 6 minutos

POR PORCIÓN

193 calorías

8 g de grasas (de las cuales 1 g saturadas)

7 g de hidratos de carbono

1,4 g de sal

TÉCNICAS

Véase también langostinos (pág. 83)

1 Trocee la col o *pak choi* en trozos manejables. Caliente el aceite en un wok o sartén grande. Agregue el ajo, la hierba limonera, las hojas de lima, la cebolla, el chile, el jengibre y las semillas de cilantro, y saltee sin dejar de remover durante 2 minutos.

2 Agregue los langostinos, los tirabeques y la col o *pak choi* y saltee 2-3 minutos, hasta que las hortalizas estén cocidas pero todavía crujientes y los langostinos estén rosados y opacos.

3 Añada la salsa de pescado y el zumo de lima, y caliente el conjunto 1 minuto. Retire la hierba limonera. Adorne con los chiles rojos fritos y sirva enseguida para que las hortalizas se mantengan crujientes.

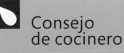

Consejo de cocinero

La salsa tailandesa de pescado es un condimento salado con un aroma tan intenso como inconfundible. Se emplea en la cocina tailandesa y del resto del sudeste asiático, y se comercializa en tiendas especializadas.

Pescado en papillote

PARA 4 PERSONAS

1 calabaza de San Roque pequeña, pelada
  y en dados pequeños
½ cebolla roja a rodajas finas
2 dientes de ajo finamente picados
1 cucharada de eneldo picado no muy
  fino, más un poco para adornar
1 cucharada de aceite de oliva
4 centros gruesos de salmón o eglefino,
  de unos 150 g cada uno
125 g de espinacas
sal y pimienta negra recién molida

TIEMPO DE PREPARACIÓN 20 minutos
TIEMPO DE COCCIÓN 20 minutos

POR PORCIÓN
186 calorías
4 g de grasas (de las cuales 1 g saturadas)
6 g de hidratos de carbono
0,4 g de sal

TÉCNICAS
Véase también hortalizas (págs. 170-182)

1 Precaliente el horno a 220 °C. Corte cuadrados de papel de aluminio de 40 cm de lado.

2 Coloque la calabaza en un cuenco. Agregue la cebolla, el ajo, el eneldo y el aceite, y mezcle bien. Sazone con sal y pimienta. Reparta la preparación entre los cuatro cuadrados de papel.

3 Cubra cada pila de hortalizas con una porción de pescado. Sazone de nuevo, y cierre el paquete pinzando el papel para que las hortalizas y el pescado queden del todo aislados. Disponga los paquetes sobre la placa de hornear y ase 15 minutos, o hasta que el pescado esté cocido y la calabaza justo tierna.

4 Abra con cuidado los paquetes y agregue las espinacas. Cierre de nuevo y ase otros 5 minutos o hasta que las espinacas estén blandas. Adorne con el eneldo y sirva.

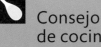

Consejo de cocinero

Acompañe con un gajo de limón para exprimirlo sobre el pescado, así como con unas patatas nuevas hervidas.

Bacalao al horno con hierbas

PARA 4 PERSONAS

10 cebollas tiernas a rodajas

2 dientes de ajo picados

6 cucharadas de menta fresca a tiras

6 cucharadas de perejil fresco picado

el zumo de ½ limón

150 ml de pescado, pollo o caldo
    de hortalizas

4 filetes de bacalao, de unos 200 g
    cada uno

sal y pimienta negra molida

gajos de limón para adornar

puré de patatas para acompañar

TIEMPO DE PREPARACIÓN 10 minutos

TIEMPO DE COCCIÓN 10 minutos

POR PORCIÓN

177 calorías

2 g de grasas (hay trazas de grasas
    saturadas)

2 g de hidratos de carbono

0,6 g de sal

TÉCNICAS

Véase también hortalizas (págs. 170-182),
picar hierbas (pág. 428),
caldos (pág. 34),
aplastar patatas (pág. 184)

1 Precaliente el horno a 230 °C. Mezcle en una fuente refractaria las cebollas tiernas (reserve un poco de la parte verde), el ajo, la menta, el perejil, el zumo de limón y el caldo hasta formar una capa.

2 Coloque el bacalao sobre la mezcla anterior y déle la vuelta para humedecerlo. Sazónelo con sal y pimienta, y cuézalo 8-10 minutos.

3 Esparza por encima la cebolla tierna reservada, adorne con los gajos de limón y acompañe con el puré de patatas.

Mejillones con patatas

PARA 4 PERSONAS

25 g de mantequilla

200 g de lonchas de beicon carnosas,
*   sin la corteza, cortadas a tiras*

700 g de patatas blancas a trozos grandes

200 g de maíz enlatado (escurrido)

1 kg de mejillones preparados y abiertos
*   (deseche los estropeados)*

140 ml de crema de leche ligera

1 cucharada de perejil finamente picado

TIEMPO DE PREPARACIÓN 15 minutos
TIEMPO DE COCCIÓN 15 minutos

POR PORCIÓN

472 calorías

23 g de grasas (de las cuales 11 g
    saturadas)

42 g de hidratos de carbono

2,8 g de sal

TÉCNICAS

Véase también mejillones (pág. 86)

1 Derrita la mantequilla en una cacerola grande, agregue el beicon y cuézalo sin dejar de remover hasta que las tiras se separen. Incorpore las patatas y 150 ml de agua y sazone un poco con sal y pimienta. Tape bien y cueza 10 minutos o hasta que las patatas casi estén tiernas.

2 Agregue el maíz y los mejillones a la cacerola, tape, lleve a ebullición y cueza a fuego lento 2-3 minutos o hasta que los mejillones se abran. Deseche los que continúen cerrados. Agregue la crema y el perejil picado y sirva.

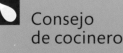

Consejo de cocinero

Compruebe a fondo que los mejillones no están rotos ni las conchas estropeadas. Asimismo, deseche los que no se cierren al tocarlos con fuerza, así como los que se mantengan cerrados una vez cocidos.

Pescado y patatas fritas

PARA 4 PERSONAS

900 g de patatas para freír peladas

2-3 cucharadas de aceite de oliva

copos de sal marina

aceite de girasol para freír

2 paquetes de 128 g de masa para freír

1 cucharadita de levadura en polvo

½ cucharadita de sal

330 ml de cerveza lager

4 filetes de solla de unos 225 g cada uno, despellejados, limpios y cortados por la mitad

harina común para enharinar

2 dientes de ajo picados

8 cucharadas de mayonesa

1 cucharadita de zumo de limón

sal y pimienta negra molida

gajos de limón y cebollinos para adornar

TIEMPO DE PREPARACIÓN 30 minutos

TIEMPO DE COCCIÓN 40-50 minutos

POR PORCIÓN

1.185 calorías

79 g de grasas (de las cuales 18 g saturadas)

73 g de hidratos de carbono

3,2 g de sal

TÉCNICAS

Véase también masa para freír (pág. 80), mayonesa (pág. 23), freír pescado por inmersión (pág. 80), patatas fritas (pág. 186)

1 Precaliente el horno a 240 °C. Corte las patatas en tiras. Colóquelas en una cacerola con agua salada hirviendo, tape y lleve a ebullición. Hiérvalas 2 minutos y escúrralas bien sobre papel de cocina para retirar el exceso de humedad. Póngalas en una fuente grande para asar antiadherente, mézclelas con el aceite de oliva y sazone con sal marina. Áselas 40-50 minutos hasta que estén doradas y cocidas, dándoles la vuelta de vez en cuando.

2 Llene hasta la mitad una freidora con aceite de girasol y caliéntelo a 190 °C. Ponga la masa para freír en un cuenco con la levadura en polvo y la sal, y bata con la harina. Sazone un poco el pescado con harina. Pase los filetes por la masa para freír y fríalos en el aceite caliente. Resérvelos calientes en el horno mientras fríe el resto.

3 Mezcle el ajo, la mayonesa y el zumo de limón en un cuenco y sazone bien. Sirva la mayonesa de ajo con el pescado y las patatas, adorne con los gajos de limón y el cebollino, y sirva.

Empanada de pescado ahumado

PARA 4 PERSONAS

700 g de patatas harinosas, peladas
*   y picadas*
25 g de mantequilla
1 cucharada de harina
1/2 cebolla a rodajas finas
75 ml de crema de leche espesa
150 ml de caldo vegetal caliente
un chorrito de vino blanco (opcional)
15 g de parmesano recién rallado
2 cucharaditas de mostaza de Dijon
350 g de filete de eglefino ahumado,
*   pelado y sin teñir, picado no muy fino*
140 g de guisantes congelados

TIEMPO DE PREPARACIÓN 15 minutos
TIEMPO DE COCCIÓN 30-40 minutos

POR PORCIÓN

340 calorías
18 g de grasas (de las cuales 11 g
    saturadas)
23 g de hidratos de carbono
2,2 g de sal

TÉCNICAS

Véase también puré de patatas (pág. 184),
caldos (pág. 34),
despellejar pescado (pág. 77)

Consejo de congelación

Prepare la mezcla de pescado hasta
el paso 3, colóquela en un recipiente
para congelar, déjelo enfriar y congele
hasta un mes.
Para servir Descongele y continúe
la receta.

1 Ponga las patatas en una cacerola con agua fría salada y lleve a ebullición.
Cueza a fuego medio 15-20 minutos o hasta que estén tiernas. Escúrralas bien,
vuélvalas a poner de nuevo en la cacerola, aplástelas con 15 g de mantequilla,
y sazone con sal y pimienta.

2 Precaliente el horno a 220 °C. Caliente el resto del aceite en una cacerola
grande, agregue la harina y la cebolla, y cueza 10 minutos o hasta que
la cebolla esté blanda y dorada. Incorpore la crema, el caldo y el vino
(si el caso), el parmesano y la mostaza. Mezcle bien y sazone.

3 Agregue el pescado y los guisantes, y apague el fuego. Mezcle
la preparación con cuidado.

4 Transfiera la mezcla a una fuente refractaria de 2,3 l de capacidad, cubra
con el puré de patatas y hornee 15-20 minutos o hasta que el pescado
esté cocido.

Caballa a la pimienta

PARA 4 PERSONAS

4 cucharaditas de granos de pimienta variados

4 caballas destripadas de unos 250 g cada una

1 cucharada de aceite de girasol

200 ml de crema de leche acidificada completa

gajos de limón para servir

espárragos o tirabeques para servir

TIEMPO DE PREPARACIÓN 10 minutos
TIEMPO DE COCCIÓN 15 minutos

POR PORCIÓN

764 calorías

63 g de grasas (de las cuales 22 g saturadas)

1 g de hidratos de carbono

0,4 g de sal

TÉCNICAS

Véase también pescados redondos (pág. 76)

1 Machaque un poco 2 cucharaditas de pimienta en grano en el mortero. Espolvoree un lado de cada caballa con la mitad de la pimienta.

2 Caliente el aceite en una sartén. Agregue el pescado con la cara pimentada hacia abajo y cueza 5-7 minutos a fuego medio alto. Esparza el resto de pimienta sobre la caballa, dé la vuelta al pescado y fríalo 5-7 minutos más o hasta que esté cocido (*véase* recuadro). Retírelo de la sartén y resérvelo al calor.

3 Seque bien la sartén, agregue la crema acidificada y lleve a ebullición. Mezcle con el resto de la pimienta (si la salsa quedara demasiado espesa, añada un poco de agua hirviendo).

4 Reparta la salsa sobre la caballa, adorne con gajos de limón y acompañe con los espárragos.

Consejo de cocinero

- Si la caballa es grande, practique 3 incisiones no muy profundas a cada lado del pescado.
- Para saber si el pescado está cocido, separe la carne del lomo con un cuchillo: debe estar opaca y separarse con facilidad.

Curry tailandés de marisco

1   Caliente el aceite en un wok y fría las hierbas tailandesas 30 segundos. Agregue la pasta de curry y fría 1 minuto.

2   Vierta la leche de coco y el caldo, y lleve a ebullición. Cueza a fuego lento 5-10 minutos o hasta que el líquido se haya reducido un poco. Sazone bien con sal y pimienta.

3   Agregue las vieiras y los langostinos, lleve a ebullición y cueza luego a fuego lento 2-3 minutos, hasta que estén cocidos. Reparta sobre el arroz dispuesto en cuencos y adorne con el cilantro.

Truco de cocinero

El arroz de jazmín se denomina
también arroz fragante tailandés
y tiene un sabor y una textura
inconfundibles. Se suele servir
con la comida tailandesa y se vende
en supermercados grandes
y tiendas especializadas.

Pescado guisado a la española

PARA 4 PERSONAS

350 g de patatas pequeñas para ensalada
partidas

175 g de chorizo, pelado y picado
no muy fino

350 g de pimientos asados en aceite
de oliva enlatados, escurridos y picados
(reserve el aceite)

1 diente de ajo picado

2 cebollas rojas pequeñas, cortadas
en gajos gruesos

175 ml de vino blanco seco

300 g de puré de tomate

25 g de aceitunas negras deshuesadas

450 g de pescado blanco, por ejemplo
bacalao en dados grandes

sal y pimienta negra molida

TIEMPO DE PREPARACIÓN 20 minutos
TIEMPO DE COCCIÓN 1 hora 10 minutos

POR PORCIÓN

463 calorías

2 g de grasas (de las cuales 6 g saturadas)

32 g de hidratos de carbono

1,8 g de sal

TÉCNICAS

Véase también caldo de hortalizas
(págs. 170-182)

1 Precaliente el horno a 170 °C. Ponga las patatas, el chorizo, los pimientos asados, el ajo, las cebollas, el vino y el puré de tomate en una cacerola grande refractaria junto con 2 cucharadas del aceite de los pimientos. Salpimiente el conjunto.

2 Lleve a ebullición a fuego medio, tape herméticamente y hornee unos 45 minutos.

3 Añada las aceitunas y el pescado, y póngalo de nuevo en el horno 15 minutos o hasta que el pescado esté opaco y del todo cocido.

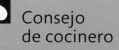

Consejo de cocinero

La *passata* es un útil ingrediente característico de la cocina italiana, donde se utiliza en salsas y estofados. Se elabora con tomates maduros, que se reducen a puré y se tamizan hasta dar forma a una salsa muy suave.

AVES DE CORRAL Y DE CAZA

El pollo es un alimento básico, que junto con otras aves de corral y caza como el pavo o la oca asada, pueden convertirse en todo un festín. Este capítulo le muestra las técnicas básicas para preparar, deshuesar, bridar, cuartear y cortar escalopes. Aprenderá todas las técnicas para su preparación, desde el asado al trinchado, el rebozado, el asado, el asado en cazuela, la cocción al vapor y los adobos para realzar su sabor. Las recetas abarcan preparaciones tan apetitosas como los muslos de pollo, las pechugas de pollo rellenas, el pollo con alcaparras al vino, los picantones adobados a la barbacoa, el pavo salteado con brécol, la ensalada crujiente de pato y la oca con manzanas asadas.

Aves

El pollo y otras aves de corral y caza pueden comprarse enteros para asar o bien troceados y listos para cocinar. A menudo es más económico comprar un ave entera y trocearla uno mismo en casa.

Limpiar y bridar

1 Antes de rellenar un ave para asarla, lávela bien. Coloque el ave en el fregadero y desprenda la grasa que pueda con los dedos. Luego pase agua fría por la cavidad y seque el ave con papel de cocina.

2 No es necesario bridar el ave antes de asarla, pero ello le proporcionará una mejor presentación al llevarla a la mesa. Corte la espoleta con un cuchillo pequeño y afilado, llevando hacia atrás la falda de piel situada en el cuello y localizando el extremo del hueso. Pase el cuchillo a lo largo de la parte interna del hueso, raspando por ambos lados, y luego por el exterior. No corte demasiado hondo hacia el esternón. Utilice unas tijeras para aves o unas bien afiladas para cortar el extremo de la espoleta del esternón y arranque el hueso del pecho. Corte ambos extremos o retírelos con las manos.

3 Extraiga la grasa depositada en el cuello o cavidad. Disponga los alones debajo de la pechuga y doble la falda de la piel del cuello cerrando la abertura. Enhebre una aguja para bridar y asegure con ella la piel del cuello.

4 Atraviese los muslos con una broqueta metálica, en el punto de unión entre el muslo y el contramuslo. Pase un cordel alrededor de ambos extremos de la broqueta y estire fuerte para asegurarlo.

5 Dé la vuelta al ave. Pase el cordel sobre los extremos de los contramuslos, estire y asegure los muslos en su lugar.

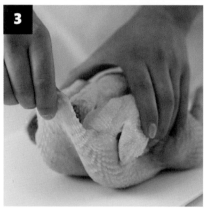

Higiene

Las aves y carne crudas contienen bacterias peligrosas que pueden extenderse rápidamente a todo lo que tocan.

- Lávese siempre las manos, y limpie la superficie de la cocina, las tablas para picar y los cuchillos antes y después de manejar las aves y la carne.
- No deje que entren en contacto con otros alimentos.
- Cúbralas y guárdelas en la parte inferior del refrigerador, donde no dejen caer líquidos sobre otros alimentos.

Embroquetar

Esta técnica se utiliza para aplanar aves pequeñas y pintadas antes de asarlas.

1 Sostenga el ave sobre una tabla, con la pechuga hacia abajo. Corte ambos lados del espinazo, y retire éste.

2 Dé la vuelta al ave, y presiónela hacia abajo hasta oir crujir el esternón. Ensarte unas broquetas entre los muslos y las pechugas.

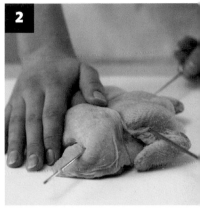

Deshuesar

Las aves deshuesadas, rellenas y asadas constituyen un atractivo plato.

1 Con ayuda de un cuchillo para carne de hoja curvada, retire la espoleta (*véase* paso 2, pág. 108) y las dos primeras secciones de las alas.

2 Coloque el pollo con la pechuga hacia abajo y el dorso mirando hacia arriba, y corte a lo largo el espinazo en toda su longitud. Vaya separando piel y carne a medida que avance, trabajando con un cuchillo afilado entre la carne y el hueso. Corte siempre hacia el lado del hueso.

3 Pronto alcanzará el punto de unión que conecta el muslo y el ala al cuerpo. Corte a través de ambos puntos, cuidando de no cortar a través de la piel ni entallarla, pues ésta contiene el relleno del plato una vez cocido. Continúe cortando hacia abajo entre la carne de la pechuga y la caja torácica, cortando de nuevo hacia el hueso.

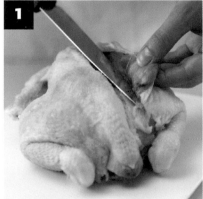

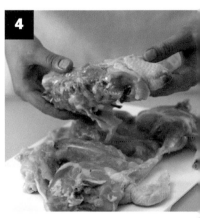

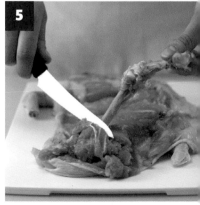

4 Cuando alcance el extremo del esternón, dé la vuelta al ave y repita la operación en el otro lado. Corte a través del cartílago blando para retirar la carne deshuesada en un solo trozo.

5 Para retirar los huesos de las alas y los muslos, corte los tendones al final de los huesos y, con un cuchillo para picar, raspe la carne a lo largo del hueso y arranque éste. Repita la operación con los muslos para retirar el muslo y el contramuslo.

Aves

Trocear

Puede comprar el pollo ya troceado, pero resulta más económico hacerlo en casa. Utilice los extremos de los alones y los huesos para preparar un caldo (*véase* pág. 34)

1 Emplee un cuchillo de carne afilado y de hoja curvada, corte la espoleta y retire las alas enteras. Retire los alones.

2 Con la cola mirando hacia usted y el lado de la pechuga hacia arriba, separe un muslo y corte a través de la piel entre el muslo y la pechuga. Estire del muslo hasta que rompa el punto de unión entre el hueso del muslo y la caja torácica.

3 Corte a través de este punto de unión y, luego, del resto de la carne del muslo. Repita la operación en el otro lado.

4 Para retirar la pechuga sin ningún hueso, corte a lo largo del espinazo. Separe con cuidado la carne de las costillas con el cuchillo, pasando la hoja entre la carne y las costillas de una pechuga y cortándola luego limpiamente (corte siempre hacia el hueso). Repita la operación en el otro lado.

5 Para retirar la pechuga con el hueso, realice un corte a lo largo de toda la longitud del espinazo.

6 Con ayuda de unas tijeras para aves, corte a través del espinazo y de la caja torácica siguiendo el contorno de la pechuga. Repita la operación en el otro lado. Recorte las faldas de piel y la grasa.

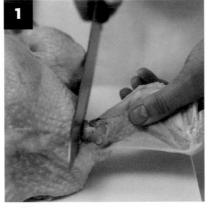
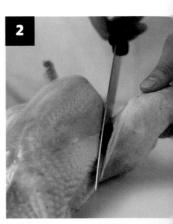

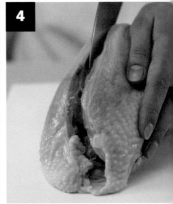
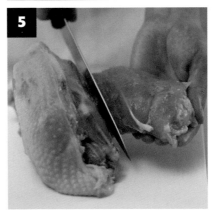

Cortar pechugas

1 Corte o arranque la tira de carne alargada situada en el interior de la pechuga, y después córtela, en sentido horizontal, en trozos del grosor requerido (el pollo crudo debe cortarse en trozos de 3 mm de grosor como mínimo).

2 Empezando por el extremo puntiagudo de la pechuga, corte porciones del grosor requerido. También puede cortar la carne en dados o picarla.

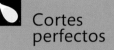

Cortes perfectos

Para facilitar la tarea, ponga las pechugas en el congelador durante 30 minutos antes de cortarlas. La carne estará mucho más firme y por lo tanto le resultará más fácil cortarla en lonchas finas.

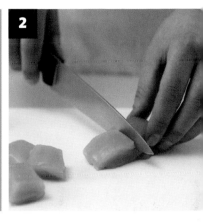

Cortar escalopes

Los escalopes pueden saltearse y freírse en muy poco tiempo.

1 Corte o arranque la tira larga de carne situada en el interior de la pechuga (puede usarla para salteados, rellenos, etc.).

2 Presionando firmemente la pechuga con la palma de la mano contra la tabla de picar, corte una loncha fina utilizando un cuchillo afilado (la hoja del cuchillo debe estar paralela a la tabla). Retire el filete y repita la operación hasta que la pechuga esté demasiado fina para retirar más filetes.

3 Para preparar los escalopes, ponga los filetes de pollo entre dos láminas de papel de plástico o sulfurizado y aplane con un rodillo hasta dejarlos con unos 3 mm de grosor.

Pelar pechugas

1 Agarre firmemente la falda de piel situada en el extremo puntiagudo de la pechuga y arránquela llevándola hacia el otro extremo. Retire la piel y deséchela, luego prepare o cueza la carne tal como se indica en la receta.

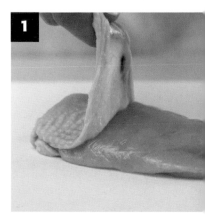

Cocinar aves

Hay muchas maneras de sacar el mejor partido al delicado sabor de las aves, desde el salteado más sencillo y saludable a la cocción al vapor y el escalfado, pasando por preparaciones como los asados y las frituras.

Pollo asado sencillo

Para 4-6 personas necesita un pollo de 1,4-1,6 kg, 5 dientes de ajo, 4 rodajas de limón, el zumo de 2 limones (reserve las mitades exprimidas), 2 cucharaditas de mostaza de Dijon, 4 ramitas de romero y tomillo frescos, 1 cebolla, 300 ml de caldo de pollo y 300 ml de vino blanco seco.

1   Realice incisiones en todo el pollo, excepto en la pechuga, y separe la piel de ésta. Aplaste 3 dientes de ajo y deslícelos bajo la piel junto con las rodajas de limón, la mostaza y las hierbas.

2   Coloque las mitades de limón en la cavidad. Introduzca el pollo en una fuente para asar. Reparta 2 cucharadas de zumo de limón por la cavidad y vierta el resto del zumo. Enfríe unas horas en la nevera, hasta 30 minutos antes de cocinar.

3   Precaliente el horno a 200 °C (180 °C en uno de convección). Ponga el pollo con la pechuga hacia arriba sobre una rejilla dispuesta sobre una fuente. Añada la cebolla, el resto del ajo y 4 cucharadas de caldo y vino.

4   Ase 20 minutos, déle la vuelta y déjelo otros 35 minutos o hasta que los jugos de cocción salgan claros al pinchar un muslo. Vaya rociando el pollo a menudo, añadiendo vino en caso necesario.

5   Ponga el pollo sobre una fuente y cúbralo con papel de aluminio. Ponga ésta a fuego medio, añada el resto del caldo y el vino, y raspe los sedimentos depositados en el fondo de la fuente. Cueza a fuego lento unos 5 minutos para preparar la salsa. Fíltrela.

Tiempos de asado

Para calcular el tiempo de asado de un pollo, pese el ave y calcule 20 minutos por cada 450 g de peso, más 20 minutos en el horno, precalentado a 180 °C (160 °C en uno de convección). Compruebe si está cocido pinchando la parte más gruesa de un muslo con una broqueta: los jugos deben salir claros.

Trinchar

1 Apoye un tenedor trinchante contra un lado de la pechuga. Empezando por el final del cuello, corte lonchas de unos 5 mm de grosor. Utilice el cuchillo y el tenedor para transferirlas a una fuente de servicio caliente.

2 Para cortar los muslos, corte la piel entre el muslo y la pechuga.

3 Estire el muslo para exponer el punto de unión entre el hueso y la caja torácica, y corte a través. En el caso de aves pequeñas corte el punto de unión entre el muslo y el contramuslo.

4 Para trinchar la carne de un muslo (por ejemplo, de un pavo o un pollo muy grande), sepárelo de la carcasa como en el paso 2. Corte ambas partes del muslo y, sosteniéndolo por el extremo de la pata, póngalo de pie sobre la tabla de trinchar y realice cortes paralelos al hueso. El resto puede trincharse plano o de pie.

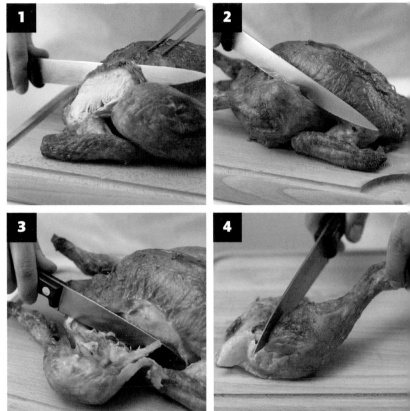

 ## Relleno de arándanos y limón

Si desea cocinar el relleno aparte, pruebe esta receta. Necesitará 25 g de mantequilla, 1 cebolla grande finamente picada, 1 diente de ajo picado, 450 g de carne de salchicha, 4 cucharadas de perejil picado, 2 cucharadas de salvia picada, la cáscara de 2 limones, 1 cucharada de brandy o calvados (opcional), 75 de arándanos secos, sal y pimienta negra molida.

1 Derrita la mantequilla en una sartén y saltee la cebolla unos 10 minutos o hasta que se haya ablandado, pero no coloreado. Añada el ajo y cueza durante 1 minuto más, Transfiera la mezcla a un cuenco y déjela enfriar.

2 Retire la carne de la salchicha de la piel y póngala en el cuenco. Agregue el resto de ingredientes, sazone y mezcle bien con las manos. Forme 18 bolas y colóquelas en moldes para madalenas o sobre una placa de hornear aceitada. Precaliente el horno a 190 °C (170 °C en uno de convección) y hornee 30 minutos o hasta que la mezcla esté bien cocida y dorada por encima.

Cocinar aves

Freír

Éste es un método de cocción rápido para cocinar pollo en trozos, y se puede preparar al final una salsa con los fondos de cocción, si se desea.

1 Vierta unos 5 mm de aceite (o una mezcla de aceite y mantequilla clarificada) en una sartén y póngala a fuego medio.

2 Salpimiente el pollo, y trasládelo con cuidado a la sartén con el lado de la carne hacia abajo. Fríalo 10-15 minutos o hasta que esté bien dorado (no ponga demasiados trozos de pollo a la vez, pues se cocerían en su propio vapor).

3 Dé la vuelta a los trozos y cuézalos por el lado de la piel otros 10-15 minutos hasta que la piel esté dorada y la carne cocida pero todavía jugosa.

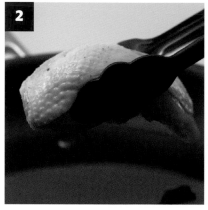

4 Retire el pollo de la sartén con unas pinzas y resérvelo al calor. Vierta el exceso de grasa y desgrase la sartén.

5 Prepare una salsa sencilla con vino blanco, caldo, hierbas y ajo o cebolla picados (*véase* pág. 18).

Consejo de cocinero

- No tenga prisa y fría a fuego viv● tapando la sartén durante la prir parte de la cocción.
- No cueza el pollo demasiado tie pues podría resecarse y endurec

Saltear

1 Corte el pollo en tiras pequeñas homogéneas o en dados de no más de 5 mm de grosor. Caliente bien un wok o sartén grande y cubra el fondo con aceite.

2 Agregue el pollo y cuézalo removiendo sin cesar hasta que esté cocido y transfiéralo a un cuenco. Cueza el resto de los ingredientes del salteado, devuelva el pollo al recipiente y cuézalo 1-2 minutos para recalentarlo.

Rebozar

1 Prepare los trozos para freírlos
y enfríelos. Prepare la harina sazonada,
masa para freír o rebozar (*véase* pág. 80).
Caliente el aceite en una sartén
a 180 °C (compruebe friendo un dado
pequeño de pan: debe dorarse en
40 segundos). Sumerja los trozos
en la masa para rebozarlos.

2 Transfiera los trozos con unas pinzas
al aceite. No añada más de tres
o cuatro trozos a la vez (de lo contrario,
la temperatura del aceite podría disminuir
y la carne quedaría grasa). Cueza los
trozos pequeños o tiras unos 10 minutos,
y los medios cuartos unos 15 minutos.

3 A medida que los trozos vayan
quedando dorados y crujientes, retírelos
con una cuchara perforada y déjelos
escurrir sobre papel de cocina.
Espolvoréelos con un poco de sal
y sírvalos enseguida, o resérvelos al calor
del horno hasta que estén todos cocidos.

Fritura perfecta

- Cubra bien cada porción
  asegurándose que quede
  completamente recubierta
  con la masa o rebozado.
- Para ir más rápido, corte el pollo
  en tiras o trocéelo.

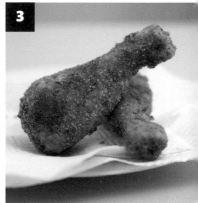

Asar al grill

Este método es perfecto para cocer
filetes de pechuga o bien tiras o trozos
de aves ensartadas en broquetas.

1 Adobe (*véase* pág. 117) los trozos
de ave durante 30 minutos, escúrralos
y séquelos. También puede pincelarlos
con un aceite aromatizado. Coloque
los trozos sobre una rejilla metálica
dispuesta sobre una fuente para asar,
y que quede bajo el grill precalentado
a unos 8 cm de la fuente de calor.

2 Pincele cada pocos minutos toda la
superficie del ave con un poco del adobo
o del aceite.

3 Cuando los trozos estén cocidos por
un lado, déles la vuelta con unas pinzas
y cuézalos por el otro lado, pero no
pinche la carne al darle la vuelta. Cuente
12-20 minutos para una pechuga
o cuarto de pollo y 20-30 minutos
para un ave embroquetada (al pinchar
la carne con un cuchillo afilado
no deben salir jugos rosados).

Cacerolas

Para 4-6 personas, necesita un pollo troceado, 3 cucharadas de aceite, 1 cebolla picada, 2 dientes de ajo picados, 2 tallos de apio picados, 2 zanahorias picadas, 1 cucharada de harina, 2 cucharadas de estragón picado o tomillo, caldo de pollo y/o vino, sal y pimienta.

1 Precaliente el horno a 180 °C (160 °C en uno de convección). Corte los muslos y las pechugas por la mitad.

2 Caliente el aceite en una cacerola refractaria y dore el pollo uniformemente. Retírelo y tire el exceso de aceite. Agregue la cebolla y el ajo y dórelos unos minutos. Incorpore las hortalizas, espolvoree con la harina, mezcle y cueza 1 minuto. Incorpore las hierbas y sazone. Añada el pollo y vierta el caldo y/o el vino hasta alcanzar tres cuartos de la altura del pollo. Cueza 1-1 ½ horas.

Asar a la cazuela

Para 4-6 personas, necesita 2 cucharadas de aceite vegetal, 1 cebolla a octavos, 2 lonchas de tocino entreverado sin la corteza, 1,4-1,6 kg de pollo, 2 nabos pequeños troceados, 2 zanahorias por la mitad, 1 diente de ajo aplastado, un ramillete aromático, 600 ml de caldo de pollo, 100 ml de vino blanco seco, un puñado de perejil picado, sal y pimienta.

1 Precaliente el horno a 200 °C (180 °C en uno de convección). Caliente el aceite en una cazuela. Fría la cebolla y el tocino 5 minutos. Reserve. Agregue el pollo, dórelo uniformemente durante 10 minutos y resérvelo. Fría los nabos, las zanahorias y ajo 2 minutos, y agregue el tocino, la cebolla y el pollo.

2 Incorpore el ramillete aromático, el caldo, el vino y sazone. Llévelo a ebullición y transfiéralo al horno. Cueza, rociándolo de vez en cuando con el líquido, durante 1 hora 20 minutos o hasta que los jugos salgan claros. Retírelo, mezcle los fondos con el perejil y trinche la carne.

Asados a la cazuela perfectos

- El asado a la cazuela es el método de cocción ideal para la mayoría de las aves, a excepción del pato o la oca que son muy grasos. Tampoco sirve el pavo, que a menudo es demasiado grande para una cazuela normal.
- Asegúrese de que utiliza una cazuela lo suficientemente grande, y de que el ave quepa holgada dentro de la misma.
- Vigile la cocción, la cazuela tapada cuece las aves tan pronto casi como un pollo asado en el horno.
- Compruebe el nivel de líquido de la cacerola de vez en cuando, y, si está demasiado seca, añada un poco más. El agua va bien, pero el caldo o el vino son preferibles.
- Cuente unos 45 minutos de cocción para aves pequeñas como los picantones, o 1-1 ½ horas para el pollo o la pintada.

Cocer al vapor

1 Corte el ave a tiras gruesas o dados, o bien utilice muslos, contramuslos o pechugas partidas. Adóbelos (*véase* inferior), 1 hora como mínimo, si lo desea.

2 Coloque los trozos formando una sola capa en una fuente refractaria que encaje dentro de la vaporera. Colóquela en su interior, tape y deje cocer 20-40 minutos o hasta que los trozos estén cocidos.

Escalfar

Este método de cocción rápido y suave produce un caldo ligero.

1 Dore el ave en aceite si lo desea (no es necesario, pero realzará su sabor) y transfiérala a una cacerola donde quepa holgadamente. Una sartén grande o salteadora es adecuada para los trozos, y una cacerola grande para un ave entera.

2 Añada 1 cebolla picada, 2 zanahorias picadas, 2 tallos de apio picados, 6 granos de pimienta negra enteros y 1 cucharadita de hierbas variadas secas, repartiéndolos sobre toda el ave o entre los trozos. Cubra los trozos o el ave con caldo, y cueza sin tapar por debajo del punto de ebullición durante 1 hora (si es un ave entera) o 30-40 minutos (si se trata de los trozos).

3 Retire con cuidado el ave del líquido. Si va a utilizar el líquido como base de una salsa, redúzcalo como mínimo a la mitad.

Adobos

- Los adobos se utilizan para aromatizar la carne, pero no penetran en la piel de las aves, por lo que debe pelarlas o practicar entallas en la piel.
- Cubra generosamente el pollo con el adobo, pero no lo sumerja en el mismo, pues gran parte se quedará en el fondo del recipiente.
- Para preparar un adobo sencillo, mezcle 1 diente de ajo picado, 2 cucharadas de cilantro molido, 2 cucharadas de comino molido, 1 cucharada de pimentón, 1 chile rojo sin semillas y picado, el zumo de 1/2 limón, 2 cucharadas de salsa de soja y 8 ramitas de tomillo. Vierta el adobo sobre 2kg de pollo troceado, mezcle bien y deje adobar en la nevera toda la noche.

Ensalada de pollo a la naranja

50 g de anacardos

la cáscara y el zumo de 2 naranjas

2 cucharadas de mermelada de naranja

1 cucharada de miel

1 cucharada de salsa de ostras

400 g de pollo asado a tiras

un puñado de hortalizas crudas como
*   pepino, zanahoria, pimiento rojo*
*   y amarillo y hojas chinas*

TIEMPO DE PREPARACIÓN 15 minutos

TIEMPO DE COCCIÓN 10 minutos

POR PORCIÓN

237 calorías

8 g de grasas (de las cuales 2 g saturadas)

18 g de hidratos de carbono

0,5 g de sal

TÉCNICAS

Véase también cortar cáscaras
de los cítricos (pág. 207),
mermeladas (pág. 407),
asar pollo (pág. 112),
hortalizas (págs. 170-182)

1 Ponga los anacardos en una sartén y cuézalos durante 2-3 minutos hasta que estén dorados. Trasládelos a un cuenco de servicio.

2 Para preparar el aliño, ponga la cáscara y el zumo de limón en la sartén junto con la mermelada, la miel y la salsa de ostras. Lleve a ebullición removiendo, y luego cueza 2-3 minutos a fuego lento hasta que se haya espesado un poco.

3 Añada el pollo al cuenco de servicio junto con las hortalizas preparadas. Vierta el aliño por encima, mezcle bien y sirva enseguida.

Consejo de cocinero

Tostar los anacardos en una sartén seca antes de añadirlos a la ensalada intensifica su sabor, proporcionándoles además un maravilloso color dorado.

Broquetas de pollo a la marroquí

PARA 4 PERSONAS

2 cucharadas de aceite de oliva

15 g de perejil

1 diente de ajo

½ cucharadita de pimentón

1 cucharadita de comino molido

la cáscara y el zumo de 1 limón

4 pechugas de pollo peladas,
   a trozos regulares

TIEMPO DE PREPARACIÓN 10 minutos,
más 20 minutos como mínimo para
el adobo

TIEMPO DE COCCIÓN 10-12 minutos

POR PORCIÓN

189 calorías

7 g de grasas (de las cuales 1 g saturadas)

1 g de hidratos de carbono

0,2 g de sal

TÉCNICAS

Véase también hierbas (pág. 428),
asar pollo al grill (pág. 115)

1 Si utiliza broquetas de madera remójelas en agua durante 30 minutos. Ponga el aceite en una batidora y añada el perejil, el ajo, el pimentón, el comino, la cáscara y el zumo de limón. Bata hasta obtener una pasta.

2 Ponga el pollo en una fuente mediana poco profunda, añada la pasta de especias y frote ésta con el pollo. Déjelo en adobo 20 minutos como mínimo. Precaliente el grill a temperatura alta.

3 Ensarte los trozos de pollo adobados en broquetas y áselos bajo el grill 10-12 minutos, dándoles la vuelta a menudo hasta que la carne esté bien cocida.

Salteado de pollo rápido

PARA 4 PERSONAS

1 cucharadita de aceite de cacahuete

300 g de pechuga de pollo troceada

4 cebollas tiernas picadas

200 g de fideos de arroz medianos

100 g de tirabeques

200 g de brécol púrpura picado

2-3 cucharadas de salsa de chile dulce

cilantro finamente picado y gajos de lima
   (opcional) para adornar

TIEMPO DE PREPARACIÓN 10 minutos

TIEMPO DE COCCIÓN 15 minutos

POR PORCIÓN

316 calorías

3 g de grasas (de las cuales 1 g saturadas)

0,5 g de sal

TÉCNICAS

Véase también hortalizas (págs. 170-182),
fideos de arroz (pág. 263),
saltear hortalizas (pág. 185)

1   Caliente el aceite en un wok y añada el pollo y las cebollas tiernas. Saltee sin dejar de remover a fuego vivo durante 5-6 minutos, hasta que el pollo esté dorado.

2   Mientras, cueza los fideos de arroz en una cacerola grande con agua hirviendo, de acuerdo con las instrucciones del paquete. Agregue los tirabeques, el brécol y la salsa de chile al wok. Continúe salteando durante 4 minutos.

3   Escurra los fideos y agréguelos al wok, mezclando bien el conjunto. Reparta el cilantro picado por encima y acompañe con los gajos de lima (si lo desea, exprímalos por encima).

Contramuslos de pollo agridulces

PARA 4 PERSONAS

1 diente de ajo picado

1 cucharada de miel

1 cucharada de salsa de chile dulce
   tailandesa

4 muslos de pollo

TIEMPO DE PREPARACIÓN 5 minutos
TIEMPO DE COCCIÓN 20 minutos

POR PORCIÓN

125 calorías

3 g de grasas (de las cuales 1 g saturadas)

4 g de hidratos de carbono

0,4 g de sal

TÉCNICAS

Véase también ajo (pág. 171)

1 Precaliente el horno a 200 °C, coloque en un cuenco el ajo con la miel y la salsa de chile y mézclelos. Agregue los muslos de pollo y remueva para recubrirlos.

2 Disponga los muslos en una fuente para asar y ase 15-20 minutos o hasta que el pollo esté dorado y bien cocido.

Pollo al grill con salsa de mango

PARA 4 PERSONAS

4 pechugas de pollo peladas

el zumo de ½ lima

vaporizador de agua y aceite

sal y pimienta negra molida

hojas de roqueta para acompañar

Para la salsa

1 mango a dados

1 hinojo pequeño, preparado y a dados

1 chile fresco, sin semillas y finamente
   picado

1 cucharada de vinagre balsámico

el zumo de ½ lima

2 cucharadas de perejil fresco picado

2 cucharadas de menta fresca picada

TIEMPO DE PREPARACIÓN 12 minutos

TIEMPO DE COCCIÓN 20 minutos

POR PORCIÓN

165 calorías

2 g de grasas (hay trazas de grasas
   saturadas)

6 g de hidratos de carbono

0,2 g de sal

TÉCNICAS

Véase también mangos (pág. 210),
hinojo (pág. 173),
chiles (pág. 177)

1 Introduzca el pollo en una fuente para asar al grill y sazónelo bien con sal y pimienta. Vierta por encima el zumo de lima y rocíe con la mezcla de agua y aceite. Ase 8-10 minutos por cada lado hasta que esté bien cocido y los jugos salgan claros al pincharlo con una broqueta. Resérvelo.

2 Mezcle en un cuenco los ingredientes de la salsa y salpimiente con generosidad. Reparta la mezcla a un lado del pollo y acompañe con las hojas de roqueta.

Pechugas de pollo rellenas

PARA 4 PERSONAS

Aceite para engrasar

150 g de bolas de mozzarella

4 pechugas de pollo de unos 150 g
  cada una

4 hojas de salvia

8 lonchas de jamón serrano

patatas nuevas y espinacas al vapor
  para servir

TIEMPO DE PREPARACIÓN 5 minutos
TIEMPO DE COCCIÓN 20 minutos

POR PORCIÓN

270 calorías

10 g de grasas (de las cuales 6 g saturadas)

trazas de hidratos de carbono

1 g de sal

TÉCNICAS

Véase también cocer hortalizas al vapor
(pág. 183)

1 Precaliente el horno a 200 °C (180 °C en uno de convección). Engrase ligeramente una placa para hornear. Corte la mozzarella en ocho trozos y ponga dos sobre cada porción de pollo. Cubra con una hoja de salvia.

2 Envuelva cada pechuga de pollo con las lonchas de jamón, cubriendo bien la mozzarella.

3 Coloque las pechugas en la placa y hornee 20 minutos. Acompañe con las patatas y las espinacas.

A tener
en cuenta

La salvia tiene un fuerte sabor pungente, por lo que sólo necesita un poco para aromatizar el pollo. No se vea tentado a añadir más de una hoja, pues dominaría el sabor del plato.

Pollo con alcaparras al vino

PARA 4 PERSONAS

1 cucharada de aceite de oliva

15 g de mantequilla

4 pechugas de pollo pequeñas y peladas

125 ml de vino blanco

3 cucharadas de alcaparras

el zumo de 1 limón

15 g de mantequilla

1 cucharada de perejil picado

gajos de limón para adornar

arroz hervido para acompañar

TIEMPO DE PREPARACIÓN 5 minutos

TIEMPO DE COCCIÓN 25 minutos

POR PORCIÓN

234 calorías

10 g de grasas (de las cuales 5 g saturadas)

trazas de hidratos de carbono

0,3 g de sal

TÉCNICAS

Véase también picar hierbas (pág. 428),
cocer arroz (pág. 236)

1 Caliente el aceite y la mantequilla en una sartén. Agregue las pechugas de pollo y fríalas a fuego medio 10-12 minutos por lado hasta que estén cocidas. Transfiéralas a una fuente caliente, tape y reserve al calor.

2 Agregue a la sartén el vino y las alcaparras. Lleve a ebullición, y cueza a fuego medio 2-3 minutos o hasta que el vino se haya reducido a la mitad. Agregue el zumo de limón y la mantequilla, mezclado con el perejil. Vierta la salsa sobre el pollo, adorne con un gajo de limón y acompañe con arroz hervido.

Pollo mediterráneo

PARA 4 PERSONAS

1 pimiento rojo, sin semillas y picado

2 cucharadas de alcaparras

2 cucharadas de romero fresco picado

2 cucharadas de aceite de oliva

4 pechugas de pollo peladas

sal y pimienta negra molida

arroz o patatas nuevas para servir

TIEMPO DE PREPARACIÓN 5 minutos

TIEMPO DE COCCIÓN 20 minutos

POR PORCIÓN

227 calorías

8 g de grasas (de las cuales 1 g saturadas)

3 g de hidratos de carbono

0,2 g de sal

TÉCNICAS

Véase también retirar las semillas
y chamuscar pimientos (pág. 177)

1 Precaliente el horno a 200 °C (180 °C en uno de convección). Ponga el pimiento rojo en un cuenco con las alcaparras, el romero y el aceite. Sazónelo con sal y pimienta, y mezcle bien.

2 Coloque las pechugas de pollo en una fuente refractaria y reparta la mezcla de pimiento por encima. Ase 15-20 minutos o hasta que el pollo esté bien cocido y la cobertura caliente. Acompañe con arroz o patatas nuevas.

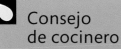

Consejo de cocinero

Los pimientos son mejores y más dulces en verano y a principios del otoño, por lo que debe preparar este plato durante estas épocas para disfrutar mejor de su sabor.

Pollo al estragón con hinojo

PARA 4 PERSONAS

1 cucharada de aceite de oliva

4 muslos de pollo

1 cebolla finamente picada

1 bulbo de hinojo finamente picado

el zumo de ½ limón

200 ml de caldo de pollo caliente

200 g de crema acidificada

un manojo pequeño de estragón picado

sal y pimienta negra molida

TIEMPO DE PREPARACIÓN 10 minutos

TIEMPO DE COCCIÓN 45-55 minutos

POR PORCIÓN

333 calorías

26 g de grasas (de las cuales 15 g
    saturadas)

3 g de hidratos de carbono

0,5 g de sal

TÉCNICAS

Véase también hortalizas (págs. 170-182),
caldo de pollo (pág. 34),
picar hierbas (pág. 428),
cacerolas de aves (pág. 116)

1 Precaliente el horno a 200 °C (180 °C en uno de convección). Caliente el aceite en una cacerola refractaria grande. Agregue el pollo y fríalo 5 minutos o hasta que esté dorado, retírelo y resérvelo al calor.

2 Incorpore la cebolla a la cacerola y fríala 5 minutos, añada luego el hinojo y cuézalos 5-10 minutos hasta que se ablanden.

3 Agregue el zumo de limón, seguido del caldo. Lleve a ebullición y cueza hasta que la salsa se reduzca a la mitad.

4 Mezcle la salsa con la crema acidificada y devuelva el pollo a la cacerola. Remueva para mezclar los ingredientes y hornee 25-30 minutos. Mezcle el estragón con la salsa, rectifique la condimentación y sirva.

Picantones adobados a la barbacoa

PARA 8 PERSONAS

150 ml de bourbon

15 g de azúcar moreno blando

50 ml de miel clara

50 ml de ketchup de tomate

*2 cucharadas de mostaza en grano
    a la antigua*

1 cucharada de vinagre de vino blanco

3 dientes de ajo picados

*1 cucharadita de sal y otra de pimienta
    negra molida*

4 picantones

*pimientos chamuscados, tomates
    y cebollas, y perejil para servir*

TIEMPO DE PREPARACIÓN 30 minutos,
más toda la noche para el adobo
TIEMPO DE COCCIÓN 30 minutos

POR PORCIÓN
246 calorías
15 g de grasas (de las cuales 4 g saturadas)
4 g de hidratos de carbono
0,3 g de sal

TÉCNICAS
Véase también aves (pág. 108),
kétchup de tomate (pág. 415),
ajo (pág. 171)

1 Mezcle el bourbon, el azúcar, la miel, el ketchup de tomate y la mostaza. Remueva esta mezcla con el vinagre, el ajo, la sal y la pimienta

2 Disponga los picantones con la pechuga hacia abajo sobre una tabla y corte a cada lado del espinazo con unas tijeras fuertes y afiladas. Abra los picantones aplanándolos, cúbralos con una película de plástico y aplástelos ligeramente con la base de una cacerola pesada. Ponga los picantones en una fuente no metálica y vierta encima el adobo de bourbon. Tape y refrigere toda la noche.

3 Ensarte los picantones en unas broquetas grandes, reservando el resto del adobo. Cuézalos a la barbacoa durante 30 minutos, rociándolos de vez cuando con el adobo reservado. Déles de nuevo su forma, si lo desea. Acompáñelos con los pimientos, los tomates y las cebollas.

Pintada con ciruelas

PARA 6 PERSONAS

225 g de cebolla picada

125 g de zanahoria picada

125 g de apio picado

6-8 cuartos de pintada o 2 kg de cuartos
de pollo campero

750 ml de vino tinto

1 cucharadita de pimienta negra en grano,
majada

1 cucharada de tomillo fresco picado

2 hojas de laurel

175 g de ciruelas pasas deshuesadas

3 cucharadas de aceite vegetal

3 dientes de ajo picados

1 cucharadita de pasta harissa (pasta de chiles)

1 cucharada de tomate concentrado

2 cucharadas de harina

300 ml de caldo de pollo

225 g de tocino entreverado, cortado en tiras

2 manzanas descorazonadas y a rodajas

sal y pimienta negra molida

puré de patatas para acompañar

TIEMPO DE PREPARACIÓN 40 minutos,
más 4 horas de adobo

TIEMPO DE COCIÓN 1 ½ horas

POR PORCIÓN

811 calorías

49 g de grasas (de las cuales 14 g
saturadas)

24 g de hidratos de carbono

1,7 g de sal

A tener en cuenta

Cueza hasta el final del paso 3,
enfríe y refrigere.

Para servir Lleve a ebullición
y recaliente en el horno a 180 °C
(160 °C en uno de convección)
durante 30-40 minutos.

1 Introduzca en un cuenco grande la cebolla, el apio, la zanahoria, la pintada o el pollo, 600 ml de vino, la pimienta, el tomillo y el laurel. Tape y deje adobar 3-4 horas como mínimo. Vierta el resto del vino en otro recipiente con las ciruelas. Tápelas y déjelas en remojo 3-4 horas.

2 Precaliente el horno a 170 °C. Escurra y seque los trozos de pintada o pollo (ponga las hortalizas y el vino aparte). Caliente 2 cucharadas de aceite en una cacerola grande refractaria. Cueza los trozos por tandas con la piel hacia abajo y a fuego medio hasta que se doren, déles la vuelta y dórelos por el otro lado. Retírelos del recipiente y resérvelos. Agregue las hortalizas maceradas (guarde el líquido) y saltéelas 5 minutos. Incorpore el ajo, la *harissa* y el tomate concentrado y deje cocer 1 minuto. Mezcle con la harina deje cocer 1 minuto. Vierta el líquido del adobo reservado y el caldo y lleve a ebullición removiendo. Devuelva los trozos a la cacerola, colocando los muslos en el fondo. Lleve a ebullición, sazone bien, tape y hornee durante 40 minutos.

3 Caliente el resto del aceite en la cacerola. Cueza el tocino 5 minutos hasta que esté dorado. Retírelo y resérvelo. Fría la manzana 2-3 minutos por lado hasta que esté dorada. Resérvela. Retire los trozos de la cacerola. Filtre la salsa y devuélvala al recipiente con los trozos de ave. Agregue las ciruelas y su líquido, el tocino y la manzana y caliente en el horno 10 minutos. Acompañe con puré de patatas.

Pollo salteado con brécol

PARA 4 PERSONAS

2 cucharadas de aceite vegetal o de girasol

500 g de filete de pavo cortado a tiras

2 dientes de ajo picados

2,5 cm de jengibre fresco, pelado y rallado

1 brécol separado en ramitos

8 cebollas tiernas finamente picadas

140 g de champiñones pequeños, partidos por la mitad

100 g de brotes de soja

3 cucharadas de salsa de ostras

1 cucharada de salsa de soja clara

125 ml de caldo de pollo caliente

el zumo de ½ limón

TIEMPO DE PREPARACIÓN 15 minutos
TIEMPO DE COCCIÓN 7-11 minutos

POR PORCIÓN

254 calorías

8 g de grasas (de las cuales 1 g saturadas)

8 g de hidratos de carbono

1,3 g de sal

TÉCNICAS

Véase también especias frescas (pág. 429),
hortalizas (págs. 170-182),
caldo de pollo (pág. 34)

1 Caliente 1 cucharada de aceite en una sartén antiadherente o en un wok y saltee las tiras de pavo 4-5 minutos hasta que estén doradas y cocidas. Retírelas y resérvelas.

2 Caliente el resto del aceite en el mismo recipiente a fuego medio y cueza el ajo y el jengibre durante 30 segundos, removiendo sin cesar para que no se quemen. Agregue el brécol, las cebollas y los champiñones, suba el fuego y cueza 2-3 minutos hasta que las hortalizas empiecen a dorarse pero todavía estén crujientes.

3 Devuelva el pavo a la sartén y añada los brotes, las salsas de ostras y de soja, el caldo y el zumo de limón. Cueza 1-2 minutos, removiendo bien para calentar el conjunto.

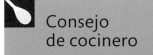

Consejo de cocinero

Cultive sus propios brotes de soja para esta receta siguiendo las instrucciones de la pág. 243.

Corona de pavo a la naranja con laurel

PARA 8 PERSONAS

2 cebollas a rodajas

2 hojas de laurel, y alguna más para
adornar

2,7 kg de corona de pavo (un pavo entero,
vaciado, sin el cuello ni los muslos)
lista para asar

40 g de mantequilla ablandada

1 limón partido por la mitad

2 cucharadas de especias para pollo

2 naranjas partidas

150 ml de vino blanco seco o caldo
de pollo

TIEMPO DE PREPARACIÓN 20 minutos,
más 15 minutos de reposo

TIEMPO DE COCCIÓN 2 ½ horas

POR PORCIÓN

181 calorías

6 g de grasas (de las cuales 3 g saturadas)

3 g de hidratos de carbono·

0,2 g de sal

TÉCNICAS

Véase también salsas saladas (pág. 18)

1 Precaliente el horno a 190 °C (170 °C en uno de convección). Coloque las cebollas en una fuente grande refractaria, añada las hojas de laurel y disponga sobre ellas el pavo. Extienda la mantequilla sobre la pechuga y exprima luego el limón por encima. Ponga las mitades exprimidas en la fuente, esparza por encima la mezcla de especias y reparta las mitades de naranja alrededor del pavo.

2 Vierta el vino o caldo en la fuente, seguidos de 250 ml de agua caliente. Cubra el pavo con papel de aluminio, asegurándose de que quede completamente cubierto, dejando espacio suficiente entre el papel y el pavo para que el aire pueda circular.

3 Ase el pavo 2 horas o hasta que al pinchar la carne con una broqueta (*véase* recuadro), los jugos salgan claros. Retire el papel y hornee el pavo otros 30 minutos o hasta que esté dorado.

4 Transfiera el pavo a una fuente de trinchar precalentada, cúbralo holgadamente con papel de aluminio y resérvelo al calor 15 minutos antes de trincharlo. Adorne con las mitades de naranja y limón. No lave la fuente: la necesitará para preparar la salsa a partir de los fondos de cocción.

Consejo de cocinero

Para comprobar que el pavo esté cocido, pinche la parte más gruesa de la corona con una broqueta. Presione sobre la piel para que salgan los jugos, que deben ser claros y dorados sin trazas rosadas. Si salen rosados, ponga de nuevo el pavo en el horno y ase otros 10-15 minutos más.

Ensalada crujiente de pato

PARA 8 PERSONAS

6 muslos de pato de unos 200 g cada uno

2 ramitas de tomillo fresco

1 cucharadita de pimienta en grano

2 hojas de laurel

2 cucharaditas de sal

125 g de kumquats o naranjas enanas

la cáscara finamente rallada y el zumo
de 2 naranjas

225 g de arándanos

125 g de azúcar blanquilla

4 cucharadas de vinagre de vino blanco

9 cucharadas de aceite de girasol

3 cucharadas de aceite de nueces

sal y pimienta negra molida

hojas de escarola

TIEMPO DE PREPARACIÓN 30 minutos,
más enfriar y refrigerar toda una noche

TIEMPO DE COCCIÓN 1 hora 25 minutos

POR PORCIÓN

614 calorías

54 g de grasas (de las cuales 10 g
saturadas)

24 g de hidratos de carbono

0,1 g de sal

TÉCNICAS

Véase también cortar la cáscara
de los cítricos (pág. 207),
aliños para ensaladas (pág. 25)

1 Precaliente el horno a 180 °C (160 °C en uno de convección). Ponga los muslos de pato en una cacerola grande refractaria, cúbralos con agua fría y lleve a ebullición. Cueza 10 minutos a fuego lento, espume la superficie y añada el tomillo, la pimienta en grano, las hojas de laurel y la sal. Hornee a continuación de 45 minutos a 1 hora, hasta que esté tierno. Déjelo enfriar rápidamente en el fondo de cocción y refrigérelo toda la noche.

2 Cuartee las naranjas enanas o kumquats. Extienda las pacanas en una placa para hornear y tuéstelas ligeramente bajo el grill. Ponga la cáscara de naranja en una sartén con 200 ml de zumo de naranja, los arándanos y el azúcar. Lleve a ebullición y cueza 5 minutos a fuego lento o hasta que los arándanos estén tiernos. Escurra el líquido sobre un cazo y reserve los arándanos. Hierva el líquido hasta que burbujee y esté almibarado, y lleve los arándanos a la sartén.

3 Bata en un cuenco pequeño el vinagre y los aceites, y sazone con sal y pimienta. Agregue los kumquats a la mezcla de arándanos con el aliño de aceite y vinagre, y las pacanas. Reserve. Espume la grasa del líquido gelificado del pato y resérvela. Corte la carne del pato a tiras finas, dejando la piel. Justo antes de servir, caliente 1 cucharada de la grasa de pato reservada en una sartén grande antiadherente y fría la mitad del pato durante 5 minutos o hasta que esté crujiente y dorado. Reserve al calor y repita la operación.

Pato con ciruelas

PARA 4 PERSONAS

5 pechugas de pato

8 dientes de ajo grandes, sin pelar

8 ciruelas pasas deshuesadas

25 g de mantequilla

1 cucharadita de harina

puré de patatas para servir

Para el adobo

1 zanahoria finamente picada

2 escalonias finamente picadas

1 ramita de perejil

1 ramita de tomillo fresco

1 hoja de laurel

1 cucharadita de pimienta negra en grano

250 ml de zumo de ciruelas

125 ml de vino tinto

4 cucharadas de brandy

4 cucharadas de aceite de oliva

½ cucharadita de sal

Para la col roja

1 cucharada de aceite de oliva

1 cebolla roja por la mitad y a rodajas

2 dientes de ajo picados

1 col roja de 1 kg aprox., a tiras

2 cucharadas de azúcar mascabado claro

2 cucharadas de vinagre de vino tinto

8 bayas de enebro

½ cucharadita de pimienta de Jamaica

300 ml de caldo vegetal

2 peras descorazonadas y a rodajas

sal y pimienta negra molida

TIEMPO DE PREPARACIÓN 30 minutos, más el adobo de toda la noche y el reposo

TIEMPO DE COCCIÓN 1 ½ horas

POR PORCIÓN

654 calorías

51 g de grasas (de las cuales 14 g saturadas)

38 g de hidratos de carbono

0,6 g de sal

1 Mezcle los ingredientes del adobo (reserve la mitad del zumo de ciruelas) en una fuente lo suficiente grande para contener las pechugas de pato en una sola capa. Añada el pato. Tape y refrigere toda la noche, dándole la vuelta de vez en cuando.

2 Remoje cuatro broquetas de madera pequeñas en agua. Para la col, caliente el aceite en una cacerola amplia, agregue la cebolla y fríala 5 minutos. Incorpore el resto de ingredientes excepto las peras. Sazone, lleve a ebullición, tape y cueza 30 minutos a fuego lento. Añada las peras y cuézalas 15 minutos o hasta que casi todo el líquido se haya evaporado y la col se haya ablandado.

3 Hierva el ajo 10 minutos. Escúrralo, pélelo y resérvelo. Retire el pato del adobo y séquelo con papel de cocina. Ponga a hervir el líquido del adobo en un cazo y redúzcalo a la mitad. Fíltrelo y resérvelo al calor. Ensarte las ciruelas y el ajo en las broquetas. Derrita la mantequilla en una sartén grande y fría el pato con la piel hacia abajo durante 8 minutos o hasta que se dore. Retírelo y déjelo reposar 10 minutos. Cueza las broquetas en la sartén, dándoles la vuelta hasta que el ajo se coloree. Retírelas y resérvelas. Incorpore la harina a la sartén y cueza 2-3 segundos. Vierta el adobo y el resto del zumo de ciruelas y cueza a fuego medio removiendo hasta que la salsa se espese y quede brillante. Acompañe con las broquetas, la col roja y el puré.

Oca con manzanas asadas

PARA 8 PERSONAS

6 cebollas rojas pequeñas

7 manzanas rojas pequeñas

5 kg de oca lista para asar, lavada, secada y sazonada por dentro y por fuera

1 manojo pequeño de salvia

1 manojo pequeño de romero

1 hoja de laurel

sal marina y pimienta negra molida

Para el caldo

Los menudillos de la oca

1 zanahoria picada

1 tallo de apio picado

1 cebolla cuarteada

1 ramillete de hierbas aromático

6 granos de pimienta negra

Para la salsa

1 sobre de 30 g de salsa de Madeira

300 ml de vino tinto

200 ml del caldo de menudillos

TIEMPO DE PREPARACIÓN 30 minutos

TIEMPO DE COCCIÓN 4 ¼ horas

POR PORCIÓN

646 calorías

41 g de grasas (de las cuales 12 g saturadas)

11 g de hidratos de carbono

1 g de sal

Toques finales

Para preparar el caldo, retire toda la grasa de la fuente, excepto 1 cucharada, reparta por encima el sobre de salsa, bata la mezcla con el vino. Cueza 5 minutos removiendo y bata con el caldo. Lleve a ebullición, agregue una manzana asada y la cebolla y aplástelas con una cuchara. Cueza 10 minutos a fuego lento y filtre sobre un cazo limpio.

1 Para el caldo, disponga en una cacerola los menudillos con el resto de ingredientes y vierta 1 l de agua fría. Tape y lleve lentamente a ebullición. Cueza 1 hora a fuego lento. Filtre y reserve el líquido.

2 Precaliente el horno a 230 °C (210 °C en uno de convección). Cuartee una cebolla y dos manzanas y póngalas en la cavidad de la oca con la mitad del romero, la salvia y la hoja de laurel. Ate juntas las patas y e introduzca una broqueta a través de las alas para sujetarlas. Disponga la oca con la pechuga hacia arriba en una fuente grande para asar. Pinche la piel por toda su superficie y sazone. Ponga las cebollas restantes alrededor del ave. Cubra con papel de aluminio. Cueza 15 minutos por cada 450 g, más 15 minutos (3 horas para una oca de 5 kg). Ase 30 minutos, baje el horno a 190 °C (170 °C en uno de convección). Retire la grasa de la fuente, vierta parte de la misma sobre la oca y refrigere el resto en un frasco (puede utilizarla para asar patatas). Ase la oca durante 1 hora, retire la grasa de nuevo y enfríe. Deje hornear el ave 30 minutos, retire el papel de aluminio. Retire la grasa y enfríela de nuevo. Agregue el resto de las manzanas. Espolvoree la oca con el resto de las hierbas y ásela 1 hora. Póngala en una fuente de servicio caliente, cubra con papel de aluminio y déjela reposar 1 hora 30 minutos. Retire las manzanas y las cebollas, y resérvelas al calor.

3 Prepare la salsa (*véase* recuadro). Corte el resto de las manzanas y cebollas en gajos y sírvalos junto con la oca y la salsa.

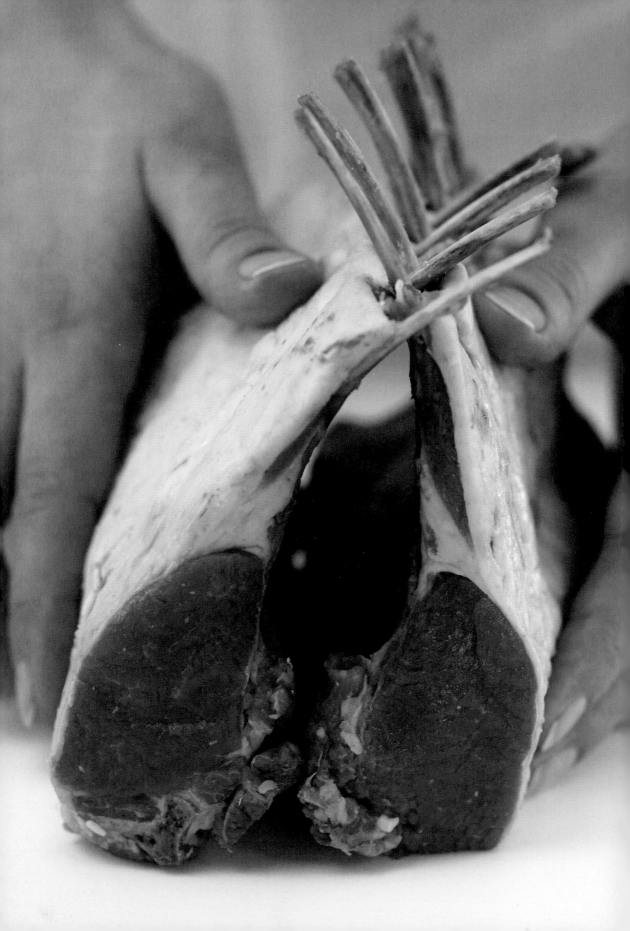

CARNE Y CAZA

El buey, el cordero, el cerdo, el jamón y la caza, como el conejo y el venado, se transforman en platos tan saludables como deliciosos y fáciles de preparar cuando se sabe cómo hacerlo. En este capítulo se muestran paso a paso las diferentes preparaciones básicas y técnicas de cocción, con fotografías fáciles de seguir. Se incluyen, además, consejos y trucos, así como ideas para preparar rellenos y adobos, junto con tablas prácticas para los tiempos de cocción. En definitiva, se enseña todo lo necesario para preparar y cocinar carne. La colección de recetas incluye ideas tan sabrosas como albóndigas italianas, jamón glaseado con jengibre y miel, gratín de cordero y feta griego, codillos de cordero braseados, buey salteado con salsa de chile, buey picado especiado y salchichas de venado asadas.

Buey

Aquí encontrará un gran número de sencillas técnicas para preparar el buey, desde elegir los cortes, pulirlos y ablandar los bistés, hasta albardillar y mechar, todo ello para sacar el mejor partido de esta deliciosa carne.

Deshuesar

Por lo general, se deshuesan las chuletas y el lomo para que resulten más fáciles de trinchar una vez cocidos; además, de ese modo también se pueden enrollar. El principio para preparar ambos cortes es el mismo.

1 Coloque el corte sobre la tabla de picar con el hueso mirando hacia abajo y los huesos de las vértebras más cortos hacia arriba.

2 Utilice un cuchillo largo para realizar un corte a lo largo y hacia el hueso, de manera que pase entre éste y la carne hasta alcanzar las costillas.

3 Levante la carne con una mano y corte entre las costillas y aquélla, hasta retirarla de una sola pieza. Recorte los cartílagos y la grasa.

Albardillar

Los cortes magros de carne pueden envolverse con una lámina fina de grasa para que la carne se mantenga jugosa durante la cocción. Si no se lo hacen en la carnicería, hágalo usted mismo en casa.

Necesita un bramante y 3-4 láminas finas de grasa de cerdo, lo bastante grandes como para cubrir todo el corte, las hierbas secas y la pimienta negra molida.

1 Sazone la carne con pimienta negra recién molida y las hierbas secas, si es el caso. Envuélvala con las láminas de grasa de forma que tanto los lados como la parte superior e inferior queden cubiertos.

2 Ate un trozo de bramante de la longitud del corte. Déle una vuelta de 90 grados y ate otro trozo de la misma forma para que la grasa se mantenga.

3 Dé una vuelta con el bramante alrededor de la carne, asegúrelo y corte el sobrante. Dé otra vuelta a unos 5 cm de la primera y así sucesivamente.

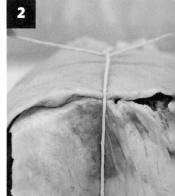

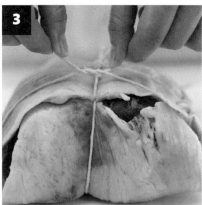

Mechar

Insertar tiras finas de grasa en un solomillo de buey es otra forma de asegurarse que se mantiene jugoso. La grasa se introduce en el corte con una aguja para mechar.

1 Corte tiras largas de grasa de cerdo que quepan en la aguja de mechar. Enfríelas bien o congélelas.

2 Introduzca la aguja a través del corte de forma que el extremo sobresalga 5 cm como mínimo en el otro extremo.

3 Coloque una tira de grasa en la cavidad de la aguja para mechar e introdúzcala en el agujero practicado. Cuando la grasa ya no pueda introducirse más en el corte, apriete hacia abajo y retire la aguja. La grasa debe quedar dentro.

4 Repita la operación a intervalos de 2,5 cm en todos los lados del corte.

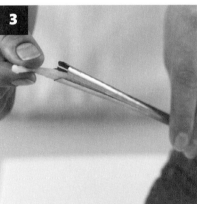

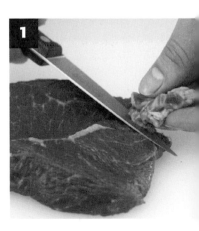

Consejo de cocinero

- Mechar es mucho más fácil si las tiras de grasa están muy frías o incluso congeladas.
- Las tiras de grasa no necesitan ser tan largas como el corte; (puede poner varias en un sólo agujero).
- Coloque una tira cada 2,5 cm (mida el lado más largo del trozo).

Consejos para pulir

No hay reglas específicas para pulir la mayor parte de cortes.

1 Retire el exceso de grasa, dejando no más de 5 mm en los bistés, chuletas y cortes para asar, pues un poco de grasa contribuye a realzar el sabor y la jugosidad. Al trocear carne o cortarla en dados, intente separar los músculos individuales, que pueden identificarse por los nervios que discurren entre cada músculo.

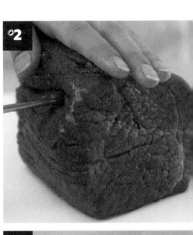

Buey

Pulir un corte

1 Corte el exceso de grasa dejando unos 5 mm de grasa alrededor del corte (no es necesario en los cortes muy magros).

2 Corte cualquier trocito de carne o nervio colgante.

3 Si el corte está cubierto de grasa, entállela ésta un poco, sin cortar la carne. De esta manera, la grasa se escurrirá durante la cocción.

Atar

Ate el corte si está deshuesado y enrollado, o si ha deshuesado el corte pero desea asarlo utilizando los huesos como base.

1 Ate un trozo de bramante alrededor de toda la longitud del corte, asegurándolo a los huesos, si los emplea. Si va a cocinar un corte deshuesado y enrollado, déle una vuelta de 90 grados y ate de la misma forma.

2 Empezando por un extremo del corte, haga un lazo con el bramante alrededor de la carne y asegúrelo con firmeza. Corte y haga otro lazo a unos 5 cm del primero.

3 Continúe atando el corte de esta forma a lo largo de todo el corte hasta que esté totalmente asegurado.

Sazonar

Todos los cortes pueden sazonarse para realzar el sabor. En el caso del cerdo con corteza, ésta debe frotarse con sal. Utilice un adobo seco (*véase* pág.147) o sal y pimienta negra.

1 Frote el corte con aceite vegetal para que los condimentos se adhieran.

2 Presione los condimentos hasta formar una capa fina y uniforme.

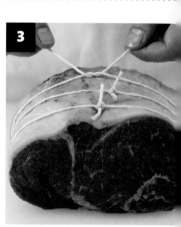

Ablandar un bisté

Algunos cortes de carne mejoran cuando se ablandan. Hay dos sistemas para hacerlo, golpeándola o entallándola.

1 Para golpearla, disponga los bistés hasta formar una sola capa sobre una lámina grande de una película de plástico o papel sulfurizado. Extienda otra lámina por encima y golpee suavemente la carne con un rodillo, la base de una sartén o la cara plana de un mazo para carne.

2 El entallado es muy útil para los cortes de fibras duras como la falda, ya que permiten que el adobo penetre bien en la carne. Coloque el bisté sobre la tabla de picar y, con un cuchillo largo y muy afilado, practique cortes finos en una misma dirección y en toda la superficie.

3 Realice toda una serie de cortes formando un ángulo de 45 grados con los primeros. Dé la vuelta a la carne y repita la operación en el otro lado.

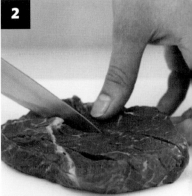

Utilizar un mazo para carne

Puede ablandar trozos de carne muy duros golpeándolos con el lado del mazo que tiene unos hoyuelos en la superficie (rompen las fibras de los músculos). No utilice una película de plástico si va a ablandar la carne con este método.

Picar

Si no tiene una picadora, puede picar la carne con el robot eléctrico o un cuchillo.

1 Con el robot Corte la carne en dados de 2,5 cm de lado. Ponga un puñado de carne en el recipiente del robot y pulse unos pocos segundos cada vez. Pare cuando la carne empiece a formar una bola en las paredes del recipiente. Retírela y resérvela. Repita la operación con el resto.

2 Con un cuchillo Se trata de un método antiguo, pero que da excelentes resultados. Retire toda la grasa y nervios de la carne y córtela en trozos finos. Píquela con dos cuchillos grandes pesados o machetas realizando un movimiento acompasado hasta que esté del todo picada.

Cordero

Desde las delicadas porciones de lomo de cordero ideales para saltear a la pierna de cordero deshuesada y abierta para asar, pasando por un costillar atado a la francesa o una elegante guardia de honor, el cordero es una carne maravillosamente variada.

Abrir una pierna de cordero en «mariposa»

1 Coloque la pierna de cordero sobre la tabla de picar con la parte carnosa mirando hacia abajo y la deshuesada, arriba. Con la parte gruesa mirando hacia usted, localice el extremo del hueso pélvico. Si está en su lugar, córtelo pasando alrededor un cuchillo mondador. Trabajando siempre hacia el hueso, libere éste de la carne y arránquelo o retuérzalo.

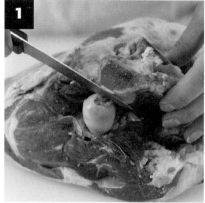

2 Con un cuchillo para deshuesar, realice una incisión alargada a lo largo del hueso, empezando por el extremo más fino, hasta alcanzar el punto de unión. Luego raspe y corte la carne del hueso, llevando éste hacia atrás con los dedos, hasta que quede expuesto en su totalidad.

3 Pase con cuidado el cuchillo alrededor del hueso hasta separar la carne. Retuerza el hueso, luego siga el mismo procedimiento con el otro.

4 Aplane la carne con las manos. Sosteniendo la palma de una mano sobre el extremo más grueso, realice un corte paralelo a la tabla hasta llegar al centro. Cuando llegue a unos 2,5 cm del extremo, abra la pierna como si fuera un libro.

5 Repita la operación con la otra parte gruesa de la pierna y ábrala. Si lo desea, asegure las faldas de carne con unas broquetas para facilitar la cocción.

Deshuesar una pierna de cordero para rellenar

Aquí, la pierna se deshuesa pero se deja entera para que la cavidad pueda rellenarse. Si es necesario, corte el hueso pélvico tal como se indica arriba.

1 Empezando por el extremo más estrecho de la pierna, inserte un cuchillo para deshuesar entre la carne y el hueso. Páselo alrededor de este último para cortar los tejidos conjuntivos y separarlo de la carne circundante.

2 Cuando llegue a la articulación, retuerza el hueso y estírelo.

3 Dé la vuelta a la pierna y utilice la misma técnica para cortar el hueso grueso. Al llegar al final, debería poderse arrancar con facilidad.

Preparar un costillar de cordero

El costillar de cordero comprende 6 u 8 chuletas de centro, que se sirven como un corte. Es uno de los cortes de cordero más sabrosos y espectaculares, y además es fácil de preparar. Puede cocinarlo tal como lo haya preparado el carnicero, o como aquí, al estilo francés.

1 Si fuese necesario, retire la membrana externa que cubre la grasa del costillar. Recorte el exceso de grasa. Localice la tira larga de cartílago situada a un extremo del costillar y córtela si está todavía. Haga lo mismo con la tira larga fibrosa que discurre a lo largo del costillar bajo las costillas.

2 Realice un corte trabajando hacia el hueso por el lado graso del costillar, y a unos 2,5 cm-5 cm de las puntas de los huesos. Coloque el cuchillo sobre dicho corte, sosteniéndolo casi paralelo a las costillas, y corte la carne en un solo trozo hasta exponer los extremos de los huesos.

3 Inserte el cuchillo entre un par de costillas desnudas en un extremo del corte inicial. Llévelo hacia abajo para cortar la carne. Continúe de la misma forma con el resto de costillas.

4 Retire a ambos lados de las costillas expuestas las tiras de carne. Cuando haya terminado, coloque el costillar hacia arriba y raspe las membranas del dorso para dejarlas pulidas.

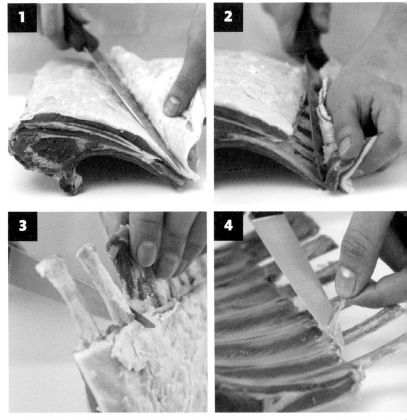

Tiempos para asar

Un costillar de cordero siempre debe cocinarse a temperatura elevada para que se dore de forma uniforme sin que el centro quede duro. Precaliente el horno a 220 °C (200 °C en uno de convección) y hornee 25-30 minutos. Si va a cocinar sólo un costillar, dore la cara grasa primero; luego podrá hornearlo a una temperatura más baja, 180 °C (160 °C en uno de convección).

Cordero

Guardia de honor

1 Prepare los costillares según el costillar de cordero (*véase* pág. 141). Colóquelos uno frente al otro, presionando ambas bases y entrelazando los extremos expuestos de las costillas.

2 Ate verticalmente cada dos costillas con un bramante. Ase al natural, o bien rellene el espacio situado entre ambos costillares y hornee a 200 °C (200 °C en uno de convección) 30-35 minutos.

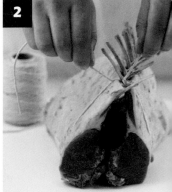

Noisettes de cordero

El lomo de cordero puede deshuesarse, enrollarse y cortarse para preparar *noisettes* (por lo general con una capa de grasa cubriendo la carne), un corte delicioso y elegante. Cómprelas ya preparadas, pida en la carnicería que se lo preparen, o bien prepare usted mismo esta versión sencilla.

1 Utilice un cuchillo de hoja fina para separar el solomillo del hueso. Retírelo y resérvelo para un salteado.

2 Dé la vuelta al lomo y corte entre el espinazo y el lomo, trabajando siempre hacia el hueso. Retire la carne en un solo trozo y pula el exceso de grasa.

3 Enrolle la falta de grasa plana alrededor del lomo y ate con un bramante a intervalos de 2,5 cm.

4 Corte el lomo en filetes de 2,5 cm de grosor. Áselos al grill (8-10 minutos) o fríalos en la sartén (6-10 minutos).

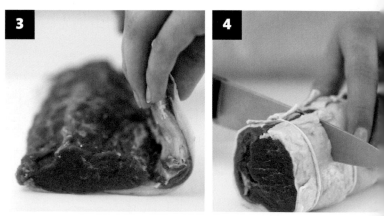

Consejo de cocinero

- El solomillo situado bajo el lomo se enrolla a veces con el lomo para preparar las verdaderas *noisettes*. De lo contrario, puede retirarlo y cortarlo en lonchas muy finas para saltearlo. Esta receta simplificada de las *noisettes* de cordero es, sin embargo, un corte delicioso.
- Ase el lomo deshuesado en un solo trozo en vez de cortarlo en porciones individuales.
- Para una versión más sencilla de medallones que no requieren atado, siga los pasos 1 y 2, luego corte la grasa y, a continuación, la carne en lonchas. Tal vez resulte m elegante, pero se trata de un corte mucho más magro y sabroso.

Cerdo

Desde unas simples chuletas de cerdo rellenas a un delicado solomillo y un delicioso asado crujiente, dispone de diferentes técnicas para cocinarlo, con las que siempre obtendrá deliciosos resultados.

Retirar el solomillo

Al igual que el buey y el cordero, el cerdo tiene una pieza de carne situada a lo largo del espinazo, bajo el lomo y las chuletas de riñonada, que se llama solomillo. Es el corte más tierno del cerdo.

1 Coloque el lomo con el lado de la piel hacia abajo sobre la tabla de picar y localice la tira de carne larga y redondeada, o solomillo. Puede solicitar al carnicero que lo haga, pero es fácil hacerlo en casa.

2 Realice un corte a lo largo del solomillo cercano al espinazo, sin cortar la carne, luego pase el cuchillo entre ésta y el hueso hasta que pueda retirarlo con facilidad.

3 Corte la tira fina de carne unida a la sección principal y resérvela para un caldo, si lo desea.

4 Con ayuda de un cuchillo pequeño y afilado, realice un corte en el extremo grueso del solomillo, justo por debajo de la membrana gruesa que lo recubre en un lado.

5 Sin cortar la carne, corte y arranque la membrana en tiras largas. Asegúrese de que la arranca por completo. Pula y recorte los trocitos de carne sueltos, y pula también los extremos si fuese necesario.

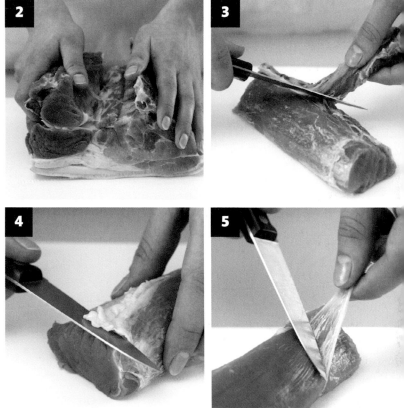

Cocinar el solomillo

El solomillo se corta a menudo para preparar medallones (*véase* pág. 144), pero también puede cocinarse en una sola pieza con o sin relleno. Para cocinarlo sin rellenar, dórelo de modo uniforme y termine de cocinarlo en el horno precalentado a 200 °C (180 °C en uno de convección) durante unos 10 minutos. Para rellenarlo, realice un corte profundo en el centro del solomillo, ábralo como un libro y aplánelo un poco con la base de una sartén pequeña o maza para carne. Coloque el relleno en el centro de la carne, enróllela y átela a continuación con un bramante (puede preparar un relleno rápido con cebolla picada sofrita en aceite hasta que esté bien blanda, con un poco de salvia o romero picado). Cueza el solomillo relleno como si estuviera sin rellenar, alargando un poco el tiempo de cocción.

Cerdo

Cortar medallones

1 Corte el solomillo de cerdo en porciones de 1-2,5 cm de grosor, y dispóngalas de modo que formen una capa sobre una lámina de una película de plástico o papel sulfurizado.

2 Coloque encima otra lámina de una película o papel y aplane la carne con un rodillo, una sartén pequeña o la cara plana de un mazo hasta que los cortes tengan la mitad del grosor inicial.

Rellenar chuletas

Las chuletas de al menos 2,5 cm de grosor pueden rellenarse para que queden más sabrosas. Las chuletas de lomo son las mejores para ello, aunque las de riñonada también quedan bien.

1 Retire la corteza (piel) y pula la grasa hasta dejar sólo 5 mm.

2 Presione la chuleta con la palma de la mano y, con ayuda de un cuchillo pequeño y afilado, corte en el centro a partir del lado graso.

3 Pase el chuchillo hasta alcanzar el hueso.

4 Agrande la abertura hasta obtener una bolsa. Puede aumentarla cortando hacia los extremos de la chuleta, pero sin llegar al final.

5 Aplane el relleno si fuese necesario. Abra la bolsa y deslice dentro el relleno, asegurándolo con unos palillos.

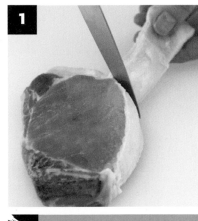

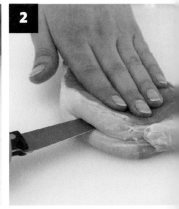

Rellenos fáciles

- No rellene las chuletas en exceso, pues la farsa podría salir. Pruebe algunas de las siguientes ideas:
- Tiras de ajo cocidas en mantequilla.
- Hojas de salvia
- Queso de cabra blando aplastado con hierbas picadas
- Salsa de manzana
- Rodajas de limón o naranja peladas.

Cerdo

Lomo de cerdo

1 Con ayuda de un cuchillo de hoja larga y fina, realice una incisión alargada en la grasa situada justo debajo de la corteza, retirando el mínimo de grasa posible. Retire la corteza en una sola pieza, si la llevara. Recorte toda la grasa hasta dejar sólo unos 5 mm.

2 Pase un cuchillo de hoja larga y fina alrededor del espinazo, cortando la carne a medida que trabaja.

3 Dé la vuelta al lomo y coloque el cuchillo plano sobre las costillas. Siguiendo la línea de las costillas, y cortando siempre hacia el hueso, separe la carne hasta alcanzar las vértebras.

4 Utilice un cuchillo pequeño y afilado para raspar los trozos de carne que unen el lomo con los huesos y retire la carne. Pula el trozo.

5 Si desea un lomo completamente pulido que no necesite enrollarse, corte la falda de carne que cuelga. Recorte la grasa visible y los tendones.

6 El lomo puede enrollarse ahora con o sin relleno. Para rellenarlo, dé una fina forma cilíndrica al relleno. Coloque el lomo sobre su parte grasa y ponga el relleno sobre la línea que une el final del lomo con la falda.

7 Doble la falda de carne sobre el lomo y asegure el relleno con unas broquetas.

8 Ate el lomo con un bramante a intervalos de 5 cm, y retire las broquetas.

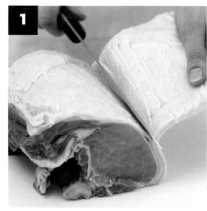

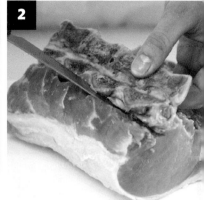

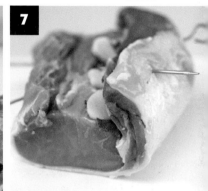

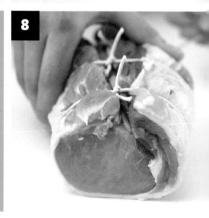

Consejo de cocinero

- Ase un lomo deshuesado sobre los huesos: éstos aportarán sabor a la salsa realizada con los fondos de cocción.
- Guarde la corteza para preparar chicharrones. Hornee a 200 °C (180 °C en uno de convección) 15-25 minutos.

Jamón

Los jamones tienen diferentes tamaños y grados de curación. Algunos se venden cocidos, mientras que otros no lo están, y los hay que deben remojarse.

Hornear

1 Si el jamón debe remojarse, colóquelo en un recipiente grande, donde quepa bien, con abundante espacio para el agua. Cúbralo con agua fría y ponga encima un peso si fuese necesario. Déjelo remojar toda la noche y escúrralo bien.

2 Coloque el jamón en una cacerola grande refractaria o una olla, cúbralo con agua fría y lleve a ebullición. Espume las impurezas que vayan subiendo a la superficie. Cueza por debajo del punto de ebullición (calcule 25 minutos por cada 450 g) y compruebe de vez en cuando que está cubierto con agua.

3 Deje enfriar el jamón en el agua. Transfiéralo el jamón a una fuente para asar (reserve el caldo para una sopa).

4 Precaliente el horno a 200 °C (180 °C en uno de convección). Con un cuchillo de hoja fina, retire limpiamente la corteza y pula la grasa de forma que quede tan sólo una capa de 5mm-1cm.

5 Entalle la grasa formando líneas paralelas a 5 cm de distancia, y luego entállela en diagonal hasta formar un diseño romboidal. Presione un clavo en el centro de cada rombo.

6 Extienda la mostaza en polvo sobre la superficie del jamón. Espolvoree éste con azúcar moreno blando hasta formar una capa ligera pero homogénea.

7 Hornee el jamón durante 30 minutos hasta que esté dorado.

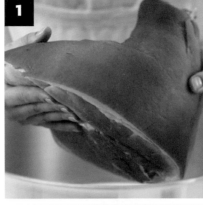

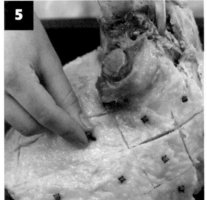

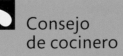

Consejo de cocinero

- No deje que el agua continúe hirviendo; la carne quedaría dura.
- Añada al líquido unas ramitas de perejil, unos granos de pimienta, una hoja de laurel y una cebolla picada.
- Brasee el jamón en una cacerola tapada, o bien hornee bajo una tienda de papel de aluminio.

Liebre y conejo

La liebre y el conejo son animales finos de cuerpo alargado con tres secciones de carne que necesitan diferentes tipos de cocción. Ello se refleja en la forma en que se trocean para cocinarlos.

Trocear

1 Corte los trozos de hueso expuestos de los muslos y recorte los trozos de carne finos de la caja torácica.

2 Con ayuda de un cuchillo grande y pesado, separe las patas traseras y luego córtelas por la mitad. Corte a través del punto de unión para separar el muslo de la parte inferior y haga la misma operación con las patas delanteras.

3 Si no va a cocinar el lomo en una sola pieza, córtelo en tres trozos. Si la pieza es pequeña, córtela por la mitad.

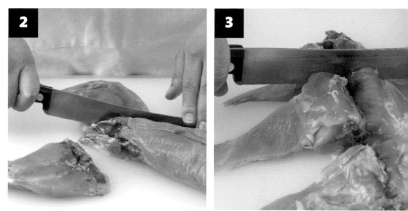

Adobos para carne

La carne puede adobarse tanto en húmedo como en seco, pues su amplia superficie permite una máxima exposición al adobo. Adóbela un mínimo de 8 horas en el caso de los trozos pequeños y 24 horas para los trozos grandes.

Adobos húmedos

Siempre contienen alguna parte de ácido que tiene un modesto efecto ablandador (sobre todo en cortes finos, como los bistés). Escurra a fondo la carne adobada hasta retirar el líquido de la superficie y cueza el adobo (retirando el aceite si fuese necesario) como salsa o como líquido para desglasar. La siguiente receta es fácil y rápida de preparar.

Adobo de ajo y hierbas Será suficiente para 450 g de carne. Utilice vino blanco para el cerdo y el conejo, y tinto para el resto de carnes. Necesita 2-3 dientes de ajo picados, 1 tallo de apio a rodajas finas, 150 ml de vino blando o tinto, 50 ml de aceite de oliva virgen, 50 ml de vinagre de vino blanco o tinto, ¼ cucharadita de hierbas secas y 1 hoja de laurel.

1 Bata juntos todos los ingredientes. Viértalos sobre la carne hasta cubrirla, y enfríela un mínimo de 8 horas. Dé la vuelta a la carne de vez en cuando para que se adobe uniformemente.

2 Antes de cocinar, escurra la carne y séquela con papel de cocina.

Adiciones perfectas para los adobos húmedos:
Cebollas y escalonias picadas o a rodajas.
Especias asiáticas, como las cinco especias chinas y el anís estrellado.
Chile.
Jerez o vinagre de jerez, brandy.

Adobos secos

Son útiles para asados y asados en cazuela. No penetran demasiado en la carne, pero le dan un sabor excelente si se frotan con ellos los cortes. Prepárelos con ajo picado, hierbas secas o especias y abundante pimienta negra molida. Frote el adobo contra la carne y déjela reposar 30 minutos o hasta 8 horas.

Cocinar carne y caza

Para obtener una carne perfectamente cocinada, elija el método apropiado para el corte. Los cortes tiernos necesitan una cocción rápida, como el asado a la parrilla o bajo el grill, mientras que los más duros se benefician de una cocción lenta, como los asados en cazuela.

Asar al grill

1 Precaliente el grill a temperatura alta mientras seca la carne (si la ha adobado); coloque ésta sobre una rejilla dispuesta sobre la placa o la fuente del horno. Si no la ha adobado, sálela un poco.

2 Los cortes finos deben estar a unos 2,5 cm de la fuente de calor, los gruesos a unos 7 cm. Cueza siguiendo las instrucciones de la tabla.

Tiempos para asar al grill

Nota Los tiempos de cocción para una pieza de carne de 2,5 cm de grosor son aproximados.

Corte	Poco hecho	En su punto	Bien hecho
Solomillo de buey	3-5 minutos	6-7 minutos	8-10 minutos
Otros bistés	5-6 minutos	8-12 minutos	15-18 minutos
Chuletas de cerdo/bistés	8-10 minutos	10-14 minutos	
Chuletas de cordero/bistés	8-10 minutos	10-14 minutos	
Chuletas de cordero	6-10 minutos	8-12 minutos	

Asar a la parrilla

1 Precaliente la parrilla 3 minutos. Pincele un poco la carne con aceite vegetal por un lado y colóquela sobre la parrilla con el lado aceitado contra la misma.

2 Cueza unos pocos minutos. Levante la carne para ver si se han formado unas líneas oscuras en la base y gírela de modo que forme un ángulo de 45 grados. Repita la operación por el otro lado.

Asados perfectos

- Caliente a fondo la parrilla antes de poner la carne.
- Puede cocinar sin aceite siempre que deje soasar la carne a fondo antes de darle la vuelta.

Saltear

1 Es perfecto para cortes de carne tiernos. Recorte el exceso de grasa y corte la carne en tiras o dados no más grandes de 5 mm.

2 Caliente a fondo el wok o una sartén grande y añada aceite hasta recubrir el fondo. Incorpore la carne y cuézala sin dejar de remover. Resérvela. Cueza el resto de ingredientes que vaya a utilizar (como hortalizas y aromatizantes). Recaliente en el wok 1-2 minutos.

Freír

1 Es ideal para bistés o chuletas. Precaliente la sartén y sale la carne.

2 Cubra la base de la sartén con aceite vegetal. Coloque la carne sin amontonarla. No la mueva al menos durante el primer minuto de cocción, pues podría pegarse.

3 Cuando esté bien dorada, déle la vuelta y cuézala por el otro lado.

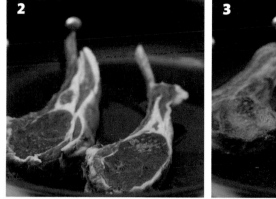

Brasear y asar en cazuela

Para 6 personas necesita 3 cucharadas de aceite de oliva, 6 codillos de cordero, 1 cebolla grande, 3 zanahorias, 3 tallos de apio a rodajas gruesas, 2 dientes de ajo picados, 2 latas de 400 g de tomates picados, 150 ml de vino blanco, sal y pimienta negra molida y 2 hojas de laurel.

1 Precaliente el horno a 170 °C (150 °C en uno de convección). Caliente el aceite en una cacerola grande de fondo grueso y dore un poco los codillos, (coloque 2 ó 3 a la vez). Retírelos del recipiente y resérvelos. Añada la cebolla, las zanahorias, el apio y el ajo, y cueza hasta que empiecen a colorearse, luego agregue el cordero, los tomates y el vino.

2 Mezcle bien, sazone y añada las hojas de laurel. Lleve a ebullición, tape y transfiera al horno durante 2 horas o hasta que la carne esté tierna. Desgrase si fuese necesario.

Braseados y asados en cazuela perfectos

- Entre los cortes más adecuados de vacuno destacan el morcillo, la falda, el pecho, y la aguja; entre los de cordero se encuentran la pierna, el cuello, el pecho y los codillos; del cerdo destacan la paletilla, los codillos, la panceta y el lomo.
- La cocción en cazuela también puede utilizarse con aquellos cortes que se suelen asar; simplemente necesitan menos tiempo en el horno.
- Cocine a fuego lento y vaya comprobando siempre la cocción para asegurarse de que hay bastante líquido de modo que la carne no se agarre a la cacerola.
- Los braseados mejoran a menudo si se cuecen con antelación y luego se recalientan un poco antes de servirlos. Si ha braseado un trozo de carne entero, puede cortarlo antes de recalentarlo.

Asar y trinchar

Asegúrese de que el corte se ha cocido correctamente y ha reposado lo suficiente antes de trincharlo para que los jugos se redistribuyan y proporcionen un resultado jugoso y tierno. Trinche los cortes de modo uniforme.

Hay dos formas de trinchar una pierna de cordero. La primera proporciona lonchas de corteza dorada; la segunda empieza con lonchas bien cocidas y sigue con lonchas poco hechas. Antes de trinchar, retire el bramante.

Pierna de cordero: método 1

1 Agarre la caña de la pierna y corte desde el extremo, sosteniendo el cuchillo plano contra el hueso, unos 5 cm contra la carne. Corte hacia el hueso en lonchas finas.

2 Corte lonchas finas de carne contra el hueso, empezando por el trozo retirado. Sostenga el cuchillo en ángulo recto con el hueso y corte dando una ligera inclinación a medida que alcanza las secciones de carne más gruesas.

3 Cuando haya retirado el máximo de carne posible de un lado, dé la vuelta a la pierna y continúe cortando.

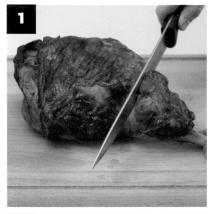

Pierna de cordero: método 2

1 Sostenga el hueso de la caña con la parte más carnosa de la pierna hacia usted. Corte con la hoja paralela al hueso. Cuando alcance éste, dé la vuelta a la pierna y continúe cortándola a lonchas (con la hoja paralela al hueso).

2 Retire el resto de la carne situada a ambos lados de la pierna en porciones individuales y córtela en lonchas finas.

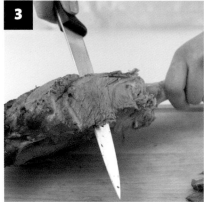

Cerdo con corteza

1 Es mucho más fácil trinchar el cerdo si primero retira la cortera. Quite el bramante y coloque el cuchillo trinchante justo por debajo de la piel, en la parte superior del corte. Deslícelo debajo de la piel, sin cortar la carne, hasta que pueda retirarla con los dedos.

2 Corte la carne en lonchas y luego rompa la corteza en trocitos.

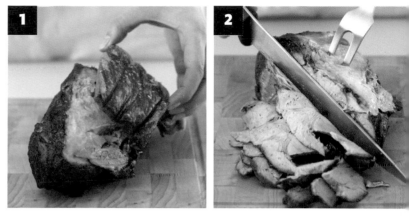

Asados perfectos

- Lleve la carne a temperatura ambiente antes de cocinarla. Retírela de la nevera con 2-3 horas de antelación.
- Cuézala sobre una rejilla metálica, o un lecho de hortalizas a rodajas, para que la grasa caiga hacia abajo.
- Ase la pieza con el lado graso hacia arriba.
- Compruebe los fondos de cocción vigilando que no se sequen o quemen, pues esto arruinaría la salsa. Vierta agua en la fuente y reduzca el exceso de líquido más tarde.
- Cuando la carne esté cocina, cúbrala con papel de aluminio y déjela reposar 20 minutos antes de trincharla. Así queda más jugosa y fácil de trinchar.

Tiempos de asado

Estos tiempos se ofrecen como guía general. Están basados en un corte grande, como un costillar de buey o una pierna de cerdo o de cordero, llevados a temperatura ambiente antes de cocinarlos. Los trozos más pequeños pueden necesitar entre 3 y 5 minutos más por 450 g. Compruebe la cocción al finalizar el tiempo, y no se sorprenda si necesita unos minutos más o menos. Deje reposar la carne 15 minutos como mínimo antes de trincharla. Un corte grande puede reposar hasta 45 minutos sin enfriarse.

Buey	Temperatura del horno	Tiempos por cada 450 g
Poco hecho	170 °C (150 °C en uno de convección)	12-15 minutos
En su punto	170 °C (150 °C en uno de convección)	15-18 minutos
Bien hecho	170 °C (150 °C en uno de convección)	20-25 minutos
Cordero		
En su punto	180 °C (160 °C en uno de convección)	15-20 minutos
Bien hecho	180 °C (160 °C en uno de convección)	20-25 minutos
Cerdo		

Nota Muchos cocineros someten el cerdo a una ola de calor inicial de 220 °C (200 °C en uno de convección) durante los primeros 15-20 minutos. Si lo hace, vigile al finalizar el tiempo de cocción.

En su punto	190 °C (170 °C en uno de convección)	20-25 minutos
Bien hecho	190 °C (170 °C en uno de convección)	25-30 minutos

Cerdo en salsa de vino tinto

PARA 3-4 PERSONAS

*350 g de solomillo o lomo de cerdo, bien
    pulido y en lonchas diagonales de 1 cm*

*1 cucharada de pimienta en grano
    de colores (molida)*

vaporizador de agua-aceite

2 dientes de ajo picados

1 cebolla roja picada

200 ml de vino tinto

300 ml de caldo de pollo

1 cucharadita de gelatina de grosellas

2 cucharaditas de mostaza de Dijon

Para el cuscús de hierbas

175 g de cuscús

300 ml de caldo vegetal

3-4 cucharadas de perejil picado

3-4 cucharadas de menta fresca picada

2 tomates sin semillas y picados

TIEMPO DE PREPARACIÓN 15 minutos
TIEMPO DE COCCIÓN 25 minutos

POR PORCIÓN

351 calorías para 3 personas
6 g de grasas (de las cuales 2 g saturadas)
35 g de hidratos de carbono
0,8 g de sal

264 calorías para 4 personas
5 g de grasa (de las cuales 1 g saturadas)
27 g de hidratos de carbono
0,6 g de sal

TÉCNICAS

Véase también solomillo de cerdo
(pág. 143),
hortalizas (págs. 170-182),
caldos (pág. 34),
cuscús (pág. 241),
picar hierbas (pág. 428)

1 Para preparar el cuscús de hierbas, vierta el cuscús en un cuenco grande. Ponga a hervir el caldo y agréguelo al cuenco. Salpimiente y mezcle bien con un tenedor. Tape y deje reposar en un lugar cálido unos 10 minutos. Destape, agregue las hierbas y tomates, y compruebe la condimentación.

2 Mientras, aplane un poco el cerdo con un rodillo y espolvoréelo por ambas caras con la pimienta.

3 Vaporice una sartén de fondo grueso con el vaporizador de aceite y caliente hasta que empiece a humear. Dore el cerdo 1-2 minutos por lado y luego retírelo de la sartén.

4 Disminuya la temperatura y añada el ajo y la cebolla a la sartén. Tape y cueza 5 minutos o hasta que se ablanden. Vierta el vino, redúzcalo a la mitad, agregue el caldo y déjelo hervir 7-10 minutos o hasta que la salsa se haya reducido a la mitad.

5 Mezcle la salsa con la gelatina de grosellas y la mostaza, y bátala a fondo. Devuelva el cerdo a la sartén, hierva la salsa y deje cocer 2-3 minutos a fuego lento o hasta que el cerdo esté bien cocido y la salsa almibarada. Sazone y acompañe con el cuscús de hierbas.

Albóndigas italianas

PARA 4 PERSONAS

50 g de pan recién rallado

450 g de carne de cerdo magra picada

1 cucharadita de semillas de hinojo picadas

½ cucharadita de copos de chile, o al gusto

3 dientes de ajo picados

4 cucharadas de perejil picado

3 cucharadas de vino tinto

vaporizador de agua-aceite

sal y pimienta negra molida

hojas de orégano para adornar

fideos para acompañar

PARA LA SALSA DE TOMATE

vaporizador de agua-aceite

2 escalonias grandes, finamente picadas

3 aceitunas negras a tiras

2 dientes de ajo picados

2 pizcas de copos de chile

250 ml de caldo

500 g de puré de tomate

2 cucharadas de perejil, 2 de albahaca y 2 de orégano (picados)

TIEMPO DE PREPARACIÓN 15 minutos

TIEMPO DE COCCIÓN 50 minutos

POR PORCIÓN

248 calorías

6 g de grasas (de las cuales 2 g saturadas)

20 g de hidratos de carbono

1,6 g de sal

TÉCNICAS

Véase también pan rallado (pág. 308), picar carne (pág. 139), picar hierbas (pág. 428), fideos (pág. 263)

1 Para preparar la salsa de tomate, vaporice una sartén con el vaporizador de aceite y añada las escalonias. Cuézalas a fuego medio 5 minutos, agregue las aceitunas, el ajo, el chile y el caldo. Lleve a ebullición, tape y cueza 3-4 minutos a fuego lento.

2 Destape y cueza 10 minutos a fuego medio o hasta que las escalonias y el ajo se hayan ablandado y el líquido esté almibarado. Mezcle con el puré de tomate y condimente. Lleve a ebullición y cueza 10-15 minutos, mezcle luego con las hierbas.

3 Mientras, coloque el pan rallado y el resto de ingredientes en un cuenco grande, sazone y mezcle a fondo con las manos hasta que todo esté bien amalgamado. Si necesita comprobar la condimentación, fría un poco de la mezcla, pruébela y ajuste si fuese necesario

4 Forme unas bolas con las manos húmedas. Forre una parrilla con papel de aluminio con la cara brillante hacia arriba y vaporice con el vaporizador de aceite. Cueza las albóndigas bajo el grill precalentado 3-4 minutos por lado. Acompáñelas con la salsa de tomate y los fideos, y adorne con el orégano.

Cerdo con alcachofas y judías

PARA 4 PERSONAS

2 cucharadas de aceite vegetal

*2 solomillos de cerdo de unos 275 g cada
    uno, en lonchas de 1 cm*

2 cucharadas de tomillo picado

8 cucharadas de aceite de oliva

*400 g de corazones de alcachofa
    enlatados, escurridos, enjuagados
    y cuarteados*

*400 g de frijoles verdes enlatados,
    escurridos y enjuagados*

*1 lata de 180 g de aceitunas verdes
    deshuesadas, escurridas y enjuagadas*

el zumo de 1 limón

sal y pimienta molida

TIEMPO DE PREPARACIÓN 10 minutos

TIEMPO DE COCCIÓN 8 minutos

POR PORCIÓN

473 calorías

36 g de grasas (de las cuales 6 g saturadas)

17 g de hidratos de carbono

3,7 g de sal

1 Caliente las hortalizas en una sartén y fría el cerdo 2 minutos por lado. Agregue el tomillo y los condimentos.

2 Mientras, caliente el aceite en una sartén, añada las alcachofas y los frijoles, y deje cocer 3-4 minutos. Incorpore las aceitunas y el zumo de limón, y sazone con la pimienta.

3 Coloque el cerdo sobre las alcachofas, frijoles y aceitunas, y sirva.

Lomo ahumado al comino

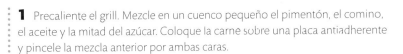

PARA 4 PERSONAS

una pizca generosa de comino molido
  y pimentón
2 cucharadas de aceite de oliva
2 cucharaditas de azúcar mascabado
8 filetes finos de lomo ahumado,
  de unos 125 g cada uno
2 papayas grandes maduras
la cáscara y el zumo de 2 limas
½ chile rojo, sin semillas y finamente picado
20 g de menta fresca finamente picada
judías verdes al vapor para acompañar

TIEMPO DE PREPARACIÓN 2 minutos
TIEMPO DE COCCIÓN unos 10 minutos

POR PORCIÓN
566 calorías
31 de grasas (de las cuales 9 g saturadas)
4 g de hidratos de carbono
12,1 g de sal

TÉCNICAS
Véase también papaya (pág. 211),
cortar cáscaras de cítricos (pág. 207),
chiles (pág. 177),
picar hierbas (pág. 428),
judías verdes (pág. 174)

1 Precaliente el grill. Mezcle en un cuenco pequeño el pimentón, el comino, el aceite y la mitad del azúcar. Coloque la carne sobre una placa antiadherente y pincele la mezcla anterior por ambas caras.

2 Ase el cerdo bajo el grill unos 5 minutos por lado; pincele una o dos veces con el líquido.

3 Mientras, corte las papayas por la mitad, retíreles las semillas y pélelas. Pique la carne en trozos no muy finos y póngala en un cuenco. Reduzca a puré el resto de fruta con el zumo de lima. Agréguelos al cuenco junto con la cáscara de lima, el chile, la menta y el resto del azúcar. Reparta la mezcla sobre la carne y acompañe con judías verdes.

 ## Variantes

- Utilice mango en vez de papaya. Asegúrese de que está maduro; para ello, apriételo suavemente con un dedo.
- Sirva esta mezcla de especias y el condimento afrutado con unas chuletas de cerdo o un pescado, como pez espada.

Jamón glaseado con jengibre y miel

PARA 8-10 PERSONAS

*4,5-6,8 kg de jamón medio curado,
   sin ahumar y con el hueso*

*2 escalonias peladas y partidas
   por la mitad*

6 clavos

3 hojas de laurel

*2 tallos de apio cortados en trozos
   de 5 cm*

2 cucharadas de mostaza inglesa en polvo

*5 cm de jengibre fresco, pelado y a rodajas
   finas*

Para el glaseado

225 g de azúcar moreno oscuro

2 cucharadas de miel clara

6 cucharadas de brandy o madeira

Para el *chutney*

*4 mangos pelados a rodajas y luego
   en trozos de 5 cm*

1 cucharadita de mezcla de especias

*4 cápsulas de cardamomo (retire las
   semillas y aplástelas)*

½ cucharadita de canela molida

4 cucharadas de pasas

TIEMPO DE PREPARACIÓN 1 hora
TIEMPO DE COCCIÓN 5 ½ horas

POR PORCIÓN

550 calorías para 8 personas
19 g de grasas (de las cuales 6 g saturadas)
48 g de hidratos de carbono
5,5 g de sal

440 calorías para 10 personas
15 g de grasas (de las cuales 5 g saturadas)
38 g de hidratos de carbono
4,4 g de sal

TÉCNICAS

Véase también jamón (pág. 146),
hortalizas (págs. 170-182),
especias frescas (pág. 429),
mangos (pág. 210)

1 Coloque el jamón en una cacerola grande. Agregue las escalonias, los clavos, las hojas de laurel y el apio, y cúbralo con agua fría. Lleve a ebullición, tape y cueza unas 5 horas a fuego lento. Espume la superficie. Retire el jamón de la cacerola, tire las hortalizas y hierbas, y déjelo enfriar.

2 Precaliente el horno a 200 °C (180 °C en uno de convección). Con un cuchillo afilado retire cuidadosamente la piel gruesa externa hasta dejar una capa de grasa uniforme. Entalle un diseño romboidal sobre la grasa y coloque el jamón sobre una fuente para asar. Frótelo con la mostaza y añada el jengibre entre la grasa entallada.

3 Para el glaseado, ponga en un cazo el azúcar, la miel, el brandy o madeira y caliente hasta que el azúcar se haya disuelto. Pincele la mezcla sobre el jamón.

4 Mezcle en un cuenco los ingredientes del *chutney*, agregue el resto del glaseado y reparta alrededor del jamón.

5 Hornee el jamón 30-45 minutos, mojándolo cada 10 minutos con los fondos. Retire la grasa de la fuente y resérvela. Mezcle el *chutney* y póngalo bajo el grill 5 minutos para que el mango se caramelice. Transfiéralo a una salsera y sirva.

Cordero con naranja y menta

PARA 4 PERSONAS

4 cucharadas de aceite de oliva

4 bistés de cordero (700 g en total)

185 g de pimientos rojos asados enlatados, escurridos y picados no muy finos

50 g de aceitunas negras

1 naranja

el zumo de 1 limón

1 manojo pequeño de menta picada no muy fina

sal y pimienta negra molida

TIEMPO DE PREPARACIÓN 10 minutos
TIEMPO DE COCCIÓN 20 minutos

POR PORCIÓN

411 calorías

28 g de grasas (de las cuales 10 g saturadas)

6 g de hidratos de carbono

1,1 g de sal

TÉCNICAS

Véase también picar hierbas (pág. 428)

1 Caliente 2 cucharadas de aceite en una sartén grande antiadherente. Dore el cordero en el aceite caliente, dándole vueltas de vez en cuando hasta que la superficie forme una costra dorada.

2 Baje el fuego y añada a la sartén los pimientos y las aceitunas. Pique la naranja, exprima el zumo directamente sobre la sartén y añada los trozos para proporcionar más sabor. Vierta el zumo de limón y el resto del aceite.

3 Cueza 5 minutos a fuego lento, sin dejar de remover para romper un poco los pimientos. Agregue la menta, remueva, salpimiente al gusto y sirva.

Gratín de cordero y feta griego

PARA 8 PERSONAS
(2 COMIDAS PARA 4 PERSONAS)

5 cucharadas de aceite de oliva

1 cebolla grande finamente picada

900 g de cordero picado

2 dientes de ajo picados

2 cucharadas de tomate concentrado

2 latas de tomates pera en su zumo

3 cucharadas de salsa Worcester

2 cucharadas de orégano recién picado

3 patatas grandes (1 kg aproximadamente)

2 berenjenas grandes, preparadas
*   y a dados de 5 mm*

1 kg de yogur griego

4 huevos grandes

50 g de parmesano recién rallado

una pizca de nuez moscada rallada

200 g de queso feta desmenuzado

sal y pimienta negra molida

TIEMPO DE PREPARACIÓN 20 minutos

TIEMPO DE COCCIÓN 1 hora 50 minutos

POR PORCIÓN

686 calorías

45 g de grasas (de las cuales 20 g
    saturadas)

32 g de hidratos de carbono

1,8 g de sal

Consejo de congelación

Formadas las capas de cordero,
hortalizas, feta, salsa de yogur
y parmesano en los moldes (paso 3),
enfríe, tape y congele hasta 3 meses.
    Descongele toda la noche
en una estancia fría. Cueza a 190 °C
(170 °C en un horno de convección)
45-50 minutos, hasta que el gratín
esté bien caliente en el centro.

1 Caliente 2 cucharadas de aceite en una sartén grande, agregue la cebolla y cuézala a fuego lento unos 10 minutos o hasta que se ablande. Coloque la carne picada en una sartén grande antiadherente y cuézala a fuego vivo, separándola con una cuchara, hasta que no quede líquido y la carne esté dorada (10-15 minutos). Agregue el ajo y el tomate concentrado, y cueza 2 minutos. Incorpore la carne y los tomates a la sartén con la cebolla, añada la salsa Worcester y el orégano. Lleve a ebullición y salpimiente. Cueza a fuego medio 30-40 minutos o hasta que el cordero esté tierno.

2 Mientras, cueza las patatas en agua salada hirviendo 20-30 minutos o hasta que estén tiernas, escúrralas y déjelas enfriar. Pélelas y córtelas a rodajas gruesas, precaliente el horno a 180 °C (160 °C en uno de convección). Pincele las rodajas de berenjena con el resto del aceite. Precaliente dos sartenes antiadherentes y dore las rodajas de berenjena unos 2-3 minutos por lado hasta que se ablanden. Mezcle el yogur con los huevos y la mitad del parmesano, salpimiente la salsa al gusto y añada la nuez moscada.

3 Divida el cordero entre 2 moldes o fuentes refractarias de 1,4 l, o bien 8 moldes individuales. Coloque encima capas de patata, feta y berenjenas. Vierta encima la salsa de yogur y esparza el resto del parmesano. Hornee 35-40 minutos o hasta que la superficie esté dorada y muy caliente en el centro.

Tagine de cordero, ciruelas y almendras

PARA 6 PERSONAS

*2 cucharaditas de semillas de cilantro
  y comino*

2 cucharaditas de chile en polvo

1 cucharadita de pimentón

1 cucharada de cúrcuma molida

5 dientes de ajo picados

6 cucharadas de aceite de oliva

1,4 kg de bistés de pierna de cordero

75 g de mantequilla clarificada

2 cebollas grandes finamente picadas

1 zanahoria picada no muy fina

900 ml de caldo de cordero

300 g de ciruelas pasas deshuesadas

5 trozos de canela en rama

50 g de almendras molidas

12 escalonas

1 cucharada de miel

sal y pimienta negra molida

almendras tostadas y perejil picado

TIEMPO DE PREPARACIÓN 20 minutos,
más 5 horas para el adobo
TIEMPO DE COCCIÓN 2 ½ horas

POR PORCIÓN

652 calorías

44 g de grasas (de las cuales 16 g
  saturadas)

31 g de hidratos de carbono

0,6 g de sal

Consejo de cocinero

Para preparar la mantequilla clarificada,
caliéntela en un cazo pequeño
sin que se coloree. Retire la espuma.
Pase la mantequilla a través de un
tamiz forrado con una muselina.
Déjela reposar 10 minutos. Viértala en
otro cuenco dejando en el primero
los sedimentos. Deje enfriar, vierta en
un frasco y refrigere hasta 6 meses.

1 Maje en el mortero o bata en la batidora el cilantro, el comino, el chile
en polvo, el pimentón, la cúrcuma, el ajo y 4 cucharadas de aceite. Cubra
los bistés con esta pasta y déjelos refrigerar 5 horas como mínimo.

2 Precaliente el horno a 170 °C. Derrita 25 g de mantequilla clarificada
en una cacerola grande refractaria, agregue las cebollas y la zanahoria,
y cueza hasta que se ablanden. Resérvelas. Fría ambos lados del cordero en
el resto de la mantequilla clarificada. Agregue un poco de caldo a la cacerola
y lleve a ebullición (raspe los sedimentos del fondo). Devuelva la
cebolla y zanahoria a la cacerola, y añada 100 g de ciruelas. Vierta el resto
del caldo junto con la canela, las hojas de laurel y las almendras molidas.
Sazone, tape y hornee 2 horas o hasta que la carne esté bien tierna.

3 Mientras, sofría las escalonias en el resto del aceite y la miel hasta que
se doren. Incorpórelas a la cacerola unos 30-40 minutos antes de finalizar
el tiempo de cocción.

4 Retire el cordero de la salsa y resérvelo. Lleve la salsa a ebullición,
déjela hervir y reducir hasta que esté bien espesa. Devuelva el cordero
a la cacerola, agregue el resto de ciruelas y hierva 3-4 minutos más. Adorne
con las almendras y el perejil.

Codillos de cordero braseados

PARA 6 PERSONAS

6 codillos de cordero pequeños

450 g de escalonias

2 berenjenas medianas cortadas en dados
pequeños

2 cucharadas de aceite de oliva

3 cucharadas de harissa (pasta de chiles
magrebí)

la cáscara y el zumo de 3 naranjas grandes

200 ml de jerez semiseco

700 g de puré de tomates

300 ml de caldo de hortalizas o cordero
caliente

75 g de orejones de albaricoque

75 g de cerezas

una pizca generosa de azafrán

cuscús y judías verdes (opcional) para servir

TIEMPO DE PREPARACIÓN 20-25
minutos

TIEMPO DE COCCIÓN 2 ½ horas

POR PORCIÓN

355 calorías

16 g de grasas (de las cuales 6 g saturadas)

23 g de hidratos de carbono

1,2 g de sal

TÉCNICAS

Véase también hortalizas (págs. 170-182),
retirar las cáscaras a los cítricos (pág. 207),
caldos (pág. 34),
cuscús (pág. 241)

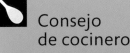

Consejo de cocinero

Si hornea a fuego lento los codillos
de cordero en una salsa afrutada,
la carne quedará deliciosamente
tierna.

1 Precaliente el horno a 170 °C. Caliente una cacerola grande refractaria
y dore de modo uniforme los codillos. Cuente unos 10-12 minutos: cuanto
más se coloreen, más realzado quedará el sabor.

2 Retire el cordero y resérvelo. Agregue a la cacerola las escalonias,
las berenjenas y el aceite. Póngala de nuevo sobre el fuego y cueza a fuego
vivo, removiendo de vez en cuando, hasta que las berenjenas y escalonias
estén doradas y empiecen a ablandarse.

3 Baje el fuego y agregue el cordero así como el resto de ingredientes.
El líquido debe quedar a media altura de los codillos. Lleve a ebullición, tape
y hornee 2 ½ horas. Compruebe la cocción; para ello, inserte un tenedor
en la carne, que casi deberá separarse de los huesos y estar muy tierna.

4 Si hay demasiado líquido de cocción, transfiera el cordero a una fuente
de servicio caliente, y deje hervir la salsa sobre el fuego hasta que
se reduzca y espese. Devuelva el cordero a la cacerola. Acompáñelo
con el cuscús y las judías verdes, si lo desea.

Cordero asado con naranja

PARA 4 PERSONAS

*la cáscara y el zumo de 1 naranja,
    más algunos gajos para adornar*
2 dientes de ajo a rodajas
3 ramitas grandes de romero fresco
1 cucharada de aceite de oliva
1,25 kg de pierna de cordero
3 cucharadas de mermelada de cítricos
1 cucharada de harina
150 ml de agua
sal y pimienta negra
1 manojo de berros para adornar
hortalizas asadas para acompañar

TIEMPO DE PREPARACIÓN 20 minutos
TIEMPO DE COCCIÓN 1 hora 25 minutos

POR PORCIÓN
581 calorías
38 g de grasas (de las cuales 12 g
    saturadas)
14 g de hidratos de carbono
0,4 g de sal

TÉCNICAS
Véase también retirar las cáscaras
de los cítricos (pág. 207),
ajo (pág. 171),
asar hortalizas (pág. 189)

1 Precaliente el horno a 180 °C (160 °C en uno de convección). Mezcle la cáscara de naranja, el ajo, las hojas de romero y el aceite, y salpimiente. Coloque la pierna de cordero sobre una tabla y haga varias incisiones sobre toda la superficie. Introduzca la mezcla en las incisiones. Ponga el cordero sobre una rejilla metálica dispuesta sobre una fuente para asar y ase 1 ½ horas. Rocíe de vez en cuando la carne con los fondos de cocción.

2 Unos 10-15 minutos antes de finalizar el tiempo de cocción, pincele la superficie de la pierna con la mermelada. Inserte algunas hojas de romero en cada incisión de la carne.

3 Saque del horno, envuelva en papel de aluminio y deje reposar 10-15 minutos.

4 Coloque la fuente para asar sobre el fuego, desgrase la superficie y tire la grasa, dejando sólo los fondos de cocción del cordero. Suba el fuego y mezcle los fondos con la harina. Agregue el agua y el zumo de naranja, lleve a ebullición, baje el fuego y cueza unos 8 minutos removiendo de vez en cuando o hasta que la salsa quede bien espesa. Sazónela al gusto.

5 Sirva el cordero con la salsa y las hortalizas asadas, y adorne con los gajos de naranja y los berros.

Buey salteado con salsa de chile

PARA 4 PERSONAS

1 cucharadita de aceite de chile

1 cucharada de salsa de soja

1 cucharada de miel clara

1 diente de ajo picado

1 chile rojo grande por la mitad,
   sin semillas y picado

400 g de buey magro cortado a tiras

1 cucharadita de aceite de girasol

1 brécol a tiras

200 g de tirabeques por la mitad

1 pimiento rojo por la mitad, sin semillas
   y cortado a tiras

fideos japoneses soba o arroz
   para acompañar

TIEMPO DE PREPARACIÓN 10 minutos

TIEMPO DE COCCIÓN 10-11 minutos

POR PORCIÓN

271 calorías

12 g de grasas (de las cuales 4 g saturadas)

10 g de hidratos de carbono

0,9 g de sal

TÉCNICAS

Véase también hortalizas (págs. 170-182),
fideos (pág. 63),
arroz (pág. 236),
saltear carne (pág. 148)

1 Coloque el chile en un cuenco mediano. Agregue la salsa de soja, la miel, el ajo y el chile, y mezcle bien. Incorpore las tiras de buey y mézclalas con el adobo.

2 Caliente el aceite en un wok a fuego vivo hasta que esté muy caliente. Cueza las tiras de buey en dos tandas, luego retírelas del recipiente y resérvelas a un lado. Seque el recipiente con papel de cocina para retirar cualquier residuo.

3 Agregue el brécol, los tirabeques, el pimiento rojo y 2 cucharadas de agua. Saltee sin dejar de remover 5-6 minutos hasta que empiecen a ablandarse. Devuelva el buey al wok y caliéntelo. Sírvalo acompañado de fideos o arroz.

Consejo de cocinero

Cuente unos 50 g de fideos crudos o arroz por persona

Buey picado especiado

PARA 4 PERSONAS

2 cucharadas de aceite de girasol

1 cebolla grande picada no muy fina

1 diente de ajo finamente picado

1 chile rojo pequeño finamente picado

2 pimientos rojos picados no muy finos

2 tallos de apio picados

400 g de buey magro picado

400 g de tomates picados y enlatados

2 latas de legumbres variadas y escurridas

1-2 cucharaditas de Tabasco

2-3 cucharadas de cilantro picado
   no muy fino para adornar (opcional)

Para servir

salsa (véase recuadro)

tortilla de harina blanda o arroz basmati
   (50 g por persona)

TIEMPO DE PREPARACIÓN 15 minutos

TIEMPO DE COCCIÓN unos 40 minutos

POR PORCIÓN

412 calorías

13 g de grasas (de las cuales 5 g saturadas)

42 g de hidratos de carbono

1,7 g de sal

TÉCNICAS

Véase también hortalizas (págs. 170-182), picar carne (pág. 139), picar hierbas (pág. 428)

Consejo de cocinero

Para preparar una salsa rápida, pele y pique, sin más, ½ aguacate maduro. Póngalo en un cuenco con 4 tomates picados, 1 cucharadita de aceite de oliva y el zumo de ½ lima. Mezcle a conciencia.

1 Caliente el aceite en una sartén grande. Agregue la cebolla y 2 cucharadas de agua. Cueza 10 minutos o hasta que se ablande. Añada el ajo y el chile, y cueza otros 1-2 minutos hasta que se doren. Incorpore el pimiento rojo y el apio, y cueza 5 minutos.

2 Añada el buey a la sartén y dórelo de modo uniforme. Incorpore los tomates, las judías y la salsa de Tabasco, y deje cocer 20 minutos a fuego lento. Adorne con el cilantro, si lo desea, y acompañe con la salsa, tortillas o arroz.

Buey braseado

PARA 4 PERSONAS

175 g de panceta ahumada o beicon
*   entreverado (a dados)*

2 puerros medianos a rodajas gruesas

1 cucharada de aceite de oliva

450 g de buey para guisar, cortado
*   a trozos de 5 cm*

1 cebolla grande finamente picada

2 zanahorias y 2 chirivías a rodajas
*   gruesas*

1 cucharada de harina

300 ml de vino tinto

1-2 cucharadas de gelatina de grosellas

125 g de champiñones por la mitad

pimienta negra molida

perejil finamente picado para adornar

TIEMPO DE PREPARACIÓN 20 minutos

TIEMPO DE COCCIÓN 3 ½ horas
aproximadamente

POR PORCIÓN

524 calorías

25 g de grasas (de las cuales 9 g saturadas)

27 g de hidratos de carbono

1,6 g de sal

TÉCNICAS

Véase también hortalizas (págs. 170-182)

1 Precaliente el horno a 170 ºC (150 ºC en uno de convección). Fría la panceta o el beicon en una cacerola refractaria 2-3 minutos, hasta que esté dorado. Agregue los puerros y cuézalos 2 minutos más, hasta que empiecen a adquirir color. Retírelos con una espumadera y resérvelos.

2 Caliente el aceite en la cacerola. Fría el buey por tandas durante 2-3 minutos, hasta que esté dorado. Retírelo y resérvelo. Incorpore a la cacerola la cebolla y sofríala a fuego medio 5 minutos, hasta que esté dorada. Agregue las zanahorias y las chirivías, y fría 1-2 minutos.

3 Devuelva el buey a la cacerola y mézclelo con la harina para que absorba los fondos de cocción. Vierta poco a poco el vino y 300 ml de agua, y luego mézclelos con la gelatina de grosellas. Sazone con pimienta y lleve a ebullición. Tape bien y hornee 2 horas.

4 Mezcle la preparación con los puerros, la panceta y los champiñones, tape de nuevo y cueza 1 hora más, hasta que todo esté tierno. Reparta por encima el perejil picado.

Consejo de congelación

Siga la receta hasta el paso 4, sin adornar. Coloque la preparación en un recipiente apto para congelar, enfríe y congele hasta 3 meses.

Descongele toda la noche en una habitación fría. Precaliente el horno a 180 ºC (160 ºC en uno de convección). Ponga a hervir el guiso, tape bien y recaliente en el horno unos 30 minutos.

Solomillo de buey con salsa roquefort

PARA 6 PERSONAS

125 g de queso roquefort desmenuzado

125 g de mantequilla ablandada

900 g de solomillo de buey

7 cucharadas de aceite vegetal

2 dientes de ajo picados

2 berenjenas grandes (400 g cada una),
*   cortadas por la mitad a lo largo*
*   en rodajas de 1 cm*

150 g de cebolla finamente picada

150 ml de jerez semiseco

750 ml de caldo de carne

zumo de limón al gusto

ramitas de romero fresco, hojas de espinacas
*   mini y virutas de remolacha para adornar*

Para la polenta

900 ml de leche

una pizca de sal

140 g de polenta

4 cucharadas de aceite de oliva

75 g de parmesano recién rallado

TIEMPO DE PREPARACIÓN 30 minutos
TIEMPO DE COCCIÓN 1 hora
10 minutos aproximadamente

POR PORCIÓN

610 calorías

46 g de grasas (de las cuales 2 g saturadas)

7 g de hidratos de carbono

1,1 g de sal

Consejo de cocinero

Cueza un solomillo entero de buey durante 30 minutos si lo desea poco hecho, 35 minutos si lo prefiere en su punto o poco hecho, y 40 minutos si le gusta bien hecho.

1 Precaliente el horno a 220 °C (200 °C en uno de convección). Mezcle despacio el queso con la mantequilla. Tape y enfríe. Sazone el buey. Caliente 1 cucharada de aceite en una sartén 1-2 minutos. Dore el buey 1-2 minutos por lado. Déjelo enfriar y frótelo luego con ajo. Pincele cada cara de las berenjenas con aceite y fríalas en una sartén antiadherente 4-5 minutos por lado hasta que estén doradas, luego enfríelas. Envuelva el buey con las berenjenas y átelo a intervalos con un bramante. Sazone al gusto y reserve. Caliente 2 cucharadas de aceite en la sartén y cueza la cebolla 10 minutos, hasta que esté dorada. Añada el jerez, lleve a ebullición y déjelo hervir hasta que se reduzca a la mitad. Vierta el caldo, lleve a ebullición y hierva 10-15 minutos, hasta que se haya reducido a la mitad. Ase el buey 30-40 minutos (*véase recuadro*). Tape y reserve en un lugar caliente 10 minutos.

2 Para la polenta, vierta la leche en una cacerola, sale y lleve a ebullición. Retire del fuego y añada la polenta en forma de lluvia fina, removiendo. Cueza a fuego lento sin dejar de remover durante 5 minutos. Retire del fuego y mezcle con el aceite de oliva y el parmesano. Sazone y reserve.

3 Para acabar, recaliente la mezcla de jerez mezclándola con el roquefort reservado, que debe incorporar poco a poco. Añada el zumo de limón. Retire el bramante del buey y córtelo a lonchas gruesas. Mezcle los fondos de cocción con la salsa. Adorne y sirva con la polenta y la salsa roquefort.

Salchichas de venado asadas

PARA 6 PERSONAS

12 salchichas de venado

2 cucharadas de gelatina de grosellas

1 cucharadita de zumo de limón

400 g de cebollas rojas picadas

2 cucharadas de aceite de oliva

4 cucharadas de vinagre de vino tinto

2 cucharadas de azúcar demerara

1 cucharadita de bayas de enebro aplastadas

puré de patatas para servir

TIEMPO DE PREPARACIÓN 10 minutos

TIEMPO DE COCCIÓN 35 minutos

POR PORCIÓN

538 calorías

40 g de grasas (de las cuales 16 g saturadas)

32 g de hidratos de carbono

3 g de sal

TÉCNICAS

Véase también cebollas (pág. 170), puré de patatas (pág. 184)

1 Precaliente el horno a 220 °C. Coloque las salchichas en una fuente de asar pequeña. Mezcle la gelatina de grosellas con el zumo de limón y reparta la mezcla sobre las salchichas. Áselas 35 minutos, dándoles una vuelta.

2 Fría a fuego lento las cebollas en el aceite 15-20 minutos. Agregue el vinagre, el azúcar y las bayas de enebro, y prosiga la cocción 5 minutos, hasta que las cebollas estén del todo tiernas.

3 Sirva las salchichas con la confitura de cebollas rojas.

Cacerola de conejo con ciruelas

TIEMPO DE PREPARACIÓN 20 minutos,
    más 4 horas de remojo

TIEMPO DE COCCIÓN 1 ½ horas

POR PORCIÓN

538 calorías

26 g de grasas (de las cuales 13 g
    saturadas)

5 g de hidratos de carbono

0,3 g de sal

TÉCNICAS

Véase también trocear conejo (pág. 147),
hortalizas (págs. 170-182),
caldos (pág. 34)

1 Coloque las ciruelas y el vino en un cuenco. Tápelas y déjelas reposar 4 horas. A continuación escúrralas, reservando el vino y las ciruelas.

2 Precaliente el horno a 170 °C. Caliente 3 cucharadas de aceite en una cacerola refractaria. Dore unos pocos trozos de conejo a la vez y retírelos de la cacerola. Incorpore la cebolla y el ajo con un poco más de aceite si fuese necesario, y dórelos ligeramente. Devuelva el conejo a la cacerola, anada el armagnac y caliente a fondo. Encienda el alcohol con una cerilla larga y déjelo flamear, sacudiendo la sartén con cuidado hasta que cesen las llamas.

3 Vierta el caldo y el vino de las ciruelas, y lleve a ebullición. Incorpore las ramitas de tomillo (atadas) o con tomillo seco a la cacerola junto con las hojas de laurel y sazone generosidad. Tape bien la cacerola. Hornee 1 hora, hasta que todo esté bien tierno.

4 Retire el conejo y escurra los fondos de cocción. Hierva éstos hasta que se reduzcan a la mitad. Incorpore la crema y las setas, y continúe hirviendo 2-3 minutos más. Agregue las ciruelas pasas y caliente el conjunto. Rectifique la condimentación y vierta la salsa sobre el conejo. Sirva adornado con las ramitas de tomillo fresco.

HORTALIZAS

Nutritivas, deliciosas y esenciales para seguir una dieta saludable, las hortalizas son básicas en cualquier cocina. Desde las preparaciones más comunes, como cortar a tiras, picar y cortar a dados, hasta desgranar, descorazonar y rellenar, las técnicas recogidas en este capítulo muestran todos los tipos de preparación de las diferentes familias de hortalizas, así como los métodos de cocción, como el hervido, la cocción al vapor, el salteado, la fritura, el braseado, los guisos, la parrilla y los purés, con consejos y útiles tablas para los tiempos de cocción. Las recetas, a su vez, ofrecen un amplio abanico de platos para cada ocasión, desde ensaladas como la de col y la de hojas variadas, a las broquetas mediterráneas, las coles de Bruselas con panceta, la tempura de hortalizas, el curry tailandés de hortalizas, las cebollas al chile con queso de cabra y los pimientos asados rellenos.

Cebollas y escalonias

Similares en forma, aroma y sabor, las cebollas y las escalonias se preparan de modo parecido. Su sabor pungente las convierte en excelentes aromatizantes.

Cebollas

1 Corte el extremo superior y la base de la cebolla. Pele las capas duras que la recubren.

2 Coloque la cebolla sobre la tabla de picar y, con ayuda de un cuchillo afilado, córtela por la mitad desde el extremo superior a la base.

3 Cortar a rodajas Ponga una mitad sobre la tabla con la parte cortada hacia abajo y corte a rodajas.

4 Picar Realice unos cortes a intervalos regulares desde el extremo de la raíz a la punta. Haga a continuación 2-3 cortes horizontales a lo largo de la cebolla y luego córtela a lo ancho en cortes verticales.

Escalonias

Las escalonias son mucho más pequeñas que las cebollas, por lo que resultan más fáciles de cortar y picar.

1 Corte la punta y recorte los extremos de la raíz. Pele la piel y las capas oscuras inferiores.

2 Sostenga la escalonia con el extremo de la raíz hacia abajo y realice unos cortes profundos paralelos con un cuchillo pequeño afilado, hasta casi la base de la misma, manteniendo unidas las rodajas.

3 Cortar a rodajas Coloque la escalonia sobre un lado y corte rodajas a partir de la base.

4 Cortar a dados Realice unos cortes profundos en ángulo recto con las primeras rodajas. Dé la vuelta a la escalonia y corte rodajas a partir de la base. Debe obtener unos dados finos, si bien puede picar los trozos grandes de uno en uno.

Consejo de cocinero

- Al comprar cebollas, presione el extremo con un dedo: si no está duro, la cebolla puede estar blan en el centro y, por tanto, pasada.
- Para evitar que las manos huelan a cebolla, sostenga ésta con las yemas de los dedos y tóq lo menos posible.

Ajo y puerros

Aunque el ajo y los puerros pertenecen a la familia de las cebollas y comparten el mismo aroma y sabor pungentes, se preparan de forma diferente.

Ajo

1 Coloque el diente de ajo sobre la tabla de picar y sitúe encima la hoja plana de un cuchillo pesado. Presione con fuerza hacia abajo hasta aplastar el diente de ajo y romper la piel que lo recubre.

2 Corte la base y retire la piel. Debe salir con facilidad.

3 Cortar a rodajas Con un movimiento balanceante y colocando la punta del cuchillo contra la tabla, corte el ajo a rodajas del tamaño requerido.

4 Cortar a tiras y picar
Sostenga las rodajas juntas y córtelas a tiras. Píquelas luego si precisa ajo picado.

5 Majar Finalizado el paso 2, puede majar el diente de ajo en un prensaajos. Para hacerlo con el cuchillo, pique en tozos no muy finos los dientes de ajo pelados sobre la tabla con una pizca de sal.

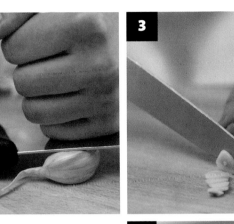

6 Presiónelos hacia abajo con la hoja de un cuchillo (en sentido contrario a usted) y luego pásela contra todo el ajo presionando con fuerza. Pase la punta del cuchillo sobre el ajo hasta reducirlo a puré.

Puerros

Los puerros albergan a menudo tierra e impurezas entre sus capas, por lo que deben lavarse a fondo.

1 Corte el extremo de la raíz y las partes duras del puerro. Realice un corte en el extremo superior de unos 7,5 cm.

2 Sostenga el puerro bajo el chorro del agua fría a la vez que separa las partes cortadas para exponer cualquier resto de suciedad. Lávelo a fondo y sacúdalo. Aproveche las hojas verdes para un caldo.

Hortalizas de tallo y maíz

El delicado sabor de las alcachofas, los espárragos y el hinojo queda excelente tanto en ensaladas y primeros platos como en platos principales. El apio, a su vez, es una hortaliza muy útil para aromatizar caldos y sopas.

Alcachofas enteras

1 Rompa el tallo de forma que quede al mismo nivel que la base de las hojas. Arranque las hojas externas estropeadas y lave la alcachofa con agua fría.

2 Colóquelas en una cacerola con agua salada y 1 cucharadita de zumo de limón, y presiónelas hacia abajo con un cuenco de forma que queden cubiertas. Hiérvalas 40-45 minutos, hasta que las hojas exteriores se arranquen con facilidad.

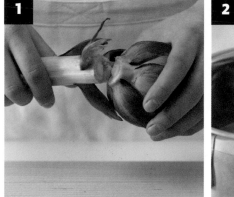

Corazones de alcachofa

1 Caliente una cacerola con agua salada y 1 cucharada de zumo de limón por 1 litro de agua.

2 Retire el tallo y las hojas externas duras, corte luego el resto de hojas y pula las partes verdes de la base. Frote la alcachofa con zumo de limón y cuézala 15-20 minutos, hasta que esté tierna.

3 Escúrrala; retire el heno interno.

Espárragos

1 Corte unos 5 cm de la base del espárrago allí donde se encuentran las secciones blanca y verde del mismo. Pélelo a continuación con un mondador de hortalizas o cuchillo pequeño.

2 Caliente agua salada en una cacerola que pueda contener los espárragos formando una sola capa. Póngalos dentro y cuézalos 5-10 minutos, hasta que estén tiernos.

Consejo de cocinero

- Para cortar el extremo leñoso de los espárragos, dóblelos justo donde el tallo se vuelve tierno.
- Para asarlos, rocíelos con aceite de oliva, unas pocas cucha... de agua y un poco de sal, y áselo 12 minutos a 200 ºC (180 ºC en ... de convección).

Apio

1 Para retirar los hilos de los tallos de apio externos, recorte la base y los extremos superiores para separar los tallos. Reserve los internos.

2 Ponga un cuchillo pequeño contra la base de los tallos verdes exteriores y vaya arrancando los hilos entre la hoja del cuchillo y el pulgar. Arránquelos trabajando hasta arriba para arrancar los hilos. Continúe a lo largo del tallo.

Hinojo

1 Recorte los tallos superiores y la base del bulbo. Retire el corazón duro del interior con un cuchillo pequeño y afilado si fuese necesario.

2 Las hojas externas pueden oxidarse, por lo que conviene dejarlas en agua fría; también puede pelar las partes oxidadas con un cuchillo o mondador de hortalizas. Corte el hinojo a rodajas o bien cuartéelo, según indique la receta.

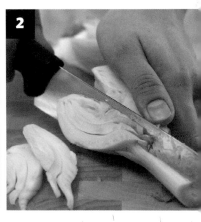

Mazorca de maíz

El azúcar del maíz empieza a convertirse en fécula una vez recolectado, por lo que es preferible comerlo lo antes posible una vez comprado. Para hornearlo, cocerlo en el microondas o asarlo en la barbacoa, deje la mazorca con su cobertura. Para hervirlo, retire las hojas y membranas que la envuelven.

1 Para preparar una mazorca de maíz, retire las hojas verdes.

2 Agarre el tallo y retuérzalo hasta arrancarlo junto con las membranas. Frote con fuerza la mazorca hasta retirar las hebras sedosas.

3 **Desgranar** Sostenga la mazorca hacia arriba dentro de un cuenco grande, con el tallo situado sobre la base del mismo. Con un cuchillo de hoja fina, corte los granos de arriba abajo, dando la vuelta a la mazorca hasta retirarlos por completo.

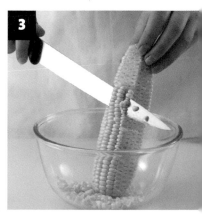

Guisantes, judías y vainas

Una preparación rápida y sencilla permite disfrutar de hortalizas primaverales como guisantes tiernos, tirabeques, judías y quingombós.

Guisantes

1 Sostenga la vaina del guisante en una mano con la base del mismo hacia usted. Presione la «junta» curvada al inicio de la vaina hasta abrirla, e inserte a continuación la punta del dedo pulgar entre las dos mitades hasta abrir la vaina por completo.

2 Con ayuda del pulgar, haga caer suavemente los guisantes en el cuenco. Enjuáguelos en agua fría antes de emplearlos.

Consejo de cocinero

- Cueza los guisantes tan pronto co le sea posible una vez desgranad
- Calcule 1 kg de guisantes o haba sin desvainar para 4 personas.
- Los tirabeques y los guisantes de jardín pueden comerse enter Recorte ambos extremos y retire l hilos en los ejemplares maduros.

Habas

1 Sostenga la vaina en una mano con la base mirando hacia usted. Inserte la punta de la uña del dedo pulgar entre las dos mitades y abra la vaina. Pase por dentro el dedo pulgar para que los granos caigan en el cuenco.

2 En el caso de las habas maduras, es preferible quitarles la piel. Haga una pequeña muesca en la piel de cada haba, retire la piel y tírela.

Judías verdes

1 Corte los extremos de las judías verdes pequeñas y tiernas, y retire los filamentos a las más grandes. Corte por el extremo del tallo, arrancando el filamento entre la hoja del cuchillo y el dedo.

2 Arranque el filamento y deséchelo. Corte las judías en diagonal en trozos de 5 cm o en finas tiras longitudinales con un cortador de judías o un cuchillo afilado.

Otras judías

- Las judías verdes finas sólo tiene que recortarse en sus extremos. Doble ambos para ello.
- Las judías bobby, de cuerpo redo y más grueso, pueden recortarse por ambos extremos si son tiern A las de mayor tamaño deben retirárseles los hilos.

Quingombós

1 Para cocerlos enteros Lave y retire cualquier resto de «pelo» negro en las vainas. Recorte el extremo de las mismas sin pincharlas.

2 Quingombós partidos Si desea que la textura gelatinosa espese una salsa, debe partirlos. Lávelos bien y retire los restos de «pelo» negro. Recorte el extremo de las vainas y luego pártalas por la mitad a lo largo, desde un extremo a otro.

Setas

Hay muchos tipos de setas comestibles. Los más comunes son los champiñones blancos cultivados, pero también existen un gran número de variedades silvestres.

Champiñones cultivados

Todos los champiñones, ya sean blancos, castaña o planos, se preparan de la misma forma.

1 Páseles un paño húmedo o un pincel de pastelería para retirar los restos de suciedad.

2 En el caso de los champiñones pequeños, corte el pie por la base del sombrero. En los restantes, corte un disco fino en el extremo del pie y tírelo. Píquelos o córtelos a rodajas.

3 Si va a rellenarlos, arranque el pie, píquelo finamente y utilícelo en el relleno.

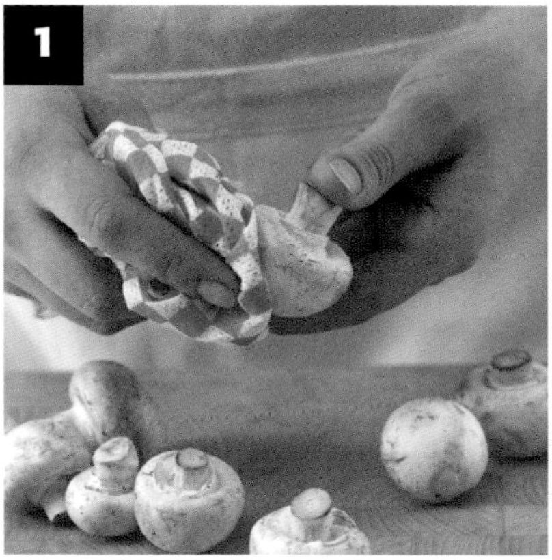

Setas silvestres y *shiitake*

Las setas silvestres suelen estár más sucias que las cultivadas, por lo que debe limpiarlas a fondo. Llene un cuenco con agua fría. Sumerja dentro las setas y agítelas hasta que desprenda la suciedad. Séquelas con papel de cocina y compruebe si quedan restos de tierra. Las setas *shiitake* tienen un pie duro que debe retirarse. Córtelo separándolo del sombrero con un cuchillo afilado.

Setas secas

Las setas secas deben remojarse en agua para ablandarlas. Colóquelas en un cuenco y cúbralas con agua caliente pero no hirviendo. Déjelas reposar 15-40 minutos (siga las instrucciones del paquete) hasta que los sombreros estén blandos y flexibles. Enjuáguelas bajo el agua fría y desprenda cualquier resto de suciedad.

Hortalizas de fruto

Los tomates y demás hortalizas repletas de sabor, como las berenjenas y los pimientos, constituyen un ingredien[...] imprescindible en infinidad de platos mediterráneos. Cada uno tiene su propia técnica de preparación.

Pelar tomates

1 Llene un cuenco o una cacerola con agua hirviendo. Con ayuda de una cuchara perforada sumerja el tomate 15-30 segundos, luego transfiéralo a una tabla de picar.

2 Con un cuchillo pequeño y afilado corte el corazón duro interno de forma cónica en una sola pieza. Tírelo.

3 Pele la piel (debe salir con facilidad).

Cortar tomates

1 Utilice un cuchillo pequeño y afilado para retirar el corazón cónico de una sola pieza. Deséchelo.

2 **Gajos** Corte el tomate por la mitad y luego a cuartos o tercios.

3 **Rodajas** Sostenga el tomate con el lado del pedúnculo contra la tabla de picar para que se mantenga estable y córtelo a rodajas con un cuchillo serrado.

Retirar las semillas a los tomates

1 Corte el tomate por el corazón duro. Con ayuda de un cuchillo afilado o una cuchara, retire las semillas y el zumo. Deje caer el exceso de agua.

2 Pique el tomate como se indique en la receta y colóquelo en un colador 1 ó 2 minutos para escurrir el exceso de líquido.

Consejo de cocinero

Si va a usar los tomates para una sals[...] que deba cocerse mucho tiempo, puede picarlos en trozos no muy pequeños y sin pelarlos; si prefiere u[...] salsa bien lisa, tamícela una vez cocir[...]

Retirar las semillas a los pimientos

Sus semillas y membranas blancas tienen un sabor amargo: deben retirarse.

1 Corte el pimiento por la mitad en sentido vertical y arranque la membrana blanca interna y las semillas. Recorte el resto de membrana con un cuchillo.

2 Otra opción es cortar el extremo superior del pimiento, y recortarlas.

Pelar

Algunas personas encuentran las pieles de los pimientos difíciles de digerir. Para pelar los pimientos crudos, corte tiras de piel a lo largo del pimiento con un pelador. Corte las partes de la piel no alcanzadas por el pelador con un cuchillo pequeño

Chamuscar pimientos

El chamuscado confiere a los pimientos un sabor ahumado al tiempo que permite que se pelen con facilidad.

1 Sostenga el pimiento con unas pinzas sobre la llama del gas (o colóquelo bajo el grill precalentado) hasta que la piel se chamusque y se vuelva negra.

2 Póngalo en un cuenco, tápelo y déjelo enfriar (el vapor facilitará el pelado).

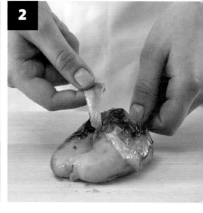

Chiles

Lávese siempre las manos con agua y jabón después de manejar los chiles.

1 Corte el extremo del pedúnculo y parta el chile por la mitad a lo largo. Raspe con una cuchara las membranas y las semillas (las partes más picantes).

2 Para picarlos, córtelos a tiras largas finas longitudinales y luego corte en sentido horizontal.

Hortalizas de fruto

Aguacates

Prepare los aguacates justo antes de servir,
ya que la carne se oxida rápidamente
una vez expuesta al aire.

1 Corte el aguacate por la mitad
a lo largo y separe ambas mitades.
Inserte un cuchillo afilado en el
hueso, y hágalo girar hasta retirarlo.

2 Pase un cuchillo entre la carne
y la piel para separarlos. Corte la carne.

Cortar berenjenas

1 Corte el extremo del tallo de la
berenjena.

2 **Cortar a rodajas** Corte la berenjena
en rodajas del tamaño indicado en la
receta.

3 **Cortar y picar** Apile las rodajas
y córtelas en tiras del tamaño deseado.
Para obtener dados, corte las tiras
en la dirección opuesta.

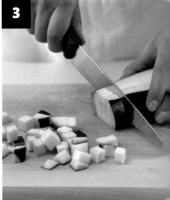

Rellenar berenjenas

1 Para vaciar una berenjena, corte
el extremo del pedúnculo y luego
por la mitad a lo largo.

2 Realice unas profundas incisiones
romboidales en la carne sin cortar la piel.

3 Retire la carne con una cuchara,
pero dejando la piel intacta. Siga
las instrucciones de la receta.

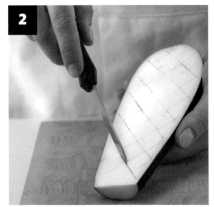
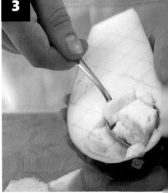

Calabacines

Los calabacines cortados en rodajas
diagonales tienen una forma ideal
para utilizar en salteados.

1 Una vez lavados bajo el agua fría,
séquelos bien y recorte ambos extremos.

2 Empezando por un extremo, corte
el calabacín en rodajas diagonales
formando un ángulo de 45 grados.

Rellenar

- Para rellenar un calabacín
  entero, recorte la base y córtelo
  por la mitad a lo largo.
- Para rellenar un calabacín cortado
  en secciones, recorte los extremos
  y luego corte porciones de 7,5 cm
  de longitud. Colóquelas de pie sobre
  un extremo y utilice un vaciador
  de melón para retirar la carne.

Pelar y cortar una calabaza

1 Para cocer al vapor, hornear o asar,
corte la calabaza en trozos bastante
grandes, de 2,5 cm de grosor como
mínimo. Pélela con un pelador de
hortalizas o un cuchillo de cocinero.

2 Corte la calabaza por la mitad y recorte
con un cuchillo los hilos fibrosos que
unen las semillas con la cavidad central.
Retire las semillas y las fibras con
una cuchara, y corte la carne a dados.

Cocer una calabaza con corteza

1 Lave la calabaza y córtela por la mitad
o a cuartos.

2 Corte con un cuchillo la masa fibrosa
que une las semillas con la cavidad
central, y retire con una cuchara fibras
y semillas.

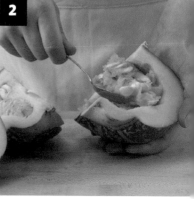

Col y brécol

La coliflor, la col y el brécol, todos ellos de la familia de las crucíferas, se pueden emplear como acompañamiento crujiente de los platos principales. También resultan perfectos en salteados y muchos otros platos de hortalizas.

Col

Las hojas arrugadas de la col de invierno quizás necesiten lavarse más a fondo que otras variedades, ya que sus hojas abiertas atrapan más fácilmente la suciedad que la col común compacta y la col lombarda. El siguiente método es apto para todas las coles.

1 Retire las hojas secas externas estropeadas, duras o decoloradas de la col. Corte la base, y con ayuda de un cuchillo pequeño y afilado, corte el corazón duro interno en forma de cono; retírelo de una sola pieza.

2 Si necesita las hojas de col enteras, retírelas separándolas una a una. A medida que vaya trabajando, recorte el centro duro.

3 Si va a cocinar la col en porciones, córtela por la mitad a lo largo, y luego en porciones del tamaño requerido.

Cortar a tiras

Si desea obtener tiras finas, utilice el disco del robot. Para hacerlo a mar corte la col a cuartos antes de cortarla a rodajas con un cuchillo de carnicer grande.

Brécol

1 Corte el extremo del tallo así como los ramitos a 1 cm de su base.

2 Pele la piel gruesa y leñosa de los tallos y cuartéelos a lo largo. Corte los ramitos en trozos del mismo tamaño con un cuchillo pequeño. Si son muy grandes, o si los quiere para un salteado, puede partirlos por la mitad a lo largo por el lado del tallo y separar luego las dos mitades.

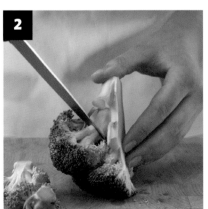

Coliflor

Corte primero la base y retire las hojas exteriores; a continuación, cort el corazón duro interno en forma de cono. Proceda con los ramitos de la misma forma que con el brécol. N corte el tallo demasiado, pues los ram se romperían.

Raíces y tubérculos

Todas las raíces y tubérculos se preparan casi de la misma forma. Algunos deben pelarse, mientras que en otros esta operación es opcional, en función de la forma en que se vayan a cocinar.

Pelar raíces y tubérculos

1 Con ayuda de un pelador de hortalizas, pele la mayoría de tubérculos y raíces. En el caso del apio nabo, que tiene una piel dura e irregular, es preferible utilizar un cuchillo.

2 Con ayuda de un cuchillo afilado, corte los extremos de la hortaliza.

3 Pele la piel en tiras largas y finas con un pelador de hortalizas.

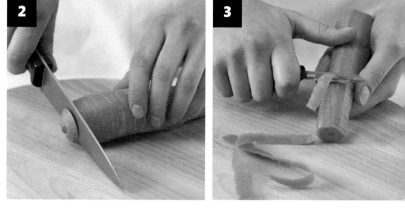

Qué puede pelar

No todas las hortalizas necesitan pelarse. Algunas se oxidan una vez peladas, por lo que deben colocarse en agua acidulada (agua con zumo de limón) para retrasar dicho proceso.

- La remolacha no se pela cuando se deja entera, pero sí cuando se corta a tiras o rodajas. Puede cepillarse si es ecológica; de lo contrario, pélela.
- El apio nabo debe pelarse y colocarse en agua acidulada.

- Las patatas pueden pelarse y cepillarse. Si se pelan, póngalas enseguida en agua fría.
- Los salsifíes necesitan pelarse y ponerse en agua acidulada.
- Los boniatos pueden pelarse o cepillarse. Si se pelan, deben ponerse enseguida en agua fría.
- Los nabos necesitan pelarse y ponerse en agua acidulada.

Retirar el corazón duro de las chirivías

Las chirivías grandes tienen un centro duro y leñoso que necesita más tiempo de cocción, por lo que debe retirarse.

1 Recorte ambos extremos y corte en dos la chirivía a lo largo con un cuchillo afilado.

2 Pase el cuchillo a ambos lados del centro leñoso. Corte el extremo más grueso y retire el corazón leñoso.

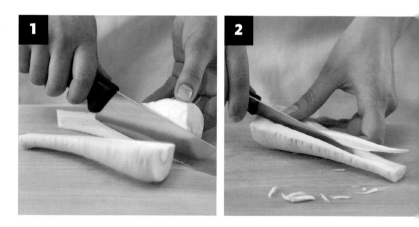

Cortar a tiras y a dados

Las hortalizas de raíz se cortan a menudo en trozos pequeños, por lo que conviene apilarlos.

1 Primero, pele y recorte ambos extremos.

2 Corte una rodaja en cada lado redondeado para obtener una superficie plana que se mantenga estable sobre la tabla de picar.

3 Sostenga la hortaliza firmemente con una mano y córtela a lo largo a tiras o a rodajas regulares, que puedan apilarse.

4 Para cortar a dados, corte la pila de hortalizas en ángulo recto y en dirección opuesta.

Preparar la remolacha

Cuando pele o prepare remolacha cruda, utilice guantes de goma y trabaje sobre un plato en vez de la tabla de picar, pues la remolacha le teñiría las manos y la tabla. Tenga cuidado también con la ropa, pues el zumo de la remolacha podría mancharla.

Cortar con una mandolina

1 Sitúe la mandolina sobre la tabla de picar y ajuste la hoja al grosor requerido. Presione los trozos de hortalizas contra la hoja mediante un movimiento continuo (protéjase los dedos).

2 Para cortar en juliana (tiritas finas), utilice la hoja fina o gruesa y presione los trozos de hortaliza contra ella.

Cocinar hortalizas

Las hortalizas pueden hervirse, freírse, saltearse, asarse, brasearse o cocerse al vapor, lo que permite infinitas combinaciones. Algunos métodos son más apropiados que otros para ciertas hortalizas, tal como se explica a continuación.

Hervir

Esta técnica es válida para la mayoría de hortalizas, pero calcule el tiempo bien, pues pueden deshacerse o ablandarse si se cuecen en exceso.

1 Prepare las hortalizas y póngalas en abundante agua fría salada.

2 Tápelas, lleve a ebullición, reduzca el calor y cuézalas a fuego medio hasta que estén tiernas. Escúrralas en un colador.

Tiempos de hervido

Nota Todos los tiempos son para hortalizas peladas y cortadas a rodajas de 2,5 cm de grosor, excepto cuando se indica lo contrario.

Hortaliza	Tiempo	Hortaliza	Tiempo
Remolacha (entera)	1-2 horas	Patatas	15-20 minutos
Zanahorias	10-20 minutos	Patatas nuevas	10 minutos
Apio nabo	20-25 minutos	Escorzonera	10-20 minutos
Mazorca de maíz	10-15 minutos	Boniatos	10-15 minutos
Judías verdes	4-6 minutos	Nabos	15-20 minutos

Consejo de cocinero

- No hierva trozos muy finos de hortalizas de raíz, ya que podrían absorber demasiada agua y deshacerse.
- Las patatas nuevas pequeñas se pueden hervir enteras. Las grandes pueden empezar a deshacerse antes de estar cocidas.

Cocer al vapor

Es un método de cocción saludable, pues mantiene las hortalizas tiernas a la vez que conserva los nutrientes.

1 Coloque las hortalizas en el cestillo de una vaporera dispuesta sobre una cacerola con agua que apenas esté hirviendo (vigile que no toque el cestillo).

2 Tape y cueza hasta que las hortalizas estén justo tiernas.

Tiempos para cocer al vapor

Nota Para unos resultados más blandos, añada 2-3 minutos

Hortaliza	Tiempo
Hojas de espinacas	1-2 minutos
Guisantes, judías verdes, zanahorias, col, coliflor y ramitos de brécol	unos 5 minutos
Hortalizas de raíz	5-10 minutos

Consejos para cocer al vapor

- No llene demasiado la vaporera para que el aire pueda circular.
- Corte las hortalizas de raíz en dados o trozos.
- Remueva durante la cocción.
- Si va a cocer al vapor hortalizas congeladas, remuévalas de vez en cuando.

Cocinar hortalizas

Puré de patatas

Para 4 personas, necesita 900 g de patatas harinosas, 125 ml de leche entera y 25 g de mantequilla.

1 Pele las patatas y córtelas en trozos regulares. Póngalas en una cacerola, cúbralas con agua fría salada, lleve a ebullición y cueza a fuego medio 15-20 minutos, hasta que estén tiernas. Compruebe la cocción con una broqueta o cuchillo. Escúrralas bien.

2 Devuelva las patatas a la cacerola y cúbralas con un paño limpio; déjelas reposar 5 minutos. Puede ponerlas en el horno a temperatura muy baja hasta que toda la humedad se haya evaporado.

3 Ponga la leche en un cazo pequeño y lleve a ebullición. Viértala sobre las patatas junto con la mantequilla y sazone.

4 Aplaste las patatas hasta que estén homogéneas, ligeras y esponjosas.

Patatas aplastadas

Para 6 personas necesita 18 patatas nuevas partidas por la mitad, 3 dientes de ajo grandes picados, 225 ml de aceite de oliva, 8 cucharadas de perejil picado, sal y pimienta negra.

1 Hierva las patatas hasta que estén blandas. Caliente el ajo y el aceite hasta que empiece a chisporrotear. Aplaste las patatas con un tenedor. Vierta por encima el aceite. Sazone y añada las hierbas.

Puré perfecto

- Para reducir las hortalizas a puré puede utilizar un pasapurés, un aplastapatatas o un prensapatata. Los primeros proporcionan unos resultados más ligeros.
- Puede reducir a puré y aplastar hortalizas tales como la chirivía, el boniato y el apio nabo.

Saltear

El salteado dora las hortalizas ligeramente.

1 Corte las hortalizas de forma uniforme. Cubra la base de una sartén de fondo grueso con aceite y a fuego medio. Agregue las hortalizas y mézclelas rápidamente con el aceite. Sazone.

2 Tape y cueza 2-3 minutos, hasta que las hortalizas empiecen a ablandarse. Retire la tapa y mezcle hasta que estén cocidas.

Tiempos para saltear

Los tiempos de cocción varían. Cuézalas 2-3 minutos más para que se ablanden.

Hortaliza	Tiempo
Zanahorias	5-8 minutos
Apio	4-5 minutos
Champiñones	3-5 minutos
Cebollas	6-8 minutos
Espinacas	2-4 minutos

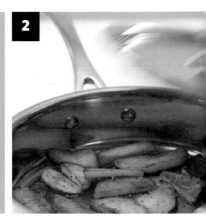

Salteado oriental

El salteado oriental es perfecto cuando se emplean hortalizas no feculentas, pues la cocción rápida permite que conserven su color, frescura y textura. Necesita 450 g de hortalizas, 1-2 cucharadas de aceite vegetal, 2 dientes de ajo picados, 2 cucharadas de salsa de soja y 2 cucharaditas de aceite de sésamo.

1 Corte las hortalizas en trozos regulares. Caliente el aceite en una sartén o un wok grande hasta que esté bien caliente. Añada el ajo y cuézalo unos pocos segundos, retírelo y resérvelo.

2 Incorpore las hortalizas al wok y mézclelas bien. Saltee sin dejar de remover mientras se cuecen (4-5 minutos).

3 Cuando las hortalizas estén todavía un poco duras al tacto, apague el fuego. Ponga el ajo de nuevo en el wok y mezcle bien. Incorpore la salsa de soja y el aceite de sésamo, mezcle bien y sirva.

Salteado oriental

- Corte trozos pequeños de tamaño regular, para que se cuezan por igual.
- Si va a cocinar cebollas o ajo con las hortalizas, no las tenga demasiado tiempo a fuego vivo pues podrían quemarse.
- Agregue los líquidos al finalizar el tiempo de cocción para que no se evaporen.

Cocinar hortalizas

Freír

Las zanahorias, el brécol, las cebollas, los calabacines, las berenjenas, los champiñones y la coliflor pueden freírse.

1 Prepare las hortalizas y córtelas en trozos pequeños, de no más de 2 cm de grosor. Si las lava, séquelas bien.

2 En una freidora caliente aceite vegetal a 190 °C (un dado pequeño de pan debe dorarse en 20 segundos).

3 Cubra las hortalizas con harina y páselas por la masa para freír (*véase* pág. 80).

4 Fríalas por tandas, unas pocas a la vez, hasta que la masa esté crujiente y dorada. No ponga demasiadas hortalizas en la sartén a la vez, pues la temperatura bajaría y necesitarían más tiempo para cocinarse (además, quedarían también grasas). Escúrralas sobre papel de cocina antes de servir.

Preparar patatas fritas

1 En una freidora caliente aceite vegetal a 160 °C (un dado de pan debe dorarse en 60 segundos). Corte las patatas en tiras y séquelas con papel de cocina. Fríalas 6-7 minutos, hasta que se ablanden. Escúrralas sobre papel de cocina.

2 Suba la temperatura a 190 °C (el pan se dorará en 20 segundos). Fría hasta que esté dorado. Escúrralo bien, espolvoree con sal y sirva enseguida.

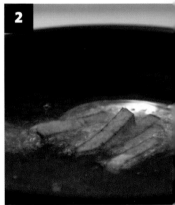

Crujientes de hortalizas

1 Con ayuda de una mandolina, corte las patatas u hortalizas de raíz a rodajas muy finas. Caliente aceite vegetal en una freidora a 190 °C (un dado pequeño de pan debe dorarse en 20 segundos).

2 Sumerja con cuidado las hortalizas en el aceite o agite el cestillo de freír hasta separarlas. Fríalas hasta que estén doradas, escúrralas y déjelas secar sobre papel de cocina.

Freír patatas

- No es preciso recubrir las patatas con una masa para freír.
- Utilice patatas harinosas.
- Seque bien las rodajas de patata a de freírlas; de lo contrario el agua de la superficie podría chisporrot

Brasear

1 Prepare las hortalizas (*véase* recuadro, a la derecha). Colóquelas bien compactas en una fuente refractaria. Precaliente el horno a 180 °C (160 °C en uno de convección). Reparta por encima unos copos de mantequilla y sale.

2 Vierta caldo por encima hasta la mitad. Tape y hornee 30-40 minutos, hasta que estén tiernas. Rocíelas de vez en cuando con el caldo durante la cocción.

Braseados perfectos

- Las zanahorias, el hinojo, los puerros, el apio nabo y la col quedan bien braseados.
- Deje las hortalizas enteras o bien trocéelas. Corte la col en tiras finas y fríala un poco antes de brasearla.
- Cueza las hortalizas hasta formar una sola capa.

Guisar

1 Corte las hortalizas en trozos regulares, de no más 5 cm de lado. Colóquelas en una cacerola refractaria (si las va a hornear), o en una cacerola de fondo grueso (si las va a cocinar sobre el fuego). Añada la sal, la pimienta y los condimentos (*véase* recuadro inferior), y mezcle bien.

2 Precaliente el horno a 180 °C (160 °C en uno de convección) si las va a hornear.

3 Vierta el caldo hasta alcanzar tres cuartas partes de la altura de las hortalizas. Tape la fuente con papel de aluminio y cueza 30-40 minutos, hasta que las hortalizas estén tiernas pero no deshechas.

4 Dé la vuelta a las hortalizas una vez durante la cocción, y vaya rociándolas varías veces con el jugo.

Guisos perfectos

- Todas las hortalizas pueden guisarse, pero no deben cocerse en exceso.
- Los aromatizantes ideales para las hortalizas guisadas son el ajo, las escalonias, el curry en polvo (o las especias indias), la salsa de chile y el chile picado.
- Las patatas espesan un poco el guiso al desprender fécula.

Cocinar hortalizas

Asar a la parrilla y al grill

Algunas hortalizas son perfectas para cocinar a la parrilla o el grill. Las apropiadas para ambos métodos son los calabacines y las berenjenas. Los pimientos (enteros o partidos) pueden asarse al grill al igual que el hinojo, las cebollas y los boniatos si se cortan a rodajas o en lonchas. Pincele las hortalizas con aceite y cuézalas a fuego medio alto.

Para 4 personas, necesita 450 g de calabacines a lonchas longitudinales de 5 mm de grosor (o cuarteados si son pequeños), unas 6 cucharadas de aceite de oliva virgen, ½ limón y un manojo pequeño de eneldo fresco picado.

1 Precaliente la parrilla a fuego medio alto. Pincele los calabacines con aceite.

2 Cueza los calabacines sin moverlos hasta que la parte inferior presente las marcas de la parrilla. Cuézalos 2-3 minutos.

3 Déles la vuelta y áselos por el otro lado hasta que estén tiernos, pero todavía firmes.

4 Transfiéralos a una fuente de servicio y exprima por encima el zumo de limón al gusto. Reparta el eneldo y sirva.

Asados a la parrilla perfectos

- Las hortalizas tienen un sabor maravilloso cuando se asan a la parrilla, así como unas bonitas líneas doradas si la parrilla tiene acanaladuras.
- La elección de las hortalizas es esencial: tiene que utilizar una que tenga una supe lo bastante uniforme como para quedar plana sobre la parrilla y que no se rompa al darle la vuelta, como por ejemplo los calabacines, las berenjenas, el hinojo y la ceb las cebollas pequeñas enteras, los champiñones de sombrero grande y los espárra
- No corte las hortalizas a rodajas o en lonchas demasiado gruesas, pues se quema antes de cocerse por completo: 1cm es el grosor máximo.
- Coloque las hortalizas sobre la superficie de trabajo y pincélelas con aceite para que queden bien recubiertas. Déles la vuelta una vez estén doradas por debajo.

Asar patatas

Para 8-10 personas necesita 1,8 kg
de patatas peladas y cortadas a trozos
grandes, 3 cucharadas de aceite vegetal,
75 g de mantequilla, 6 ramitas de romero,
6 dientes de ajo, sal y pimienta negra
molida.

1 Precaliente el horno a 200 ℃ (180 ℃
en uno de convección). Coloque
las patatas en una cacerola con agua
salada, tape, lleve a ebullición y cueza
5-6 minutos a fuego medio, hasta que
empiecen a ablandarse. Escúrralas
y devuélvalas a la cacerola a fuego lento.
Sacúdala hasta que las patatas estén secas
y un poco esponjosas.

2 Caliente el aceite y la mantequilla
en una fuente para asar. Ponga dentro las
patatas con el romero y el ajo. Mézclelas
bien y sazone. Cuézalas 1 hora, dándoles
la vuelta de vez en cuando hasta
que estén doradas y crujientes. Rectifique
la condimentación y sirva.

Asar otras hortalizas

Muchas hortalizas quedan excelentes asadas siempre que tengan la suficiente fécula
como para poder dorarse. Pincélelas con aceite de oliva virgen y sazónelas.
Los tiempos son para un horno a 200 ℃ (180 ℃ en uno de convección).

Berenjenas (partidas)	30-40 minutos
Tomates grandes (partidos)	10-20 minutos
Calabacines (partidos)	20-30 minutos
Pimientos verdes o amarillos (partidos)	30-40 minutos
Champiñones (grandes)	20-30 minutos
Cebollas (cuarteadas, partidas o pequeñas)	20 minutos

Asar una calabaza de San Roque

Para 4 personas necesita 2 calabazas
cuarteadas y sin semillas, 2 cucharadas
de aceite de oliva, 2 cucharadas de
tomillo, 2 chile rojo, sin semillas y picado
y 25 g de mantequilla.

1 Precaliente el horno a 220 ℃
(200 ℃ en uno de convección). Rocíe
la calabaza con aceite y ásela 40 minutos.

2 Mezcle el tomillo, el chile y la
mantequilla, y repártalos sobre la calabaza.

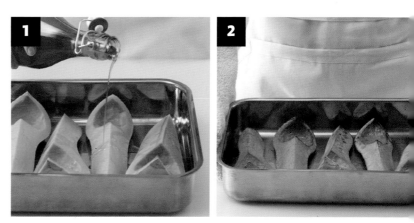

Ensalada de col

PARA 6 PERSONAS

4 naranjas

*400 g de garbanzos escurridos
y enjuagados*

450 g de zanahorias ralladas no muy finas

½ col lombarda (unos 550 g) a tiras finas

75 g de sultanas

6 cucharadas de cilantro recién picado

4 cucharadas de aceite de oliva virgen

3 cucharadas de vinagre de vino tinto

sal y pimienta negra molida

TIEMPO DE PREPARACIÓN 15 minutos

POR PORCIÓN

265 calorías

10 g de grasas (de las cuales 1 g saturadas)

38 g de hidratos de carbono

0,4 g de sal

TÉCNICAS

Véase también hortalizas (págs. 170-182),
picar hierbas (pág. 428),
aliños para ensaladas (pág. 25)

1 Con ayuda de un cuchillo afilado, corte una tira fina de piel y membrana a ambos extremos de las naranjas. Colóquelas, con el lado cortado hacia abajo, sobre un plato, y corte la piel y la membrana a tiras. Retire cualquier resto de membrana. Corte los segmentos cortando entre las membranas finas. Exprima el resto del zumo de las membranas sobre un cuenco.

2 Coloque los gajos de naranja y el zumo en un cuenco de servicio junto con los garbanzos, las zanahorias, la col, las sultanas y el cilantro.

3 Añada el aceite y el vinagre, y sazone generosamente con sal y pimienta. Mezcle todo bien. Guarde la ensalada en un recipiente hermético y refrigérela hasta dos días.

Ensalada verde mixta

PARA 8 PERSONAS

*3 corazones de lechuga arrepollada
    troceados sin más*

100 g de berros de agua

2 aguacates maduros picados no muy finos

1 cajita de mastuerzo picado

100 g de tirabeques a tiras finas

4 cucharadas de vinagreta

TIEMPO DE PREPARACIÓN 15 minutos

POR PORCIÓN

144 calorías

12 g de grasas (de las cuales 2 g saturadas)

4 g de hidratos de carbono

0,2 g de sal

TÉCNICAS

Véase también hortalizas (págs. 170-182)

1 Coloque la lechuga en un cuenco junto con los berros, los aguacates, el mastuerzo y los tirabeques.

2 Mezcle con la vinagreta y sirva enseguida.

Variantes

Pruebe cualquiera de los aliños de la pág. 25 en vez de una simple vinagreta. El aliño balsámico, el de hierbas, y el de ajo y queso azul constituyen excelentes alternativas.

Ensalada de hortalizas veraniega

PARA 10 PERSONAS

900 g de hortalizas verdes variadas, como
*   judías verdes, guisantes, tirabeques,*
*   espárragos y brécoles*
¼ pepino cortado por la mitad, sin semillas
*   y a rodajas*
1 cucharadas de perejil picado
sal

Para el aliño

1 cuchada de vinagre de vino blanco
*   o de jerez*
1 cucharadita de mostaza inglesa en polvo
3 cucharadas de aceite de oliva virgen

TIEMPO DE PREPARACIÓN 10 minutos
TIEMPO DE COCCIÓN unos 10 minutos

POR PORCIÓN

54 calorías
4 g de grasas (de los cuales 1 g saturadas)
3 g de hidratos de carbono
0 g de sal

TÉCNICAS

Véase también hortalizas (págs. 170-182),
picar hierbas (pág. 428),
aliños para ensalada (pág. 25)

1 Cueza las judías en una cacerola grande con agua salada hirviendo durante 5 minutos y agregue a continuación el resto de hortalizas. Lleve de nuevo el agua a ebullición y cueza otros 3-4 minutos. Escurra bien y ponga las hortalizas enseguida en un cuenco con agua helada.

2 Bata juntos los ingredientes del aliño.

3 Para servir, escurra las hortalizas, y mézclelas con el aliño junto con el pepino y el perejil.

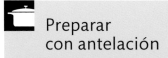

Preparar con antelación

Prepare la receta hasta el final del paso 2 y con 1 día de antelación. Enfríe el aliño y guarde las hortalizas cocidas cubiertas con agua fría hasta el momento de emplearlas. **Para servir** Complete la receta.

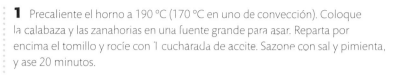

Ensalada de hortalizas de raíz

PARA 4 PERSONAS

1 calabaza de San Roque partida
   por la mitad, sin semillas y a dados

1 ½ zanahorias grandes a trozos

3 ramitas de tomillo

1 ½ cucharadas de aceite de oliva

2 cebollas rojas a gajos

1 cucharada de vinagre balsámico

400 g de garbanzos enlatados, escurridos
   y enjuagados

25 g de piñones tostados

100 g de roqueta silvestre

sal y pimienta negra molida

TIEMPO DE PREPARACIÓN 20 minutos
TIEMPO DE COCCIÓN 40 minutos

POR PORCIÓN

290 calorías

14 g de grasas (de las cuales 2 g saturadas)

33 g de hidratos de carbono

0,7 g de sal

TÉCNICAS

Véase también hortalizas (págs. 170-182),
tostar frutos secos (pág. 218)

1 Precaliente el horno a 190 °C (170 °C en uno de convección). Coloque la calabaza y las zanahorias en una fuente grande para asar. Reparta por encima el tomillo y rocíe con 1 cucharada de aceite. Sazone con sal y pimienta, y ase 20 minutos.

2 Retire la fuente del horno, sacúdala para asegurarse de que las hortalizas no se pegan al fondo y añada las cebollas. Reparta el resto del aceite por encima y mezcle bien. Continúe asando 20 minutos más o hasta que las hortalizas estén tiernas.

3 Retire las hortalizas asadas del horno, así como también las ramitas secas de tomillo. Rocíe con el vinagre, mezcle y deje enfriar.

4 Sirva los garbanzos en un cuenco grande de servicio. Añada las hortalizas frías, los piñones y la roqueta (reserve un poco para adornar). Mezcle a fondo y adorne con la roqueta.

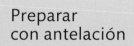

Preparar con antelación

Prepare la receta hasta el final del paso 3 con 2 días de antelación. Póngala en un recipiente, cierre y enfríe.
Para servir Complete la receta.

Espárragos con aliño de limón

PARA 5 PERSONAS

la cáscara finamente rallada de ½ limón

2 cucharadas de zumo de limón

3 cucharadas de aceite de oliva virgen

una pizca de azúcar moreno claro

250 g de espárragos verdes de tallo fino,
*   con las bases recortadas*

sal y pimienta negra molida

TIEMPO DE PREPARACIÓN 15 minutos

TIEMPO DE COCCIÓN 5 minutos

POR PORCIÓN

73 calorías

7 g de grasas (de las cuales 1 g saturadas)

1 g de hidratos de carbono

0 g de sal

TÉCNICAS

Véase también retirar la cáscara
de los cítricos (pág. 207),
aliños para ensaladas (pág. 25),
espárragos (pág. 172)

1 Ponga la cáscara de limón en un frasco de rosca, agregue el zumo de limón, el aceite, el azúcar y agite bien.

2 Llene una sartén con agua salada hirviendo hasta la mitad. Añada los espárragos, tape y deje cocer 5 minutos a fuego medio o hasta que estén tiernos.

3 Retire los espárragos con una espumadera. Si los va a servir fríos, sumérjalos en un cuenco grande con agua helada (esto ayudará a que conserven el color verde vivo) y escúrralos luego.

4 Para servir, coloque los espárragos de forma concéntrica en una ensaladera, con las yemas hacia afuera y los extremos unidos en el centro. Salpimiente y moje con el aliño.

Broquetas mediterráneas

PARA 4 PERSONAS

1 calabacín grande a trozos

1 pimiento rojo, sin semillas y a trozos

12 tomates cereza

*125 g de queso halloumi o feta griego
    a dados*

100 g de yogur natural

1 cucharadita de comino molido

2 cucharadas de aceite de oliva

un chorrito de zumo de limón

1 limón, cortado en 8 gajos

*cuscús mezclado con perejil picado
    para servir*

TIEMPO DE PREPARACIÓN 15 minutos

TIEMPO DE COCCIÓN 10 minutos

POR PORCIÓN

177 calorías

13 g de grasas (de las cuales 5 g saturadas)

8 g de hidratos de carbono

1,2 g de sal

TÉCNICAS

Véase también calabacines (pág. 179),
pimientos (pág. 177),
cuscús (pág. 241),
picar hierbas (pág. 428)

1 Precaliente el grill. Coloque los calabacines en un cuenco grande junto con el pimiento rojo, los tomates cereza y el queso. Incorpore el yogur, el comino, el aceite y un chorrito de limón, y mezcle bien.

2 Inserte 1 gajo de limón en 6 broquetas, luego divida las hortalizas y el queso entre aquéllas. Áselas bajo el grill, dándoles la vuelta durante 8-10 minutos, hasta que estén tiernas y el queso un poco chamuscado. Acompáñelas con cuscús.

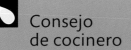

Consejo
de cocinero

Si utiliza broquetas de madera, remójelas en agua 30 minutos como mínimo antes de emplearlas para evitar que se quemen durante la cocción.

Zanahorias a la naranja y al limón

PARA 8 PERSONAS

900 g de zanahorias cortadas en tiras largas

150 ml de zumo de naranja

el zumo de 2 limones

150 ml de vino blanco seco

50 g de mantequilla

3 cucharadas de azúcar mascabado

4 cucharadas de cilantro picado

TIEMPO DE PREPARACIÓN 5 minutos
TIEMPO DE COCCIÓN 10-15 minutos

POR PORCIÓN

127 calorías

6 g de grasas (de las cuales 3 g saturadas)

17 g de hidratos de carbono

0,2 g de sal

TÉCNICAS

Véase también hortalizas de raíz (pág. 181),
picar hierbas (pág. 428)

1 Ponga las zanahorias, los zumos, el vino, la mantequilla y el azúcar en una cacerola. Tape y lleve a ebullición.

2 Destape y cueza hasta que casi todo el líquido se haya evaporado (unos 10 minutos). Sirva espolvoreado con el cilantro.

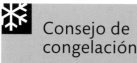

Consejo de congelación

Cueza las zanahorias 5 minutos
y enfríelas. Congélelas con el resto
del líquido.
Para servir Descongélelas 5 minutos
y recaliéntelas en una cacerola
5-6 minutos o en el microondas
a 900 W 7-8 minutos.

Coles de Bruselas con panceta

PARA 8 PERSONAS

*900 g de coles de Bruselas partidas
   por la mitad y con las bases recortadas*
1 cucharada de aceite de oliva
130 g de panceta a dados
2 escalonias picadas
250 g de castañas envasadas al vacío
15 g de mantequilla
una pizca de nuez moscada rallada
sal

TIEMPO DE PREPARACIÓN 15 minutos
TIEMPO DE COCCIÓN 15 minutos

POR PORCIÓN

174 calorías
9 g de grasas (de las cuales 3 g saturadas)
17 g de hidratos de carbono
0,6 g de sal

TÉCNICAS

Véase también escalonias (pág. 170),
castañas (pág. 220)

1 Ponga a hervir agua salada y blanquee las coles de Bruselas 2 minutos. Escúrralas y refrésquelas con un poco de agua fría.

2 Caliente el aceite en un wok y fría la panceta hasta que esté dorada. Añada las escalonias y saltéelas unos 5 minutos. Devuelva las coles a la cacerola y cueza otros 5 minutos para recalentarlas.

3 Agregue la mantequilla y la nuez moscada, mezcle bien y sirva enseguida.

Consejo de congelación

Fría la panceta y las escalonias, déjelas enfriar, agregue las castañas y congele. **Para servir** Congele 1 hora. Blanquee las coles de Bruselas como en la receta y enfríelas luego en agua helada. Saltee la mezcla de coles 1 minuto y siga la receta.

Espinacas con tomates

PARA 6 PERSONAS

2 dientes de ajo

25 g de mantequilla

450 g de tomates pera partidos
*   por la mitad*

25 g de mantequilla

una pizca generosa de nuez moscada
*   recién rallada*

sal y pimienta negra molida

TIEMPO DE PREPARACIÓN 10 minutos

TIEMPO DE COCCIÓN 15 minutos

POR PORCIÓN

85 calorías

7 g de grasas (de las cuales, 5 g saturadas)

3 g de hidratos de carbono

0,3 g de sal

TÉCNICAS

Véase también hortalizas (págs. 170-182)

1 Sofría el ajo en la mantequilla hasta que se ablande, añada los tomates y cueza 4-5 minutos.

2 Ponga las espinacas en una cacerola limpia con un poco de agua, tape y cueza 2-3 minutos. Escúrralas bien, píquelas no muy finas y mézclelas con los tomates.

3 Añada la mantequilla y mezcle con cuidado. Salpimiente, mezcle con la nuez moscada y sirva.

Tempura de hortalizas

PARA 6 PERSONAS

1,8 l de aceite vegetal

150 g de mezcla para tempura

330 ml de cerveza lager japonesa (u otra)

40 g de semillas de sésamo

1 cucharadita de sal

150 g de boniato a tiras finas

1 cebolla a gajos

150 g de puerros mini, lavados y cortados
*   a trozos de 5 cm*

1 pimiento rojo sin semillas y en 12 tiras

200 g de judías verdes finas y recortadas

salsa chile dulce tailandesa para remojar

TIEMPO DE PREPARACIÓN 20 minutos

TIEMPO DE COCCIÓN 20 minutos

POR PORCIÓN

282 calorías

16 g de grasas (de las cuales 2 g saturadas)

27 g de hidratos de carbono

0,9 g sal

TÉCNICAS

Véase también masa para tempura (pág. 80),
hortalizas (págs. 170-182),
freír hortalizas (pág. 186)

1 Caliente el aceite en una freidora a 190 °C. Precaliente el horno a 110 °C (90 °C en uno de convección). Coloque la mezcla de tempura en un cuenco grande y bátala con la cerveza hasta obtener una masa homogénea. Agréguele la sal y las semillas de sésamo.

2 Deje caer trozos de hortaliza en la masa de tempura, retírelas con una cuchara perforada y déjelas caer en el aceite caliente. Fríalas 3 minutos o hasta que estén hinchadas y doradas. Escúrralas sobre papel de cocina y resérvelas calientes en el horno. Repita la operación con el resto de hortalizas. Acompañe con un cuenco de salsa chili para remojar.

 ## Variantes

Otras hortalizas indicadas para la tempura son los ramitos de brécol y coliflor, los pimientos amarillos cortados a tiras, y las zanahorias y la calabaza a tiras regulares.

Curry tailandés de hortalizas

PARA 4 PERSONAS

*2-3 cucharadas de pasta de curry
  tailandesa*

*2,5 cm de jengibre fresco, pelado
  y finamente picado*

50 g de anacardos

400 ml de leche de coco

3 zanahorias a tiras finas

1 brécol en ramitos

20 g de cilantro fresco picado no muy fino

la cáscara y el zumo de 1 lima

2 puñados grandes de hojas de espinacas

arroz basmati para acompañar

TIEMPO DE PREPARACIÓN 15 minutos
TIEMPO DE COCCIÓN 15 minutos

POR PORCIÓN

203 calorías

12 g de grasas (de las cuales 2 g saturadas)

16 g de hidratos de carbono

0,6 g de sal

TÉCNICAS

Véase también especias frescas (pág. 429),
leche de coco (pág. 221),
hortalizas (págs. 170-182),
picar hierbas (pág. 428),
cocinar arroz (pág. 236)

1 Coloque la pasta de curry en una cacerola amplia. Agregue el jengibre con los anacardos. Mezcle a fuego medio 2-3 minutos.

2 Incorpore la leche de coco, tape y lleve a ebullición. Mezcle con las zanahorias y cueza 5 minutos a fuego lento, agregue los ramitos de brécol y cueza otros 5 minutos, hasta que las hortalizas estén tiernas.

3 Mezcle el cilantro, la cáscara de lima y las espinacas. Exprima el zumo por encima y acompañe con el arroz basmati.

Cebollas con queso de cabra al chile

PARA 6 PERSONAS

75 g de mantequilla ablandada

*2 chiles rojos medianos, sin semillas
   y finamente picados*

1 cucharadita de copos de chile secos

6 cebollas rojas medianas y peladas

*3 rulos de queso de cabra de 100 g
   cada uno, con la corteza*

sal y pimienta negra molida

vinagre balsámico para servir

TIEMPO DE PREPARACIÓN 15 minutos

TIEMPO DE COCCIÓN 45 minutos

POR PORCIÓN

276 calorías

23 g de grasas (de las cuales 16 g
   saturadas)

5 g de hidratos de carbono

0,9 de sal

TÉCNICAS

Véase también chiles (pág. 177)

1 Precaliente el horno a 200 °C (180 °C en uno de convección). Coloque la mantequilla en un cuenco pequeño. Bátala con ambos chiles y salpimiente. Corte el extremo de la raíz de las cebollas para que se mantengan de pie y realice varios cortes en el extremo opuesto hasta crear una forma estrellada, cortando hacia abajo unos dos tercios. Haga lo mismo con el resto y divida la mantequilla de chile entre las cebollas de manera que entre por los cortes.

2 Coloque las cebollas en una fuente pequeña para hornear, cubra con papel de aluminio y hornee 40-45 minutos, hasta que se ablanden. Unos 5 minutos antes de terminar, corte cada rulo por la mitad dejando la corteza intacta, ponga las rodajas en una placa para hornear y hornee 2-3 minutos. Coloque las cebollas sobre el queso y sirva rociando el vinagre balsámico por encima.

Tian de champiñones y berenjenas

PARA 2 PERSONAS

100 g de mantequilla

1 manojo de cebollas tiernas a rodajas

450 g de hinojo picado no muy fino

4 cucharadas de estragón recién picado

50 g de piñones tostados

150 g de queso de cabra

200 g de pan rallado fresco

la cáscara de 1 limón, el zumo de 1 ½ limones

2 huevos medianos batidos

25 g de azúcar mascabado

2 cebollas finamente picadas

3 cucharadas de vinagre balsámico

1 tallo de apio picado

4 cucharadas de orégano recién picado

75 g de arándanos secos

125 g de castañas envasadas al vacío
  y picadas

350 g de champiñones castaña pequeños

1 berenjena pequeña (unos 250 g)
  a rodajas finas

1 calabacín (unos 140 g) a rodajas finas

½ cebolla roja a gajos y con la raíz intacta

3 cucharadas de aceite de oliva

2 sombreros de champiñones grandes planos

100 ml de oporto

150 ml de caldo vegetal

4 cucharadas de gelatina de grosellas

2 tiras de cáscara de naranja a tiras finas

sal y pimienta negra molida

orégano fresco para adornar

TIEMPO DE PREPARACIÓN 30 minutos
TIEMPO DE COCCIÓN 50 minutos

POR PORCIÓN

898 calorías

43 g de grasas (de las cuales 16 g
  saturadas)

102 g de hidratos de carbono

1 g de sal

TÉCNICAS

Véase también tostar frutos secos (pág. 218),
pan rallado (pág. 308)

1 Caliente 75 g de mantequilla en una cacerola. Cueza las cebollas tiernas 3 minutos. Agregue el hinojo, cueza 5 minutos y deje enfriar. Agregue el estragón, los piñones, el queso, 140 g de pan rallado, la cáscara y el zumo de 1 limón y los huevos. Salpimiente y mezcle bien. Reserve 8 cucharadas y congele el resto. Derrita el resto de la mantequilla y el azúcar. Cueza las cebollas hasta que se ablanden. Añada el vinagre y el apio, lleve a ebullición y cueza 1 minuto. Deje enfriar, y añada el orégano, los arándanos, el resto del pan rallado, las castañas y los champiñones. Sazone y mezcle bien. Reserve 8 cucharadas y congele el resto. Pincele la berenjena, el calabacín y la cebolla roja con 2 cucharadas de aceite. Fríalos por tandas en una sartén antiadherente.

2 Precaliente el horno a 200 °C (180 °C en uno de convección). Coloque la mitad de las rodajas de berenjena solapadas sobre cada sombrero de champiñón plano. Divida el relleno de hinojo encima y sazone. Cubra con el relleno de setas y castañas, y sazone. Coloque encima las rodajas de calabacín en forma de corona y cubra con los gajos de cebolla. Envuelva una tira doblada de papel de aluminio sobre el conjunto. Colóquelo todo en una fuente refractaria, rocíe con el resto de aceite y hornee 40 minutos.

3 Ponga en un cazo el oporto, el caldo, la gelatina, la cáscara y el resto de zumo de limón, y lleve a ebullición. Cueza hasta que la mezcla esté almibarada. Retire el papel de aluminio, adorne con el orégano y la salsa.

Pimientos asados rellenos

PARA 4 PERSONAS

4 pimientos morrones

40 g de mantequilla

350 g de champiñones castaña picados no muy finos

3 cucharadas de aceite de oliva

4 cucharadas de cebollinos finamente picados

100 g de queso feta

50 g de pan recién rallado

25 g de parmesano recién rallado

sal y pimienta negra molida

TIEMPO DE PREPARACIÓN 20 minutos

TIEMPO DE COCCIÓN 50 minutos

POR PORCIÓN

375 calorías

25 g de grasas (de las cuales 11 g saturadas)

27 g de hidratos de carbono

1,5 g de sal

TÉCNICAS

Véase también hortalizas (págs. 170-182), pan rallado (pág. 308), picar hierbas (pág. 428)

1 Precaliente el horno a 180 °C (160 °C en uno de convección). Corte los pimientos por la mitad (mantenga los tallos) y retire las semillas con cuidado. Engrase con mantequilla una fuente refractaria y coloque encima los pimientos listos para rellenar.

2 Fría las setas en el resto de mantequilla y 1 cucharada de aceite hasta que estén doradas y no quede más líquido. Mezcle con los cebollinos y reparta la mezcla en las mitades de los pimientos.

3 Desmenuce el queso feta sobre las setas. Mezcle en un cuenco el pan rallado y el parmesano, y reparta sobre los pimientos.

4 Salpimiente, reparta el aceite por encima, y ase 45 minutos o hasta que la superficie esté dorada. Sirva bien caliente.

Consejo de congelación

Prepare la receta hasta el final del paso 3 y congele en un recipiente apto para congelar hasta una semana.

Descongele los pimientos toda la noche en la nevera y termine la receta.

FRUTAS Y FRUTOS SECOS

Las frutas, dulces y jugosas, pueden prepararse y cocerse de mil maneras. En este capítulo se enseña a pelar, deshuesar, cortar a rodajas, y preparar las diferentes frutas, así como las técnicas de cocción básicas para escalfar, guisar, freír, saltear, hornear y asar. Asímismo se incluyen útiles consejos para preparar batidos y purés, además de una guía básica para preparar frutos secos, castañas y coco. Por último, en la sección de recetas encontrará preparaciones tan apetitosas como broquetas de frutas con mojo de peras, compota de fresas, higos a la barbacoa con marsala y *cobbler* de ciruelas.

Manzanas, membrillos y peras

Todas estas frutas se suelen pelar y deshuesar antes de cocinarlas. El membrillo es muy duro y se cuece siempre, pues no puede comerse crudo, a diferencia de sus parientes la manzana y la pera.

Manzanas y membrillos

1 Para descorazonar una manzana, sitúe un vaciador en el extremo del pedúnculo e introdúzcalo hasta la base. Retírelo y saque con ayuda de un cuchillo pequeño el resto de semillas. Para deshuesar un membrillo, córtelo por la mitad y retire el centro leñoso.

2 Para pelar, sostenga la fruta en una mano y pase un pelador debajo de la piel; empiece por el tallo y páselo alrededor de la fruta hasta alcanzar la base (los membrillos destinados a preparar gelatina no necesitan pelarse).

3 Para cortar a rodajas y medias lunas, corte la manzana descorazonada por la mitad. Para obtener rodajas, coloque la mitad cortada contra la tabla y vaya cortando rodajas hacia abajo. Para obtener medias lunas, coloque la fruta de pie sobre un extremo y vaya cortándola.

Conservar el color

Las manzanas y los membrillos son muy fáciles de manejar porque tienen una carne firme, que se decolora rápidamente y se oxida al contacto con el aire. Mézclela con zumo de limón si no la va a utilizar enseguida.

Peras

1 Para descorazonar una pera, retire con una cucharilla el corazón duro y las semillas. Retire el resto de fragmentos adheridos con un cuchillo. Si la va a partir por la mitad o a cuartear, retire el resto de semillas.

2 Para pelarla, corte el tallo y pele la piel en tiras uniformes trabajando del extremo del rabillo a la base. Si no la va a servir enseguida, mézclela con zumo de limón.

3 Para cortarla, corte la pera descorazonada por la mitad a lo largo. Pula el resto del corazón, ponga una mitad sobre la tabla y corte en rodajas.

4 Para preparar un abanico, practique unos cortes muy finos y regulares a partir de la base hasta llegar a unos 2,5 cm del rabillo, asegurándose de que no corta la totalidad de la carne.

Cítricos

La cáscara de cítricos es un aromatizante muy fácil de preparar. Los gajos o rodajas se utilizan en un gran número de recetas; siempre hay que asegurarse de que no queden restos de cáscara ni membranas.

Cortar cáscaras

1 Lave y seque bien la fruta. Con un pelador de hortalizas, corte la cáscara (la parte externa coloreada de la piel), pero sin alcanzar la membrana blanca amarga. Continúe hasta obtener la cantidad necesaria.

2 Apile las tiras sobre una tabla y córtelas a tiras o píquelas con un cuchillo afilado.

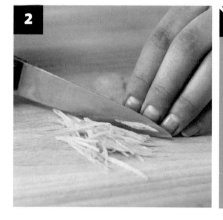

Trabajar con facilidad

- Para utilizar un pelador de cítricos, pase la hoja contra la cáscara del cítrico, deslícela a lo largo de la superficie y corte a tiras largas.
- Para utilizar un rallador, frote la fruta contra éste (aplique una presión media) para rallar la cáscara sin la membrana blanca.

Segmentar

1 Corte una rodaja a ambos extremos de la fruta y pélela a continuación justo por debajo de la membrana blanca.

2 Sostenga la fruta sobre un cuenco para recoger el zumo, y corte la fruta entre los segmentos hasta liberar la carne. Continúe hasta cortar todos los segmentos. Exprima el zumo de las membranas y aprovéchelo.

Cortar a rodajas

1 Corte una rodaja a ambos extremos de la fruta y pélela retirando la membrana blanca como se describe arriba.

2 Sostenga la fruta sobre un costado y córtela con un cuchillo de sierra a rodajas de no menos de 5 mm de grosor.

Frutas tratadas

La mayoría de cítricos llevan una capa de cera, fungicida o pesticida. Si va a emplear la cáscara, lave la fruta con agua caliente ligeramente jabonosa y luego enjuáguela con agua fría.

Frutas de hueso

El aspecto más difícil de estas frutas es que las realmente maduras suelen ser muy blandas. Manéjelas con cuidado siempre que tenga la suerte de encontrar frutas maduras de verdad.

Deshuesar cerezas

1 Para comerlas crudas, sólo deben lavarse y retirárseles los rabillos. Si la receta indica que deben deshuesarse, un deshuesador de cerezas lo hará perfectamente, pero es importante manejar la fruta con cuidado.

2 Primero, retire los rabillos, lave las frutas y séquelas con papel de cocina.

3 Coloque la cereza en la cavidad del deshuesador con el extremo del rabillo mirando hacia arriba. Cierre y presione con suavidad los mangos de manera que el hueso pase por el extremo de la base.

4 Si no tiene un deshuesador de cerezas, córtelas por la mitad y retire los huesos con la punta de un cuchillo pequeño afilado.

Deshuesar frutas grandes

Los melocotones, las nectarinas, las ciruelas y los albaricoques pueden tratarse de la misma forma.

1 Siguiendo el canal situado a un lado de la fruta, entalle el hueso con un cuchillo.

2 Separe las dos mitades en sentido contrario. Retire el hueso con un cuchillo. Frote la carne con zumo de limón.

Pelar melocotones

1 Los melocotones suelen pelarse para usarse en los postres. Colóquelos en un cuenco con agua hirviendo entre 15 segundos y 1 minuto, en función del grado de madurez. No los deje en agua demasiado tiempo, pues el calor ablandaría la carne. Póngalo en agua fría.

2 Pase un cuchillo entre la piel y la carne para desprender la piel, y arránquela. Frote la carne con zumo de limón.

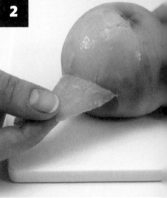

Fresas, moras y bayas

Las bayas, las fresas, las frambuesas y las moras se preparan en un momento. No obstante manéjelas con cuidado ya que son delicadas.

Lavar fresas

Las fresas y frutas similares deben lavarse con agua fría. Las moras que se compran no suelen llevar el rabillo; si son silvestres y las recoge usted mismo, retírelos con cuidado. Las frambuesas son muy delicadas y deben manejarse con cuidado. Retire los tallos y las hojas. Deje las fresas enteras.

1 Coloque la fruta en un cuenco con agua fría y retire cualquier resto de suciedad, polvo o insectos.

2 Transfiera la fruta a un colador y enjuáguela bajo un chorro de agua fría. Escúrrala y séquela sobre papel de cocina.

Preparar fresas

1 Lave las fresas con cuidado y séquelas sobre papel de cocina. Retire el pedúnculo y las hojas con un cuchillo pequeño afilado.

2 Inserte el cuchillo en la zona dura situada bajo el tallo y rótelo hasta retirar una pieza pequeña cónica.

Desgranar grosellas

Las grosellas blancas y rojas pueden desgranarse sin problema.

1 Pase los dientes de un tenedor a lo largo del tallo.

2 Coloque las grosellas en un colador y lávelas con cuidado.

Frutas exóticas

Las frutas exóticas, dulces y fragantes, son maravillosas crudas, pero también forman parte de un sinfín de postres. Cada fruta es única, con su propia técnica de preparación específica.

Piña

1 Corte la base y la corona de la piña, y colóquela de pie sobre la tabla de picar.

2 Con un cuchillo mediano, pele una sección de piel trabajando lo bastante hondo como para retirar los «ojos» duros de la piel. Repita la operación en el resto de la fruta.

3 Utilice un cuchillo pequeño para retirar cualquier traza de «ojos».

4 Hay una herramienta especial para descorazonar la piña, pero un cortapastas o un descorazonador de manzanas también sirven. Corte la fruta pelada a rodajas.

5 Coloque el cortapastas sobre el corazón duro y presione hacia abajo hasta cortarlo. Si emplea un descorazonador de manzanas, presione varias veces, pues el centro leñoso de la piña es bastante ancho.

Mangos

1 Corte una porción desde un lado del hueso. Repita la operación por la otra cara.

2 Corte líneas paralelas en la carne de una porción, llegando casi hasta la piel. Corte otra serie de líneas en sentido contrario hasta obtener un dibujo romboidal.

3 Presione la porción de mango por la parte de la piel, y que la carne salga hacia fuera. Corte lo más cerca posible de la piel. Repita la operación en la otra.

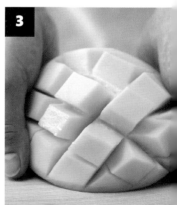

Papaya

1 Con un cuchillo afilado, corte la fruta por la mitad a lo largo y retire con una cucharilla las pequeñas semillas negras, así como las membranas de la cavidad.

2 Si va a usar la fruta en una ensalada, pélela con un mondador y luego córtela por la mitad con un cuchillo afilado. Retire las semillas con una cucharilla y corte la carne en lonchas o píquela.

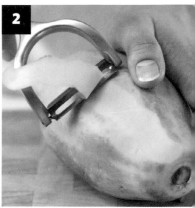

Fruta de la pasión

1 Las semillas son comestibles, pero si va a preparar un puré, debe tamizar la fruta. Córtela por la mitad, retire la carne y las semillas con una cucharilla, y póngalo en el robot. Bata unos 30 segundos, hasta que se hayan reducido a puré.

2 Tamice la preparación sobre un cuenco, presionándola hacia abajo hasta separar el zumo de las semillas.

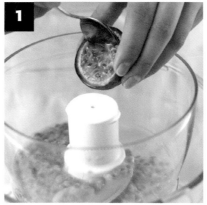

Granada

1 Corte la base de la fruta sin alcanzar las celdas que contienen las semillas. Realice cuatro incisiones en la piel con un cuchillo pequeño afilado. Parta la fruta por la mitad y luego cuartéela.

2 Doble la piel hacia arriba de manera que las semillas caigan en un cuenco. Retire las restantes con una cucharilla.

Consejo de cocinero

Para extraer el zumo, presione la fruta sobre la tabla, córtela por la mitad sobre un cuenco y deje caer el zumo. Ponga la pulpa en un tamiz y presione las semillas hasta extraer el zumo. No presione muy fuerte. ya que el zumo saldría amargo. **Cuidado**: el zumo tiñe.

Otras frutas

Hay muchas otras frutas, como los melones, las uvas espinas, las uvas y los higos que no pertenecen a ninguna familia de frutas en particular. Son fáciles de preparar y muy sabrosas.

Melones

1 Corte el melón por la mitad en sentido horizontal.

2 Retire con una cucharilla las pepitas y fibras, y arranque o corte las restantes.

3 **Sacar bolas** Corte la carne cercana al agujero dejado por las semillas con un vaciador de melón para retirar una bola. Continúe trabajando a lo largo del perímetro del agujero hasta completar todo el diámetro. Vaya sacando bolas hasta retirar toda la carne blanda (deseche la dura situada justo debajo de la cáscara).

4 **Cortar** Corte cada una de las mitades en lonchas del grosor deseado. Retire la cáscara así como la pulpa más próxima a ella (notará cómo ofrece mayor resistencia el cuchillo).

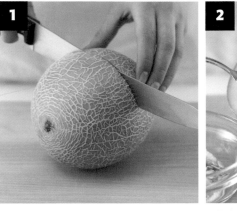

Uvas espinas

Las uvas espinas deben cocinarse y endulzarse.

1 Retire los extremos de los tallos y las flores, y coloque las frutas en un cazo. Añada azúcar (unos 50 g por 125 g de fruta para un postre, 25 g por 125 g de fruta para una salsa). Vierta agua hasta alcanzar un cuarto de la altura de la fruta.

2 Cueza a fuego medio removiendo de vez en cuando, hasta que casi todas las bayas se hayan deshecho.

Uvas

1 Despepitar Corte las uvas por la mitad, desde el extremo del tallo a la base, y retire las pepitas.

2 Pelar Mantenga las uvas en pequeños racimos y sumérjalas en agua hirviendo durante 10 segundos; páselas luego por agua helada otros 10 segundos.

3 Retire el rabillo y arranque un trocito de piel, y siga hasta arrancarla por completo.

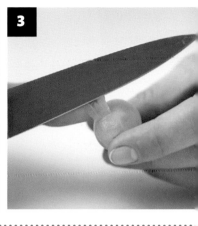

Higos

1 Lavar Los higos, unas de las frutas más frágiles, deben manejarse con cuidado. Coloque los higos en un cuenco con agua fría y, sosteniéndolos por el rabillo, sacúdalos bajo el agua. Con cuidado, frote la piel hasta retirar cualquier resto de suciedad y séquelo con papel de cocina.

2 Pelar Corte el rabillo, pero sin cortar la carne. Empezando por el extremo del rabillo, pellizque un trozo de piel con el pulgar y la hoja de un cuchillo pequeño y afilado. Lleve la piel hacia abajo hasta arrancar una tira de piel, arranque otra y retírela, y así sucesivamente.

3 Partir y cuartear Los higos pueden cocinarse bajo el grill o en una tarta. En cualquiera de estos casos es preferible trocear la fruta con la piel. Arranque el tallo, corte la fruta por la mitad a lo largo. Para cuartearla, corte ambas mitades por la mitad a lo largo.

4 Retirar la pulpa Si va a preparar una salsa, puré o *coulis*, debe retirar la pulpa del higo. Corte la fruta por la mitad a lo largo. Empezando por la base, utilice una cucharilla para alcanzar la carne situada justo por debajo de la piel. Siga los contornos de la piel hasta retirar toda la carne en un solo trozo, sin aplastar la pulpa ni cortar la piel.

Consejo de cocinero

Los higos tienen una piel blanda y comestible que ayuda a mantener la fruta entera si va a cocerla. Si duda sobre la conveniencia de pelarlos, corte una pequeña sección de piel y cómala: si está dura y correosa, pele la fruta; si está blanda y tierna, no necesita pelarse.

Cocinar frutas

Las frutas tienen un sabor maravilloso en estado crudo, aunque algunas deban cocinarse a veces. Casi todas dan lugar a unos postres deliciosos cuando se hornean, se escalfan, se fríen o se preparan en compota.

Escalfar

Para 4 personas necesita 300 g de azúcar, 4 peras maduras y 1 limón por la mitad.

1 Ponga el azúcar en un cuenco mezclador grande y vierta 1 litro de agua fría. Transfiera la mezcla a una cacerola y caliente a fuego lento, removiendo de vez en cuando, hasta que el azúcar se haya disuelto.

2 Pele y corte las peras por la mitad y mézclelas con el zumo de limón.

3 Vierta el almíbar de azúcar en una cacerola de fondo grueso y caliente por debajo del punto de ebullición. Agregue las peras, con las caras cortadas hacia abajo. Deben quedar recubiertas por el almíbar; añada más si fuese necesario.

4 Cueza las peras de 30-40 minutos, hasta que estén blandas al pincharlas con un tenedor. Sírvalas calientes, tibias o frías.

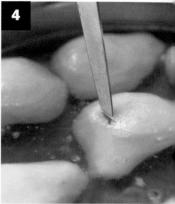

Escalfar en el horno

- Puede escalfar las frutas en el horno. Coloque las peras en una fuente y añada el almíbar preparado. Hornee a 150 °C (130 °C en uno de convección) 30-40 minutos.
- La fruta dura tarda más tiempo en cocerse que la madura. Compruebe el punto de cocción, sobre todo al final.

Consejo de cocinero

Las peras, manzanas y demás frutas con hueso son adecuadas para escalfar en un almíbar de azúcar. Tenga presente que:
- El líquido nunca debe hervir rápidamente.
- La fruta no debe sobrecocerse.

Preparar una compota

Para 4 personas necesita 450 g de fruta preparada (trozos de manzana y ruibarbo, uvas espinas enteras, ciruelas partidas), 1 cucharada de zumo de limón, y azúcar (*véase* recuadro).

1 Coloque en una cacerola de acero inoxidable antiadherente la fruta con el azúcar. Añada los aromatizantes y 2 cucharadas de agua. Lleve a ebullición a fuego medio, baje el fuego y cueza, removiendo y con el recipiente medio tapado, hasta que la fruta esté blanda.

Endulzar

El tipo de fruta, su grado de madurez y el gusto personal, dictarán la cantidad de azúcar necesaria. Sin embargo, como regla general tenga en cuenta:
- La fruta que puede comerse cruda necesitará menos azúcar.
- Aquellas que no se comen crudas como el ruibarbo, necesitan más azúcar.

Freír

Son adecuadas las manzanas, la piña, los plátanos y las frutas de hueso, que se convierten en un postre rápido o una sabrosa guarnición para cerdo y caza.

Para 4 personas necesita 450 g de fruta, 25 g de mantequilla, 4 cucharadas de azúcar moreno claro y 1 cucharada de zumo de limón.

1 Prepare la fruta y córtela en trozos no más grandes de 2 cm.

2 Derrita la mantequilla en una sartén de fondo grueso y añada la fruta. Remuévala hasta recubrirla de mantequilla, tape y cueza el tiempo suficiente para calentarla.

3 Destape el recipiente y espolvoree el azúcar. Remueva bien y continúe cociendo y removiendo hasta que la fruta esté blanda (pero no deshecha). Rocíe con un poco de zumo de limón y mezcle antes de servir.

Freír por inmersión

Los plátanos y las manzanas son adecuados para freír por inmersión, pero otras frutas también pueden seguir el mismo tratamiento recubiertas con una masa para freír. Entre ellas se encuentran las peras, la piña, así como los melocotones y las nectarinas pelados.

1 Caliente aceite vegetal a 190 °C en la freidora (un dado de pan pequeño debe dorarse en unos 20 segundos).

2 Corte la fruta en trozos pequeños de 1 cm de grosor. Séquelos por completo con papel de cocina si los ha lavado.

3 Cubra la fruta con azúcar lustre y sumérjala en la masa para freír (*véase* pág. 80).

4 Fría unos pocos trozos a la vez hasta que la masa esté crujiente y dorada.

5 Retire la fruta con una espumadera y escúrrala bien sobre papel de cocina antes de servir.

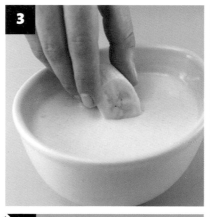

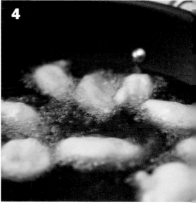

Frituras perfectas

- Asegúrese de que el aceite está a la temperatura correcta.
- No llene el recipiente; si lo hace, la temperatura bajará y la fruta necesitará más tiempo para cocinarse; además, quedará grasa.
- Si ha lavado la fruta, séquela bien antes de pasarla por la masa para freír.
- Cubra la fruta con la masa no más de dos minutos antes de cocinarla.

Cocinar frutas

Hornear

La clave del éxito al hornear fruta consiste en que el tiempo de cocción sea breve de modo que la carne delicada no se rompa. Precaliente el horno a 200 ºC (180 ºC en uno de convección).

1 Prepare la fruta y dispóngala de modo que forme una sola capa en una fuente para hornear o fuentes individuales, engrasadas con mantequilla. Vierta un poco de agua en el fondo de la fuente. Para realzar el sabor, puede utilizar zumo de fruta o vino en vez de agua. Espolvoree la superficie con azúcar (y otros aromatizantes, como especias, cáscara de cítricos o vainilla, si lo desea). Agregue unos copos de mantequilla.

2 Hornee hasta que la fruta esté tierna al pincharla con un cuchillo o broqueta; necesitará unos 15-25 minutos, en función de la fruta y de su tamaño. Déjela reposar unos minutos antes de servir.

Frutas adecuadas para hornear

Frutas	Preparación
Manzanas (de postre o para cocer)	descorazonadas o cuarteadas
Albaricoques	enteros o por la mitad y deshuesados
Plátanos	pelados y partidos, o con su piel
Fresas, moras y bayas	enteras
Nectarinas y melocotones	partidas por la mitad y deshuesadas
Peras	descorazonadas y partidas o cuarteadas
Piña	descorazonadas y cortadas en trozos grandes
Ciruelas	enteras o partidas y deshuesadas

Asar al grill

Las frutas cocidas al grill son rápidas y fáciles de preparar.

1 Precaliente el grill a temperatura alta. Prepare la fruta y colóquela en la placa del grill (o una fuente para asar) de modo que forme una sola capa. Espolvoréela con abundante azúcar.

2 Coloque la fuente a unos 10 cm bajo el grill. Ase 5-8 minutos, hasta que la fruta esté ligeramente caramelizada y ablandada. Sírvala caliente o tibia.

Filetear y cortar a tiras

Aunque puede comprar frutos secos fileteados y a tiras, son fáciles de preparar en casa.

1 Extienda los frutos secos sobre la tabla de picar. Con ayuda de un cuchillo de cocinero, córtelos en filetes del grosor deseado.

2 Para cortar tiras, corte los filetes a lo largo.

Frutos secos especiados

Los frutos secos especiados están recubiertos por una ligera capa de aceite, y son fantásticos para acompañar bebidas.

Para preparar un frasco de 500 ml necesita 4 cucharadas de aceite vegetal, 2 cucharaditas de azúcar blanquilla, 2 cucharaditas de mostaza inglesa en polvo, 2 cucharaditas de *garam masala* (mezcla de especias india), ½ cucharadita de chile en polvo, 340 g de frutos secos variados (almendras, pacanas, anacardos, avellanas, etc.), 50 g de pipas de calabaza, 50 g de pipas de girasol y 1 cucharadita de sal marina.

1 Precaliente el horno a 200 °C (180 °C en uno de convección). Vierta el aceite vegetal en una fuente para asar y caliéntela 3 minutos.

2 Mientras, mezcle el azúcar, mostaza, *garam masala* y chile en polvo, agregue a la fuente, mezcle y cueza 1 minuto más.

3 Incorpore los frutos secos y las pipas a la fuente y remueva hasta recubrirlos con la mezcla de especias. Tuéstelos 10-15 minutos, hasta que estén dorados.

4 Transfiera los frutos secos a un cuenco forrado con papel de cocina, espolvoréelos con sal y déjelos enfriar. Sírvalos enseguida o guárdelos en un recipiente hermético hasta dos semanas.

Castañas

Las castañas se utilizan para rellenos y platos tanto dulces como salados. Deben cocinarse y pelarse.

Entallar las castañas

Cualquiera que sea su plan, antes de todo las castañas deben abrirse.

1 Con ayuda de un cuchillo pequeño y afilado, realice una pequeña incisión en la parte plana de la castaña, cortando la piel sin alcanzar la carne.

2 Realice un segundo corte en sentido contrario al primero.

Hervir

Es la forma más sencilla de prepararlas tanto para rellenos como para cocinar.

1 Coloque las castañas entalladas en una cacerola y cúbralas con agua. Lleve a ebullición y cueza 15-20 minutos a fuego medio, hasta que estén medio cocidas (han de estar blandas pero ofrecen cierta resistencia en el centro).

2 Escúrralas y pélelas con un cuchillo.

Asar

Asadas, se pueden usar en rellenos.

1 Precaliente el horno a 200 °C (180 °C en uno de convección). Entalle las cáscaras.

2 Coloque las castañas en una fuente para asar de modo que formen una sola capa y hornéelas 20-25 minutos, hasta que la carne esté cocida y los extremos de los cortes se hayan ennegrecido un poco. Déjelas enfriar un poco y pélelas.

Consejo de cocinero

Una vez haya hervido y pelado las castañas, puede cocerlas.

- Fríalas a fuego lento en mantequ[...] y en una sartén tapada.
- Cuézalas en agua salada o caldo hasta que estén cocidas.
- Para los rellenos, píquelas con un cuchillo o un robot.

Coco

La carne jugosa del coco fresco puede comerse al natural o bien rallarse para utilizarse en recetas. Al comprarlo, compruebe que esté bien fresco (sacúdalo para asegurarse de que contiene líquido en su interior).

Cascar

1 Localice los tres «ojos» en un extremo y haga unos agujeros con un destornillador o una broqueta. Escurra el líquido sobre un cuenco o jarra.

2 Rompa la cáscara golpeando la parte situada entre los «ojos» con una macheta o un martillo, dé unos golpes alrededor de la circunferencia. Abra el coco y córtelo en trozos pequeños. Retire la carne cortando por debajo de la cáscara.

Rallar

En los países donde el coco fresco se emplea a menudo, los cocineros utilizan un rallador especial que produce una carne finamente rallada. Puede rallar el coco a mano o en el robot eléctrico.

1 A mano Un rallador de caja es más fácil de utilizar que uno plano debido a las fibras duras del coco. Trocéelo y páselo por un rallador de caja.

2 Con el robot Corte el coco en trozos de tamaño similar y trabaje con unos pocos a la vez. Accione el aparato hasta que el coco esté finamente picado.

Leche de coco

1 Pese la carne de coco rallada y póngala en un cuenco. Vierta por encima 100 ml de agua hirviendo por cada 100 g de coco. Deje reposar 30 minutos.

2 Forre un tamiz grande con una muselina doblada y vierta el líquido obtenido por encima. Reúna las cuatro esquinas de la muselina y retuérzala hasta extraer cualquier resto de líquido.

Ensalada de frutas exóticas

PARA 6 PERSONAS

1 piña de unos 900 g pelada,
   descorazonada y a dados
2 papayas sin semillas y a rodajas
1 melón Galia sin semillas y a dados
menta y tallos de hierba limonera
   (opcional) para decorar

Para el almíbar

125 g de azúcar blanquilla
6 ramitas de menta fresca
¼ cucharadita de cinco especias chinas
   en polvo
2 hojas de laurel pequeñas
4 tallos de hierba limonera, partidos
   por la mitad y aplastados
½ cucharadita de rizoma de jengibre fresco

TIEMPO DE PREPARACIÓN 30 minutos,
más 1 hora como mínimo de infusión
y 2 horas de enfriado

TIEMPO DE COCCIÓN 7 minutos

POR PORCIÓN

187 calorías
1 g de grasas (de las cuales
0 g saturadas)
47 g de hidratos de carbono
0,1 g de sal

TÉCNICAS

Véase también piña (pág. 210), papaya
(pág. 211), melones (pág. 212)

1 Para preparar el almíbar, ponga en una cacerola el azúcar con 600 ml de agua y el resto de ingredientes. Caliente a fuego lento hasta que el azúcar se haya disuelto. Lleve a ebullición y cueza a fuego medio 5 minutos. Retire del fuego y deje reposar 1 hora como mínimo.

2 Coloque toda la fruta en un cuenco y filtre el almíbar frío por encima, tape y refrigere 2 horas como mínimo. Decore con menta y tallos de hierba limonera (opcional).

Nectarinas especiadas

PARA 4 PERSONAS

4 cucharadas de miel clara

2 cápsulas de anís estrellado

1 cucharada de zumo de limón fresco

*4 nectarinas maduras, partidas
por la mitad y deshuesadas*

*helado de vainilla de calidad
para acompañar*

TIEMPO DE PREPARACIÓN 5 minutos,
más el enfriado

POR PORCIÓN

105 calorías

0 g de grasas

25 g de hidratos de carbono

0 g de sal

TÉCNICAS

Véase también deshuesar frutas
(pág. 208)

1 Vierta la miel, el anís estrellado y el zumo de limón en un cuenco refractario. Agregue 150 ml de agua hirviendo y deje reposar hasta que esté caliente.

2 Agregue al cuenco las nectarinas o melocotones y déjelos enfriar. Transfiera a una ensaladera. Acompañe con helado de vainilla.

Variante

Si no tiene nectarinas,
utilice melocotones maduros.
Es preferible pelar la piel dura
de los melocotones siguiendo
la técnica de la pág. 208; luego,
complete la receta como arriba.

Broquetas de frutas con mojo de peras

PARA 6 PERSONAS

3 higos grandes frescos y cuarteados

*1 mango grande maduro, pelado,
   deshuesado y cortado a dados*

*1 piña mini o 2 rodajas gruesas, pelada
   y a dados*

1 cucharada de miel líquida oscura

Para el mojo de peras especiado

*150 g de peras secas listas para comer,
   remojadas en agua caliente 30 minutos*

el zumo de 1 naranja

*1 cucharadita de rizoma de jengibre
   finamente picado*

½ cucharadita de extracto de vainilla

50 ml de yogur descremado

*½ cucharadita de canela molida,
   más un poco para espolvorear*

1 cucharadita de miel líquida oscura

*25 g de avellanas, tostadas y picadas
   no muy finas*

TIEMPO DE PREPARACIÓN 20 minutos,
más 30 minutos de remojo

TIEMPO DE COCCIÓN 8 minutos

POR PORCIÓN

129 calorías

3 g de grasas (trazas de saturadas)

25 g de hidratos de carbono

0 g de sal

Preparar con antelación

Complete el paso 1 hasta el final de la línea 4. Tape y refrigere hasta 2 días. Prepare las broquetas como en el paso 2. Cubra y refrigere hasta 1 día. **Para servir** Vierta la miel sobre el mojo, esparza por encima avellanas tostadas y espolvoree la canela. Lleve las broquetas a temperatura ambiente. Por último, complete el paso 2.

1 Remoje en agua 6 broquetas de madera de 20 cm durante 30 minutos. Para el mojo, escurra las peras e introdúzcalas en el robot o batidora con el zumo de naranja, el jengibre, el extracto de vainilla, el yogur, la canela y 50 ml de agua, y bata hasta que la mezcla quede homogénea. Póngala en un cuenco, agregue la miel, esparza las avellanas y espolvoree un poco de canela molida. Tape y refrigere hasta el momento de servir.

2 Precaliente el grill a la temperatura máxima. Para las broquetas, ensarte trozos de frutas alternas, utilizando al menos dos trozos de cada tipo de fruta por broqueta. Coloque las broquetas sobre una placa cubierta con papel de aluminio. Rocíe con la miel y ase unos 4 minutos por lado, con las broquetas muy cercanas a la fuente de calor, hasta que estén ligeramente chamuscadas. Sírvalas calientes o a temperatura ambiente con el mojo especiado.

Gelatina de frutas y saúco

PARA 6 PERSONAS

2-3 cucharadas de cordial de saúco

200 g de azúcar blanquilla

4 hojas de gelatina

150 g de frambuesas

*150 g de uvas partidas por la mitad
    y sin pepitas*

TIEMPO DE PREPARACIÓN 15 minutos,
más 4 horas como mínimo para enfriar

TIEMPO DE COCCIÓN 10 minutos

POR PORCIÓN

184 calorías

0 g de grasas

42 g de hidratos de carbono

0 g de sal

TÉCNICAS

Véase también fresas, moras
y bayas (pág. 209),
despepitar uvas (pág. 213)

1 Ponga el cordial en una cacerola grande y añada 750 ml de agua y el azúcar. Caliente a fuego lento y sin dejar de remover hasta disolver el azúcar.

2 Remoje las hojas de gelatina en agua fría durante 5 minutos. Retire la gelatina del agua, exprima el exceso de agua y agréguela al líquido de la cacerola. Mezcle bien y filtre sobre una jarra.

3 Divida las frambuesas y las uvas entre 6 vasos de 200 ml de capacidad. Vierta el líquido sobre la fruta, enfríe y refrigere 4 horas como mínimo (o toda la noche).

Consejo de cocinero

- La gelatina se encuentra disponible en forma de hoja y en polvo. Ambas deben remojarse en un líquido antes de disolverse en un líquido caliente. Añádala siempre disuelta a una preparación caliente o a temperatura ambiente. Si la añade a un líquido demasiado frío, cuajará en forma de hilos finos, lo que echará a perder la textura del plato acabado.
- La gelatina procede de los huesos de la carne, pero también existen alternativas vegetarianas, como el agar agar y el gelazone.

Postre de limón y fruta de la pasión

PARA 6 PERSONAS

6 cucharadas de crema de limón
de calidad (lemon curd)
4 frutas de la pasión maduras
140 ml de crema de leche espesa
1 cucharada de azúcar lustre
200 g de yogur griego
almendra fileteada tostada para decorar

TIEMPO DE PREPARACIÓN 20 minutos

POR PORCIÓN

244 calorías

18 g de grasas (de las cuales 10 g
saturadas)

21 g de hidratos de carbono

0,1 g de sal

TÉCNICAS

Véase también fruta de la pasión (pág. 211),
cortar frutos secos a tiras (pág. 219)

1 Coloque la crema de limón en un cuenco pequeño. Corte la fruta de la pasión por la mitad y vuelque la pulpa en un tamiz dispuesto sobre un cuenco. Remueva hasta separar las semillas del zumo. Agregue 1 cucharada de zumo de fruta de la pasión a la crema de limón y mezcle bien.

2 Bata en un cuenco la crema de leche con el azúcar lustre hasta que esté montada y mézclela luego con el yogur.

3 Vierta un poco de la crema de yogur en 4 vasos pequeños. Coloque encima una capa de la mezcla de crema de limón y fruta de la pasión. Repita la operación hasta emplear todos los ingredientes. Reparta por encima las almendras y sirva enseguida.

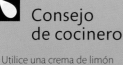

Consejo de cocinero

Utilice una crema de limón de calidad. Si la prepara usted mismo, siga las instrucciones de la pág. 409.

Compota de fresas

PARA 10 PERSONAS

340 g de confitura de frambuesas
el zumo de 2 naranjas grandes
el zumo de 2 limones
1 cucharada de agua de rosas
700 g de fresas sin rabillos ni hojas
  y cuarteadas
250 g de arándanos

TIEMPO DE PREPARACIÓN 15 minutos
más el refrigerado desde la víspera
TIEMPO DE COCCIÓN 10 minutos

POR PORCIÓN

126 calorías
0 g de grasas
32 g de hidratos de carbono
0 g de sal

TÉCNICAS
Véase también fresas (pág. 209)

1 Coloque en una cacerola la confitura de frambuesas con los zumos de naranja y limón. Añada 150 ml de agua hirviendo. Mezcle a fuego lento hasta derretir la confitura. Deje enfriar.

2 Mezcle la preparación resultante con el agua de rosas (añada un chorrito de zumo de limón si es demasiado dulce). Ponga las fresas y los arándanos en una ensaladera. Filtre por encima la mezcla de frambuesa. Tape y refrigere toda la noche. Retire la ensaladera de la nevera unos 30 minutos antes de servir.

Gratín veraniego

PARA 4 PERSONAS

*3 melocotones maduros, partidos
    por la mitad, deshuesados y a rodajas*

225 g de fresas silvestres o frambuesas

*3 cucharadas de kirsch o aguardiente
    de ciruelas Mirabelle*

4 yemas de huevo grandes

50 g de azúcar

TIEMPO DE PREPARACIÓN 15 minutos

TIEMPO DE COCCIÓN 15 minutos

POR PORCIÓN

168 calorías

4 g de grasas (de las cuales 1 g saturadas)

27 g de hidratos de carbono

0 g de sal

TÉCNICAS

Véase también deshuesar frutas (pág. 208),
bayas (pág. 209),
separar huevos (pág. 52)

1 Coloque las rodajas de melocotón en un cuenco con las fresas o frambuesas y 2 cucharadas de *kirsch* o aguardiente.

2 Ponga en un cuenco refractario las yemas, el azúcar, el resto de *kirsch* y 2 cucharadas de agua, y colóquelo sobre una cacerola con agua casi hirviendo. Bata 5-10 minutos, hasta que la mezcla deje una marca al removerla y esté caliente en el centro. Retírela del fuego y precaliente el grill.

3 Coloque la fruta en cuatro moldes o fuentes pequeñas refractarias y reparta la salsa por encima. Ponga bajo el grill 1-2 minutos, hasta que la superficie esté dorada. Sirva enseguida.

Empanada de moras y manzanas

PARA 6 PERSONAS

200 g de harina, más un poco para
espolvorear
125 g de mantequilla fría a dados
1 huevo mediano batido
75 g de azúcar moreno claro,
más 3 cucharadas
una pizca de sal
500 g de manzanas para comer
cuarteadas, descorazonadas y a gajos
300 g de moras
¼ cucharadita de canela molida
el zumo de 1 limón pequeño

TIEMPO DE PREPARACIÓN 25 minutos,
más 15 minutos de enfriado
TIEMPO DE COCCIÓN 40 minutos

POR PORCIÓN

372 calorías
19 g de grasas (de las cuales 11 g
saturadas)
49 g de hidratos de carbono
0,4 g de sal

TÉCNICAS

Véase también pasta (págs. 278-279),
manzanas (pág. 206),
bayas (pág. 209)

Variante

Para ahorrar tiempo, utilice 450 g
de pasta quebrada refrigerada
o congelada.

1 Ponga la harina y la mantequilla en el robot y accione el aparato hasta que la mezcla parezca migas gruesas (otra opción es frotar a mano la harina con la grasa o un cortapastas). Añada el huevo, 2 cucharadas de azúcar y la sal, y pulse de nuevo para mezclar. Envuelva la pasta en una película de plástico y refrigérela 15 minutos como mínimo. Mientras, precaliente el horno a 200 °C (180 °C en uno de convección).

2 Coloque las manzanas, las moras, 75 g de azúcar, la canela y el zumo de limón en un cuenco y mezcle bien, asegurándose de que el azúcar se disuelve en el zumo.

3 Engrase una tartera metálica o esmaltada de 25 cm de diámetro. Extienda la pasta con un rodillo ligeramente enharinado sobre una lámina de papel sulfurizado, dándole un diámetro de 30 cm. Levante el papel, de la vuelta a la pasta sobre el molde y retire el papel.

4 Ponga la fruta preparada en el centro del molde y lleve hacia dentro los extremos de la pasta sobre las frutas. Espolvoree con el resto del azúcar y hornee 40 minutos o hasta que la fruta esté tierna y la pasta dorada.

Peras borrachas

4 peras Williams o Comice

140 g de azúcar blanquilla

300 ml de vino tinto seco

150 ml de sloe gin (ginebra de endrinas)

1 trozo de canela en rama

la cáscara de 1 naranja

6 cápsulas de anís estrellado

yogur griego o crema batida para servir
(opcional)

TIEMPO DE PREPARACIÓN 20 minutos

TIEMPO DE COCCIÓN 50 minutos

POR PORCIÓN

305 calorías

trazas de grasas

52 g de hidratos de carbono

0 g de sal

TÉCNICAS

Véase también peras (pág. 206),
retirar la cáscara a los cítricos (pág. 207)

1 Pele las peras y corte el cáliz en la base de cada uno, dejando los tallos intactos. Ponga en un cazo el azúcar, el vino, el *sloe gin* y 300 ml de agua y caliente bien hasta que el azúcar se disuelva.

2 Lleve a ebullición y añada la canela en rama, la cáscara de naranja y el anís estrellado. Añada las peras, tape y caliente a fuego lento durante 30 minutos, hasta que estén tiernas.

3 Transfiera las peras a una ensaladera y reduzca el líquido a unos 200 ml o hasta que quede almibarado. Viértalo sobre las peras y sirva éstas frías o bien calientes acompañadas de yogur griego o crema batida (opcional).

Higos a la barbacoa con marsala

PARA 6 PERSONAS

12 higos grandes maduros
mantequilla derretida para pincelar
1 trozo de canela en rama troceada
6 cucharadas de miel griega clara
6 cucharadas de marsala
    o Jerez dulce
crema acidificada para servir

TIEMPO DE PREPARACIÓN 10 minutos
TIEMPO DE COCCIÓN 20 minutos

POR PORCIÓN

151 calorías
1 g de grasas (de las cuales 0 g saturadas)
34 g de hidratos de carbono
0,1 g de sal

TÉCNICAS

Véase también higos (pág. 213)

1 Prepare una pequeña incisión en cada higo, a tres cuartos de su altura. Prepare dos láminas de papel de aluminio lo bastante grandes como para disponer los higos en una sola capa. Con la cara brillante hacia arriba, coloque una lámina sobre otra y picele la superior con la mantequilla derretida.

2 Coloque los higos en el centro del papel y esparza por encima la canela troceada. Junte los lados de papel, cierre el paquete dejando una abertura encima, y vierta dentro la miel y el marsala. Por último, retuerza los extremos de papel para que los higos queden bien cerrados.

3 Ponga el paquete sobre la barbacoa y cueza sobre las brasas calientes 10-15 minutos, dependiendo del grado de madurez de los higos, hasta que estén bien tiernos.

4 Justo antes de servir, abra un poco el paquete por encima y prosiga la cocción 2-3 minutos más para que el líquido se reduzca y quede almibarado.

5 Sirva los higos enseguida con un copete de crema acidificada y el líquido por encima.

Preparar con antelación

Aunque es preferible servir los higos enseguida, puede cocerlos con antelación, calentándolos luego en la barbacoa justo antes de servir.

Migas, ruibarbo y peras

PARA 8 PERSONAS

450 g de ruibarbo a dados de 2,5 cm

*2 peras maduras, peladas, descorazonadas
    y picadas en trozos no muy pequeños*

75 g de azúcar demerara

1 cucharada de canela molida

50 g de mantequilla fría

75 g de harina con levadura incorporada

2 bizcochos de soletilla

50 g de avellanas enteras

500 g de yogur griego para servir

TIEMPO DE PREPARACIÓN 25 minutos
TIEMPO DE COCCIÓN 40-45 minutos

POR PORCIÓN

262 calorías

17 g de grasas (de las cuales 7 g saturadas)

25 g de hidratos de carbono

0,3 g de sal

TÉCNICAS

Véase también peras (pág. 206)

1 Precaliente el horno a 180 °C (160 °C en uno de convección). Coloque la fruta en una fuente de hornear pequeña y esparza por encima 25 g de azúcar y la canela. Mezcle bien.

2 Prepare las migas. Ponga la mantequilla en el robot, añada la harina y el resto de azúcar, y bata hasta que la mezcla parezca migas gruesas (también puede frotar a mano la grasa con la harina o con un cortapastas, y luego mezclarla con el azúcar).

3 Trocee los bizcochos y añádalos al robot junto con las avellanas (también puede aplastar los bizcochos con un rodillo y picar las avellanas). Bata de nuevo 4-5 segundos, hasta que las migas estén bien mezcladas pero todavía gruesas. Espárzalas sobre las frutas hasta los extremos, presionando hacia abajo con el dorso de una cuchara de madera.

4 Hornee 40-45 minutos, hasta que la cobertura esté dorada y crujiente. Acompañe con yogur.

Variante

La crema de vainilla es otro acompañamiento tradicional de este postre. Prepárela siguiendo la receta de la pág. 26.

Cobbler de ciruelas

PARA 6 PERSONAS

900 g de ciruelas partidas por la mitad
y deshuesadas

150 g de azúcar moreno claro,
más 3 cucharadas

1 cucharada de maicena

250 g de harina con levadura incorporada

100 g de mantequilla fría a dados

175 ml de suero o yogur entero natural

TIEMPO DE PREPARACIÓN 25 minutos
TIEMPO DE COCCIÓN 40 minutos

POR PORCIÓN

451 calorías

15 g de grasas (de las cuales 9 g saturadas)

76 g de hidratos de carbono

0,3 g de sal

TÉCNICAS

Véase también deshuesar frutas (pág. 208)

1 Precaliente el horno a 200 °C (180 °C en uno de convección). Corte las ciruelas a gajos grandes, colóquelas en una fuente refractaria de 25 x 18 x 7 cm y mézclelas con 3 cucharadas de azúcar y la maicena.

2 Bata la harina, la mantequilla y 100 g de azúcar en el robot hasta que la mezcla se convierta en migas finas o bien frote la grasa con la harina a mano o con un cortapastas, y luego mezcle con el azúcar. Añada el suero o yogur y bata unos segundos hasta que se amalgamen.

3 Reparta la masa líquida sobre las ciruelas, dejando parte de la fruta expuesta. Espolvoree el resto del azúcar y hornee 40 minutos, hasta que la fruta esté tierna y la cobertura dorada.

 Toques finales

Una bola de helado de vainilla queda muy bien con este postre. Puede prepararlo usted mismo siguiendo la receta de la pág. 388.

ARROZ, CEREALES Y LEGUMBRES

El arroz, los cereales y las legumbres, además de saludables, constituyen un ingrediente básico en la dieta diaria. Son muy fáciles de preparar. En este capítulo se enseña a preparar y cocer un arroz perfecto, ya sea un *risotto*, una paella o un *sushi*, así como otros cereales, como el cuscús, el trigo bulgur, la cebada, la quinoa, el germen de trigo y la polenta. También se muestra cuán fácil es remojar, cocinar y hacer germinar las legumbres. Las recetas permiten llevar a la práctica todo lo aprendido en forma de platos tan apetitosos como el *kedgeree* con salmón y cilantro, el *pilaf* de pollo con especias, el *risotto* de langostinos y limón, la polenta con queso y salsa de tomate, el cuscús veraniego, las judías guisadas con cerdo y especias, y el pollo con chorizo y judías.

Cocinar arroz

Hay diferentes tipos de arroz, de entre los que destacan las variedades de grano largo y redondo. Esta última se utiliza en platos como el *risotto*, el *sushi* y la paella, Mientras que la de grano largo se suele emplear como guarni

Preparar arroz de grano largo

El basmati debe lavarse para extraer el exceso de fécula.

1 Coloque el arroz en un cuenco y cúbralo con agua fría. Mezcle hasta que el agua esté lechosa, escurra y así varias veces hasta que el agua salga clara.

2 Remoje el arroz 30 minutos, luego escúrralo antes de cocinarlo.

Cocinar arroz de grano largo

1 Mida el arroz y viértalo en una cacerola con un poco de sal y el doble de su volumen de agua hirviendo (o caldo hirviendo).

2 Lleve a ebullición. Baje el fuego, y programe el temporizador con el tiempo indicado en el paquéte. Debe cocerse *al dente* (tierno pero todavía un poco duro en el centro).

3 Cuando el arroz esté cocido, ahueque los granos con un tenedor para que no se peguen. Puede dejarse reposar tapado unos minutos.

Arroz perfecto

- Utilice 50-75 g de arroz crudo por persona, o mídalo por volumen (50-75 ml).
- Si cocina arroz muy a menudo, cómprese una cacerola eléctrica especial para cocer el arroz. Se encuentra en las tiendas de comestibles asiáticas y en grandes almacenes.

Variante

Si cocina el arroz con caldo y le incorpora ingredientes aromatizantes especiales, como hierbas, ajo o especias, ganará en sabor.

Risotto

El *risotto* italiano se prepara con arroz de grano redondo *arborio*, *vialone nano* o *carnaroli*, que al desprender la fécula proporciona un acabado cremoso. Se acostumbra a cocinar sobre el fuego, pero también puede hornearse.

Risotto básico

Para 4 personas necesita 1 cebolla picada, 50 g de mantequilla, 900 ml de caldo de pollo caliente, 225 g de arroz para *risotto*, 50 g de parmesano recién rallado y un poco más para acompañar.

1 Sofría la cebolla en la mantequilla 10-15 minutos, hasta que esté ligeramente coloreada. Caliente el caldo en una cacerola a fuego medio. Agregue el arroz a la mantequilla y mezcle 1-2 minutos, hasta que esté bien recubierto.

2 Vierta un cucharón de caldo y remueva sin cesar hasta que se haya absorbido, y así sucesivamente sin dejar de remover hasta que el arroz esté *al dente* (tierno pero todavía un poco duro en el centro) durante unos 20-30 minutos. Quizás no necesite todo el caldo.

3 Mezcle el arroz con el parmesano rallado y sírvalo enseguida, con queso adicional aparte.

Risotto perfecto

- Utilice caldo casero, a ser posible muy poco salado, pues al evaporarse la sal se quedaría en el plato finalizado.
- Asegúrese de que el caldo está caliente cuando lo incorpora al arroz.

Risotto horneado

Este método tiene la ventaja sobre el *risotto* clásico de que no requiere mayor atención ni debe removerse durante la cocción.

Para 4 personas necesita 40 g de mantequilla, 1 diente de ajo, 1 cebolla, 1 ramita de romero, 225 g de arroz para *risotto*, 900 ml de caldo de pollo caliente y 50 g de parmesano recién rallado. Tanto el ajo como la cebolla y el romero deben picarse finalmente.

1 Precaliente el horno a 150 °C (130 °C en uno de convección). Derrita la mitad de la mantequilla en una cacerola refractaria y sofría el ajo, la cebolla y el romero durante 8 minutos, hasta que se hayan ablandado y dorado.

2 Agregue el arroz y remueva 2 minutos. Vierta el caldo, lleve a ebullición, tape y hornee 20 minutos. En el momento de servir, mezcle el arroz con el resto de la mantequilla y el queso.

Paella

No hay dos recetas de paella idénticas.

Paella sencilla

La paella tradicional se prepara con arroz de grano redondo, pero esta versión utiliza arroz de grano largo.

Para 6 personas necesita aproximadamente 1 l de caldo de pollo, ½ cucharadita de azafrán, 6 contramuslos de pollo deshuesados, 5 cucharadas de aceite de oliva virgen, 1 cebolla grande, picada, 4 dientes de ajo grandes, 1 cucharadita de pimentón, 2 pimientos rojos a tiras, 400 g de tomates picados enlatados, 350 g de arroz de grano largo, 200 ml de jerez seco, 500 g de mejillones cocidos, 200 g de langostinos tigre cocidos, el zumo de ½ limón, sal y pimienta negra molida, gajos de limón y perejil para adornar.

1 Caliente el caldo, añada el azafrán y déjelo en infusión 30 minutos. Mientras, corte la carne del pollo en tres trozos.

2 Caliente la mitad del aceite en una paella grande y fría el pollo por tandas de 3-5 minutos hasta que adquiera un tono dorado claro. Resérvelo.

3 Baje el fuego un poco y añada el resto del aceite. Sofría la cebolla 5 minutos, hasta que se ablande. Añada el ajo y el pimentón y remueva 1 minuto. Incorpore el pollo, los pimientos y los tomates.

4 Mezcle con el arroz, añada un tercio del caldo y lleve a ebullición. Salpimiente.

5 Reduzca el fuego. Cueza sin tapar y removiendo constantemente hasta que gran parte del líquido se haya absorbido.

6 Incorpore el resto del caldo poco a poco, dejando que el arroz lo absorba antes de añadir más (necesitará unos 25 minutos). Incorpore el jerez y prosiga la cocción otros 2 minutos; el arroz debe estar bastante húmedo, pues continuará absorbiendo líquido.

7 Agregue los mejillones y los langostinos a la paella, junto con el zumo de limón. Mezcle y cueza 5 minutos para calentarlos. Rectifique la condimentación y adorne con gajos de limón y ramitas de perejil.

Sushi

El *sushi* japonés se prepara con un arroz especial de grano redondo, que tiene un elevado contenido en humedad y una consistencia pegajosa, lo que lo hace perfecto para enrollarlo con algas y obtener elegantes rollitos de *sushi*.

Sushi clásico

Para preparar 4 rollos (24 piezas) necesita 150 g de arroz para *sushi* japonés, 2 cucharadas de vinagre de arroz, 4 cucharadas de *mirin* (vino de arroz), 1 cucharada de azúcar blanquilla, 4 láminas de alga *nori*, 1 cucharada de pasta *wasabi*, salsa de soja, *wasabi* y jengibre encurtido para acompañar.

Para el relleno, necesita 150 g de salmón ahumado, ½ pepino y 2 cebollas tiernas grandes.

1 Coloque el arroz en una cacerola con 350 ml de agua fría. Lleve a ebullición, tape y cueza 10 minutos a fuego lento, hasta que el agua se haya evaporado. Retire del fuego, remueva con el vinagre, el *mirin* y el azúcar. Deje enfriar y ahueque con unos palillos.

2 Corte el salmón en tiras largas y finas. Pele y retire las semillas al pepino y córtelo a tiras. Corte las cebollas tiernas a tiras largas.

3 Coloque en el centro de la esterilla para *sushi* una lámina de alga *nori* con la cara brillante hacia abajo. Extienda un cuarto de arroz a lo largo de dos tercios de la anchura del alga.

4 Haga una depresión en el centro del arroz y extienda por encima un poco de pasta *wasabi*; coloque un cuarto del salmón, pepino y cebolla tierna.

5 Con los pulgares levante la esterilla y enrolle el alga en sentido contrario a usted, presionando suave pero firmemente hasta obtener un cilindro

limpio. Desenrolle la esterilla y repita la operación con el resto del alga *nori* y el relleno.

6 Humedezca la hoja de un cuchillo muy afilado. Recorte los extremos del rollo, corte cada uno en tres porciones iguales y luego corte cada tercio por la mitad. Acompañe con salsa de soja, *wasabi* y jengibre encurtido.

Otros cereales

El tiempo de cocción de cualquier cereal depende de la forma en que se haya procesado. Tanto el trigo como la cebada se presentan de diferentes formas, por lo que compruebe siempre de qué tipo se trata.

Cuscús

El cuscús, considerado a menudo un cereal, es un tipo de pasta procedente del norte de África. Es perfecto para acompañar guisos o cazuelas, y queda muy bien en ensaladas. Sus finos granos no requieren cocción y pueden remojarse simplemente.

1 Mida el cuscús en un cuenco y añada 1 ½ veces su volumen de agua o caldo caliente.

2 Cubra y deje remojar 5 minutos. Ahuéquelo con un tenedor antes de servirlo.

3 Si va a prepararlo en forma de ensalada, déjelo enfriar por completo antes de añadir el resto de ingredientes.

Trigo bulgur

Es un trigo fragmentado al que se le ha retirado parte o la totalidad del salvado. Se precuece durante el proceso de manufacturación y puede hervirse, cocerse al vapor o remojarse. Es ideal para servir como cereal o en ensaladas.

1 **Cocer** Cúbralo con agua hasta sobrepasarlo 2,5 cm. Lleve a ebullición y cueza 10-15 minutos, hasta que esté tierno. Escúrralo bien.

2 **Cocer al vapor** Coloque el bulgur en una vaporera forrada con un paño limpio y déjelo cocer sobre agua hirviendo durante 20 minutos, hasta que los granos estén blandos.

3 **Remojar** Coloque el bulgur en un cuenco hondo. Cúbralo con agua caliente y mézclelo con un tenedor. Déjelo reposar 20 minutos (compruebe que hay agua suficiente). Escúrralo y ahuéquelo con un tenedor.

Cebada

Hay tres tipos de cebada y todos ellos pueden cocerse al natural o en una sopa o guiso.

1 **Cebada entera** Remójela desde la víspera en el doble de su volumen de agua y escúrrala bien. Colóquela en una cacerola de fondo grueso, vierta agua hirviendo por encima y cuézala 1 ½ horas, hasta que esté tierna. Compruebe el líquido y añada más si fuese necesario.

2 **Cebada escocesa** Enjuáguela bien y cuézala en agua hirviendo 45-50 minutos, hasta que esté tierna.

3 **Cebada perlada** A esta cebada se le ha retirado la cascarilla y no es preciso remojarla. Enjuáguela y póngala en una cacerola con el doble de su volumen de agua. Lleve a ebullición, baje la temperatura y cueza a fuego lento 25-30 minutos, hasta que esté tierna.

Quinoa

Este cereal sudamericano constituye
una excelente alternativa al arroz.

1 Coloque la quinoa en un cuenco con
agua fría. Mezcle bien, déjela en remojo
2 minutos y escúrrala. Póngala en una
cacerola con el doble de su volumen
de agua y lleve a ebullición.

2 Cuézala 20 minutos a fuego lento.
Retírela, tápela y déjela reposar 10 minutos.

Trigo

Los granos de trigo deben remojarse
toda la noche y precisan una cocción
prolongada a fuego lento. A veces
se encuentra precocido, lo que rebaja
de forma sustancial el tiempo de remojo
y cocción.

1 Remoje los granos toda la noche
en el doble de su volumen de agua
y escúrralos bien.

2 Mida el trigo en una jarra medidora
y póngalo en una cacerola de fondo
grueso con el doble de su volumen
de agua (o caldo sin salar en vez de agua
para aportarle más sabor).

3 Lleve a ebullición y cueza unos
45 minutos a fuego lento, hasta
que esté tierno. Compruebe
el líquido regularmente para asegurarse
de que no hierve, y agregue más
si fuese necesario. Escúrralo bien.

Cantidades

Cuente 50-75 g de cereal
crudo por persona o, si lo mide
por volumen, 50-75 ml.

Polenta

Esta clásica receta italiana elaborada con harina de maíz sin refinar se suele preparar tanto en forma de puré como frita o a la plancha.

Polenta tradicional

1 Llene una cacerola con 1,1 l de agua y añada ¼ de cucharadita de sal. Vierta 225 g de polenta y coloque el recipiente sobre el fuego.

2 Remueva la polenta cuando el agua empiece a calentarse. Lleve a ebullición, baje el fuego y prosiga la cocción removiendo a menudo durante 15-20 minutos, hasta que la polenta se separe de las paredes de la cacerola.

Polenta asada

1 Prepare la polenta tradicional (*véase* arriba) y viértala en una fuente de hornear aceitada. Alise la superficie con una espátula y déjela enfriar.

2 Corte la polenta en cuadrados y pincélelos con aceite de oliva.

3 Precaliente el grill o sartén y ase la polenta 5-10 minutos, hasta que esté caliente y uniformemente dorada.

Polenta horneada

1 Precaliente el horno a 200 °C. Llene una cacerola con 1,1 l de agua y agregue ¼ de cucharadita de sal. Vierta 225 g de polenta y ponga la cacerola sobre el fuego. Lleve a ebullición, remueva y cueza 5 minutos a fuego lento.

2 Vierta la polenta en una fuente de hornear con aceite, tape con papel de aluminio y hornee 45-50 minutos. Dore la polenta bajo el grill.

Polenta perfecta

- Utilice polenta gruesa si desea obtener una textura algo granulosa, o fina si la requiere lisa.
- Si va a servir la polenta tradicional directamente del recipiente, tenga preparados el resto de platos: la polenta se tiene que degustar enseguida, ya que de lo contrario queda espesa y es difícil de servir.

Legumbres y lentejas

Las legumbres y los guisantes secos deben remojarse desde la víspera antes de cocerse para, de ese modo, acortar el tiempo de cocción. Sin embargo, las lentejas no necesitan remojarse.

Cocinar legumbres

1 Retire cualquier piedrecilla o restos de suciedad que pueda haber en las legumbres.

2 Colóquelas en un cuenco o cacerola y cúbralas con abundante agua fría. Déjelas en remojo 8 horas como mínimo y luego escúrralas (si tiene prisa, vierta agua hirviendo por encima y déjelas enfriar en el agua 1-2 horas).

3 Ponga las legumbres remojadas en una cacerola grande y vierta agua hasta sobrepasarlas 5 cm. Lleve a ebullición y cueza durante 10 minutos.

4 Retire las impurezas que suban a la superficie y deje cocer hasta que las judías se hayan ablandado. Han de estar tiernas, pero no deben deshacerse. Compruebe el agua de vez en cuando para asegurarse de que las legumbres se mantienen bien cubiertas. Escúrralas. Si las va a emplear en una ensalada, enfríelas por completo.

Tiempos de cocción

Varían según el tipo. Las más viejas necesitan más tiempo para cocinarse.

Garbanzos	1-2 horas
Judías rojas, mantequeras, frijoles verdes, arriñonadas	1-3 horas
Lentejas rojas	20 minutos
Lentejas verdes	30-40 minutos

Germinar

Las judías mungo, las lentejas verdes y la alfalfa son unos populares brotes caseros que tanto quedan bien en ensaladas como en salteados. Sólo necesita unas 3 cucharadas de legumbres por tanda.

1 Retire las impurezas de las legumbres y remójelas en agua fría 8 horas como mínimo. Escúrralas e introdúzcalas en un frasco limpio (a ser posible esterilizado). Cubra con un trozo de tela humedecido, asegúrelo y deje el frasco en un lugar cálido y oscuro.

2 Enjuague el contenido del frasco 2 veces al día. Los brotes pueden consumirse cuando alcanzan 1 cm de longitud, aunque también pueden dejarse crecer 1 ó 2 días más. Cuando hayan germinado, deje el frasco en una repisa soleada unas 3 horas (esto mejorará tanto el sabor como el valor nutritivo de los brotes). Luego enjuáguelos y séquelos bien. Puede guardarlos unos 3 días en la nevera. Enjuague siempre los brotes germinados antes de usarlos.

Kedgeree de salmón y cilantro

PARA 4 PERSONAS

1 cucharada de aceite de oliva

4 escalonias picadas

225 g de arroz basmati

450 ml de caldo de pescado caliente

100 g de guisantes congelados

*300 g de copos de salmón ahumados
   al calor*

un puñado de cilantro fresco picado

sal y pimienta negra molida

gajos de lima para acompañar

TIEMPO DE PREPARACIÓN 15 minutos

TIEMPO DE COCCIÓN 20-25 minutos

POR PORCIÓN

392 calorías

12 g de grasas (de las cuales 2 g saturadas)

49 g de hidratos de carbono

0,3 g de sal

TÉCNICAS

Véase también escalonias (pág. 170),
picar hierbas (pág. 428)

1 Caliente el aceite en una cacerola grande dispuesta a fuego lento y sofría las escalonias 5 minutos o hasta que se ablanden. Agregue el arroz y mezcle bien. Vierta el caldo, tape y cueza 10 minutos a fuego lento, hasta que el arroz casi esté cocido y la mayor parte del líquido se haya evaporado.

2 Agregue los guisantes y el salmón, y cueza con el recipiente destapado 2-3 minutos, hasta que los guisantes estén tiernos. Salpimiente, reparta por encima el cilantro picado y acompañe con los gajos de lima.

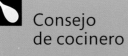

Consejo de cocinero

El arroz basmati es apreciado por su sabor fragante y delicado. Sus granos largos son firmes y se separan al cocerse; además, nunca quedan pegajosos, lo que los hace perfectos para este plato.

Pilaf de huevo con especias

PARA 4 PERSONAS

200 g de arroz basmati o silvestre
150 g de guisantes congelados
4 huevos medianos
200 ml de crema de coco
1 cucharadita de pasta de curry suave
1 cucharada de salsa de chile dulce
1 cucharada de mantequilla de cacahuete
* lisa*
1 manojo grande de cilantro picado
* no muy fino*
mini poppadums (pan indio) y mango
* chutney para acompañar*

TIEMPO DE PREPARACIÓN 2 minutos
TIEMPO DE COCCIÓN 15 minutos

POR PORCIÓN

483 calorías
26 g de grasas (de las cuales 17 g
   saturadas)
48 g de hidratos de carbono
0,4 g de sal

TÉCNICAS
Véase también picar hierbas (pág. 428)

1 Coloque el arroz en una cacerola con 450 ml de agua hirviendo y cuézalo 15 minutos a fuego lento, hasta que esté tierno. Agregue los guisantes congelados los últimos 5 minutos de cocción.

2 Mientras, ponga los huevos en una cacerola grande con agua hirviendo y cuézalos 6 minutos a fuego lento; luego, escúrralos y pélelos.

3 Mezcle la crema de coco, la pasta de curry, la salsa de chile y la mantequilla de cacahuete en un cazo y bátalos juntos. Caliente la salsa a fuego lento sin dejar de remover (no debe hervir).

4 Escurra el arroz y mézclelo con el cilantro picado y 2 cucharadas de la salsa.

5 Divida el arroz en 4 cuencos. Corte los huevos por la mitad y colóquelos sobre el arroz, repartiendo el resto de la salsa de coco por encima. Acompañe con los *poppadums* y el mango *chutney*.

Pilaf de pollo con especias

PARA 4 PERSONAS

2 cucharadas de aceite de oliva

2 dientes de ajo picados

2 cebollas a rodajas

2 cucharadas de curry en polvo
   semipicante

6 contramuslos de pollo crudo pelados
   o 450 g de pollo cocido cortado a tiras

350 g o una jarra medidora con 450 ml
   de arroz americano fácil de cocer

2 cucharaditas de sal

una pizca de azafrán

50 g de sultanas

225 g de tomates maduros picados
   no muy finos

50 g de cacahuetes tostados

TIEMPO DE PREPARACIÓN 15 minutos
TIEMPO DE COCCIÓN 35-40 minutos

POR PORCIÓN

649 calorías

18 g de grasas (de las cuales 2 g saturadas)

87 g de hidratos de carbono

2,8 g de sal

1 Caliente el aceite en una cacerola de fondo grueso (una paella es ideal). Añada el ajo y las cebollas, y sofría 5 minutos para que se ablanden. Retire la mitad de las cebollas y reserve.

2 Agregue el curry en polvo y cueza 1 minuto, incorpore el pollo y mezcle. Cueza 10 minutos si la carne está cruda, o 4 si emplea pollo cocido, y vaya removiendo de vez en cuando hasta que esté dorado.

3 Incorpore el arroz, remueva para recubrirlo con el aceite y vierta 900 ml de agua hirviendo, la sal y el azafrán. Tape y lleve a ebullición, luego baje el fuego y cueza 20 minutos, hasta que el arroz esté tierno y gran parte del líquido se haya evaporado.

4 Mezcle con las cebollas reservadas, las sultanas, los tomates y los piñones. Cueza otros 5 minutos para calentar el conjunto y sirva.

Consejo de cocinero

La palabra *pilaf* procede de la voz persa *pilau*. Este plato originario de Oriente consiste en arroz cocido en un caldo aromatizado con especias, al que se añaden hortalizas, aves y pescado.

Risotto de langostinos y limón

PARA 4 PERSONAS

225 g de tirabeques en tiras diagonales

175 g de calabacines mini cortados
en rodajas diagonales

2 cucharadas de aceite de oliva

1 cebolla finamente picada

¼ cucharadita de azafrán (opcional)

225 g de arroz para risotto (arborio)

1 diente de ajo picado

225 g de champiñones mini cuarteados

la cáscara y el zumo de 1 limón

750 ml de caldo de pescado, pollo
o de hortalizas caliente

300 g de langostinos cocidos y pelados

3 cucharadas de cebollinos finamente
picados

sal y pimienta negra molida

rizos de cebolla tierna (véase recuadro)
y cáscara de limón rallada para adornar

TIEMPO DE PREPARACIÓN 15 minutos

TIEMPO DE COCCIÓN 40 minutos

POR PORCIÓN

396 calorías

8 g de grasas (de las cuales 1g saturadas)

57 g de hidratos de carbono

0,6 g de sal

TÉCNICAS

Véase también hortalizas (págs. 170-182),
caldos (pág. 34)

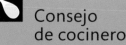

Consejo de cocinero

- Al agregar el caldo poco a poco, el *risotto* adquiere una textura deliciosamente cremosa.
- Para preparar rizos de cebolla tierna, corte la cebolla en sentido longitudinal, remójela 30 minutos en agua helada y escúrrala bien.

1 Coloque los tirabeques y los calabacines en una cacerola con agua salada hirviendo y lleve de nuevo a ebullición. Cueza 1-2 minutos, luego escúrralos y sumérjalos en agua helada.

2 Caliente el aceite en una cacerola mediana antiadherente, y agregue la cebolla y el azafrán, si los usa. Cueza a fuego medio 10 minutos o hasta que se ablanden. Incorpore el arroz, el ajo y los champiñones, y cueza 1-2 minutos sin dejar de remover. Salpimiente.

3 Incorpore la cáscara de limón rallada y aproximadamente un tercio del caldo (*véase* recuadro). Cueza a fuego lento, removiendo con frecuencia, hasta que la mayor parte del líquido se haya absorbido. Vierta un tercio del caldo y repita el proceso.

4 Añada el resto del caldo. Cueza 10 minutos sin dejar de remover o hasta que el arroz esté tierno y la mayoría del caldo se haya absorbido. Añada los langostinos, las hortalizas escurridas, 1-2 cucharadas de zumo de limón y los cebollinos, y cueza 3-4 minutos. Adorne con los rizos de cebolla tierna y la cáscara de limón rallada.

Budín de arroz y fruta

PARA 6 PERSONAS

125 g de arroz de grano redondo

1,1 l de leche entera

1 cucharadita de extracto de vainilla

3-4 cucharadas de azúcar blanquilla

200 ml de crema de leche espesa

12 cucharadas de salsa de bayas silvestres

TIEMPO DE PREPARACIÓN 10 minutos,
más 30 minutos de enfriado y 1 hora
como mínimo de refrigeración

TIEMPO DE COCCIÓN 1 hora

POR PORCIÓN

352 calorías

21 g de grasas (de las cuales 13 g
    saturadas)

34 g de hidratos de carbono

0,2 g de sal

1   Ponga el arroz en una cacerola con 600 ml de agua fría, lleve a ebullición y cueza a fuego lento hasta que el líquido se haya evaporado. Incorpore la leche, lleve a ebullición y cueza 45 minutos a fuego lento hasta que el arroz esté muy blando y cremoso. Déjelo enfriar.

2   Agregue al arroz el extracto de vainilla y el azúcar. Bata la crema un poco y añádala también. Deje refrigerar 1 hora.

3   Divida un tercio de la mezcla en 6 cuencos individuales, cubra con una cucharada de la salsa de bayas silvestres y repita el proceso, acabando con una cucharada de salsa de bayas silvestres. Refrigere hasta el momento de servir.

Variante

Aunque se recomienda la salsa
de bayas silvestres, puede emplear
una cucharada de cualquier otra
salsa o compota de frutas, como,
por ejemplo, de fresas o arándanos.

Polenta con queso y salsa de tomate

PARA 6 PERSONAS

aceite para engrasar

225 g de polenta

4 cucharadas de hierbas finamente
* picadas, como orégano, cebollinos*
* y perejil*

100 g de parmesano recién rallado

sal y pimienta negra molida

virutas de parmesano para servir

Para la salsa de tomate y albahaca

1 cucharada de aceite vegetal

3 dientes de ajo picados

500 g de tomate frito

1 hoja de laurel

una ramita de tomillo fresco

azúcar blanquilla

3 cucharadas de albahaca recién picada,
* más un poco para adornar*

TIEMPO DE PREPARACIÓN 15 minutos,
más el enfriado

TIEMPO DE COCCIÓN 45 minutos

POR PORCIÓN

246 calorías

9 g de grasas (de las cuales 4 g saturadas)

30 g de hidratos de carbono

0,5 g de sal

TÉCNICAS

Véase también polenta (pág. 242),
picar hierbas frescas (pág. 428)

Preparar con antelación

Complete la receta hasta el final del
paso 3. Tape y enfríe por separado
hasta 2 días.
Para servir Finalice la receta.

1 Engrase un poco con aceite una fuente de 25 x 17 cm. Ponga a hervir en una cacerola grande 1,1 l de agua con 1/4 cucharadita de sal. Deje caer la polenta en forma de lluvia, batiendo sin cesar. Cueza a fuego lento removiendo a menudo 10-15 minutos, hasta que la mezcla se separe de las paredes de la cacerola.

2 Mezcle la polenta con las hierbas y el parmesano, y salpimiente al gusto. Vierta en la fuente preparada y deje enfriar.

3 Prepare ahora la salsa de tomate y albahaca. Caliente el aceite en una cacerola y sofría el ajo 30 segundos (no lo dore). Agregue el tomate frito, la hoja de laurel, el tomillo y una pizca generosa de azúcar. Salpimiente, lleve a ebullición y cueza 5-10 minutos a fuego lento y con el recipiente destapado. Retire el laurel y el tomillo, y añada la albahaca.

4 Para servir, corte la polenta en trozos y pincélelos un poco con aceite. Precaliente la parrilla y ase la polenta 3-4 minutos por cada lado, o bien ásela bajo el grill precalentado 7-8 minutos por lado. Acompañe con la salsa de tomate y albahaca, las virutas de parmesano y la albahaca picada.

Cuscús veraniego

PARA 4 PERSONAS

175 g de tomates pera mini partidos
*   por la mitad*
2 berenjenas pequeñas a rodajas gruesas
2 pimientos amarillos grandes, sin semillas
*   y picados no muy finos*
2 cebollas rojas a gajos finos
2 dientes de ajo grandes y picados
5 cucharadas de aceite de oliva
250 g de cuscús
400 g de tomates enlatados
2 cucharadas de pasta harissa
*   (pasta de chiles magrebí)*
25 g de pipas de calabaza tostadas
*   (opcional)*
1 manojo grande de cilantro picado
*   no muy fino*
sal y pimienta negra molida
panes planos calientes (tipo pitta)
*   y yogur griego para acompañar*

TIEMPO DE PREPARACIÓN 10 minutos
TIEMPO DE COCCIÓN unos 20 minutos

POR PORCIÓN

405 calorías
21 g de grasas (de las cuales 3 g saturadas)
49 g de hidratos de carbono
0 g de sal

TÉCNICAS

Véase también hortalizas (págs. 170-182),
tostar frutos secos (pág. 218),
picar hierbas (pág. 428)

1 Precaliente el horno a 230 °C (210 °C en uno de convección). Coloque las hortalizas y el ajo en una fuente de asar grande, vierta por encima 3 cucharadas de aceite y salpimiente. Mézclelas bien y áselas 20 minutos o hasta que estén tiernas.

2 Mientras, ponga el cuscús en otra fuente y añada 300 ml de agua fría. Déjelo remojar 5 minutos. Mézclelo luego con los tomates y la *harissa*, y esparza por encima el resto del aceite. Introduzca en el horno junto con las hortalizas y caliente 4-5 minutos.

3 Mezcle el cuscús con las pipas de calabaza, si lo desea, y el cilantro, y sazone. Agregue las hortalizas, mezcle bien y acompañe con tortas de pan calientes y un poco de yogur griego.

Ensalada de bulgur y tomate asado

PARA 6 PERSONAS

175 g de trigo bulgur

700 g de tomates cereza o tomates
   pera mini

8 cucharadas de aceite de oliva virgen

un manojo de menta y albahaca picados
   no muy finos, más ramitas
   de albahaca fresca para adornar

1 manojo de cebollas tiernas a rodajas

sal y pimienta negra molida

TIEMPO DE PREPARACIÓN 15 minutos,
más 30 minutos de remojo

TIEMPO DE COCCIÓN 15 minutos

POR PORCIÓN

265 calorías

16 g de grasas (de las cuales 2 g saturadas)

29 g de hidratos de carbono

0 g de sal

TÉCNICAS

Véase también picar hierbas (pág. 428)

1 Coloque el trigo bulgur en un cuenco y cúbralo con agua hirviendo hasta sobrepasarlo 1 cm. Déjelo remojar 30 minutos.

2 Precaliente el horno a 220 °C (200 °C en uno de convección). Ponga los tomates en una fuente para asar pequeña, vierta por encima la mitad del aceite y reparta la mitad de la menta. Salpimiente y ase 10-15 minutos, hasta que empiecen a ablandarse.

3 Vierta el resto del aceite y el vinagre en un cuenco grande. Agregue los fondos de cocción de los tomates y el trigo bulgur remojado.

4 Mezcle con las hierbas picadas y la cebolla tierna, y rectifique la condimentación (quizás necesite un poco más de vinagre, en función de lo dulces que sean los tomates).

5 Mezcle con los tomates y adorne con las ramitas de albahaca.

Consejo de cocinero

El trigo bulgur es un ingrediente habitual en la cocina de Oriente Medio. Posee una textura ligera y sabe a frutos secos. Se encuentra disponible en varios grosores, desde grueso a fino.

Ensalada de legumbres

PARA 6 PERSONAS

2 cucharadas de aceite de oliva

2 dientes de ajo a rodajas

*2 latas de frijoles verdes, escurridos
    y enjuagados*

aceite de oliva virgen para rociar

2 cucharadas de salsa pesto

zumo de limón al gusto

*un puñado pequeño de hojas de albahaca
    desmenuzadas*

sal y pimienta negra molida

TIEMPO DE PREPARACIÓN 5 minutos,
más 10-15 minutos de reposo

TIEMPO DE COCCIÓN 5 minutos

POR PORCIÓN

208 calorías

10 g de grasas (de las cuales 2 g saturadas)

21 g de hidratos de carbono

1,2 g de sal

TÉCNICAS

Véase también ajo (pág.171),
pesto (pág. 21)

1 Vierta el aceite de oliva en una cacerola pequeña y sofría el ajo hasta
que esté dorado. Mézclelo con los frijoles verdes y deje reposar 10-15 minutos.

2 Cuando vaya a servir la ensalada, mezcle los frijoles con un poco de aceite
de oliva. Añada la salsa pesto y zumo de limón al gusto, y salpimiente. Mezcle
por último con las hojas de albahaca.

Variantes

En vez de frijoles verdes
puede emplear judías blancas,
pintas o las que más le gusten.

Cacerola de champiñones y judías

PARA 6 PERSONAS

3 cucharadas de aceite de oliva

700 g de champiñones castaña picados no muy finos

1 cebolla grande finamente picada

2 cucharadas de harina

2 cucharadas de pasta de curry suave

150 ml de vino blanco seco

400 g de tomates enlatados picados

2 cucharadas de pasta de tomates secados al sol

2 latas de 400 g de mezcla de judías escurridas y enjuagadas

3 cucharadas de mango chutney

3 cucharadas de cilantro y menta frescos picados no muy finos

TIEMPO DE PREPARACIÓN 15 minutos

TIEMPO DE COCCIÓN 30 minutos

POR PORCIÓN

280 calorías

10 g de grasas (de las cuales 1 g saturadas)

34 g de hidratos de carbono

1,3 g de sal

TÉCNICAS

Véase también hortalizas (págs. 170-182), picar hierbas (pág. 428)

1 Caliente el aceite en una cacerola amplia y saltee los champiñones y la cebolla hasta que ésta se haya ablandado y dorado. Mézclelos con la harina y la pasta de curry, y deje cocer 1-2 minutos. Añada a continuación el vino, los tomates, la pasta de tomates secos y las judías.

2 Lleve a ebullición y deje cocer 30 minutos a fuego lento, hasta que la mayor parte del líquido se haya reducido. Mezcle con el *chutney* y las hierbas antes de servir.

Cerdo con judías y especias

PARA 4 PERSONAS

3 cucharadas de aceite de oliva

400 g de escalopes de cerdo a dados

1 cebolla roja a rodajas

2 tallos de apio troceados

1 cucharada de pasta harissa
(pasta de chiles)

1 cucharada de tomate concentrado

400 g de tomates cereza

300 ml de caldo de hortalizas o de pollo

400 g de judías blancas enlatadas,
escurridas y enjuagadas

1 pimiento rojo asado a tiras

sal y pimienta negra molida

perejil para adornar

yogur griego y gajos de limón para
acompañar

TIEMPO DE PREPARACIÓN 15 minutos

TIEMPO DE COCCIÓN 50-55 minutos

POR PORCIÓN

373 calorías

14 g de grasas (de las cuales 3 g saturadas)

32 g de hidratos de carbono

1,2 g de sal

TÉCNICAS

Véase también hortalizas (págs. 170-182),
caldos (pág. 34)

1 Precaliente el horno a 180 °C (160 °C en uno de convección). Caliente 2 cucharadas de aceite en una cazuela refractaria y fría el cerdo por tandas hasta que esté dorado. Retírelo y resérvelo.

2 Caliente el resto del aceite en la cazuela y fría la cebolla 5-10 minutos, hasta que se ablande. Agregue los puerros y el apio, y cueza unos 5 minutos. Devuelva el pollo a la cazuela junto con la *harissa* y el tomate concentrado. Cueza 1-2 minutos sin dejar de remover. Añada los tomates y el caldo. Salpimiente, lleve a ebullición y transfiera al horno. Hornee 25 minutos.

3 Incorpore las judías escurridas y el pimiento a la mezcla e introdúzcala de nuevo en el horno 5 minutos para recalentarla. Adorne con el perejil y un copo de yogur griego, así como con unos gajos de limón.

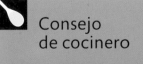

Consejo de cocinero

Acompañe este plato con una barra de pan crujiente o integral.

Pollo con judías y chorizo

PARA 6 PERSONAS

1 cucharada de aceite de oliva

12 trozos de pollo (6 contramuslos
*   y 6 muslos)*

175 g de chorizo a dados

1 cebolla finamente picada

1 cucharadita de chile en polvo

3 pimientos morrones cortados
*   por la mitad, sin semillas y picados*
*   no muy finos*

400 g de puré de tomate

2 cucharadas de tomate concentrado

300 ml de caldo de pollo

2 latas de judías mantequeras, escurridas
*   y enjuagadas*

200 g de patatas nuevas pequeñas
*   y cortadas por la mitad*

1 manojo pequeño de tomillo

1 hoja de laurel

200 g de espinacas mini

TIEMPO DE PREPARACIÓN 10 minutos

TIEMPO DE COCCIÓN 1 hora
10 minutos aproximadamente

POR PORCIÓN

626 calorías

22 g de grasas (de las cuales 7 g saturadas)

42 g de hidratos de carbono

3,5 g de sal

TÉCNICAS

Véase también trocear pollo (pág. 110),
hortalizas (págs. 170-182)

1 Precaliente el horno a 190 ºC (170 ºC en uno de convección). Caliente el aceite en una cazuela refractaria y dore el pollo de modo uniforme. Retírelo y resérvelo. Añada el chorizo a la cacerola y fríalo 2-3 minutos, hasta que empiece a soltar la grasa.

2 Incorpore la cebolla, el ajo y el chile en polvo, y sofría a fuego lento unos 5 minutos, hasta que se ablanden.

3 Agregue los pimientos y cueza 2-3 minutos, hasta que se ablanden. Mezcle con el puré de tomates, el tomate concentrado, el caldo, las judías, el tomillo y el laurel. Tape y cueza 10 minutos a fuego lento.

4 Devuelva el pollo y los fondos a la cacerola. Caliente a fuego medio, tape y hornee 30-35 minutos. Si la salsa parece demasiado líquida, ponga la cazuela a fuego medio y déjela reducir hasta que esté espesa.

5 Retire el tomillo y la hoja de laurel, y mezcle con la espinaca hasta que se ablande. Sirva enseguida.

Curry de berenjenas y lentejas

PARA 4 PERSONAS

3 cucharadas de aceite de oliva

2 berenjenas cortadas a dados de 2,5 cm

1 cebolla picada

2 cucharadas de pasta de curry suave

3 latas de 400 g de tomates picados

200 ml de caldo de hortalizas caliente

150 g de lentejas rojas

100 g de hojas de espinacas

25 g de cilantro fresco picado no muy fino

2 cucharadas de yogur griego descremado

TIEMPO DE PREPARACIÓN 10 minutos

TIEMPO DE COCCIÓN 40-45 minutos

POR PORCIÓN

335 calorías

15 g de grasas (de las cuales 3 g saturadas)

39 g de hidratos de carbono

0,2 g de sal

TÉCNICAS

Véase también hortalizas (págs. 170-182),
caldos (pág. 34),
picar hierbas (pág. 428)

1 Caliente 2 cucharadas de aceite en una cacerola y fría los dados de berenjena hasta que se doren. Retírelos y resérvelos.

2 Caliente el resto del aceite y sofría la cebolla 8-10 minutos, hasta que se ablande. Incorpore el curry y remueva otros 2 minutos.

3 Añada los tomates, el caldo, las lentejas y la berenjena. Lleve a ebullición, baje el fuego y cueza con el recipiente medio tapado unos 25 minutos.

4 Al finalizar la cocción, mezcle el guiso con las espinacas, el cilantro y el yogur. Sirva.

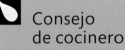

Consejo de cocinero

Cuando compre berenjenas, elíjalas firmes, brillantes y sin mácula; además, el tallo debe tener un tono verde vivo.

Curry de garbanzos

PARA 6 PERSONAS

2 cucharadas de aceite vegetal

2 cebollas a rodajas finas

2 dientes de ajo picados

1 cucharada de cilantro molido

1 cucharadita de chile en polvo suave

1 cucharada de semillas de mostaza negra

2 cucharadas de pasta de tamarindo

2 cucharadas de pasta de tomates secados al sol

750 g de patatas nuevas cuarteadas

400 g de tomates enlatados picados

1 l de caldo de hortalizas caliente

250 g de judías verdes con los extremos recortados

2 latas de garbanzos de 400 g escurridos y enjuagados

2 cucharaditas de garam masala (mezcla de especias india)

sal y pimienta negra molida

TIEMPO DE PREPARACIÓN 20 minutos

TIEMPO DE COCCIÓN 40-45 minutos

POR PORCIÓN

251 calorías

9 g de grasas (de las cuales 1 g saturadas)

32 g de hidratos de carbono

1,5 g de sal

TÉCNICAS

Véase también hortalizas (págs. 170-182), caldo de hortalizas (pág. 34)

Consejo de cocinero

La pasta de tamarindo tiene un inconfundible sabor ácido, y se utiliza ampliamente en la cocina del sudeste asiático. Se encuentra disponible en frascos y en forma de pastilla en los supermercados asiáticos.

1 Caliente el aceite en una cacerola y sofría las cebollas 10-15 minutos, hasta que se doren. Agregue entonces el ajo, el cilantro, el chile, las semillas de mostaza, y la pasta de tamarindo y de tomates secos. Cueza 1-2 minutos, hasta que las especias desprendan su aroma.

2 Agregue las patatas y mézclelas removiendo con las especias 1-2 minutos. Incorpore los tomates y el caldo, y salpimiente. Tape y lleve a ebullición. Cueza, con la cacerola medio tapada y a fuego medio, unos 20 minutos, hasta que las patatas se hayan cocido.

3 Añada las judías y los garbanzos, y prosiga la cocción 5 minutos, hasta que las legumbres estén calientes. Mezcle con el *garam masala* y sirva.

PASTA Y FIDEOS

La pasta está repleta de energía, pero apenas tiene grasa. La pasta italiana y los fideos asiáticos, además de ser fáciles de cocinar, constituyen un alimento básico en la mayoría de cocinas. Las diferentes técnicas recogidas en este capítulo (extender, cortar, rellenar y modelar) enseñan a preparar pasta casera y son fáciles de seguir. Asimismo, se indica la mejor manera de cocinar pasta seca y fideos. La sección de recetas está repleta de ideas deliciosas que van desde los *fussilli* con chile y tomates, la pasta con pesto y judías y la carbonara fácil y rápida, a platos más complejos, como los canelones de setas variadas, la lasaña de queso y espinacas, la ensalada de buey y fideos al chile, y el curry de salmón *laksa*.

Pasta fresca

Aunque se puede comprar pasta fresca de calidad, es fácil y divertida de preparar en casa. Además, por más que una máquina para pasta permite extenderla y cortarla en un momento, también puede hacerlo a mano.

Preparar pasta fresca a mano

Para 3-4 personas, necesita de 300-400 g de harina, 4 huevos medianos batidos y 1 cucharada de aceite de oliva virgen.

1 Tamice 300 g de harina sobre la superficie de trabajo. Haga un hueco en el centro y añada dentro los huevos y el aceite. Lleve la harina hacia adentro hasta que la mezcla parezca migas de pan.

2 Cuando toda la harina y los huevos estén bien mezclados, amase la masa 5-10 minutos, hasta que esté seca, homogénea y elástica. Envuélvala en una película de plástico y déjela reposar 1 hora.

3 Espolvoree la masa y la superficie de trabajo con harina y extienda la masa con el rodillo hasta que pueda ver la superficie de trabajo a través de la masa.

4 Cuelgue la pasta sobre un rodillo, y déjela secar; córtela (*véase* recuadro).

Consejo de cocinero

- Para obtener los mejores resultados, utilice harina de fuerza italiana «00».
- Cuando extienda la pasta, tenga cerca algo para colgarla, como una percha o un rodillo.

Máquina para pasta

1 Prepare la masa como arriba y déjela reposar 1 hora. Córtela en trozos pequeños para que puedan pasar a través de los rodillos de la máquina. Espolvoréelos con harina. Fije el grosor de los rodillos a la anchura máxima y pase la pasta. Repita la operación dos o tres veces, doblando la masa en tres trozos a medida que la extiende.

2 Estreche el grosor de los rodillos y repita la operación hasta que la pasta tenga el grosor requerido; córtela según la receta.

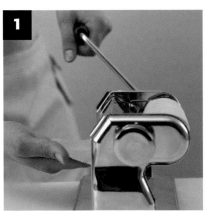

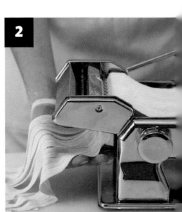

Cortar la pasta con un cuchillo

1 Extienda la lámina de pasta sobre la superficie de trabajo enharinada y espolvoréela un poco con harina. Levante un extremo y dóblelo sobre la pasta, y continúe enrollando ésta hasta obtener un cilindro largo y plano.

2 Corte la masa en tiras de la anchura requerida. Desdóblelas y déjelas secar sobre un paño limpio antes de cocinarla.

Rellenar raviolis

1 Extienda una lámina de masa sobre una placa para raviolis y presiónela suavemente contra la misma. Coloque cucharaditas de relleno en los agujeros. No los llene en exceso, ya que el relleno podría escaparse durante la cocción.

2 Coloque encima una segunda lámina de pasta.

3 Con ayuda de un cortador cuadrado, vaya cortando la pasta entre las montañitas de relleno siguiendo una dirección, luego corte en la otra hasta obtener cuadrados. Presione los bordes para sellar la masa.

4 Separe los raviolis, espolvoréelos con un poco de harina y cubra con un paño limpio hasta el momento de usarlos (esto evitará que se sequen mientras prepara el resto).

Preparar formas de pasta

1 Trabaje sólo una lámina de pasta a la vez: si extiende más de una, el resto empezará a secarse mientras corta y rellena la primera.

2 Recorte la pasta para que tenga bordes rectos, luego corte una tira desde el extremo recto dándole la anchura deseada. Corte cuadrados de 5 cm de lado como máximo.

3 Coloque una cucharadita del relleno en el centro de un cuadrado y dóblelo por encima para obtener un triángulo. No los llene en exceso.

4 Doble la esquina superior del triángulo llevándola hacia abajo, luego doble los otros dos extremos por encima dejando un espacio vacío en el centro de la pasta. Presione con fuerza sobre las dos esquinas dobladas. Repita la operación con el resto de la pasta y el relleno.

Cocinar pasta

Esta tarea sencilla suele ir acompañada de un buen número de falsas creencias tales como añadir aceite al agua, enjuagar la pasta tras la cocción y añadir la sal en cierto momento. La técnica no puede ser más sencilla.

Pasta seca

1 Caliente el agua añadiendo 1 cucharadita de sal por 100 g de pasta. Tape la cacerola y hierva a fuego vivo.

2 Al hervir con ganas, agregue toda la pasta.

3 Remueva bien 30 segundos para evitar que la pasta se pegue entre ella o contra la cacerola. Cuando hierva de nuevo, cuente 2 minutos menos que el tiempo de cocción recomendado en el paquete y hierva la pasta con el recipiente destapado.

4 Compruebe la cocción de la pasta hasta que esté cocida *al dente*, es decir, tierna, pero todavía un poco dura al morderla en el centro. Retire una taza del agua de cocción (puede ser útil para alargar una salsa espesa).

5 Escurra la pasta a fondo en un colador. Transfiérala a un cuenco de servicio y mézclela enseguida con la salsa elegida.

Pasta perfecta

- Utilice 1 litro de agua por 100 g de pasta.
- Enjuague la pasta sólo si va a enfriarla para servirla en una ensalada, luego escúrrala bien y mézclela con aceite.
- Si la receta indica que la pasta debe cocerse con la salsa una vez hervida, téngala menos tiempo hirviendo.

Pasta fresca

La pasta fresca se cuece de la misma forma que la seca, pero durante menos tiempo.

1 Añada la pasta de golpe al agua hirviendo y mezcle bien. Coloque el temporizador a 2 minutos y compruebe la cocción cada 30 segundos hasta que la pasta esté cocida *al dente*, es decir, tierna pero todavía firme en el centro.

Pasta rellena

Es el único tipo de pasta que necesita aceite en el agua. Éste reduce la fricción, que podría romper la pasta y dejar que el relleno se escapara. Utilice 1 cucharada de aceite en una cacerola grande con agua.

Fideos asiáticos

Los fideos de trigo asiáticos y los de huevo son similares a la pasta convencional, tanto en lo que se refiere a la elaboración como a la forma de cocerlos. Sin embargo, los fideos de arroz y celofán requieren diferentes preparaciones.

Fideos de trigo

Entre los fideos asiáticos, los de trigo son los más resistentes y versátiles. Son perfectos para los salteados.

1 Ponga a hervir agua en una cacerola y agregue los fideos.

2 Agítelos con unos palillos o un tenedor para separarlos (especialmente importante si los fideos secos tienen forma de bloque). Puede necesitar 1 minuto o incluso más.

3 Continúe hirviéndolos hasta que estén cocidos *al dente* (tiernos pero todavía un poco duros en el centro).

4 Escúrralos bien, enjuáguelos con agua fría y mézclelos con un poco de aceite si no los va a servir enseguida.

Fideos perfectos

- Si va a volver a cocinar los fideos tras el hervido o remojo inicial, por ejemplo en un salteado, es preferible cocerlos un poco menos de tiempo.
- Cuando cocine fideos en forma de bloque o nido, sepárelos con unos palillos o un tenedor desde el momento en que entran en contacto con el agua.

Fideos de arroz

Hay diferentes formas de preparar estos fideos no cocidos, como remojarlos en agua caliente o tibia. En ambos casos, el procedimiento es el mismo.

1 Cubra los fideos con agua y remójelos hasta que estén *al dente* (tiernos pero todavía un poco duros en el centro). Escúrralos a fondo y mézclelos con un poco de aceite si no los va a servir enseguida.

Fusilli con chile y tomates

PARA 4 PERSONAS

350 g de fusilli u otra pasta corta

4 cucharadas de aceite de oliva

1 chile rojo grande, sin semillas
y finamente picado

1 diente de ajo picado

500 g de tomates cereza

2 cucharadas de albahaca fresca picada

50 g de virutas de parmesano

sal y pimienta negra molida

TIEMPO DE PREPARACIÓN 10 minutos

TIEMPO DE COCCIÓN 15 minutos

POR PORCIÓN

497 calorías

17 g de grasas (de las cuales 4 g saturadas)

69 g de hidratos de carbono

0,4 g de sal

TÉCNICAS

Véase también cocinar pasta (pág. 262),
chiles (pág. 177),
ajo (pág. 171),
picar hierbas (pág. 428)

1 Hierva la pasta en un recipiente grande, con agua hirviendo y sal de acuerdo con las instrucciones del paquete. Seque

2 Mientras, caliente el aceite en una sartén grande, añada el chile y el ajo, y déjelo al fuego durante 30 segundos. Incorpore los tomates, añada sal y fría a fuego alto 3 minutos, hasta que la piel empiece a cuartearse.

3 Añada el perejil picado y la pasta escurrida, y mezcle. Espolvoree el parmesano y sirva.

Consejo de cocinero

La forma más fácil de preparar virutas de parmesano consiste en emplear un pelador de hortalizas. Sostenga un trozo de queso en una mano y vaya cortando tiras finas como papel con el pelador.

Pasta con pesto y judías

PARA 4 PERSONAS

350 g de trofie o pasta seca mediana

175 g de judías verdes finas picadas
no muy finas

175 g de patatas para ensalada pequeñas
y a rodajas gruesas

250 g de salsa de pesto fresca
(puede ser comercial)

parmesano recién rallado para acompañar

TIEMPO DE PREPARACIÓN 5 minutos
TIEMPO DE COCCIÓN 15 minutos

POR PORCIÓN

688 calorías

35 g de grasas (de las cuales 8 g saturadas)

74 g de hidratos de carbono

0,7 g de sal

TÉCNICAS

Véase también cocinar pasta (pág. 262),
judías verdes (pág. 174),
pesto (pág. 21)

1 Ponga a hervir abundante agua en una cacerola. Añada la pasta, lleve a ebullición y cueza 5 minutos.

2 Añada las judías y las patatas a la cacerola, y prosiga la cocción otros 7-8 minutos, hasta que las patatas estén tiernas.

3 Escurra la pasta, las judías y las patatas en un colador, y devuelva el conjunto a la cacerola. Mezcle con la salsa pesto y acompañe con parmesano recién rallado.

Consejo de cocinero

Esta combinación de pasta, patatas, judías verdes y pesto es una especialidad de Liguria, en la costa del Adriático italiana. Se prepara tradicionalmente con una pasta estriada denominada *trofie*.

Macarrones con salmón ahumado

PARA 4 PERSONAS

350 g de macarrones

200 ml de crema acidificada

140 g de salmón ahumado troceado

20 g de eneldo finamente picado

sal y pimienta negra molida

gajos de limón para acompañar (opcional)

TIEMPO DE PREPARACIÓN 5 minutos

TIEMPO DE COCCIÓN 12-15 minutos

POR PORCIÓN

432 calorías

11 g de grasas (de las cuales 6 g saturadas)

67 g de hidratos de carbono

1,7 g de sal

TÉCNICAS

Véase también cocinar pasta (pág. 262),
picar hierbas (pág. 428)

1 Ponga a hervir abundante agua en una cacerola. Añada la pasta, lleve de nuevo a ebullición y cueza 12 minutos, o siga las instrucciones del paquete.

2 Mientras, vierta la crema acidificada en un cuenco grande. Añada el salmón ahumado y el eneldo. Sazone y mezcle a fondo. Agregue la pasta y mezcle con cuidado. Sirva enseguida con los gajos de limón, si lo desea, para exprimirlos por encima.

Carbonara fácil y rápida

PARA 4 PERSONAS

350 g de tagliatelle

150 g de beicon ahumado y picado

1 cucharada de aceite de oliva

2 yemas de huevo grandes

140 ml de crema de leche espesa

50 g de parmesano rallado

2 cucharadas de perejil picado

TIEMPO DE PREPARACIÓN 5 minutos
TIEMPO DE COCCIÓN 10 minutos

POR PORCIÓN

671 calorías

37 g de grasas (de las cuales 18 g
    saturadas)

66 g de hidratos de carbono

1,8 g de sal

TÉCNICAS

Véase también cocinar pasta (pág. 262),
separar huevos (pág. 52),
picar hierbas (pág. 428)

1 Ponga a hervir abundante agua en una cacerola grande. Añada la pasta, lleve de nuevo a ebullición y cueza 4 minutos, o siga las instrucciones del paquete.

2 Mientras, fría el beicon en el aceite 4-5 minutos. Agréguelo a la pasta escurrida y reserve al calor.

3 Coloque las yemas en un cuenco y bátalas con la crema. Agréguelas a la pasta junto con el parmesano y el perejil. Mezcle bien y sirva.

Boloñesa al chile

PARA 4 PERSONAS

1 cucharada de aceite de oliva

1 cebolla grande finamente picada

*½ chile rojo grande, sin semillas
    y a rodajas finas*

450 g de buey o cordero picado

125 g de beicon ahumado picado

*3 pimientos rojos asados, escurridos
    y finamente picados*

400 g de tomates enlatados

125 ml de vino tinto

300 g de espaguetis

*25 g de queso cheddar o gruyere
    finamente rallado*

2 cucharadas de perejil picado (opcional)

sal y pimienta negra molida

TIEMPO DE PREPARACIÓN 15 minutos

TIEMPO DE COCCIÓN 26-38 minutos

POR PORCIÓN

761 calorías

33 g de grasas (de las cuales 13 g
    saturadas)

74 g de hidratos de carbono

1,4 g de sal

TÉCNICAS

Véase también hortalizas (págs. 170-182),
picar carne (pág. 139),
cocinar pasta (pág. 262),
picar hierbas (pág. 428)

1 Caliente el aceite en una cacerola grande a fuego medio. Agregue la cebolla y el chile, y sofríalos 5-10 minutos, hasta que estén blandos y dorados. Incorpore la carne y cuézala sin dejar de remover 5-7 minutos, hasta que esté bien dorada.

2 Agregue el pimiento rojo, los tomates y el vino. Sazone, lleve a ebullición y cueza a fuego lento 15-20 minutos.

3 Mientras, cueza los espaguetis siguiendo las instrucciones del paquete y escúrralos.

4 Justo antes de servir, mezcle la pasta con el queso rallado (y el perejil, si es el caso).

Conchas rellenas

PARA 6 PERSONAS

2 cucharadas de aceite de oliva

1 cebolla grande finamente picada

unas ramitas de romero fresco u orégano picado, más un poco para adornar (opcional)

125 g de champiñones pequeños a rodajas o 1 berenjena pequeña picada

6 salchichas gruesas peladas

175 g de vino tinto

300 ml de puré de tomate

4 cucharadas de pasta de tomates secados al sol

azúcar al gusto si fuese necesario

250 g de conchas de pasta

140 ml de crema de leche ligera (opcional)

ensalada para acompañar

TIEMPO DE PREPARACIÓN 15 minutos

TIEMPO DE COCCIÓN 1 hora aproximadamente

POR PORCIÓN

258 calorías

17 g de grasas (de las cuales 6 g saturadas)

43 g de hidratos de carbono

1,4 g de sal

TÉCNICAS

Véase también hortalizas (págs. 170-182), cocinar pasta (pág. 262)

1 Precaliente el horno a 180 °C (160 °C en uno de convección). Caliente el aceite en una sartén grande. Agregue la cebolla y el romero o el orégano, y cueza a fuego medio unos 10 minutos, hasta que la cebolla se haya ablandado y dorado. Añada las setas o la berenjena y cueza a fuego medio hasta que las hortalizas estén blandas y empiecen a dorarse por los bordes. Vierta la mezcla en un cuenco.

2 Desmenuce la carne de salchichas en la sartén y remueva a fuego vivo con una cuchara de madera rompiendo los grumos de carne hasta que ésta esté bien dorada. Baje el fuego un poco y vierta el vino. Déjelo burbujear y reducir a la mitad. Devuelva la mezcla de cebollas a la sartén y añada el puré y la pasta de tomates. Deje cocer a fuego medio otros 10 minutos. Incorpore un poco de azúcar si la salsa le parece demasiado ácida.

3 Mientras, cueza las conchas en abundante agua durante 10 minutos, hasta que estén tiernas. Escúrralas bien y páselas por el chorro del agua fría para enfriarlas.

4 Llene las conchas de pasta con la salsa y colóquelas en una fuente refractaria. Reparta por encima los restos de salsa y crema, y hornee unos 30 minutos, hasta que la pasta esté bien caliente. Espolvoréela con más hierbas y acompañe con un cuenco grande de ensalada.

Canelones de setas variadas

PARA 4 PERSONAS

6 placas de lasaña fresca

3 cucharadas de aceite de oliva

1 cebolla pequeña a rodajas finas

3 dientes de ajo a rodajas

20 g de tomillo fresco finamente picado

*225 g de champiñones castaña picados
   no muy finos*

*125 g de champiñones picados
   no muy finos*

*2 rulos de queso de cabra de 125 g
   cada uno*

350 g de salsa de queso en brick

sal y pimienta negra molida

TIEMPO DE PREPARACIÓN 15 minutos
TIEMPO DE COCCIÓN 46-55 minutos

POR PORCIÓN

623 calorías

37 g de grasas (de las cuales 18 g
   saturadas)

47 g de hidratos de carbono

1,9 g de sal

TÉCNICAS

Véase también hortalizas (págs. 170-182)

1 Precaliente el horno a 180 °C (160 °C en uno de convección). Cueza la lasaña en abundante agua hirviendo hasta que esté tierna. Escúrrala bien y colóquela bajo el chorro del agua fría para que se enfríe. Manténgala cubierta con agua fría hasta que la utilice.

2 Caliente el aceite en una cacerola y añada la cebolla. Cueza a fuego medio 7-10 minutos, hasta que la cebolla se ablande. Incorpore el ajo y sofríalo 1-2 minutos. Reserve el ajo y un poco de tomillo para espolvorear más tarde, y añada el resto al recipiente junto con los champiñones. Cueza otros 5 minutos, hasta que las setas estén doradas y no haya demasiado líquido en el recipiente. Sazone, retire del calor y reserve.

3 Desmenuce un rulo de cabra sobre la mezcla de champiñones fría y mezcle. Escurra las placas de lasaña y séquelas con papel de cocina. Reparta 2-3 cucharadas de la mezcla de setas a en el lado alargado de cada placa de lasaña, dejando un borde de 1 cm. Enrolle la pasta y corte luego cada rollo por la mitad. Coloque la pasta rellena en una fuente refractaria y reparta por encima la salsa de queso. Corte el resto del queso en rodajas gruesas y colóquelas en el centro de los rollos de pasta. Esparza por encima el ajo y el tomillo reservados. Hornee 30-35 minutos, hasta que la salsa esté dorada y burbujeante.

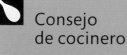

Consejo
de cocinero

Las placas de lasaña pueden envolverse en torno a un relleno para obtener canelones, pero también puede comprar tubos de canelones secos y rellenarlos usted mismo con una cuchara.

Lasaña de queso y espinacas

PARA 6 PERSONAS

125 g de espinacas frescas o descongeladas
40 g de albahaca fresca picada
   no muy fina
250 g de queso ricotta
5 alcachofas en aceite, escurridas
   y picadas
350 g de salsa de queso en brick
175 g de queso dolcelatte a dados
9 placas de lasaña de huevo fresca
25 g de piñones tostados

TIEMPO DE PREPARACIÓN 30 minutos
TIEMPO DE COCCIÓN 50-55 minutos

POR PORCIÓN

422 calorías
21 g de grasas (de las cuales 10 g
   saturadas)
43 g de hidratos de carbono
1,6 g de sal

TÉCNICAS

Véase también picar hierbas (pág. 428),
tostar frutos secos (pág. 218)

1 Precaliente el horno a 180 °C (160 °C en uno de convección). Pique finamente las espinacas (si estuviesen congeladas, exprímalas para retirar el exceso de líquido). Colóquelas en un cuenco con la albahaca, la ricotta, las alcachofas y 6 cucharadas de salsa de queso, y mezcle bien.

2 Bata el queso *dolcelatte* con el resto de la salsa de queso. Coloque capas de mezcla de ricotta, lasaña y luego salsa de queso en una fuente refractaria de 23 x 23 cm. Repita la operación hasta acabar los ingredientes.

3 Hornee la lasaña unos 40 minutos. Esparza los piñones por encima y hornee otros 10-15 minutos, hasta que la superficie esté dorada.

Consejo de cocinero

EL queso italiano *dolcelatte* tiene un sabor mucho más suave que otros quesos azules, como el *stilton* o el roquefort, pero posee una textura deliciosamente cremosa.

Ensalada de buey y fideos al chile

PARA 4 PERSONAS

150 g de fideos de arroz secos

el zumo de 1 lima

1 tallo de hierba limonera (sin las hojas
  exteriores) finamente picado

1 chile rojo, sin semillas y picado

2 cucharaditas de jengibre fresco picado

2 cucharaditas de azúcar blanquilla

2 dientes de ajo picados

1 cucharadita de salsa de pescado
  tailandesa

3 cucharadas de aceite de oliva virgen

50 g de roqueta (silvestre, a ser posible)

125 g de rosbif frío a lonchas

125 g de tomates parcialmente secados
  al sol

sal y pimienta negra molida

TIEMPO DE PREPARACIÓN 15 minutos
más otros 15 de remojo

POR PORCIÓN
290 calorías
12 g de grasas (de las cuales 2 g saturadas)
36 g de hidratos de carbono
0,8 g de sal

TÉCNICAS
Véase también fideos de arroz (pág. 263),
chiles (pág. 177),
especias frescas (pág. 429)

1 Coloque los fideos en un cuenco grande y cúbralos con agua hirviendo. Resérvelos 15 minutos.

2 Mientras, bata en un cuenco pequeño el zumo de lima, la hierba limonera, el chile, el jengibre, el azúcar, el ajo, la salsa de pescado y el aceite, y sazone.

3 Escurra los fideos mientras todavía estén tibios y póngalos en una ensaladera, mézclelos con el aliño y déjelos enfriar.

4 Justo antes de servir, mezcle los fideos con las hojas de roqueta, el rosbif y los tomates picados.

Curry de salmón *laksa*

PARA 4 PERSONAS

1 cucharada de aceite de oliva

1 cebolla a rodajas finas

3 cucharadas de pasta laksa

200 ml de leche de coco

*900 ml de mazorcas de maíz mini partidas
    por la mitad a lo largo*

*600 g de filete de salmón pelado y cortado
    a lonchas de 1 cm*

225 g de hojas de espinacas mini lavadas

250 g de fideos de arroz medianos

sal y pimienta negra molida

Para adornar

*2 cebollas tiernas cortadas en rodajas
    diagonales*

2 cucharadas de cilantro fresco picado

2 limas cortadas por la mitad

TIEMPO DE PREPARACIÓN 15 minutos

TIEMPO DE COCCIÓN 22 minutos

POR PORCIÓN

607 calorías

24 g de grasas (de las cuales 4 g saturadas)

59 g de hidratos de carbono

2,6 g de sal

TÉCNICAS

Véase también cebollas (pág. 170),
leche de coco (pág. 221),
caldos (pág. 34)

1 Caliente el aceite en una cacerola grande, agregue la cebolla y sofríala a fuego medio 10 minutos, hasta que se dore, sin dejar de remover. Incorpore la pasta *laksa* y cueza 2 minutos.

2 Agregue la leche de coco, el caldo, el maíz y sazone. Lleve a ebullición, baje el fuego y cueza 5 minutos.

3 Añada al recipiente el salmón y las espinacas, y mezcle bien para que queden sumergidas en el líquido. Cueza 4 minutos, hasta que el pescado esté opaco en el centro.

4 Mientras, coloque los fideos en un cuenco grande, vierta agua hirviendo por encima y déjelos en remojo 30 segundos. Escúrralos y mézclelos con el curry. Reparta en platos hondos y adorne con las cebollas, el cilantro y la lima. Sirva enseguida.

Fideos con langostinos a la tailandesa

PARA 4 PERSONAS

4-6 cucharaditas de pasta de curry roja
tailandesa

175 g de fideos de huevo medianos
(integrales, a ser posible)

2 cebollas rojas pequeñas y picadas

1 tallo de hierba limonera preparado
y a rodajas

1 chile rojo tailandés, sin semillas y
finamente picado

300 ml de leche de coco con bajo
contenido en grasa

400 g de langostinos tigre pelados

4 cucharadas de cilantro fresco
finamente picado

sal y pimienta negra molida

cilantro troceado para adornar

TIEMPO DE PREPARACIÓN 10 minutos

TIEMPO DE COCCIÓN 5 minutos

POR PORCIÓN

343 calorías

11 g de grasas (de las cuales 2 g saturadas)

40 g de hidratos de carbono

1 g de sal

TÉCNICAS

Véase también cebollas (pág. 170),
chiles (pág. 177),
leche de coco (pág. 221),
langostinos (pág. 83),
picar hierbas (pág. 428)

Consejo de cocinero

No cueza este plato en exceso,
pues los fideos quedarían aguados
y los langostinos duros.

1 Vierta 2 l de agua hirviendo en una cacerola grande, y añada la pasta de curry, los fideos, las cebollas, la hierba limonera, el chile y la leche de coco. Lleve a ebullición, añada los langostinos y el cilantro picado. Cueza 2-3 minutos, hasta que los langostinos estén rosados. Sazone al gusto.

2 Sirva en platos hondos o cuencos y esparza por encima el cilantro.

Fideos salteados con cerdo

PARA 4 PERSONAS

1 cucharada de aceite de sésamo

5 cm de jengibre fresco, pelado y rallado

2 cucharadas de salsa de soja

1 cucharada de salsa de pescado

½ chile rojo, finamente picado

450 g de tiras de cerdo finas para saltear

2 pimientos rojos por la mitad, sin semillas
* y picados no muy finos*

250 g de mazorcas de maíz mini por la
* mitad y a lo largo*

300 g de tirabeques por la mitad

300 g de brotes de soja

250 g de fideos de arroz secos

TIEMPO DE PREPARACIÓN 10 minutos
TIEMPO DE COCCIÓN 7-8 minutos

POR PORCIÓN

509 calorías

9 g de grasas (de las cuales 2 g saturadas)

69 g de hidratos de carbono

3,4 g de sal

TÉCNICAS

Véase también especias frescas (pág. 429),
hortalizas (págs. 170-182),
germinar (pág. 243),
fideos de arroz (pág. 263)

1 Vierta el aceite en un cuenco grande. Agregue el jengibre, la salsa de soja y de pescado, el chile y las tiras de cerdo. Mezcle bien y deje reposar 10 minutos.

2 Caliente a fuego vivo un wok grande. Retire el cerdo del adobo con una espumadera, agréguelo al recipiente y saltee sin dejar de remover durante 5 minutos. Incorpore los pimientos rojos, el maíz, los brotes de soja y el resto del adobo, y saltee sin dejar de remover 2-3 minutos, hasta que el cerdo esté cocido.

3 Mientras, ponga a hervir agua en una cacerola y cueza los fideos siguiendo las instrucciones del paquete.

4 Escurra los fideos, póngalos en el wok y mézclelos con el resto de los ingredientes. Sirva enseguida.

11 PASTAS

Entre las preparaciones más sabrosas que pueden salir de una cocina se encuentran las pastas crujientes, las tentadoras empanadas y las tartas. La sección de técnicas fáciles muestra todos los pasos necesarios para preparar los diferentes tipos de pasta, forarar moldes de tartas y empanadas, hornear a ciegas, preparar coberturas, así como para cerrar y terminar tartas y empanadas. Se incluyen, además, útiles consejos de cocinero e instrucciones sobre cómo preparar y utilizar las pastas *choux* y *filo*. La sección de recetas ofrece una colección de fabulosas empanadas y tartas tanto dulces como saladas, entre las que se encuentran las tartaletas de champiñones, los hojaldres de salmón, patata y eneldo, la empanada de puerros y jamón, la empanada de pollo y alcachofas, la tarta de crema a la canela, el *strudel* de pera y arándanos, el milhojas de bayas y la tarta Tatin de peras y dulce de leche.

Preparar pasta

Las pastas quebrada, azucarada, hojaldrada y semihojaldrada son las cuatro pastas más empleadas; además, son deliciosas cuando se preparan en casa. La pasta quebrada es la más sencilla y rápida de preparar.

Pasta quebrada

Se utiliza en tartas y empanadas. Para prepararla necesita 125 g de harina, una pizca de sal, 50 g de mantequilla cortada en trozos pequeños y 1 yema de huevo mediana.

1 Tamice la harina y la sal sobre un cuenco y añada la mantequilla. Con las yemas de los dedos o un cortapastas, frote o corte la mantequilla contra la harina hasta que la mezcla parezca migas finas.

2 Mezcle con un tenedor la yema de huevo y 1 ½ cucharaditas de agua hasta que la mezcla se cohesione (añada un poco más de agua si fuese necesario). Amase ligeramente hasta obtener una masa firme.

3 Una la masa con las manos y amásela un poco.

4 Forme una bola con la pasta, envuélvala en una película de plástico y refrigérela 1 hora como mínimo (esto hace que la pasta se «relaje» y se encoja durante el horneado).

Pasta azucarada

Se utiliza para tartas dulces y empanadas. Necesita 125 g de harina, una pizca de sal, 50 g de mantequilla troceada, 2 yemas de huevo medianas y 50 g de azúcar.

1 Prepárela como la pasta quebrada anterior, añadiendo el azúcar con las yemas de huevo en el paso 3.

Con el robot

1 Puede preparar la pasta quebrada o azucarada con un robot. Introduzca los ingredientes secos y mézclelos. Corte la mantequilla en trozos pequeños y añádala. Trabaje hasta que la mezcla parezca migas finas, pero sin excederse.

2 Añada las yemas y un poco de agua si fuese necesario, y pulse hasta que la mezcla se cohesione. Continúe como en el paso 4 de la pasta quebrada.

Pasta hojaldrada

Puede prepararla con un día de antelación.
   Necesita 450 g de harina de fuerza
blanca, una pizca de sal, 450 g de
mantequilla fría y 1 cucharada de zumo
de limón.

1 Tamice la harina y la sal sobre
un cuenco. Corte en dados 50 g de
mantequilla. Aplane el resto hasta formar
un bloque de 2 cm de grosor. Frote la
mantequilla con la harina. Con ayuda de
un cuchillo, mezcle la pasta con el zumo
de limón y unos 300 ml de agua fría hasta
obtener una masa blanda y elástica.
Amásela sobre la superficie de trabajo
ligeramente enharinada. Corte una cruz
sobre la bola de pasta hasta la mitad.

2 Abra las «faldas» de pasta. Extienda
ésta con el rodillo, manteniendo el centro
del mismo grosor que las faldas.

3 Ponga el bloque de mantequilla
en el centro y doble las faldas de pasta

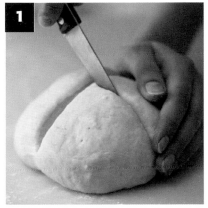

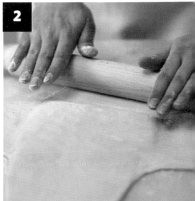

por encima. Extienda con el rodillo
el bloque de pasta hasta obtener
un rectángulo de unos 40 x 20 cm.

4 Marque tres secciones iguales de
arriba abajo. Doble el tercio inferior de
pasta sobre el central y el tercio superior
por encima. Envuelva la pasta en una
película de plástico y refrigérela.

5 Repita el extendido, doblado,
reposado y volteado 4 veces más.
Refrigere 30 minutos antes de hornear.

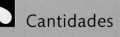

Pasta semihojaldrada

La pasta semihojaldrada no sube tanto
como la hojaldrada. Necesita 225 g
de harina, una pizca de sal, 175 g de
mantequilla y 1 cucharadita de zumo
de limón.

1 Tamice la harina y la sal sobre un
cuenco. Corte la mantequilla en dados de
2 cm y añádalos a la harina. Mezcle hasta
recubrir la mantequilla con la harina. Con
un cuchillo, mezcle la preparación anterior
con el zumo de limón y 100 ml de agua
hasta obtener una masa blanda y elástica.

2 Vuelque la masa ligeramente
enharinada y amásela hasta que esté
homogénea. Extiéndala formando un
rectángulo de 30 x 10 cm. Marque tres
secciones iguales de arriba abajo. Doble
el tercio inferior sobre el centro y el tercio
superior hacia abajo. Presione los bordes
con un rodillo hasta sellarlos. Envuelva
la pasta con una película de plástico
y refrigérela unos 30 minutos.

3 Repita el extendido, doblado,
reposado y volteado cinco veces más,
los bordes doblados a los lados. Refrigere
30 minutos antes de hornear.

Cantidades

Las tarteras tienen diferentes
profundidades, lo que condiciona
la cantidad de pasta requerida. Las
siguientes cantidades son aproximadas.

Medidas del molde	Pasta
18 cm	125 g
20 cm	175 g
23 cm	200 g
25 cm	225 g

Utilizar la pasta

Si maneja la pasta con cuidado al extenderla y al enfondar el molde, la tarta o empanada quedará crujiente y perfecta. Tómese el tiempo necesario para obtener los mejores resultados.

Enfondar tarteras

1 Extienda con cuidado la masa enfriada sobre la superficie de trabajo enharinada hasta formar una lámina unos 5 cm más grande que el tamaño del molde de tarta o empanada. Enrolle la masa en torno al rodillo, y desenróllela sobre el molde, cubriéndolo por completo y dejándola caer por las paredes. No estire la masa.

2 Levante la masa que cae de las paredes con una mano, mientras presiona la masa interna contra la base y las paredes del molde. No estire la masa mientras la presiona hacia abajo.

3 En una tartera, pase el rodillo sobre los bordes superiores para retirar el exceso de masa, que podrá utilizar después. En el caso de una empanada, asegúrese de que la masa cubre los bordes del molde.

4 Apriete la masa contra las paredes del molde o fuente de forma que sobresalga un poco por el borde.

Hornear a ciegas

Cocinar la pasta antes de rellenarla proporciona unos resultados inmejorables.

1 Precaliente el horno de acuerdo con la receta. Pinche la base de pasta con un tenedor. Cubra el molde con un papel sulfurizado o de aluminio unos 8 cm más grande que el tamaño del molde.

2 Extienda unas judías para hornear por encima. Hornee 15 minutos. Retire el papel y las judías, y hornee 5-10 minutos más, hasta que la pasta esté dorada.

Cubrir

1 Extienda la masa sobre la superficie de trabajo enharinada dándole 2,5 cm más de diámetro que el tamaño del molde o fuente. Enrolle la masa en torno al rodillo y luego desenróllela sobre el molde de modo que cuelgue por los costados.

2 Con un cuchillo pequeño, corte la pasta justo por el lado externo del borde de la fuente.

Sellar

1 Con los dedos índice y pulgar, pince la parte de masa inferior y la cubierta de la empanada alrededor de todo el borde. No es necesario que apriete demasiado, sólo debe unirlas. Si la empanada no tiene base, presione la tapa de masa sobre el borde de la fuente o molde.

2 Con ayuda de un tenedor, decore el borde.

Acabar

1 Si desea realizar unos motivos decorarivos con la pasta sobrante, corte ésta con un cortapastas y presione los motivos en el lugar elegido con un poco de agua para que se peguen.

2 Pincele la superficie de la pasta con huevo batido (opcional). Realice dos incisiones en la superficie de la pasta con un cuchillo afilado para que el vapor pueda escaparse durante el horneado.

Pasta *choux*

Esta pasta blanda se suele extender con ayuda de una manga pastelera y es excelente para preparar lionesas y diferentes pastas. Contiene mucha agua, por lo que se hincha de forma espectacular y es muy ligera.

Lionesas

Para preparar 8 lionesas necesita 65 g de harina, 50 g de mantequilla a dados, 150 ml de agua con gas, 1 cucharada de azúcar moreno y 2 huevos medianos batidos.

1 Tamice la harina sobre una lámina de papel sulfurizado. Derrita la mantequilla, el agua y el azúcar en un cazo de fondo grueso y lleve a ebullición. Apague el fuego y vierta la harina de golpe.

2 Bata la mezcla a fondo con una cuchara de madera hasta formar una bola homogénea en el centro del recipiente. Traslade la bola a un cuenco y déjela enfriar 15 minutos. Precaliente el horno a 220 °C (200 °C en uno de convección).

3 Incorpore los huevos uno a uno a la masa, batiendo bien tras cada adición, hasta que la mezcla esté brillante.

4 Esparza un poco de agua sobre una placa de hornear antiadherente y forme ocho montoncitos con ayuda de dos cucharas grandes (asegúrese de que no están demasiado cercanos). Hornee 30 minutos, hasta que las lionesas estén hinchadas y doradas. Apague el horno.

5 Haga un pequeño agujero en la base de cada lionesa para que el vapor pueda escaparse y devuelva la placa al horno 15 minutos. Deje enfriar las lionesas sobre una rejilla.

Lionesas perfectas

- Antes de empezar, tenga preparados y medidos todos los ingredientes.
- Incorpore la harina de golpe y deje enfriar la mezcla antes de incorporar los huevos poco a poco.
- Utilice una placa humedecida (el vapor ayuda a que la pasta suba) y no abra el horno durante los primeros 20 minutos de horneado, pues el aire frío provocaría que la pasta se encogiera.

Pasta *filo*

Preparar pasta *filo* casera lleva tiempo, pero la que se vende constituye una excelente alternativa. Las delicadas láminas de pasta se suelen pincelar con mantequilla y se colocan unas sobre otras para obtener unas deliciosas pastas doradas.

Baklava

Para 6-8 personas necesita 175 g de pistachos descascarillados y sin salar, 125 g de piñones, 1 cucharadita de canela molida, ½ cucharadita de clavos molidos, una pizca de nuez moscada rallada, 2 cucharadas de azúcar blanquilla, 225 g de pasta *filo* y 75 g de mantequilla derretida. Para el almíbar, 2 vainas de cardamomo, la cáscara rallada y el zumo de ½ limón, 225 g de miel clara y 2 cucharadas de agua de rosas (opcional).

1 Pique los frutos secos y las especias hasta que estén molidos. Añada el azúcar. Precaliente el horno a 170 ºC.

2 Engrase una fuente de 18 x 25 cm. Pincele una lámina de pasta *filo* con mantequilla y presiónela contra el molde.

3 Repita la operación con la mitad de las láminas de pasta *filo*.

4 Reparta la mezcla de frutos secos sobre las láminas de pasta y cubra con más láminas hasta acabarla.

5 Corte la pasta en forma romboidal hasta la base del molde. Reparta por encima el resto de mantequilla. Hornee 30 minutos. Suba la temperatura a 220 ºC y hornee 15 minutos.

6 Mientras, ponga el cardamomo, el limón y la miel en un cazo, y añada 150 ml de agua. Lleve a ebullición y cueza luego 15 minutos a fuego lento. Filtre y mezcle con el agua de rosas, si la emplea. Reparta por encima del dulce la mitad del almíbar. Deje enfriar, corte en rombos y empape con el resto del almíbar.

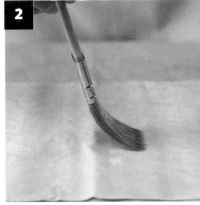

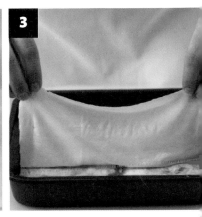

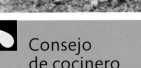

Consejo de cocinero

- La pasta *filo* se vende a menudo congelada; si desea congelarla en casa, hágalo de inmediato para que no se descongele.
- Descongélela por completo antes de empezar a trabajarla, pues podría cuartearse o desmenuzarse. La mejor forma es dejarla toda la noche en la nevera.
- A medida que vaya trabajando, cubra las láminas no empleadas con un paño limpio y húmedo.

Tartas de camembert y tomate

PARA 4 PERSONAS

375 g de pasta de hojaldre congelada

2 cucharadas de olivada negra

200 g de tomates cereza partidos
por la mitad

75 g de camembert a lonchas

hojas de ensalada para acompañar

TIEMPO DE PREPARACIÓN 10 minutos

TIEMPO DE COCCIÓN 15-20 minutos

POR PORCIÓN

253 calorías

17 g de grasas (de las cuales 4 g saturadas)

19 g de hidratos de carbono

1,1 g de sal

TÉCNICAS

Véase también pasta de hojaldre
(pág. 279)

1 Precaliente el horno a 220 °C (200 °C en uno de convección). Corte la pasta de hojaldre en cuatro trozos. Colóquelos en una placa de hornear y hornee 8-10 minutos, hasta que hayan subido. Presione un poco los centros con el dorso de una espátula de pescado y extienda por encima la olivada.

2 Cubra con los tomates y el camembert. Hornee otros 7-8 minutos. Acompañe con una ensalada verde.

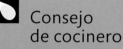

Consejo de cocinero

La olivada es un puré de aceitunas, alcaparras, anchoas, ajo y aceite de oliva. Es una especialidad de la Provenza.

Tartaletas de champiñones

PARA 6 PERSONAS

*250 g de harina, más un poco
    para espolvorear*

150 g de mantequilla fría a dados

1 huevo grande

PARA EL RELLENO

15 g de setas secas

50 g de mantequilla

225 g de cebolla finamente picada

450 g de setas variadas a rodajas

1 diente de ajo picado

300 ml de jerez semiseco

285 ml de crema de leche espesa

sal y pimienta

ramitas de tomillo fresco para adornar

TIEMPO DE PREPARACIÓN 40 minutos,
más 50 minutos de enfriado

TIEMPO DE COCCIÓN 50 minutos

POR PORCIÓN

659 calorías

48 g de grasa (de las cuales 29 g
    saturadas)

37 g de hidratos de carbono

0,5 g de sal

TÉCNICAS

Véase también preparar pasta
(págs. 278-279),
utilizar setas secas (pág. 175),
hortalizas (págs. 170-182)

Consejo de congelación

Las tartaletas pueden congelarse
al finalizar el paso 1.
Para servir Descongele y complete
la receta.

1 Para preparar la pasta, bata la harina y la mantequilla en el robot hasta que la mezcla parezca migas de pan finas. Añada el huevo y pulse (o remueva) hasta que la mezcla se cohesione. Amásela un poco sobre la superficie de trabajo enharinada y modele 6 bolas. Envuélvalas y enfríelas 30 minutos. Extienda la pasta sobre la superficie de trabajo ligeramente enharinada y enfonde 6 moldes para tartaletas de base desmontable de unos 8 cm de diámetro y 3 cm de altura. Pinche las bases y refrigere 20 minutos. Mientras, precaliente el horno a 200 °C (180 °C en uno de convección). Cubra los moldes con papel sulfurizado y judías para hornear, y hornee 5 minutos, hasta que la pasta esté cocida. Reduzca la temperatura del horno a 180 °C (160 °C en uno de convección).

2 Para preparar el relleno, remoje las setas secas en 300 ml de agua hirviendo durante 10 minutos. Caliente la mantequilla en una sartén y sofría la cebolla durante 10 minutos. Añada los champiñones y el ajo, y cueza 5 minutos. Retírelos de la sartén y resérvelos. Coloque las setas secas con su líquido en la cacerola con el jerez. Lleve a ebullición y deje hervir 10 minutos, añada la crema y cueza otros 5 minutos, hasta que la preparación esté almibarada. Para servir, caliente la pasta en el horno durante 5 minutos. Añada las setas reservadas a la salsa, sazone y caliente. Vierta la mezcla en los fondos de tartaleta y adorne con el tomillo. Sirva con una ensalada.

Paquetes de queso de cabra

PARA 6 PERSONAS (12 PAQUETES)

125 g de hojas de espinacas frescas

2 cucharadas de aceite de girasol

1 cebolla finamente picada

1 diente de ajo grande picado

250 g de queso de cabra blando

270 g de pasta filo (descongelada
si fuese congelada)

50 g de mantequilla derretida

sal y pimienta negra molida

roqueta para adornar

TIEMPO DE PREPARACIÓN 45 minutos,
más 10 minutos de enfriado y otros
20 de refrigeración

TIEMPO DE COCCIÓN 10 minutos

POR PORCIÓN

345 calorías

22 g de grasas (de las cuales 12 g
saturadas)

26 g de hidratos de carbono

0,8 g de sal

TÉCNICAS

Véase también hortalizas (págs. 170-182)

1 Sumerja las hojas de espinaca en una cacerola con agua hirviendo, lleve de nuevo a ebullición y deje hervir 1 minuto; escúrralas y páselas por el chorro del agua fría. Una vez frías, exprima el exceso de líquido y píquelas finamente. Resérvelas.

2 Caliente el aceite en una cacerola, añada la cebolla y el ajo, y sofríalos hasta que estén transparentes; déjelos enfriar. Mezcle en un cuenco las espinacas con la cebolla y el queso y sazone con generosidad.

3 Corte la pasta filo en 24 cuadrados de 12 cm de lado. Pincele un cuadrado con mantequilla derretida, cúbralo con un segundo cuadrado y pincélelo con más mantequilla derretida. Reserve y cubra con un lienzo húmedo para evitar que se seque. Repita la operación con el resto de cuadrados hasta obtener 12 paquetes.

4 Ponga una cucharadita de relleno en el centro de cada cuadrado y una las esquinas hasta obtener un paquete cuadrado. Pincele la pasta con un poco más de mantequilla, espolvoree con las semillas de sésamo y refrigere 20 minutos. Mientras, precaliente el horno a 220 °C (200 °C en uno de convección).

5 Hornee unos 5 minutos, hasta que la pasta esté crujiente y dorada por los bordes. Sirva en platos y adorne con la roqueta.

Consejo de cocinero

Asegúrese de que la pasta *filo* se mantiene tapada con un paño húmedo para evitar que las pastas se sequen y cuarteen al trabajar.

Hojaldres de salmón, patata y eneldo

PARA 6 PERSONAS (12 HOJALDRES)

1 patata (unos 125 g) pelada y a dados
de 5 mm

285 ml de crema de leche ligera

2 cucharadas de eneldo fresco picado

250 g de filete de salmón pelado y cortado
en dados de 5 mm

harina para espolvorear

680 g de pasta de hojaldre (descongelada
si fuese congelada)

1 huevo mediano batido

sal y pimienta negra molida

TIEMPO DE PREPARACIÓN 40 minutos,
más 20 minutos de enfriado
y 10 minutos de refrigeración

TIEMPO DE COCCIÓN 25 minutos

POR PORCIÓN

616 calorías

42 g de grasas (de las cuales 7 g saturadas)

47 g de hidratos de carbono

1 g de sal

TÉCNICAS

Véase también picar hierbas (pág. 428),
despellejar pescado (pág. 77),
preparar pasta de hojaldre (pág. 279)

1 Ponga la patata en un cazo con la crema, lleve a ebullición y cueza a fuego lento 5 minutos, hasta que la patata casi esté tierna. Déjela enfriar, añada el eneldo y el salmón, y sazone al gusto.

2 Extienda la pasta sobre la superficie de trabajo ligeramente enharinada de modo que tenga 3 mm de grosor y estampe a continuación 12 círculos de 7,5 cm de diámetro y otros 12 de 9,5 cm de diámetro.

3 Coloque los círculos más pequeños sobre la placa de hornear, pincele los bordes con agua fría y reparta unas 2 cucharadas de la mezcla de salmón en el centro. Cubra con los círculos más grandes, selle y pince los bordes, luego corte un agujerito en el centro para que el vapor pueda escaparse. Refrigere 10 minutos.

4 Ponga la preparación sobre una placa de hornear y precaliéntela en el horno a 220 °C (200 °C en uno de convección). Pincele los hojaldres con huevo batido y colóquelos en la placa caliente. Hornee 20 minutos, hasta que estén crujientes y dorados. Sírvalos calientes.

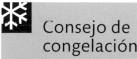

Consejo de congelación

Una vez horneados, enfríe, empaquete y congele los hojaldres.
Para servir Descongélelos a temperatura ambiente 2-3 horas y caliéntelas a 200 °C (180 °C en un horno de convección) durante 6 minutos.

Tarta de hortalizas invernales

PARA 4 PERSONAS

250 g de pasta quebrada extendida
   (retírela de la nevera 5 minutos
   antes de emplearla)
1 cebolla roja pequeña cortada en 6 gajos
1 remolacha mini cruda, pelada
   y a rodajas gruesas
1 berenjena mini cuarteada
1 manzana roja pequeña, cuarteada,
   descorazonada y cortada a trozos
1 diente de ajo picado
el zumo de ½ limón
1 cucharadita de tomillo fresco picado
1 cucharada de aceite de oliva
125 g de confitura de arándanos y cebolla
   roja (véase inferior)
25 g de champiñones castaña partidos
50 g de castañas cocidas y peladas
1 cucharada de gelatina de grosellas caliente
sal y pimienta negra molida

Para la confitura salada

2 cucharadas de aceite de oliva
500 g de cebollas rojas a rodajas
el zumo de 1 naranja
1 cucharada de especias para encurtir
150 g de azúcar mascabado
150 ml de oporto ruby
450 g de arándanos

**TIEMPO DE PREPARACIÓN PARA LA
CONFITURA** 10 minutos, más el
refrigerado; para la tarta, 20 minutos
**TIEMPO DE COCCIÓN PARA LA
CONFITURA** 1 hora 5 minutos; para la
tarta, 1 hora

POR PORCIÓN
553 calorías
27 g de grasas (de las cuales 7 g saturadas)
68 g de hidratos de carbono
0,8 g de sal

TÉCNICAS
Véase también castañas (pág. 220),
enfondar tartas (pág. 280)

1 Para preparar la confitura, caliente el aceite en una cacerola y sofría las cebollas 5 minutos. Añada el zumo de naranja, las especias, el azúcar y el oporto, y cueza 40 minutos a fuego lento. Añada los arándanos y cueza a fuego medio 20 minutos. Deje enfriar y refrigere hasta que la necesite.

2 Precaliente el horno a 200 °C (180 °C en uno de convección). Coloque una tartera de paredes desmontables de 11,5 x 20,5 cm sobre una placa de hornear. Enfonde el molde con la pasta, fórrelo con papel sulfurizado y llénelo con judías para hornear. Hornee 15 minutos, retire el papel y las judías, y cueza 5 minutos hasta que se doren. Deje enfriar y retire del molde.

3 Para el relleno, coloque la cebolla, la remolacha, la berenjena, la manzana y el ajo en una fuente para asar. Exprima el zumo de limón por encima, reparta el tomillo, moje con el aceite y ase luego durante 20 minutos. Ponga en un cuenco y deje enfriar.

4 Precaliente el horno a 200 °C (180 °C en uno de convección). Reparta 125 g de confitura sobre la base (el resto puede conservarse en la nevera hasta dos días). Disponga las hortalizas asadas y las setas sobre la tarta. Pique las castañas y espárzalas por encima, luego sazone el conjunto. Pincele las hortalizas con la gelatina de grosellas caliente y hornee 20 minutos. Sirva caliente.

Empanada de puerros y jamón

PARA 4 PERSONAS

25 g de mantequilla, más un poco para engrasar

350 g de puerros medianos, preparados
  y cortados a rodajas de 2 cm

25 g de harina, y un poco para espolvorear

50 ml de leche

1 cucharada de mejorana fresca picada

50 g de queso gruyere a dados,
  más 2 cucharadas rallado

150 g de jamón dulce de calidad,
  a lonchas gruesas y luego a tiras anchas

225 g de pasta de hojaldre fría

½ huevo mediano batido con una pizca de sal

sal y pimienta negra batida

TIEMPO DE PREPARACIÓN 30 minutos,
más 20 minutos de enfriado

TIEMPO DE COCCIÓN 40 minutos

POR PORCIÓN

395 calorías

25 g de grasas (de las cuales 6 g saturadas)

29 g de hidratos de carbono

2 g de sal

1 Precaliente el horno a 220 °C (200 °C en uno de convección). Engrase una placa de hornear. Cueza los puerros en agua salada hirviendo durante 2-3 minutos, hasta que empiecen a ablandarse. Escúrralos y reserve el líquido de cocción. Sumerja los puerros en agua fría, escúrralos y séquelos bien.

2 Derrita la mantequilla en un cazo, apague el fuego y mézclela con la harina hasta formar una pasta. Mezcle 225 ml del agua de los puerros con la leche hasta que la mezcla quede homogénea. Lleve a ebullición, cueza 1-2 minutos a fuego medio, tape y deje enfriar unos 20 minutos, hasta que se haya enfriado. Añada la mejorana, los puerros, los dados de queso y el jamón, y sazone.

3 Extienda la pasta sobre la superficie de trabajo ligeramente enharinada hasta formar un rectángulo de 30,5 x 33 cm. Córtelo en dos partes, una de 15 x 30,5 cm y otra de 18 x 30,5 cm. Coloque la más pequeña sobre la placa de hornear. Reparta por encima la mezcla de jamón, dejando un borde de 2 cm alrededor de los extremos. Pincele el borde con huevo batido. Cubra el relleno con el rectángulo de mayor tamaño y presione juntos ambos bordes. Entalle la parte superior de la pasta. Presione los bordes de la pasta hasta sellarlos, tape y congele 20 minutos, hasta que esté firme. Retire del congelador, pincele de nuevo con huevo batido, haga un agujero en el centro para que se escape el vapor y espolvoree con el queso rallado. Hornee 20-30 minutos, hasta que la superficie esté dorada y crujiente.

❄ Consejo de congelación

En el paso 3, cubra los moldes con una película de plástico y congélelos sobre la placa de hornear. Cuando estén firmes, retírelos de la placa. Envuélvalos en papel sulfurizado y luego en una película de plástico.
Para servir Descongele 3 horas a temperatura ambiente con el papel sulfurizado. Ponga una placa de hornear plana en el horno y precaliéntela a 220 °C (200 °C en uno de convección) y complete el paso 3 de la receta. Coloque la empanada sobre la placa caliente y hornee 40 minutos.

Empanada de pollo y alcachofas

PARA 4 PERSONAS

3 pechugas de pollo peladas (unos 350 g)

150 ml de vino blanco seco

*225 g de queso para untar con ajo y
hierbas, con bajo contenido en grasa*

*400 g de corazones de alcachofas
enlatados (en agua)*

*4 láminas de pasta filo de unos 40 g
(descongeladas si estuviesen congeladas)*

aceite de oliva

1 cucharadita de semillas de sésamo

sal y pimienta negra molida

tomillo fresco para adornar (opcional)

TIEMPO DE PREPARACIÓN 20 minutos
TIEMPO DE COCCIÓN 45 minutos

POR PORCIÓN
241 calorías
9 g de grasas (de las cuales 5 g saturadas)
7 g de hidratos de carbono
0,2 g de sal

TÉCNICAS
Véase también utilizar pasta *filo*
(pág. 283)

1 Precaliente el horno a 200 °C (180 °C en uno de convección). Ponga el pollo y el vino en una cacerola, y lleve a ebullición. Tape y cueza 10 minutos a fuego lento. Reserve el pollo. Añada el queso al vino y mezcle bien. Lleve a ebullición y cueza a fuego lento hasta que la mezcla se espese.

2 Corte el pollo en trozos pequeños, escurra, cuartee las alcachofas y añádalas a la salsa con el pollo. Sazone y mezcle bien.

3 Coloque la mezcla en una fuente para hornear. Pincele un poco la pasta con aceite, arrúguela ligeramente y póngala sobre el pollo. Espolvoree con las semillas de sésamo.

4 Hornee 30-35 minutos, hasta que la superficie esté crujiente. Adorne con tomillo (opcional).

Variante

Sustituya las alcachofas por 225 g de champiñones sazonados con un poco de zumo de limón.

Tarta de crema a la canela

PARA 8 PERSONAS

*250 g de harina, más un poco
    para espolvorear*

100 g de mantequilla

100 g de azúcar lustre

4 huevos grandes

450 ml de leche

285 ml de crema de leche espesa

1 vaina de vainilla partida

1 trozo de canela en rama desmenuzado

275 g de azúcar blanquilla

*1 mango, 1 piña pequeña, 2 clementinas
    y 125 g de kumquats (naranjas chinas
    enanas) para servir*

TIEMPO DE PREPARACIÓN 50 minutos,
más 1 hora de refrigeración y 20-30
minutos de reposo

TIEMPO DE COCCIÓN 1 ½ horas

POR PORCIÓN

644 calorías

34 g de grasas (de las cuales 20 g
    saturadas)

87 g de hidratos de carbono

10,4 g de sal

1 Ponga en el recipiente del robot eléctrico la harina, la mantequilla y el azúcar lustre, y pulse hasta que la mezcla forme migas finas (otra opción es frotar la grasa con la harina a mano o con un cortapastas y luego mezclar con el azúcar lustre). Bata un huevo y añádalo a la mezcla de harina con 1 cucharada de agua. Procese o remueva hasta que las migas se cohesionen. Envuelva en una película de plástico y refrigere 30 minutos. Utilice la pasta para enfondar una tartera de paredes desmontables de 23 cm. Pinche la base con un tenedor y fórrela con papel sulfurizado; coloque encima unas judías para hornear. Refrigere 30 minutos. Precaliente el horno a 200 °C (180 °C en uno de convección). Hornee 15 minutos. Retire el papel y las judías, y cueza 10-15 minutos, hasta que la base esté cocida. Bata un poco los huevos restantes. Pincele la pasta con 1 cucharada de huevo. Devuelva al horno 2 minutos. Reduzca la temperatura a 150 °C (130 °C en uno de convección).

2 Lleve a ebullición la leche, la crema, la vainilla y la canela, y deje infusionar la mezcla 20 minutos. Bata los huevos con 150 g de azúcar blanquilla. Mezcle la leche con los huevos, filtre sobre una jarra y vierta sobre la tarta. Hornee 40-50 minutos. Deje reposar la tarta dentro 15 minutos. Retírela y déjela enfriar en el molde 20-30 minutos. Transfiérala a una rejilla para que se enfríe.

3 Reparta las frutas caramelizadas (*véase* recuadro) encima la fruta al servir.

Toques finales

Para decorar, corte las frutas en rodajas gruesas y colóquelas sobre dos placas de hornear antiadherentes. Ponga el resto del azúcar lustre en un cazo de fondo grueso. Cueza a fuego lento hasta que el azúcar empiece a disolverse, suba luego el fuego y cueza hasta obtener un caramelo pálido. Enfríe un poco y reparta sobre las frutas. Deje cuajar el caramelo (se mantendrá quebradizo durante 1-2 horas). Corte la tarta en porciones y reparta la fruta por encima justo antes de servir.

Strudel de peras y arándanos

PARA 8 PERSONAS

la cáscara y el zumo de 1 limón

25 g de azúcar moreno claro

1 cucharada de migas de pan blanco

1 cucharadita de canela molida

125 g de arándanos frescos

550 g de peras Williams o Comice,
* descorazonadas y a rodajas*

50 g de nueces del Brasil picadas
* y tostadas*

7 láminas de pasta filo (descongelada
* si estuviese congelada)*

75 g de mantequilla derretida

azúcar lustre para espolvorear

crema espesa para acompañar

TIEMPO DE PREPARACIÓN 20 minutos

TIEMPO DE COCCIÓN 40-45 minutos

POR PORCIÓN

190 calorías

12 g de grasas (de las cuales 6 g saturadas)

19 g de hidratos de carbono

0,2 g de sal

TÉCNICAS

Véase también retirar las cáscaras
de los cítricos (pág. 207),
migas de pan (pág. 308),
peras (pág. 206),
frutos secos (pág. 218)

1 Precaliente el horno a 190 °C (170 °C en uno de convección). Engrase una placa de hornear grande. Mezcle la cáscara de limón con 1 cucharada de azúcar, las migas de pan y la canela, y reserve. Reserve 6 arándanos y mezcle el resto con las peras, el zumo de limón y los frutos secos. Añada las migas.

2 Extienda un paño sobre la superficie de trabajo y coloque tres láminas de pasta *filo* por encima, solapándolas unas sobre otras hasta formar un rectángulo de 56 x 48 cm. Pincele el rectángulo con mantequilla derretida, añada más láminas de pasta encima y pincele de nuevo.

3 Reparta la mezcla de pera en la parte alargada del rectángulo más cercana a usted y enrolle éste. Recorte los bordes y transfiera con cuidado a la placa preparada de forma que el punto de unión quede debajo. Pincele la lámina restante de pasta *filo* con mantequilla, dóblela por la mitad y corte 6 hojas. Coloque dos grupos de 3 hojas sobre el rollo de pasta y pincele con la mantequilla derretida. Espolvoree con el resto del azúcar y hornee 40-45 minutos (cubra la superficie con papel de aluminio si se dorara demasiado pronto).

4 Retire el *strudel* del horno, coloque los arándanos reservados sobre las hojas y espolvoree con abundante azúcar lustre. Sirva enseguida con un poco de crema de leche espesa.

Milhojas de bayas

PARA 8 PERSONAS

550 g de pasta de hojaldre

3 cucharadas de azúcar

50 g de avellanas tostadas y picadas

450 g de fresas sin rabillo

50 g de azúcar lustre tamizado

1 cucharadita de zumo de limón

Para la crema

1 vaina de vainilla partida

450 ml de leche

4 yemas de huevo grandes

125 g de azúcar blanquilla

50 g de harina tamizada

225 g de frambuesas

1 cucharada de zumo de limón

285 ml de crema de leche espesa

125 g de azúcar lustre, tamizado

TIEMPO DE PREPARACIÓN 40 minutos,
más 4 horas de refrigeración y reposo
TIEMPO DE COCCIÓN 40 minutos

POR PORCIÓN

828 calorías

57 g de grasa (de las cuales 23 g saturadas)

65 g de hidratos de carbono

1,4 g de sal

Preparar con antelación

Raspe las semillas de vainilla sobre un cazo. Agregue la vaina y la leche, y lleve a ebullición. Deje reposar 30 minutos. Bata las yemas con 75 g de azúcar; cuando blanquee incorpore la harina. Filtre un cuarto de la leche, mezcle y agregue el resto sin dejar de remover. Lleve a ebullición a fuego lento sin dejar de remover. Vierta en un cuenco, cubra con una película de plástico y deje enfriar 3-4 horas. Espolvoree los arándanos con azúcar y mezcle con el zumo de limón.

1 Primero, prepare la crema (*véase* recuadro)

2 Corte la pasta en tres y extienda cada parte sobre la superficie de trabajo ligeramente enharinada hasta formar un rectángulo de 18 x 35, 5 cm. Coloque cada rectángulo sobre la placa de hornear, pínchelo con un tenedor y refrigere 30 minutos. Precaliente el horno a 220 °C (200 °C en uno de convección). Hornee 10 minutos, dé la vuelta a los rectángulos y cuézalos otros 3 minutos. Esparza sobre cada uno 1 cucharada de azúcar y un tercio de los frutos secos. Devuelva la placa al horno y cueza 8 minutos, hasta que el azúcar se derrita. Deje enfriar un poco y transfiera a rejillas metálicas para que la pasta se enfríe.

3 Bata la crema hasta que esté lisa; a continuación, bata la crema de leche hasta que espese y mézclela con la crema anterior junto con los arándanos y su líquido. Cubra y refrigere. Ponga el azúcar lustre en un cuenco pequeño y mézclelo con 2 cucharadas de agua. Recorte los rectángulos de pasta (15 × 30,5 cm) y espolvoréelos con el azúcar lustre. Deje reposar 15 minutos.

4 Mientras, bata las fresas con el azúcar lustre y el zumo de limón, tamice y refrigere. Reparta la mitad de la mezcla de crema sobre un rectángulo de pasta. Ponga otro encima y reparta el resto de crema. Cubra con el último rectángulo y presiónelo un poco hacia abajo. Deje reposar 30 minutos antes de cortar y servir. Acompañe con la salsa de fresas.

Tarta de naranjas caramelizada

PARA 8 PERSONAS

*225 g de harina, más un poco para
    espolvorear*
una pizca de sal
125 g de mantequilla a dados
2 cucharadas de azúcar moreno lustre
1 yema de huevo mediana batida

Para el relleno

el zumo de 1 limón
el zumo de 1 naranja
la cáscara de 2 naranjas
75 g de mantequilla
225 g de azúcar moreno claro
3 huevos medianos batidos
75 g de almendras molidas
2 cucharadas de licor de naranja
*unas gotas de colorante alimentario
    naranja (opcional)*

Para decorar

100 g de azúcar moreno claro
la cáscara de 1 naranja a tiras finas

TIEMPO DE PREPARACIÓN 15 minutos,
más 10 minutos de refrigeración
TIEMPO DE COCCIÓN 45 minutos

POR PORCIÓN

556 calorías
29 g de grasas (de las cuales 14 g
    saturadas)
70 g de hidratos de carbono
0,5 g de sal

TÉCNICAS

Véase también separar huevos (pág. 52),
retirar las cáscaras de los cítricos
(pág. 207)

1 Introduzca la harina, la sal, la mantequilla y el azúcar lustre en el robot y accione; cuando la mezcla forme migas (también puede frotar la grasa a mano con la harina o con un cortapastas y con el azúcar lustre). Bata la yema de huevo y 2 cucharadas de agua fría, y añádalas a la mezcla de harina. Bata la mezcla (o remuévala) hasta que forme una bola. Amásela un poco, envuélvala y refrigérela.

2 Para preparar el relleno, vierta los zumos, la cáscara de naranja, la mantequilla, el azúcar y los huevos en una cacerola de fondo grueso y caliente a fuego lento y sin dejar de remover. Mezcle con las almendras, el licor y el colorante. Reserve.

3 Precaliente el horno a 200 °C (180 °C en uno de convección). Extienda la masa sobre la superficie de trabajo enharinada y forre un molde para tarta de 23 cm. Pinche la base con un tenedor. Cubra y refrigere 10 minutos. Forre el fondo de tarta con papel sulfurizado y llénelo con judías para hornear. Hornee a ciegas 15 minutos, retire el papel y las judías, y hornee 5 minutos. Reduzca la temperatura del horno a 180 °C (160 °C en uno de convección). Vierta el relleno en el molde y hornee 20 minutos o hasta que esté firme. Enfríe.

4 Para decorar, disuelva 50 g de azúcar en un cazo con 300 ml de agua. Agregue la cáscara de naranja. Cueza 10-15 minutos a fuego lento, hasta que el líquido se haya reducido. Escurra. Espolvoree la tarta con el resto de azúcar. Caramelícela bajo el grill y reparta la piel por los bordes de la tarta.

Empanada de ciruelas y cardamomo

PARA 6 PERSONAS

harina para espolvorear

250 g de pasta quebrada enrollada,
   lista para usar

900 g de ciruelas rojas y amarillas,
   cortadas por la mitad, deshuesadas
   y cuarteadas

2-3 vainas de cardamomo partidas,
   semillas aplastadas o picadas

huevo batido para glasear

helado de crema o vainilla para acompañar

TIEMPO DE PREPARACIÓN 15 minutos,
más 30 minutos de enfriado

TIEMPO DE COCCIÓN 30 minutos

POR PORCIÓN

275 calorías

12 g de grasas (de las cuales 4 g saturadas)

41 g de hidratos de carbono

0,4 g de sal

TÉCNICAS

Véase también pasta quebrada (pág. 278),
deshuesar frutas (pág. 208),
preparar helado de vainilla (pág. 388)

1 Caliente una placa de hornear plana en el horno a 220 °C (200 °C en uno de convección). Extienda la pasta sobre la superficie de trabajo enharinada de modo que forme un círculo de unos 30 cm de diámetro. Páselo a la placa enharinada sin formar un reborde.

2 Apile la fruta en el centro de la pasta y esparza por encima las semillas de cardamomo y el azúcar (si las ciruelas son ácidas, lo necesitará, pero si son dulces, emplee menos). Lleve hacia adentro los bordes de la pasta y dóblelos sobre las ciruelas.

3 Pincele la pasta con la yema batida o leche y espolvoree el azúcar. Colóquela en la placa preparada y hornéela 30 minutos hasta que esté dorada y las ciruelas tiernas. Los zumos empezarán a burbujear un poco al cocerse la tarta.

4 Deje enfriar unos 10 minutos y separe con cuidado la pasta alrededor de los bordes. Deje enfriar otros 20 minutos antes de transferir a una fuente de servicio. Espolvoree un poco más de azúcar y sirva caliente con helado de crema o vainilla.

Tarta Tatin de peras y dulce de leche

PARA 6 PERSONAS

4 peras pequeñas para cocer

8 cucharadas de dulce de leche

225 g de pasta quebrada enrollada,
    lista para usar

harina para enharinar

crema de leche espesa o helado de vainilla
    para acompañar

TIEMPO DE PREPARACIÓN 15 minutos
TIEMPO DE COCCIÓN 25-30 minutos

POR PORCIÓN

294 calorías

12 g de grasas (de las cuales 2 g saturadas)

46 g de hidratos de carbono

0,5 g de sal

TÉCNICAS

Véase también dulce de leche (pág. 373),
pasta de hojaldre (pág. 279),
helado de vainilla (pág. 388)

1 Precaliente el horno a 200 °C (180 °C en uno de convección). Cuartee las peras y descorazónelas (no es necesario pelarlas). Colóquelas en una sartén grande antiadherente y añada el dulce de leche. Cueza a fuego medio 5 minutos, hasta que las peras estén bien recubiertas y la salsa haya oscurecido.

2 Transfiera las peras y la salsa a una tartera antiadherente o molde de 20 cm de diámetro. Coloque las peras con el piel hacia abajo formando un círculo y déjelas enfriar 10 minutos.

3 Desenrolle la pasta y extiéndala de modo que formen un círculo un poco más grande sobre la superficie de trabajo enharinada. Coloque la pasta sobre las peras y presiónela hacia abajo contra el borde del molde. Recorte el sobrante. Pinche la pasta en toda su superficie y hornee 20-25 minutos, hasta que esté bien hinchada y dorada.

4 Deje enfriar la tarta 5 minutos. Para volcarla, sostenga una fuente de servicio grande o placa de hornear sobre la tarta, déle la vuelta y sacuda rápidamente hasta desprenderla. Levante el molde. Sirva la tarta enseguida, córtela en porciones y acompañe con helado de vainilla.

Tartaletas de manzana y limón

PARA 8 PERSONAS

3 huevos medianos

una pizca de sal

300 g de harina, más un poco para enharinar

75 g de azúcar lustre

300 g de mantequilla

700 g de manzanas verdes ácidas como Granny Smith, peladas, descorazonadas y a rodajas finas

la cáscara y el zumo de 2 limones

225 g de azúcar

1 cucharadita de arruruz

azúcar blanquilla y canela para espolvorear

crema espesa para acompañar

TIEMPO DE PREPARACIÓN 40 minutos, más 50 minutos de refrigeración

TIEMPO DE COCCIÓN 45-50 minutos

POR PORCIÓN

615 calorías

34 g de grasas (de las cuales 20 g saturadas)

77 g de hidratos de carbono

0,6 g de sal

TÉCNICAS

Véase también pasta (págs. 278-279), manzanas (pág. 206), retirar cáscaras a los cítricos (pág. 207)

1 Bata un huevo con una pizca de sal y reserve. Bata en el robot la harina con el azúcar lustre y 175 g de mantequilla hasta que la mezcla parezca migas finas. Agregue el resto del huevo batido con 3 cucharadas de agua, y accione el aparato hasta que la pasta se cohesione. Divídala en 8 bolas y refrigérelas 30 minutos. Extienda la pasta sobre la superficie de trabajo ligeramente enharinada y enfonde 8 moldes para tartaletas de 8 cm de base y 3 cm de altura. Pinche las bases con un tenedor y refrigere 20 minutos. Mientras, precaliente el horno a 200 °C (180 °C en uno de convección). Forre los moldes con papel sulfurizado, agregue las judías para hornear y cueza 15 minutos. Retire el papel y las judías, pincele la pasta con el huevo batido reservado y cueza 2-3 minutos. Reserve. Reduzca la temperatura del horno a 180 °C (160 °C en uno de convección).

2 Mezcle las manzanas con 2 cucharadas de zumo de limón. Saltéelas en 25 g de mantequilla derretida 1-2 minutos. Repártalas en los fondos de tartaleta. Ablande el resto de mantequilla. Bátala con el azúcar lustre durante 3 minutos. Añada la cáscara de limón, el arruruz y los dos huevos restantes. Bata 2 minutos. Con el robot o batidora en marcha, añada el resto del zumo de limón. Bata 1 minuto y vierta la mezcla sobre las manzanas. Espolvoréelas con azúcar blanquilla y hornee 45-50 minutos, hasta que la pasta esté dorada y las manzanas empiecen a caramelizarse. Sirva tibio o frío, con crema espesa espolvoreada con canela.

Consejo de congelación

Hornee las tartaletas, enfríelas, envuélvalas y congélelas.

Para servir Coloque las tartaletas en los moldes, déjelas descongelar toda la noche a temperatura ambiente. Recaliéntelas a 200 °C (180 °C en uno de convección) 7-10 minutos.

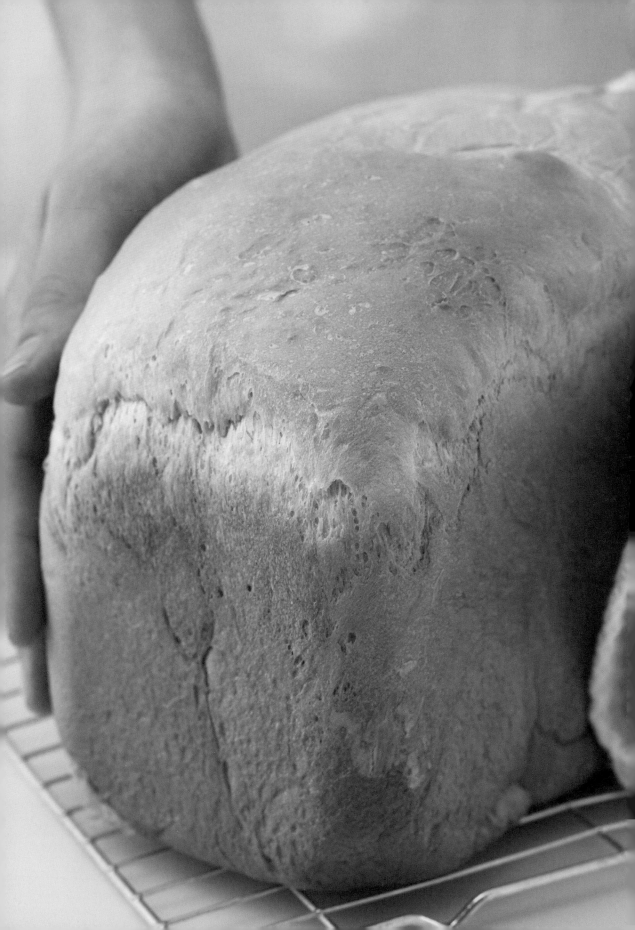

PANES DULCES Y SALADOS

Muy pocas cosas huelen mejor que el aroma del pan recién horneado. Este capítulo muestra los conocimientos básicos necesarios para preparar sencillos panes blancos e integrales con ayuda de una panificadora, así como otros panes clásicos, como el de masa ácida y el de soda, además de panes planos con coberturas, como la pizza y la *focaccia*. Se incluyen asimismo útiles consejos sobre los ingredientes básicos para elaborar el pan, como la levadura de panadero, y prácticos trucos para obtener resultados perfectos. También se explica cómo utilizar el pan como ingrediente, concretamente en forma de migas de pan, *bruschetta*, envoltorios y bocadillos. La sección dedicada a las recetas incluye propuestas tan sugerentes como el pan de aceitunas negras, el pan de nueces y ajo, el pan de maíz caliente, el pan de moca dulce, el *kugelhopf*, la pizza de ajo y queso, y el budín de *panettone*.

Elaborar pan

Preparar pan es uno de los grandes placeres de la cocina y también uno de los más sencillos. Los panes más simples proporcionan una base para posteriores experimentos, por lo que constituyen el punto de partida para iniciarse en el apasionante mundo del pan.

Pan de payés blanco

Necesita 700 g de harina de fuerza blanca, 1 cucharada de sal, 1 cucharadita de azúcar moreno, 1 ½ cucharaditas de levadura de panadero seca y fácil de mezclar, y un poco de aceite vegetal.

1 Tamice la harina sobre un cuenco grande y mézclela con la sal, el azúcar y la levadura. Haga un hueco en el centro y agregue 450 ml de agua caliente. Vaya mezclando el agua con la harina hasta obtener una masa pegajosa (añada un poco más de agua si fuese necesario).

2 Amase el pan a fondo durante 10 minutos, hasta que la masa esté homogénea y elástica; déle forma de bola y colóquela en el cuenco aceitado.

3 Cubra la masa y déjela levar de 1-2 horas, hasta que doble de tamaño.

4 Aplaste la masa 2-3 minutos sobre la superficie de trabajo un poco enharinada, presionándola hacia abajo con los nudillos de la mano. Forme un gran pan ovalado y transfiéralo a una placa de hornear enharinada. Cubra el pan con una película de plástico ligeramente aceitada y déjelo levar otros 30 minutos.

5 Precaliente el horno a 230 °C (210 °C en uno de convección). Entalle la superficie del pan, espolvoréelo con harina y hornéelo 15 minutos.

6 Reduzca la temperatura del horno a 200 °C (180 °C en uno de convección) y hornee otros 15-20 minutos, hasta que el pan haya levado y suene a hueco por debajo. Déjelo enfriar sobre una rejilla.

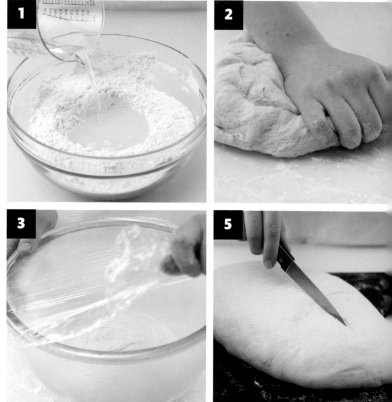

Elaborar pan

Levadura La levadura de panadero fresca se activa cuando se mezcla con un líquido caliente. La seca (en gránulos) debe activarse con azúcar (no se necesita azúcar si se em leche). Mezcle la levadura con un poco de agua, más azúcar (o leche) y deje reposar 15 minutos hasta que forme una espuma. La levadura seca fácil de mezclar se espolvore directamente sobre la harina y se añade el líquido a continuación. Como regla general, para 700 g de harina, utilice 15 g de levadura de panadero fresca y 1 cucharada de leva seca, o bien un sobre de 7 g (2 cucharaditas) de levadura de panadero seca fácil de mez
Líquido Debe estar un poco caliente al tacto con los dedos. La leche proporciona al pan una textura un poco más blanda.
Harina Utilice harina de fuerza blanca o integral, o harina de trigo malteada.
Sal Controla la fermentación, refuerza el gluten que proporciona textura al pan y aporta sabor.
Grasas Algunas recetas emplean grasa para aromatizar el pan o alargar su conservación

Modelar panes

La forma y el tamaño de los panes admiten infinitas variaciones tras el primer levado. Tras el segundo, la masa ya está lista para hornear. Una vez adquiridos los conocimientos básicos, el proceso de elaboración es pan comido.

Panecillos sencillos

1 Tras aplastar la masa, córtela en trozos del mismo tamaño, de unos 40 g de peso. Extienda cada porción con la palma de la mano sobre la superficie de trabajo enharinada hasta formar una bola.

2 Coloque los panes sobre una placa de hornear engrasada, con la juntura hacia abajo y presiónelos hacia abajo. Cúbralos con una película de plástico y déjelos levar 30 minutos antes de hornear.

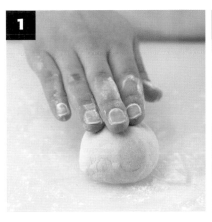

Panes largos

1 Tras aplastar la masa, córtela en porciones de 200 g. Extienda cada una 40 cm. Transfiera a una placa de hornear con la juntura hacia abajo. Repita la operación con el resto de porciones.

2 Cubra los panes con una película de plástico aceitada y déjelos levar 30 minutos. Realice 3 o 4 incisiones sobre la superficie antes de hornear.

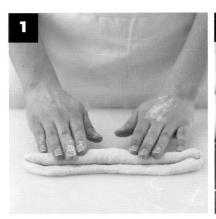

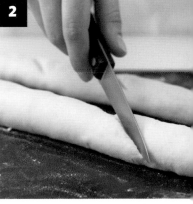

◗ Horneado perfecto

- Asegúrese de que el pan modelado ha levado lo suficiente, por lo general el doble de su volumen.
- Aceite o enharine el molde o placa antes de hornear para que el pan no se pegue.
- Asegúrese de que el horno está a la temperatura correcta.
- Hornee el pan sobre una piedra de cerámica precalentada, a ser posible, incluso si el pan está en un molde.

◗ Problemas

- El pan no ha subido lo suficiente.
- Se le ha añadido poco líquido.
- La levadura no estaba fresca.
- La masa se dejó levar demasiado tiempo, lo que provocó que se desparramara durante el horneado.

Presenta una textura demasiado densa:
- La masa se levó poco tiempo.
- Demasiado líquido o, por el contrario, muy poco.

◗ Enfriado

Si el pan horneado se deja demasiado tiempo en el molde o sobre la placa, el vapor emitido se condensará y alterará la textura. Para evitarlo, retire enseguida el pan del molde y colóquelo sobre una rejilla metálica. Déjelo enfriar por completo antes de cortarlo.

Utilizar una panificadora

Las panificadoras están pensadas para personas ocupadas que disfrutan elaborando su propio pan. Además de hornear el pan, preparan la masa de toda clase de panes.

Pan multicereales

Necesita 1 cucharadita de levadura de panadero rápida y fácil de mezclar, 300 g de harina de fuerza blanca, 100 g de harina de fuerza integral, 50 g de trigo bulgur, 25 g de granos de mijo, 2 cucharadas de semillas de linaza, 2 cucharadas de copos de avena o de trigo más un poco para espolvorear, 1 ½ cucharaditas de sal, 1 cucharada de azúcar moreno, 25 g de mantequilla y 350 ml de agua.

1 Coloque los ingredientes en el recipiente de la máquina de acuerdo con las instrucciones del fabricante (por lo general, se añade el líquido primero y, a continuación, los ingredientes secos y la levadura).

2 Coloque el recipiente dentro de la máquina y seleccione el programa recomendado en el manual para un pan multicereales con la corteza elegida.

Presione inicio y deje que los ingredientes se mezclen y la masa leve.

3 Antes de hornear, pincele la superficie de la masa levada con agua y espolvoree con los copos de avena o trigo.

4 Tras el horneado, retire el pan de la máquina una vez cocido y colóquelo sobre una rejilla para que se enfríe.

Qué modelo

Las panificadoras amasan, levan y hornean, si bien hay muchos modelos diferentes. La mayoría hornean diferentes tamaños de pan y algunas emiten un «pitido» para avisar que puede añadir otros ingredientes durante el ciclo del amasado. Muchas permiten elegir el color de la corteza y algunas tienen un temporizador que avisa cuando el pan está ya listo, como por ejemplo por la mañana para el desayuno.

Pan de máquina perfecto

- Siga siempre cuidadosamente las instrucciones del fabricante. Es importante que los ingredientes se introduzcan en la máquina siguiendo el orden preestablecido, pues la levadura no debe entrar en contacto con el líquido hasta que la máquina empiece a mezclar los ingredientes.
- Mida con cuidado todos los ingredientes, pues las cantidades exactas son esenciales para obtener un pan perfecto.
- No retire la tapa durante los ciclos de levado y horneado, pues el pan podría no subir lo necesario.
- Retire el pan de la máquina tan pronto como finalice el horneado, pues quedaría humedecido.
- Siga recetas pensadas para panificadoras, pues las convencionales utilizan diferentes cantidades de ingredientes y no son fáciles de adaptar.

Panes clásicos

Existen numerosos panes clásicos, desde el pan moreno preparado con harina integral al pan de masa ácido, de sabor inconfundible, pasando por los panes planos no levados, los de soda y los *scones*.

Pan moreno

Necesita 300 g de harina de fuerza blanca, 200 g de harina de fuerza integral, 15 g de levadura de panadero fresca o 1 cucharadita de levadura de panadero seca y 2 cucharaditas de sal.

1 Tamice las harinas en un cuenco y haga un hueco en el centro. Vierta en él 325 ml de agua. Espolvoree la levadura y mézclela con harina hasta obtener una masa. Espolvoree la sal sobre la harina seca sin que entre en contacto con la levadura. Deje reposar 20 minutos.

2 Mezcle los ingredientes hasta obtener una masa blanda y amásela 10 minutos hasta que esté homogénea y elástica. Forme una bola y colóquela en un cuenco grande aceitado. Cubra y deje reposar ¾ - 1 ½ horas, hasta que doble el tamaño.

3 Aplaste la masa sobre la superficie de trabajo enharinada.

4 Amase 2-3 minutos, modele el pan y colóquelo en un molde engrasado para pan de 900 g de capacidad. Cubra y deje levar ¾ - 1 ½ horas, hasta que doble el tamaño.

5 Precaliente el horno a 200 °C. Hornee de 50 minutos a 1 hora.

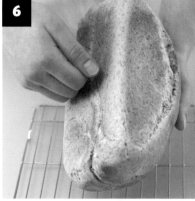

6 Golpee un poco la base del molde: debe sonar a hueco. Deje enfriar el pan sobre una rejilla metálica.

Masa ácida

El pan de masa ácida a la antigua posee una miga cerrada y un sabor algo ácido. Puede adaptar una receta de pan básico para elaborar uno de masa ácida. Utilice 125 ml de impulsor (*véase* recuadro), en vez de 15 g de levadura de panadero fresca, o 1 cucharadita de levadura de panadero seca.

1 Para el impulsor, necesita 15 g de levadura de panadero fresca o 1 cucharadita de levadura de panadero seca, 450 ml de agua, unos 225 g de harina de fuerza blanca integral.

2 Mezcle los ingredientes hasta obtener una masa con cierta consistencia. Cubra el cuenco con un paño limpio y déjelo reposar a temperatura ambiente de 3 a 5 días. Durante este tiempo el impulsor fermentará y, como resultado, adquirirá el sabor distintivo ácido que caracteriza a este pan.

Consejo de cocinero

El impulsor de masa ácida se conserva bien, pero debe «refrescarse». Manténgalo tapado en la nevera y mézclelo con un puñado de harina y una tacita de agua cada día: esto proporcionará nutrientes frescos para la levadura, al tiempo que realzará sus propiedades levantes.

Pan de soda

Necesita 350 g de harina integral, 125 g de harina de avena gruesa, 2 cucharaditas de bicarbonato sódico, 1 cucharadita de sal, 300 ml de suero, 1 cucharadita de miel clara y 2-3 cucharadas de leche, más un poco para pincelar.

1 Precaliente el horno a 200 °C (180 °C en uno de convección). Mezcle los ingredientes secos en un cuenco y realice un hueco en el centro.

2 Incorpore mezclando el suero, la miel y la leche suficiente hasta obtener una masa blanda. Amásela 5 minutos o hasta que esté homogénea.

3 Modele un pan de 20 cm de diámetro y extiéndalo sobre una placa de hornear algo aceitada. Entalle una cruz sobre la superficie. Pincele con leche y hornee 30-35 minutos, hasta que el pan haya levado ligeramente.

Pan plano especiado

Necesita 300 g de harina de fuerza blanca, 175 g de harina de garbanzos y ½ cucharadita de azúcar moreno.

1 Mezcle las harinas en un cuenco grande y luego remueva con el resto de ingredientes. Haga un hueco en el centro e incorpore poco a poco 250-300 ml de agua hasta obtener una masa blanda.

2 Amásela 10 minutos, hasta que esté homogénea y algo elástica. Transfiérala a un cuenco aceitado, cubra y deje levar 1- 1 ½ horas, hasta que haya doblado de tamaño.

3 Aplaste la masa y divídala en 12 porciones iguales. Extienda cada una formando un pequeño óvalo de unos 7,5 x 15 cm, y colóquelos sobre unas placas de hornear bien enharinadas.

4 Vaporice los panes con un poco de agua, cúbralos y déjelos levar otros 15 minutos.

5 Precaliente una parrilla ligeramente aceitada sobre el fuego y cueza los panes por tandas, hasta que estén hinchados y dorados (1-2 minutos). Déles la vuelta y cuézalos por el otro lado 30-60 segundos. Cubra y reserve al calor mientras cuece los restantes. Degústelos lo antes posible.

Consejo de cocinero

- Si va a cocer los panes bajo el gril coloque la rejilla a unos 10 cm de la fuente de calor de modo que tengan sitio para hincharse.
- Si tiene prisa, utilice el robot en el paso 1.

Panes enriquecidos

Una masa enriquecida contiene
más grasa y, a menudo, leche y azúcar,
o miel. Una receta típica lleva 50 g
de mantequilla por cada 225 g de harina,
más 1 huevo y 100 ml de leche.

1 Mezcle los ingredientes de la forma
habitual.

2 Amáselos y modele el pan, hornee
y enfríe de la forma habitual.

Scones

Para preparar 8 *scones*, necesita
225 g de harina con levadura
incorporada, una pizca de sal, 75 g
de mantequilla a temperatura ambiente
y a trozos pequeños, 40 g de azúcar
moreno claro, 1 huevo grande
y 4-10 cucharadas de suero o leche
acidificada (leche con zumo de limón).

1 Precaliente el horno a 220 °C (200 °C
en uno de convección). Tamice la harina y
la sal en un cuenco. Añada la mantequilla
y frótela con la harina hasta que la
mezcla parezca migas de pan. Mezcle
con el azúcar.

2 Bata el huevo con 2 cucharadas
de suero o leche acidificada. Haga un
hueco en el centro de la mezcla de harina
y vierta dentro el huevo. Mezcle ambos
poco a poco con ayuda de un cuchillo
de hoja roma. Cohesione la masa con
las manos: debe sentirla blanda pero
no pegajosa. Modele la masa hasta
formar una bola.

3 Enharine la superficie de trabajo y el
rodillo, y extienda la masa dándole 2,5 cm
de grosor. Pase un cortapastas de 5 cm por
la harina y corte 8 redondeles en la pasta.

4 Coloque los *scones* sobre la placa
de hornear enharinada. Pincélelos con
un poco de leche y espolvoree harina.

5 Hornee en la parte superior del horno
10-12 minutos, hasta que los *scones* estén
bien hinchados y dorados. Déjelos enfriar
sobre una rejilla metálica 5 minutos.

Pizzas y *focaccia*

La pizza posee una cobertura generosa, mientras que la de la *focaccia* es mucho más ligera. La masa apenas necesita unos 10 minutos de preparación y sólo debe levar una vez, por lo que puede emplearse en una hora.

Pizza

Para una pizza necesita 225 g de harina de fuerza blanca, un sobre de 7 g de levadura de panadero seca y fácil de mezclar, ½ cucharadita de sal, 4 cucharadas de aceite de oliva virgen y harina de maíz o común para espolvorear.

1 Tamice la harina sobre un cuenco grande, mézclela con la levadura y la sal, y haga un hueco en el centro. Vierta dentro 150 ml de agua y 1 cucharada de aceite. Mezcle con las yemas de los dedos o una cuchara grande.

2 Vuelque la masa sobre la superficie de trabajo ligeramente enharinada y amásela 5 minutos, hasta que esté homogénea. Debe estar bastante blanda. Aceite un poco el cuenco mezclado, ponga dentro la masa y cúbrala con el resto del aceite. Cubra con una película de plástico aceitada o un paño limpio. Coloque la masa en un lugar abrigado y déjela levar 45 minutos, hasta que haya doblado de tamaño.

3 Precaliente el horno a 240 °C (220 °C en uno de convección). Aplaste la masa y extiéndala de modo que forme un círculo o rectángulo de 1 cm de grosor.

4 Espolvoree una placa de hornear con abundante harina (de maíz o común). Enrolle la masa sobre el rodillo y colóquela sobre la placa, desenróllela y extienda la salsa por encima.

5 Añada la cobertura elegida (*véase* a la derecha) y hornee 20-25 minutos, hasta que el borde de la pasta esté crujiente y la cobertura burbujeante.

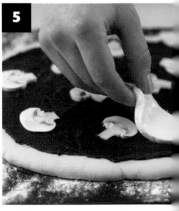

Pizzas perfectas

- Una pizza no tiene que ser un plato sólido, por lo que es preferible añadir coberturas ligeras.
- Si no dispone de una buena mozzarella, utilice otro queso: taleggio, fontina o cheddar.
- Una piedra de hornear cerámica es muy útil para cocinar pizza, pues permite que se cueza de modo uniforme y que la base quede crujiente (meta la piedra en el horno al precalentarlo).

Coberturas

Reparta una o dos sugerencias sobre una cobertura clásica de queso y tom

- Trocitos de panceta y lonchas de jamón serrano
- Hojas de roqueta
- Copos de chile secos
- Alcaparras
- Tomates secados al sol a tiras
- Tiras de pimiento
- Pimientos asados
- Corazones de alcachofas escurridos y cuarteados
- Rodajas de champiñones

Focaccia

Se trata de un pan italiano muy sabroso y
popular. Se prepara con la masa de pizza,
se le da una forma rectangular de más
grosor que aquélla, se espolvorea con sal,
se rocía con aceite de oliva y se esparcen
unas hierbas sobre la superficie.

Necesita una receta de masa de pizza,
2 cucharadas de aceite de oliva virgen,
un puñado de hierbas frescas (albahaca,
romero, perejil o tomillo) troceadas
y 2 cucharaditas de sal marina gruesa.

1 Extienda la masa de pizza de modo
que forme un rectángulo de unos 2,5 cm
de grosor. Colóquela en un molde
o una placa de hornear y déjela levar
30 minutos.

2 Precaliente el horno a 200 °C
(180 °C en uno de convección).

3 Haga unos agujeros sobre la superficie
del pan, presionando un dedo sobre
la superficie a intervalos regulares.

4 Rocíe con aceite la superficie del pan.

5 Reparta las hierbas y espolvoree con
sal marina.

6 Hornee 30-35 minutos, hasta que
el pan esté bien hinchado y dorado.

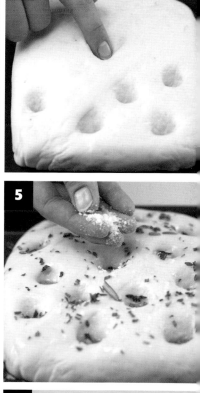

Condimentos

Deben repartirse con mesura.
Recuerde que el condimento no
es el ingrediente principal.

- Ajo finamente picado.
- Cebolla a rodajas finas.
- Escalonias finamente picadas.
- Pimienta negra molida gruesa.
- Aceitunas picadas no muy finas.
- Anchoas finamente picadas.
- Hierbas secas (orégano, por ejemplo).
- Tomates secados al sol picados.
- Alcaparras finamente picadas.

Cocinar con pan

El pan es delicioso tal cual, pero también es un ingrediente sin igual, ya sea en forma de pan rallado, migas, *bruschetta*, burrito o un simple bocadillo, además de en ensaladas.

Migas de pan fresco

Se utilizan para rellenos o como cobertura: es preferible prepararlas justo antes de emplearlas.

1 Corte la corteza del pan y deséchela. Pique el pan en trozos no muy pequeños.

2 Trabajando por tandas, introduzca puñados de pan en el robot o batidora y bata hasta obtener migas finas. Utilícelas lo antes posible, o congélelas hasta 1 mes.

Migas secas

Se utilizan para recubrir pescado, carne y aves antes de freírlos. Pueden obtenerse de pan seco o a partir de rebanadas de pan secadas en el horno a 200 °C (180 °C en uno de convecció 5-10 minutos. Trocee el pan y bátalo en el robot o batidora.

Bruschetta de ajo

Para preparar 6 necesita 3 dientes de ajo, 6 rebanadas de pan gruesas y 5 cucharadas de aceite de oliva virgen.

1 Caliente bien la parrilla. Pele el ajo y aplástelo, córtelo por la mitad y frote con él ambas caras del pan.

2 Pincele los dos lados del pan con aceite. Extiéndalo sobre la parrilla hasta que esté dorado.

Burrito de pollo

Los burritos quedan mejor con un relleno finamente picado que permita envolverlo con facilidad.

Necesita 1 cucharadita de sal, 1 cucharadita de pimienta negra molida, 2 pechugas de pollo cocidas y finamente picadas, 1 zanahoria rallada, un puñado pequeño de hojas de roqueta, el zumo de ½ limón, 3 cucharadas de mayonesa y 4 tortillas de trigo blandas.

1 Ponga en un cuenco la sal y la pimienta, añada el pollo, la zanahoria, el aguacate y la roqueta, y mezcle bien.

2 Mezcle en otro cuenco el zumo de limón con la mayonesa y extienda sobre las tortillas. Divida la mezcla de pollo de modo uniforme y enrolle de forma que los burritos queden bien apretados. Sírvalos enteros o cortados por la mitad.

Bocadillo de carne

Para 4 bocadillos necesita 2 bistés de solomillo, 1 cucharada de aceite de oliva, 4 champiñones grandes a rodajas, 1 cebolla roja a rodajas, 1 cucharada de mostaza de Dijon, 25 g de mantequilla, 2 chapatas abiertas por la mitad, sal y pimienta negra molida.

1 Caliente una sartén. Frote los bistés con 1 cucharadita de aceite y sazónelos. Cuézalos 2-4 minutos.

2 Retire los bistés y déjelos reposar 5 minutos. Baje el fuego y caliente el resto del aceite en la sartén. Saltee las hortalizas hasta que se ablanden. Añada la mostaza y la mantequilla, y retire del fuego.

3 Corte la carne a lonchas finas y repártala entre las mitades inferiores de las chapatas. Cúbralas con las hortalizas y con el pan restante. Sirva.

Ensalada de pan toscana

Necesita 6-8 rebanadas de pan campesino (unos 250 g en total), 3-4 tomates grandes maduros, 1 pepino pequeño o ½ grande, 1 cebolla roja mediana, un puñado pequeño de hojas de albahaca frescas, aliño casero (preparado con 3 cucharadas de vinagre y vino tinto, y 6 de aceite de oliva virgen), sal y pimienta negra molida.

1 Rompa el pan a trozos y colóquelos en un cuenco grande. Corte las hortalizas en trozos un poco más pequeños que el pan y añádalos al cuenco junto con la albahaca.

2 Bata el aliño y vierta unas 7 cucharadas sobre la ensalada.

3 Mezcle bien y deje reposar de 30 minutos a 2 horas, en función de lo fresco que esté el pan, removiendo de vez en cuando. Pruebe la ensalada, rectifique la condimentación y sírvala.

Resultados perfectos

- Esta ensalada es ideal para el verano, cuando los tomates están maduros y jugosos, y tienen el mejor sabor.
- El pan puede ser tanto fresco como duro. Si es duro, remójelo 2 horas como mínimo con los otros ingredientes antes de preparar la ensalada.

Panecillos de sal y pimienta

PARA 16 PERSONAS

675 g de harina de fuerza blanca,
  más un poco para espolvorear

7 g (1 sobre) de gránulos de levadura
  de panadero en polvo y fácil de mezclar

1 cucharadita de sal marina,
  más un poco para espolvorear

2 cucharadas de aceite de oliva,
  más un poco para engrasar

1 huevo mediano batido para glasear

TIEMPO DE PREPARACIÓN 40 minutos,
más 2 horas de levado

TIEMPO DE COCCIÓN 30-35 minutos

POR PANECILLO

157 calorías

2 g de grasas (de las cuales hay trazas
  de saturadas)

33 g de hidratos de carbono

0,3 g de sal

TÉCNICAS

Véase también elaborar pan (pág. 300)

1 Tamice la harina sobre un cuenco grande precalentado. Mézclela con la levadura. Maje la sal y los granos de pimienta en un mortero, y mézclelos con la harina. Haga un hueco en el centro de la harina, vierta el aceite y unos 500 ml de agua, y mezcle hasta obtener una masa blanda.

2 Coloque la masa en el cuenco aceitado, cúbrala con una película de plástico transparente y déjela reposar en un lugar cálido hasta que haya doblado de volumen.

3 Amase la masa sobre la superficie de trabajo enharinada durante 5 minutos. Póngala de nuevo en el cuenco aceitado, tape de la misma forma y deje reposar en un lugar cálido hasta que haya doblado de tamaño.

4 Aplaste la masa y amásela 1 minuto. Divídala en 16 porciones y forme unos panecillos. Espácielos sobre placas de hornear engrasadas, cúbralos con una película de plástico aceitada y déjelos reposar 30 minutos, hasta que la masa esté esponjosa. Precaliente el horno a 220 °C (200 °C en uno de convección).

5 Pincele los panecillos con huevo, espolvoréelos con un poco de sal y hornéelos 30-35 minutos, hasta que se doren.

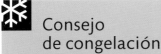 ## Consejo de congelación

En el punto 5 hornee 25 minutos.
Deje enfriar y congele.
Para servir Caliente los panecillos
en el horno a 200 °C (180 °C en uno
de convección) o descongélelos
1 hora y caliéntelos a la misma
temperatura 4-5 minutos.

Pan de aceitunas negras

PARA 2 PANES

2 cucharaditas de levadura de panadero
   seca tradicional
500 g de harina de fuerza blanca,
   más un poco para espolvorear
2 cucharaditas de sal gruesa,
   más un poco para espolvorear
6 cucharadas de aceite de oliva virgen,
   más un poco para engrasar
100 g de aceitunas negras, deshuesadas
   y picadas

TIEMPO DE PREPARACIÓN 40 minutos,
más 2 horas de levado
TIEMPO DE COCCIÓN 30-35 minutos

POR PAN

601 calorías
21 g de grasas (de las cuales 3 g saturadas)
16 g de hidratos de carbono
0,7 g de sal

TÉCNICAS
Véase también enfriado y problemas
(pág. 301)

1 Vierta 150 ml de agua caliente en una jarra, mézclela con la levadura y deje reposar 10 minutos, hasta que forme espuma.

2 Coloque la harina en un cuenco o en el robot, añada la sal, la mezcla de levadura, 200 ml de agua caliente y 2 cucharadas de aceite, y mezcle con las varillas de amasar. Continúe mezclando 2-3 minutos, hasta obtener una masa blanda y homogénea. Póngala en un cuenco ligeramente aceitado, cúbrala con una película de plástico aceitada y un paño. Deje reposar en un lugar caliente durante 45 minutos o hasta que haya doblado de tamaño. Aplaste la masa para expulsar el aire y amásela de nuevo sobre la superficie de trabajo ligeramente enharinada durante 1 minuto. Añada las aceitunas.

3 Divida la masa por la mitad, forme dos rectángulos y colóquelos en dos moldes engrasados de 15 x 25 cm. Cubra los moldes con una película de plástico y déjelos reposar en un sitio cálido durante 1 hora o hasta que la masa se haya hinchado. Precaliente el horno a 200 °C (180 °C en uno de convección).

4 Presione los dedos contra la masa en 12 sitios, rocíe por encima con 2 cucharadas de aceite de oliva y espolvoree la sal. Hornee 30-35 minutos, hasta que el pan esté dorado. Reparta el resto del aceite por encima y cubra los panes con unos paños hasta obtener una costra blanda. Córtelos en rebanadas y sírvalas calientes.

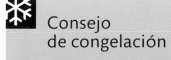

Consejo de congelación

Envuelva y congele tras espolvorear con sal en el paso 4.
Para servir Hornee el pan congelado a 200 °C (180 °C en uno horno de convección) 35-40 minutos, hasta que esté bien cocido.

Pan de nueces y ajo

PARA 8 PERSONAS

aceite para engrasar

*500 g de harina de fuerza blanca
enriquecida con granos de centeno
y trigo, más un poco para espolvorear*

*1 sobre de 7 g de levadura de panadero
seca y rápida*

2 cucharaditas de sal

2 cucharadas de extracto de malta

50 g de mantequilla ablandada

3 dientes de ajo picados

100 g de nueces troceadas

1 cucharada de leche

TIEMPO DE PREPARACIÓN 20 minutos,
más 45 minutos de levado

TIEMPO DE COCCIÓN 1 hora 50 minutos

POR PORCIÓN

359 calorías

15 g de grasas (de las cuales 4 g saturadas)

52 g de hidratos de carbono

1,3 g de sal

TÉCNICAS

Véase también ajo (pág. 171)

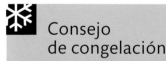

Consejo de congelación

En el paso 3, baje la temperatura
del horno a 200 °C (180 °C en
uno de convección) y continúe
horneando 40 minutos. Retire
del horno y deje enfriar en el
molde. Congele hasta 1 mes.
Para servir Si está congelado,
cúbralo con papel de aluminio,
póngalo sobre una placa y hornee
a 220 °C 45 minutos.

1 Engrase un molde de paredes desmontables de 20 cm de diámetro.
Mezcle la harina, la levadura y la sal en el cuenco de la amasadora con
las varillas de amasar. Añada 300 ml de agua tibia y 1 cucharada de extracto
de malta, y mezcle la masa. Aumente la velocidad y amase 5 minutos.

2 Enharine un poco la superficie de trabajo, vuelque la masa y extiéndala
hasta formar un rectángulo de 40 x 28 cm. Mezcle la mantequilla y el ajo,
y extienda sobre la masa. Reparta las nueces por encima y empezando
por un extremo alargado, enrolle la masa dándole forma de salchicha. Córtela
en 8 porciones y colóquelas en el molde. Cubra con una película de plástico
ligeramente aceitada y deje levar en un lugar caliente 45 minutos o hasta
que haya doblado de tamaño. Precaliente el horno a 220 °C (200 °C en uno
de convección) y precaliente una placa de hornear.

3 Retire la película de plástico, cubra el pan con papel de aluminio y colóquelo
sobre la placa caliente. Hornee 20 minutos. Reduzca la temperatura del horno
a 200 °C (180 °C en uno de convección) y hornee 1 hora 10 minutos.

4 Mezcle la leche con el resto del extracto de malta y pincele el glaseado
resultante sobre el pan. Hornee éste (destapado) durante 5 minutos o hasta
que la superficie esté bien dorada. Déjelo enfriar un poco en el molde, retírelo
y sírvalo caliente.

Pan de maíz caliente

PARA 8 PERSONAS

aceite para engrasar

125 g de harina

175 g de polenta o harina de maíz

1 cucharada de levadura en polvo

1 cucharada de azúcar blanquilla

285 ml de suero o cantidades iguales
   de yogur natural y leche mezclados

2 huevos medianos

4 cucharadas de aceite de oliva virgen

TIEMPO DE PREPARACIÓN 10 minutos

TIEMPO DE COCCIÓN 25-30 minutos,
más 5 minutos de reposo

POR PORCIÓN

229 calorías

8 g de grasas (de las cuales 1 g saturadas)

32 g de hidratos de carbono

1,3 g de sal

1 Precaliente el horno a 200 °C (180 °C en uno de convección). Engrase con generosidad un molde cuadrado de 20 cm de lado.

2 Vierta la harina en un cuenco grande y añada la polenta o la harina de maíz, la levadura en polvo, el azúcar y la sal. Haga un hueco en el centro y vierta dentro el suero o la mezcla de yogur y leche. Añada los huevos y el aceite, y mezcle hasta que todo esté bien amalgamado.

3 Vierta la mezcla en el molde y hornee 25-30 minutos, hasta que quede firme al tacto. Pinche el pan con una broqueta metálica en el centro: si sale limpia, el pan está hecho.

4 Deje reposar el pan en el molde durante 5 minutos, vuélquelo y córtelo en triángulos. Sírvalo caliente con mantequilla.

Pan de moca dulce

PARA 1 PAN (10 REBANADAS)

425 g de harina de fuerza blanca,
más un poco para espolvorear

1 cucharadita de sal

1 sobre de 7 g de levadura de panadero
rápida

150 g de azúcar moreno dorado

3 huevos grandes

150 ml de crema de leche espesa

50 g de mantequilla derretida

aceite para engrasar

4 cucharadas de gránulos de café
instantáneo

200 g de chocolate negro de calidad
picado

50 g de pacanas

TIEMPO DE PREPARACIÓN 25 minutos,
más 2 horas de levado

TIEMPO DE COCCIÓN 45 minutos

POR REBANADA

477 calorías

24 g de grasas (de las cuales 12 g
saturadas)

62 g de hidratos de carbono

0,6 g de sal

TÉCNICAS

Véase también elaborar pan (pág. 300),
elegir el chocolate (pág. 357),
forrar moldes (pág. 322)

1 Tamice la harina y la sal sobre un cuenco. Agregue la levadura y 75 g de azúcar. Bata en otro cuenco los huevos, la crema de leche y la mantequilla. Haga un hueco en el centro de la harina y vierta dentro la mezcla. Remueva hasta obtener una masa blanda. Vuélquela sobre la superficie de trabajo enharinada y amásela 5-10 minutos. Transfiérala a un cuenco aceitado, cubra con una película de plástico aceitada y deje levar en un lugar caliente hasta que haya doblado de tamaño. Vierta 50 g de azúcar en un cazo con 5 cucharadas de agua y caliente hasta que se haya disuelto. Mezcle con el café. Lleve a ebullición y cueza 1 minuto a fuego lento. Deje enfriar.

2 Engrase y forre un molde de paredes desmontables de 20 cm de diámetro. Vuelque la masa sobre la superficie de trabajo enharinada y divídala en cuatro. Extienda cada pieza formando un círculo de 25 cm. Presiónelo contra la base del molde de forma que los extremos suban un poco. Reparta por encima 50 g de chocolate. Extienda un tercio del almíbar de café. Coloque encima otra porción de masa y píncela con la primera para que se unan. Repita la operación con el resto de masa. Pincele con agua y reparta los frutos secos.

3 Cubra con una película de plástico aceitada y deje levar hasta que la masa casi alcance el borde del molde. Precaliente el horno a 220 °C. Hornee 15 minutos, reduzca la temperatura a 170 °C. Cubra con papel de aluminio y hornee 30 minutos. Transfiera a una rejilla metálica.

Toques finales

Mientras el pan esté caliente, ponga el resto del azúcar en un cazo pequeño con 4 cucharadas de agua y caliente a fuego lento hasta que se disuelva. Lleve a ebullición y hierva 1 minuto. Retire del fuego y mezcle con el resto del chocolate. Reparta sobre el pan y deje enfriar.

Pan de cerezas dulces

PARA 8 PERSONAS

aceite para engrasar

350 g de harina de fuerza blanca,
más un poco para espolvorear

½ cucharadita de sal

2 cucharaditas de mezcla de especias molidas

1 cucharada de canela

25 g de azúcar blanquilla

25 g de levadura de panadero fresca
o 15 g de levadura de panadero
seca y rápida

75 g de mantequilla a dados

200 ml de leche caliente

140 g de pasta de almendras picada
no muy fina

140 g de cerezas confitadas

3 cucharadas de miel caliente

75 g de azúcar lustre tamizado

TIEMPO DE PREPARACIÓN 40 minutos,
más 2 ½ horas de levado

TIEMPO DE COCCIÓN 40 minutos

POR PORCIÓN

310 calorías

4 g de grasas (de las cuales hay trazas
de saturadas)

66 g de hidratos de carbono

0,4 g de sal

TÉCNICAS

Véase también elaborar pan (pág. 300)

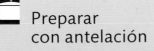

Preparar
con antelación

Complete la receta. Guarde el pan
en un recipiente hermético hasta
2 días.

1 Engrase el fondo y las paredes de un molde para pasteles hondo de 20 cm de diámetro. Tamice sobre un cuenco la harina, la sal, las especias y el azúcar lustre. Frote la mezcla con la mantequilla. Si emplea levadura fresca, disuélvala en la leche. Añada la mezcla de levadura, o de leche, a la harina y amase. Si la masa está demasiado seca, añada un poco más de leche. Vuelque la masa sobre la superficie de trabajo enharinada y amásela 10 minutos. Para ir más rápido, ponga la masa en el robot (con la varilla de amasar) y amase 2-3 minutos. Vierta la masa en un cuenco aceitado, cúbrala con una película de plástico aceitada y déjela en un lugar cálido 2 horas, hasta que haya doblado de tamaño.

2 Vuelque la masa sobre la superficie de trabajo enharinada y amásela un poco. Forme con ella un óvalo de 50 cm de longitud. Reparta la pasta de almendras y las cerezas sobre la superficie, enrolle la masa a lo largo y luego forme un círculo. Póngalo en el molde, cubra y deje levar en un lugar caliente 30 minutos o hasta que haya doblado de tamaño y esté esponjosa al tacto. Precaliente el horno a 180 °C (160 °C en uno de convección).

3 Hornee 40 minutos o hasta que el pan esté dorado y suene a hueco por debajo. Transfiéralo a una rejilla para que se enfríe. Una vez frío, glaséelo con miel. Para preparar el glaseado, mezcle el azúcar lustre con unas gotas de agua hasta formar una pasta y vierta sobre el pan.

Kugelhopf

PARA 12 PERSONAS

200 g de pasas sin pepitas, si es posible

3 cucharadas de ron claro

2 cucharaditas de levadura de panadero
seca y rápida

300 g de harina blanca, más un poco
para espolvorear

4 huevos grandes

100 ml de leche

225 g de mantequilla ablandada,
más un poco para engrasar

75 g de azúcar blanquilla

una pizca de sal

la cáscara de limón

100 g de almendras marcona fileteadas,
ligeramente tostadas

azúcar lustre para espolvorear

frutas confitadas enteras, frutos secos y grageas
doradas o plateadas para decorar

TIEMPO DE PREPARACIÓN 45 minutos,
más toda la noche de refrigeración,
más 3 horas de levado

TIEMPO DE COCCIÓN 50-55 minutos

POR PORCIÓN

382 calorías

22 g de grasas (de las cuales 11 g
saturadas)

39 g de hidratos de carbono

0,4 g de sal

Consejo de cocinero

- Este pastel se prepara
  con levadura, por lo que
  es preferible consumirlo
  al cabo de 2 días, o se secará.
  Si le quedan restos, envuélvalos
  y congélelo en rebanadas.

- Si no tiene una mezcladora
  con varillas para batir, utilice
  un robot con una hoja de
  plástico plana.

1 Mezcle las pasas y el ron, tape y refrigere toda la noche. Vierta la levadura y la harina en la batidora. Bata ligeramente los huevos y la leche y, con la máquina trabajando a velocidad lenta, vierta la mezcla de huevo y mezcle 10 minutos, hasta que la masa esté muy lisa, brillante y elástica. Bata en otro cuenco la mantequilla, el azúcar blanquilla, la sal y la cáscara de limón, y agregue la masa cucharada a cucharada, hasta que quede bien mezclada. Vuelque la mezcla en un cuenco grande ligeramente enharinado. Cubra con una película de plástico y refrigere toda la noche.

2 Engrase con abundante mantequilla un molde de anillo para *kugelhopf* de 2 l de capacidad. Presione un tercio de las almendras contra las paredes del molde. Enfríe. Pique en trozos no muy finos el resto. Mezcle a mano la masa con las pasas y el ron, y luego colóquela en el molde, tape y deje reposar 3 horas en un lugar cálido hasta que la masa esté esponjosa y haya subido 2 cm de la altura del molde.

3 Precaliente el horno a 200 °C (180 °C en uno de convección). Hornee en el centro durante 10 minutos. Cubra con papel sulfurizado, reduzca la temperatura a 190 °C (170 °C en uno de convección) y hornee 40-45 minutos, hasta que el *kugelhopf* suene a hueco. Déjelo enfriar en el molde 15 minutos. Vuélquelo sobre una rejilla metálica para que se enfríe por completo. Decore y sirva espolvoreado con azúcar lustre.

Budín de *panettone*

PARA 4-6 PERSONAS

50 g de mantequilla a temperatura
  ambiente, más un poco para engrasar
500 g de panettone cortado a rebanadas
  de 5 mm de grosor
3 huevos grandes batidos
150 g de azúcar moreno
300 ml de leche entera
140 ml de crema de leche espesa
la cáscara de 1 naranja

TIEMPO DE PREPARACIÓN 20 minutos,
más 20 minutos de remojo
TIEMPO DE COCCIÓN 35-45 minutos

POR PORCIÓN

872 calorías para 4 personas
43 g de grasas (de las cuales 24 g
  saturadas)
109 g de hidratos de carbono
1,4 g de sal

581 calorías para 6 personas
29 g de grasas (de las cuales 16 g
  saturadas)
73 g de hidratos de carbono
0,9 g de sal

TÉCNICAS

Véase también retirar las cáscaras
de los cítricos (pág. 207)

1 Engrase con un poco mantequilla las rebanadas de *panettone*. Trocéelas y colóquelas en un molde refractario de 2 l de capacidad engrasado con mantequilla.

2 Mezcle los huevos con el azúcar y luego bátalos con la leche, la crema y la cáscara de naranja. Vierta la mezcla sobre el *panettone* y déjelo remojar 20 minutos.

3 Coloque el molde en una fuente para asar y vierta agua dentro de ésta hasta alcanzar la mitad de la altura del molde. Hornee a 170 °C (150 °C en un horno de convección) 35-45 minutos hasta que el budín esté cuajado en el centro y dorado.

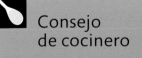

Consejo de cocinero

El *panettone* es un pan de frutas
dulces navideño típico de Italia.

Pizza de atún

PARA 4 PERSONAS

2 bases de pizza grandes

*4 cucharadas de pesto de tomates
secados al sol*

2 latas de atún de 185 g, escurridas

*50 g de anchoas en aceite, escurridas
y picadas*

125 g de queso cheddar curado

roqueta para acompañar

TIEMPO DE PREPARACIÓN 10 minutos

TIEMPO DE COCCIÓN 10-12 minutos

POR PORCIÓN

670 calorías

33 g de grasas (de las cuales 10 g
saturadas)

51 g de hidratos de carbono

3,1 g de sal

TÉCNICAS

Véase también pizzas (pág. 306)

1   Precaliente el horno a 220 °C (200 °C en uno de convección). Extienda sobre cada una de las bases 2 cucharadas de pesto de tomates secados al sol. Cubra cada una con la mitad del atún, así como con la mitad de las anchoas y del queso rallado.

2   Coloque las bases sobre una placa de hornear y hornee 10-12 minutos, hasta que el queso se haya derretido. Esparza la roqueta por encima antes de servir.

Consejo de cocinero

Puede preparar sus propias bases para pizza siguiendo la técnica de la pág. 306, o bien comprarlas ya preparadas en el supermercado. También puede comprar bases frescas envasadas al vacío, o bien mezclas para preparar en casa.

Pizza de queso y ajo

PARA 4 PERSONAS

280 g de base para pizza

*2 paquetes de 150 g de queso con hierbas
    y ajo*

*12 tomates enteros secos, sin aceite
    y cortados en trozos no muy pequeños*

40 g de piñones

12 hojas de perejil fresco

3 cucharadas de aceite de oliva

TIEMPO DE PREPARACIÓN 20 minutos

TIEMPO DE COCCIÓN 30 minutos

POR PORCIÓN

698 calorías

48 g de grasas (de las cuales 17 g
    saturadas)

54 g de hidratos de carbono

1,2 g de sal

TÉCNICAS

Véase tambien coberturas de pizza
(pág. 306)

1 Coloque una base de piedra para pizzas en el horno y precaliente éste a 220 °C (200 °C en uno de convección).

2 Mezcle la base de la pizza de acuerdo con las instrucciones del fabricante. En una superficie de trabajo ligeramente enharinada, amase unos minutos, hasta que quede ligera. Extiéndala de modo que tenga 33 cm de diámetro. Transfiérala a la base de piedra precalentada. Forme un reborde alrededor.

3 Reparta el queso sobre la base y extiéndalo con ayuda de un cuchillo plano. A continuación, añada los tomates secos, los piñones y las hojas de perejil.

4 Añada el aceite y hornee 20-30 minutos, hasta que la parte del centro adquiera una tonalidad dorada.

Consejo de cocinero

Vale la pena comprar una base de piedra para pizzas: la masa queda más crujiente.

PASTELES, GALLETAS Y PASTAS

Aprenda los secretos de la pastelería casera con las instrucciones paso a paso recogidas en el presente capítulo, que muestran las diferentes técnicas de preparación y cocción, desde forrar moldes y preparar mezclas para galletas y pasteles, hasta rellenarlos y decorarlos. Se incluyen, además, útiles consejos para obtener los mejores resultados, desde cómo comprobar si un pastel o unas galletas están bien cocidos a cómo enfriarlos. Asimismo, se propone una serie de maravillosas recetas para niños y adultos, como las pastas de almendras, las casitas de jengibre, las madalenas de manzana, las mantecadas de chocolate y frutos secos, el bizcocho de lima, el pastel de manzana y arándanos, los pastelitos de zanahoria y el anillo de jengibre.

Forrar moldes

Forre siempre los moldes con papel sulfurizado para que el pastel no se pegue a las paredes o el fondo ni se queme. Engrase primero el molde para mantener el papel en su sitio.

Molde cuadrado

1 Corte un cuadrado de papel sulfurizado algo más pequeño que la base del molde. Corte 4 tiras de papel con 2 cm más de altura que las paredes del molde y doble 1 cm hacia arriba uno de los bordes largos.

2 Engrase un poco el molde con mantequilla, asegurándose de que quede bien recubierto.

3 Corte una tira de papel dándole la longitud de un lado del molde, y presiónela contra una esquina y luego a lo largo de una cara con la sección doblada situada contra la base del molde. Continúe con el resto de lados, cortando las tiras para que encajen en las esquinas.

4 Coloque el cuadrado de papel en la base del molde y engráselo sin mover las tiras de las paredes.

Molde redondo

1 Coloque el molde sobre una lámina de papel sulfurizado y dibuje un círculo alrededor de su circunferencia. Corte justo por dentro de la línea dibujada.

2 Corte una tira o varias tiras de unos 2 cm más alta que la altura del molde y doble 1 cm un extremo largo. Realice unos cortes de unos 2,5 cm espaciados en el lado doblado de la tira.

3 Engrase el molde con un poco de mantequilla, asegurándose de que quede cubierto por completo.

4 Presione la tira contra las paredes del molde hasta que el lado recortado quede en la base.

5 Coloque el círculo de papel en el fondo del molde y engráselo.

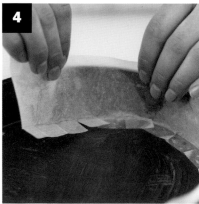

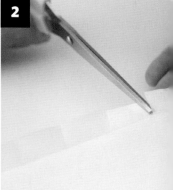

Molde para brazo de gitano

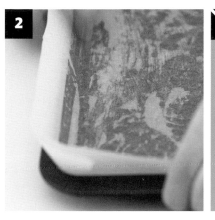

Utilice este método con moldes para brazo de gitano u otro pastel plano.

1 Engrase el molde con mantequilla, hasta que quede cubierto.

2 Corte un trozo de papel sulfurizado y forme un rectángulo 7,5 cm más ancho y largo que el molde. Presione y córtelo en las esquinas; ajuste el papel contra las esquinas. Engrase el papel.

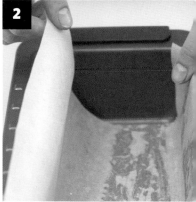

Forros perfectos

- Utilice papel sulfurizado para todos los pasteles y papel para hornear para rollos y merengues.
- Aplique la mantequilla con un trozo pequeño de papel sulfurizado. No engrase demasiado el molde, pues «freiría» los bordes del pastel.

Molde para pan

1 Engrase el molde con un poco de mantequilla, asegurándose de que quede cubierto por completo.

2 Corte una lámina de papel sulfurizado de la misma longitud que la base y la suficiente anchura para cubrir tanto la base como las paredes alargadas del molde. Presiónelo y asegúrese de que cubre los bordes.

3 Corte ahora otra lámina de papel de la misma anchura que la base y lo bastante larga como para cubrir tanto la base como los extremos del molde. Presione y engrase.

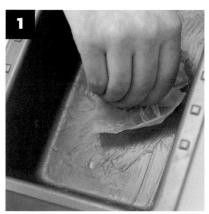

Pasteles

Puede preparar una amplia selección de pasteles utilizando tan sólo tres técnicas básicas: los pasteles cremosos, los todo en uno y los pasteles batidos.

Bizcochos cremosos

Puede utilizar un bizcocho clásico para preparar otros muchos pasteles, como los de frutas y chocolate.

Necesita 175 g de mantequilla ablandada, 175 g de azúcar blanquilla, 3 huevos medianos, 175 g de harina con levadura incorporada, 150 g de queso mascarpone, 4 cucharadas de confitura de frambuesas y azúcar lustre para espolvorear

1 Precaliente el horno a 180 °C (160 °C en uno de convección). Engrase y forre la base de dos moldes para bizcocho de 18 cm de diámetro con papel sulfurizado.

2 Ponga en un cuenco la mantequilla y el azúcar, y bata con la batidora eléctrica o una cuchara de madera hasta que la mezcla esté pálida, blanda y cremosa.

3 Bata los huevos y añádalos de forma gradual a la mezcla de mantequilla y azúcar, hasta que la mezcla esté espesa y con cierta consistencia. O añada una cucharada de harina mientras incorpora los huevos para evitar que se corten.

4 Agregue la harina, divida la mezcla entre los dos moldes y nivele la superficie. Hornee 25-30 minutos, hasta que los bizcochos estén dorados y firmes al tacto. Déjelos enfriar un poco en los moldes y vuélquelos sobre una rejilla metálica.

5 Cuando estén fríos, extienda sobre uno el mascarpone y luego la confitura. Coloque el otro por encima y presione. Pase el pastel a una fuente de servicio y espolvoréelo con azúcar lustre tamizado.

Enfriar pasteles

- Los bizcochos deben retirarse del molde una vez horneados. Vuélquelos sobre una rejilla metálica forrada.
- Deje enfriar los pasteles de frutas 15 minutos antes de volcarlos.
- Enfríe por completo los pasteles de frutas más densos antes de volcarlos, pues podrían romperse.

Comprobar la cocción de los bizcochos

1 Presione suavemente el centro del bizcocho. Debe sentirlo flexible. Si se trata de un pastel batido, debe separarse un poco de las paredes del molde.

2 Si tiene que devolver el bizcocho al horno, cierre con suavidad la puerta del mismo para que las vibraciones no provoquen que el pastel se hunda en el centro.

Bizcocho genovés batido

Para este pastel, indicado para acompañar el café, necesita 1 cucharada de gránulos de café instantáneo, 50 g de mantequilla, 4 huevos grandes y 125 g de azúcar moreno claro, 125 g de harina tamizada. Para el relleno, 1 cucharada de café instantáneo, 250 g de mascarpone y 125 g de azúcar lustre tamizado (mejor moreno), más un poco para espolvorear.

1 Precaliente el horno a 190 °C (170 °C en uno de convección). Forre dos moldes de 18 cm de diámetro. Disuelva el café en 2 cucharaditas de agua hirviendo.

2 Derrita la mantequilla en un cazo pequeño. Vierta los huevos y el azúcar en un cuenco grande dispuesto sobre una cacerola con agua apenas hirviendo. Bátalos unos 5 minutos con la batidora hasta que la mezcla esté cremosa, y deje un rastro al levantar las varillas.

3 Incorpore con cuidado la mitad de la harina. Mezcle el café con la mantequilla y vierta la mitad en los extremos de la preparación; añada el resto de harina, café y mantequilla.

4 Vierta la masa en los moldes y hornee 25 minutos, hasta que hayan subido y se separen de las paredes del molde. Vuelque los bizcochos sobre rejillas metálicas, retire el papel y déjelos enfriar.

5 Para el relleno, disuelva el café en 1 cucharada de agua hirviendo y bátalo con el mascarpone y el azúcar hasta que la mezcla esté homogénea. Extiéndela sobre un bizcocho, cubra con el otro y espolvoree con azúcar lustre.

Pastelitos de cereza todo en uno

Para preparar 12 pastelitos necesita 175 g de mantequilla ablandada, 175 g de azúcar moreno claro, 3 huevos medianos, 175 g de harina con levadura (tamizada), una pizca de levadura en polvo, 75 g de guindas secas y 2 cucharadas de leche.

1 Precaliente el horno a 190 °C (170 °C en uno de convección). Forre una placa de 12 cavidades. Coloque en un cuenco mezclador la mantequilla, el azúcar, los huevos, la harina y la levadura en polvo.

2 Mezcle lentamente al principio y luego aumente la velocidad hasta que estén bien mezclados. Incorpore las cerezas y la leche. Vierta en los moldes y hornee 15-20 minutos, hasta que los pastelillos adquieran un color dorado claro y estén hinchados y flexibles al tacto. Déjelos enfriar sobre una rejilla. Glaséelos con crema de mantequilla.

Pastel marmoleado

Necesita 175 g de mantequilla ablandada, 175 g de azúcar moreno claro, 3 huevos medianos, 125 g de harina con levadura, 50 g de almendras molidas, 1 cucharadita de levadura en polvo, la cáscara rallada de 1 naranja, 1 cucharada de brandy y 4 cucharadas de cacao en polvo tamizado.

1 Precaliente el horno a 190 °C (170 °C en uno de convección). Forre un molde para pan de 900 g.

2 Bata la mantequilla y el azúcar e incorpore los huevos uno a uno sin dejar de batir. Tamice por encima la harina, las almendras y la levadura en polvo. Mezcle con la cáscara de naranja y el brandy.

3 Divida la mezcla entre dos cuencos y agregue a uno el cacao sin dejar de remover. Repártalas formando dos capas y pase luego una broqueta a través de ambas. Hornee 45 minutos.

Pastel de frutas

Necesita 75 g de higos secos, 75 g de ciruelas pasas, 150 ml de té Earl Grey, 200 g de pasas, 150 g de azúcar mascabado, 2 huevos, 335 g de harina con levadura, 2 cucharaditas de especias molidas y aceite.

1 Pique los higos y ciruelas, y con las sultanas en el té remójelos durante 30 minutos.

2 Bata el azúcar y los huevos; mezcle con el azúcar, las especias, las frutas y el té.

3 Precaliente el horno a 190 °C (170 °C en uno de convección). Engrase un molde para pan de 900 g y fórrelo con papel sulfurizado. Vierta la mezcla y hornee 1 hora (al insertar una broqueta en el centro ésta debe salir limpia). Deje enfriar el pastel sobre una rejilla. Sírvalo en porciones, acompañado con mantequilla.

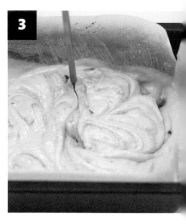

Comprobar la cocción de pasteles de frutas

1 Para saber si un pastel de frutas está cocido, inserte una broqueta en el centro del mismo, déjela unos momentos y retírela. Si sale de forma limpia, el pastel está listo.

2 Si la mezcla se pega a la broqueta, el pastel no está del todo cocido. Métalo en el horno unos pocos minutos y compruebe de nuevo con una broqueta limpia.

Problemas

Textura densa puede deberse a que hay poca levadura o a que los huevos han añadido demasiado rápido.
Superficie abombada o cuarteada
Aparece si el horno estaba demasiado caliente o el pastel demasiado cerca de la parte superior del horno, si el molde era demasiado pequeño o si se empleó demasiada levadura.

Brazos de gitano

Los brazos de gitano se elaboran con masas muy ligeras que no contienen harina. Quedan muy blandos al hornearse y pueden enrollarse con facilidad alrededor de un relleno, como crema batida y confitura.

Brazo de gitano de chocolate y cerezas

Para 8 personas necesita 4 cucharadas de cacao en polvo, 150 ml de leche, 5 huevos medianos separados, 125 g de azúcar moreno claro, 400 g de cerezas deshuesadas en conserva, 1-2 cucharadas de confitura de cerezas y azúcar lustre tamizado para espolvorear.

1 Precaliente el horno a 180 °C (160 °C en uno de convección) y forre un molde para brazo de gitano de 30 x 20 cm con papel para hornear.

2 Mezcle en un cuenco el cacao con 3 cucharadas de leche. Caliente el resto de la leche en un cazo hasta que esté casi a punto de hervir. Viértala sobre el cacao, mezcle bien y deje enfriar 10 minutos.

3 Mientras, separe los huevos. Bata en un cuenco las claras a punto de nieve y en otro las yemas con el azúcar hasta que la mezcla esté pálida y espesa; incorpore poco a poco la leche enfriada.

4 Agregue las claras batidas, reparta la mezcla en el molde y nivélela. Hornee 25 minutos, hasta que quede firme.

5 Vuelque el bizcocho sobre una tabla forrada con papel de hornear y retire el papel. Cubra con un paño húmedo.

6 Escurra las cerezas y píquelas. Extienda la confitura sobre el bizcocho y cúbrala con las frutas picadas.

7 Enrolle el extremo más corto. Espolvoree con cacao y azúcar lustre.

 ## Variante

Puede añadir crema de leche batida al bizcocho, pero primero deberá enfriarlo. Para ello, vuélquelo sobre papel de hornear. No retire el papel con el que ha forrado el molde y enrolle el bizcocho alrededor del mismo mientras todavía esté caliente. Déjelo enfriar, desenrolle y pele el papel. Extienda la crema batida y la confitura, y enrolle de nuevo.

Pastelitos y *muffins*

Los pastelitos y *muffins* son pasteles individuales elaborados con una mezcla de harina con levadura y horneados en moldes individuales o placas especiales.

Pastelitos de vainilla

Para 12 personas necesita 275 g de harina, 125 g de mantequilla ablandada, 125 g de azúcar blanquilla, 2 huevos, 125 g de harina con levadura, 1 cucharada de extracto de vainilla, 200 g de chocolate blanco.

1 Precaliente el horno a 190 °C. Forre un molde para pastelitos o madalenas con 12 moldes de papel.

2 Bata la mantequilla, el azúcar, los huevos, y la vainilla hasta que la mezcla esté cremosa y lisa. Llene los moldes hasta la mitad y hornee de 15-20 minutos hasta que estén dorados, hinchados y elásticos al tacto. Transfiéralos a una rejilla para que se enfríen.

3 Cuando estén fríos, derrita el chocolate (*véase* pág. 356). Repártalo sobre los pastelitos y déjelo cuajar.

Muffins de plátano y pacanas

Para 12 personas necesita, 275 g de harina con levadura incorporada, 1 cucharada de bicarbonato sódico, 1 cucharadita de sal, 3 plátanos grandes muy maduros (unos 450 g), pelados y aplastados, 125 g de azúcar moreno claro, 1 huevo grande, 50 ml de leche, 75 g de mantequilla derretida y 50 g de pacanas tostadas picadas

1 Precaliente el horno a 180 °C. Forre una placa para pastelillos individuales con 12 moldes. Tamice juntos la harina, el bicarbonato y la sal, y reserve.

2 Mezcle los plátanos, el azúcar, los huevos y la leche, vierta la mantequilla derretida y mezcle bien. Añada la harina junto con los frutos secos, removiendo rápida y suavemente unas pocas veces.

3 Llene los moldes hasta la mitad.

4 Hornee 20 minutos hasta que estén hinchados y dorados. Déjelos enfriar.

Muffins perfectos

El secreto de unos *muffins* ligeros es una mano ligera.

- Asegúrese de tamizar la harina.
- Mezcle la preparación lo menos posible de modo que parezca un poco granulosa.
- Si la mezcla en exceso, obtendrá una masa más densa.

Pasteles de queso

Hay muchas maneras de preparar este pastel tradicional, que tanto puede hornearse como enfriarse y cuajarse con gelatina. Al hornear, vigile que la temperatura no sea demasiado elevada, pues el calor excesivo podría cuartear la superficie.

Pastel de queso y limón

Necesita 125 g de mantequilla, 250 g de galletas *digestive*, 1 limón grande, 2 huevos medianos, 500 g de queso cremoso entero, 140 ml de crema acidificada, 175 g de azúcar moreno claro, 1 ½ cucharaditas de extracto de vainilla, 1 cucharadita de maicena y 50 g de sultanas.

1 Engrase la base y las paredes de un molde de paredes desmontables de 23 cm de diámetro. Derrita la mantequilla en una cacerola grande. Pique las galletas en el robot o en una bolsa de plástico aplástelas con un rodillo. Mézclelas con la mantequilla, vierta en la base y presione hacia abajo con el dorso de una cuchara. Refrigere 1 hora.

2 Precaliente el horno a 180 °C (160 °C en uno de convección). Ralle la cáscara de limón sobre un cuenco y resérvela. Corte el limón por la mitad y guarde 3 rodajas, exprima el zumo y añádalo.

3 Agregue los huevos, el queso cremoso, la crema agria, la vainilla y la maicena. Bata con una batidora de varillas; cuando esté homogénea, incorpórele las sultanas.

4 Vierta la preparación en el molde y golpee la base hasta nivelarla.

5 Hornee 30 minutos, coloque encima las rodajas de limón y hornee 20-25 minutos, hasta que la crema esté cuajada pero tiemble en el centro.

6 Refrigere y retire de la nevera 30 minutos antes de servir.

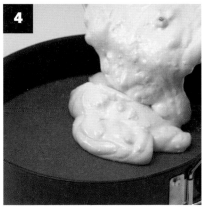

Pastel de queso refrigerado

Los pasteles de queso no horneados se suelen cuajar con gelatina y se preparan con una mezcla de queso crema y, a veces un poco de queso fresco granulado, aromatizados con cáscara de limón. La mezcla se vierte sobre una base de migas de galletas mezcladas con mantequilla derretida, que se presionan contra la base del molde y se dejan enfriar hasta que están bien firmes. El pastel se refrigera para que cuaje. Pueden añadírsele un *coulis* o puré de frutas.

Rellenar y recubrir pasteles

Para que los bizcochos queden aún más sabrosos, pueden cortarse y rellenarse con confitura, crema batida o crema de mantequilla. Los recubrimientos glaseados quedan muy bien con mazapán casero.

Cortar un pastel a capas y rellenarlo

1 Deje enfriar el pastel antes de cortarlo. Utilice un cuchillo de hoja fina, como por ejemplo, un jamonero, un cuchillo de pan o uno para trinchar. Corte una entalla de arriba abajo a un lado para que sepa dónde deberá montar luego las capas.

2 Corte por el centro del pastel, entre la base y la superficie, un 30 % del total en sentido horizontal. Vaya dando la vuelta al pastel mientras lo corta, manteniendo la hoja del cuchillo paralela con la base, hasta cortar toda una capa.

3 Corte ahora el núcleo central y levante la capa superior del pastel.

4 Caliente un poco el relleno y luego extiéndalo sobre la base del pastel (deténgase a 1cm de los bordes).

5 Agregue la capa superior.

Glaseado de crema de mantequilla

Para recubrir la superficie de un pastel de 20 cm de diámetro, necesita 75 g de mantequilla, 175 g de azúcar lustre tamizado, unas gotas de extracto de vainilla y 1-2 cucharadas de leche.

1 Ablande la mantequilla en un cuenco mezclador y bátala hasta que esté ligera y esponjosa.

2 Mézclela con el resto de ingredientes y bata hasta que la crema esté lisa.

Variaciones

- **Cítricos** Sustituya la vainilla por un poco de cáscara de naranja, limón o lima, y utilice parte del zumo de la fruta en vez de lech
- **Chocolate** Mezcle 1 cucharada de cacao en polvo con 2 cucharadas de agua hirviendo. Enfríe y añada a la mezcla.

Mazapán

El mazapán es una cobertura tan versátil como atractiva y puede utilizarse de diferentes formas. El mazapán casero tiene un sabor especial y es fácil de preparar.

Para preparar 450 g de mazapán, necesita 225 g de almendras molidas, 125 g de azúcar moreno claro, 125 g de azúcar lustre moreno claro, 1 huevo grande, 2 cucharaditas de zumo de limón, 1 cucharadita de jerez, 1-2 gotas de extracto de vainilla.

1 Coloque las almendras molidas y los azúcares en un cuenco, y mézclelos. Bata juntos en otro cuenco el resto de ingredientes y agréguelos a los secos.

2 Mézclelos bien y apriete con suavidad hasta desprender el aceite de las almendras. Amase con las manos hasta que la mezcla quede homogénea. Envuélvala hasta el momento de utilizarla.

Cubrir un pastel con mazapán

Para obtener un pastel totalmente plano, inviértalo sobre una lámina de papel sulfurizado. La base se convertirá después en la parte superior. Pincele la parte superior y los lados con un poco de confitura de albaricoque derretida para que el mazapán se adhiera al pastel. Prepare una salchicha de mazapán larga y estrecha, y colóquela alrededor de la base del pastel. Presiónela contra el mismo. Rellene cualquier agujero con trozos pequeños de mazapán. Extienda éste de modo que alcance los 5 mm de grosor. Enróllelo en torno al rodillo y colóquelo sobre el pastel. Con la palma de la mano, presione sobre la superficie y los lados del pastel. Recorte el exceso depositado en la base. Déjelo endurecer unos 2 días antes de glasear el pastel.

Glaseado simple

Para cubrir un pastel de 20 cm recubierto con mazapán, necesita 3 claras de huevo medianas, 2 cucharadas de zumo de limón, 2 cucharaditas de glicerina y 675 g de azúcar lustre tamizado.

1 Vierta las claras en un cuenco grande y bátalas hasta que estén espumosas. Debe haber sólo una capa de burbujas sobre la superficie. Agregue el zumo de limón, la glicerina y 2 cucharadas de azúcar lustre, y bata hasta que la mezcla quede lisa.

2 Incorpore sin dejar de batir y poco a poco el resto del azúcar, hasta que la mezcla espese y forme picos blandos.

3 Con un cuchillo paleta, reparta la mitad del glaseado sobre las paredes y los lados del pastel, y repita la operación con el resto hasta recubrirlo por completo. Pase el cuchillo por los lados, y utilice la punta del mismo para formar unos picos sobre la superficie. Déjelo secar en un lugar frío 48 horas como mínimo.

Galletas y pastas

Estas recetas cubren las principales técnicas para hacer pastas y galletas: masas cremosas, método todo en uno, masas extendidas, pastas refrigeradas, pastas batidas, pastas derretidas, moldeadas y extendidas.

Galletas de avena y chocolate

Las pastas preparadas según el método cremoso quedan firmes una vez frías.

Para preparar 18 galletas necesita 125 g de chocolate blanco, 125 g de chocolate negro, 125 g de mantequilla ablandada, 125 g de azúcar blanquilla, 1 huevo mediano, 1 cucharadita de extracto de vainilla, 125 g de copos de avena, 150 g de harina y ½ cucharadita de levadura en polvo.

1 Precaliente el horno a 180 °C (160 °C en uno de convección) y engrase un poco dos placas para hornear. Pique con un cuchillo afilado ambos chocolates en trocitos no más grandes de 1 cm.

2 Bata en un cuenco la mantequilla con el azúcar hasta que la mezcla blanquee. Agregue el huevo, la vainilla y los copos. Tamice por encima la mantequilla y la levadura, y mezcle bien. Remueva con los trocitos de chocolate.

3 Extienda cucharaditas de la mezcla sobre las placas de hornear, espaciándolas bien para que tengan sitio para extenderse. Aplánelas un poco con el dorso de un tenedor.

4 Hornee 12-15 minutos, hasta que las galletas se hayan hinchado y estén doradas. Déjelas reposar 5 minutos sobre la placa y transfiéralas a una rejilla metálica para que se enfríen. Guárdelas hasta 1 semana en un recipiente hermético.

Galletas todo en uno

La mantequilla ablandada es esencial a la hora de preparar las galletas todo en uno.

Para 30 galletas necesita 125 g de mantequilla ablandada, 150 g de azúcar blanquilla, 1 huevo mediano, 150 g de harina blanca, ½ cucharadita de levadura en polvo, una pizca de sal, 125 g de mantequilla de cacahuetes granulada y 175 g de pasas.

1 Precaliente el horno a 190 °C y engrase un poco dos placas de hornear.

2 Coloque todos los ingredientes en un cuenco, excepto las pasas, y bátalos hasta que queden bien amalgamados. Mezcle con las pasas.

3 Reparta cucharadas de café grandes de esta mezcla sobre las placas de hornear, de modo que las galletas tengan sitio para extenderse.

4 Hornee 15 minutos, hasta que los bordes de las galletas estén dorados. Déjelas enfriar un poco.

Pastas de vainilla extendidas

La forma más rápida y sencilla de preparar pastas de cierto grosor consiste en extender la masa y cortarla con un cortapastas. Debe ser lo bastante firme como para que tenga 3 mm de grosor.

Necesita 175 g de mantequilla ablandada, 200 g de azúcar moreno claro, 350 g de harina, 1 huevo, 2 cucharaditas de pasta de vainilla, 2 cucharadas de azúcar lustre moreno claro.

1 Precaliente el horno a 200 ºC (180 ºC en uno de convección). Introduzca la mantequilla, el azúcar, la harina, el huevo y la pasta de vainilla en el robot y bata hasta moldearlos. Otra opción es batir la mantequilla con el azúcar y luego mezclar con la harina, el huevo y la vainilla.

2 Extienda la masa sobre una lámina grande de papel para hornear. Presione la masa suave, pero firmemente con la palma de la mano, hasta aplanarla un poco y luego coloque encima otra lámina de papel para hornear (evitará que la masa se pegue).

3 Extienda la masa con un rodillo hasta que tenga 3 mm de grosor y retire a continuación la lámina de papel superior.

4 Con un cortapastas de 6 cm de diámetro, estampe las pastas, dejando un espacio de 3 mm entre ellas.

5 Retire los recortes de pasta alrededor de las formas y transfiera el papel de hornear con las pastas sobre una placa de hornear plana.

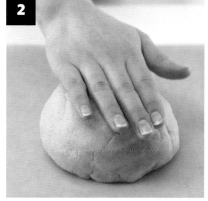

6 Extienda los recortes de pasta entre dos papeles nuevos, estampe formas como antes y transfiéralas a otra placa de hornear.

7 Hornee las pastas 10-12 minutos, hasta que adquieran un tono dorado pálido. Déjelas enfriar unos minutos y transfiéralas a una rejilla metálica para que se enfríen.

8 Espolvoree las pastas con azúcar lustre tamizado. Guárdelas en un recipiente hermético hasta 5 días.

Pastas de chocolate refrigeradas

Las pastas refrigeradas no necesitan horneado.

Para preparar 14, necesita 75 g de galletas tipo *digestive*, 50 g de almendras fileteadas ligeramente tostadas, 50 g de orejones de albaricoque finamente picados, 1 trozo de rizoma de jengibre en almíbar, escurrido y finamente picado, 75 g de chocolate blanco ligeramente picado, 175 g de chocolate negro troceado, 65 g de mantequilla y 50 g de chocolate blanco derretido para decorar.

1 Rompa las galletas y mézclelas con las almendras, los albaricoques, el jengibre y el chocolate blanco.

2 Derrita en un cuenco refractario dispuesto sobre un cazo con agua caliente el chocolate negro con la mantequilla, removiendo, hasta que la mezcla esté homogénea. Retire del fuego y deje enfriar, sin que cuaje.

3 Vierta el chocolate sobre la mezcla de galletas y mezcle.

4 Vierta la preparación sobre papel sulfurizado y envuélvala de modo que forme un rollo de unos 20 cm de longitud. Refrigérelo 1-2 horas, hasta que esté firme.

5 Corte el rollo en rodajas de 1 cm.

6 Colóquelas sobre una lámina limpia de papel sulfurizado. Con una cucharilla, reparta líneas de chocolate blanco derretido sobre las pastas para decorarlas. Refrigérelas hasta el momento de servir.

Consejo de cocinero

Asegúrese siempre de que el chocolate derretido está bastante frío antes de mezclarlo con el resto de ingredientes pues el chocolate blanco se derretiría

Pastas de jengibre

Algunas por el método de derretido son blandas, otras son desmenuzables.

Para 24 pastas necesita 125 g de jarabe de melaza dorado, 50 g de mantequilla, la cáscara rallada de 1 naranja, 2 cucharadas de zumo de naranja, 175 g de harina con levadura incorporada y 1 cucharadita de jengibre molido.

1 Precaliente el horno a 180 °C (160 °C en uno de convección) y engrase un poco 2 placas de hornear grandes.

2 Ponga en un cazo el jarabe, la mantequilla, el azúcar, la cáscara y el zumo, y caliente a fuego lento hasta que la mantequilla se derrita. Mezcle, enfríe y tamice la harina con el jengibre. Mezcle hasta que la preparación sea homogénea.

3 Coloque sobre una placa para hornear la mezcla en forma de cucharadas separadas entre sí. Hornee 12 minutos. Déjelas reposar 1 minuto y transfiérelas a una rejilla para que se enfríen.

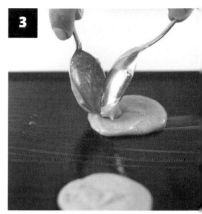

Pastas de coco

Las pastas que se preparan mediante el método del batido son ligeras y tienen muy poca grasa.

Para preparar 24 pastas necesita 2 claras de huevo medianas, 125 g de azúcar lustre tamizado, 125 g de almendras molidas, unas gotas de extracto de almendras, 125 g de coco seco y 2 cucharadas de copos de coco.

1 Precaliente el horno a 150 °C (130 °C en uno de convección). Bata las claras a punto de nieve y mézclelas con el azúcar. Mezcle luego con las almendras molidas, el extracto de almendras y el coco hasta obtener una masa pegajosa.

2 Reparta la mezcla sobre dos placas de hornear forradas con papel antiadherente, en forma de cucharadas espaciadas. Añada por encima unos copos o tiras de coco.

3 Hornee 25 minutos, hasta que la parte superior esté dorada y el interior blando y jugoso. Déjelas enfriar sobre una rejilla.

Galletas con pepitas de chocolate

La mezcla para pastas moldeadas es blanda. Debe manejarse con delicadeza.

Para unas 15 galletas, necesita 75 g de mantequilla ablandada, 75 g de azúcar granulado, 75 g de azúcar moreno claro, 1 cucharadita de extracto de vainilla, 1 huevo, batido, 175 g de harina con levadura, 1 pizca de sal, 125 g de pepitas de chocolate y 75 g de nueces de macadamia picadas en trozos

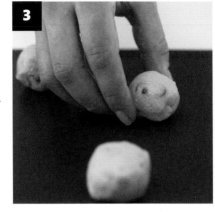

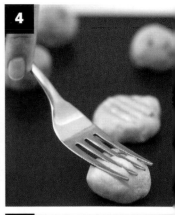

1 Precaliente el horno a 180 °C y engrase 2 placas para hornear. Bata la mantequilla hasta que esté blanda, y luego con los azúcares y el extracto de vainilla. Mezcle con el huevo.

2 Tamice la harina y la sal sobre un cuenco y mezcle con la preparación anterior. Añada las pepitas de chocolate y 50 g de nueces de macadamia, y remueva bien hasta que todo esté bien amalgamado.

3 Forme unas 15 bolas con la masa y dispóngalas sobre las placas preparadas, dejando espacio entre ellas.

4 Aplane un poco las bolas con un tenedor húmedo. Espolvoree el resto de nueces de macadamia por encima.

5 Hornee 10 minutos, hasta que las galletas estén doradas. Déjelas enfriar unos minutos sobre una rejilla metálica y degústelas calientes.

Palos vieneses

Para preparar 20 palos, necesita 125 g de mantequilla ablandada, 25 g de azúcar lustre, 25 g de chocolate negro, 125 g de harina, ¼ cucharadita de levadura en polvo, 1 cucharada de chocolate en polvo, unas gotas de extracto de vainilla, 50 g de chocolate negro, con leche, o blanco derretido para decorar.

1 Precaliente el horno a 190 °C y engrase 2 placas para hornear. Bata la mantequilla y el azúcar lustre hasta que la mezcla esté cremosa.

2 Derrita el chocolate negro en un cuenco dispuesto sobre un cazo con agua caliente. Déjelo enfriar 10 minutos y mezcle con la mantequilla. Tamice por encima la harina, la levadura en polvo y el chocolate en polvo. Mezcle y añada la vainilla. Introduzca la preparación en una manga pastelera con una boquilla en forma de estrella y forme palos de 7 cm de longitud.

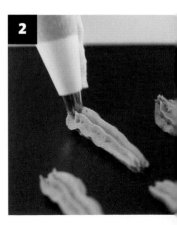

3 Hornee 15-20 minutos, hasta que los palos estén dorados. Déjelos enfriar; páselos por el chocolate derretido.

Barritas de *muesli*

Algunas de las pastas más sencillas se hornean en una fuente y se cortan luego en porciones o barritas individuales. Las mezclas contienen a menudo frutas, frutos secos y, a veces, copos de avena.

Para preparar 12 barritas necesita 175 g de mantequilla troceada, 150 g de azúcar mascabado, 2 cucharadas de jarabe de melaza dorado, 375 g de copos de avena, 100 g de papaya seca picada, 50 g de sultanas, 50 g de pacanas picadas, no muy finas, 25 g de piñones, 25 g de pipas de calabaza, 1 cucharada de harina y 1 cucharadita de canela molida.

1 Precaliente el horno a 180 °C (160 °C en uno de convección). Derrita a fuego lento la mantequilla, el azúcar y el jarabe de melaza en un cazo de fondo grueso.

2 Mientras, coloque en un cuenco grande los copos de avena, la fruta seca, los frutos secos, la harina y la canela, y mezcle bien. Vierta por encima la mezcla anterior y remueva bien.

3 Transfiera la mezcla a una fuente de hornear antiadherente de 30 x 20 cm, llevando la mezcla hacia las esquinas.

4 Hornee 25-30 minutos, hasta que la preparación esté dorada. Presione la mezcla hacia abajo si fuese necesario y utilice un cuchillo paleta para marcar 12 barras.

5 Deje enfriar. Utilice un cuchillo paleta para retirar las barras del molde y guárdelas en un recipiente hermético.

Barritas y cuadrados perfectos

- No las cueza demasiado. Están listas cuando adquieren una tonalidad dorada, pero cuando se retiran del horno todavía no están firmes.
- Algunas de estas preparaciones todavía están blandas en estado caliente, pero se endurecen al enfriarse (sobre todo cuando se preparan con miel o jarabe de melaza), por lo que es esencial marcar las barritas o cuadrados cuando la pasta todavía está caliente. Déjelas enfriar del todo en la fuente antes de retirarlas.
- Retírelas con cuidado, utilizando una espátula o un cuchillo paleta, pues podrían desmenuzarse.
- Algunas mezclas se parecen más a las de un pastel (con una mayor cantidad de harina y algunos huevos) y pueden prepararse con dos capas de mezclas diferentes o un glaseado a modo de cobertura. Deje enfriar antes de cortar en cuadrados.

Decorar y rellenar pastas

La forma más sencilla de decorar una pasta, y una de las mejores, es espolvorearla con azúcar lustre, pero también existen otras opciones para obtener efectos más elaborados.

Pastas sin hornear

Una decoración sencilla para una pasta consiste en añadir una cereza confitada o un fruto seco entero, como una almendra o media nuez, sobre la pasta sin hornear.

1 Presione la decoración contra la superficie de la pasta. Esta técnica es adecuada para pastas y galletas elaboradas con masas firmes, como las pastas moldeadas y extendidas.

Galletas para niños

Los niños pequeños pueden divertirse decorando formas de galletas elaboradas a partir de una masa extendida. Los dulces y las grageas de colores quedan muy vistosos, pero una opción más saludable consiste en utilizar frutos secos y semillas.

Glasear pastas

1 Mezcle 125 g de azúcar lustre con un poco de agua, o zumo de naranja o limón, hasta que la preparación esté homogénea y adquiera cierta consistencia.

2 Para aplicar el glaseado, vierta hilillos finos sobre las pastas frías.

3 Para extender el glaseado, prepárelo un poco más espeso.

Rellenar pastas

1 **Relleno cremoso** Para unir unas 12 pastas o galletas, necesita 50 g de mantequilla ablandada y batida con 75 g de azúcar lustre tamizado. Mezcle bien y añada unas gotas de zumo de naranja o extracto de vainilla para aligerar la mezcla, y bátala hasta que esté firme y adquiera cierta consistencia. Extiéndala sobre la parte plana de la pasta o galleta y presione por encima otra pasta para preparar un bocadillo.

2 **Relleno de chocolate** Bata 50 g de mantequilla hasta que esté blanda y mézclela con 75 g de azúcar lustre y 2 cucharaditas de cacao en polvo. Mezcle a fondo; añada un poco de leche para aligerar el relleno (para rellenar 18 pastas).

3 **Relleno de dulce de leche** Extienda dulce de leche (*véase* pág. 373) sobre la cara plana de una pasta y luego cúbrala con otra. Pase los bordes por coco seco.

Decorar con chocolate

1 **Hilos de chocolate** Derrita un poco de chocolate (*véase* págs. 356 y 445) y vierta hilillos del mismo sobre las pastas enfriadas. Si lo desea, emplee chocolate negro, déjelo cuajar y luego vierta por encima hilos de chocolate blanco o con leche por encima. Otra opción es colocar el chocolate derretido en una manga pastelera con una boquilla fina y dibujar líneas sobre las pastas. Deje enfriar y dibuje un color contrastante.

2 **Cobertura de chocolate** Las pastas pueden sumergirse en chocolate derretido una vez cocidas y completamente frías. Para ello, sumerja la mitad de la pasta en el chocolate derretido y déjela reposar sobre una rejilla metálica, con el lado cubierto con el chocolate sobresaliendo de la rejilla, mientras el chocolate se enfría y cuaja.

Pastas sin problemas

Aunque muy sencillas en su composición, las pastas son propensas a ciertos problemas de horneado, ya que se cuecen muy rápidamente. Es, pues, muy importante ser consciente de los posibles problemas que puedan presentarse. Siguiendo estas pocas directrices minimizará la mayor parte de riesgos y errores potenciales:

- Utilice una placa de hornear brillante, pues una de color oscuro absorbe más calor y podría quemar los lados de las pastas.
- No apiñe las pastas en la placa o en el horno, pues necesitan espacio para que el aire pueda circular alrededor de las mismas. Si va a hornear más de una placa, asegúrese de que están espaciadas 20 cm como mínimo.
- Cambie de lugar las placas 1 ó 2 veces durante el horneado. La mayoría de hornos están más calientes en unos sitios que en otros, y esto podría provocar una cocción desigual.
- Si va a cocinar más de una placa, hornéelas a diferentes velocidades. Vigílelas para que la cocción sea uniforme.
- Compruebe la cocción de las pastas antes de darlas por cocidas y vigílelas al finalizar el tiempo de cocción, pues pueden quedar desde perfectamente cocidas a cocidas en exceso en tan sólo unos pocos segundos.

- Las pastas y galletas deben transferirse a una rejilla metálica para que se enfríen mientras todavía están calientes. La placa de hornear caliente continuaría cociéndolas, lo que formaría vapor por debajo y provocaría que las bases quedaran humedecidas. Una vez cocidas, retire pastas y galletas de las placas y transfiérelas a una rejilla metálica para que se enfríen. Algunas pastas (sobre todo las preparadas con un almíbar de melaza o miel) necesitan dejarse un poco de tiempo en la placa de hornear para que se afirmen.
- Coloque las pastas sobre una rejilla de malla fina si es posible.
- Si es factible, eleve la rejilla sobre unos soportes para que como mínimo esté unos pocos centímetros sobre la superficie de trabajo y el aire pueda circular por debajo; así, las bases quedarán más crujientes.
- Si las pastas quedan duras o secas, es señal de que la masa se habrá cocido en exceso o se ha añadido demasiada harina.
- Las pastas que se extienden más de lo normal durante la cocción llevan demasiada mantequilla o azúcar o quizás la mezcla se ha batido en exceso.
- Una textura semejante a un pastel indica que se ha empleado demasiada harina o que las pastas se han horneado a temperatura demasiado alta.

Pastas de arándanos

PARA 24 PASTAS

125 g de mantequilla fría

50 g de azúcar blanquilla

25 g de arándanos rojos secos

125 harina tamizada, más un poco
*   para espolvorear*

75 g de arroz molido

TIEMPO DE PREPARACIÓN 15 minutos,
más 30 minutos de refrigeración

TIEMPO DE COCCIÓN 8-10 minutos

POR PASTA

79 calorías

4 g de grasas (de las cuales 3 g saturadas)

0,1 g de sal

1 Bata en el robot la mantequilla y el azúcar o utilice una batidora eléctrica manual. Agregue los arándanos, la harina y el arroz molido, y bata hasta que la mezcla se cohesione. Vuélquela sobre la superficie de trabajo ligeramente enharinada y forme un rectángulo de unos 12,5 x 7,5 x 2 cm. Envuelva la pasta y refrigérela 30 minutos. Precaliente el horno a 200 °C (180 ° C en uno de convección).

2 Corte la masa en rebanadas de 3 mm y dispóngalas sobre una placa de hornear antiadherente. Hornee 8-10 minutos, hasta que las pastas estén doradas. Déjelas enfriar antes de retirarlas de la placa. Puede conservarlas en un recipiente hermético hasta una semana.

Variantes

Puede utilizar cerezas secas o arándanos azules en vez de los rojos.

Pastas de almendras

PARA 12 PASTAS

2 huevos medianos

200 g de azúcar blanquilla

200 g de almendras molidas

la cáscara de 1 naranja

½ cucharadita de jengibre molido

40 g de jengibre en almíbar, escurrido
*   y picado en trozos no muy finos*

2 cucharadas de harina tamizada
*   para espolvorear*

12 cerezas glaseadas

papel de arroz para forrar

TIEMPO DE PREPARACIÓN 15 minutos

TIEMPO DE COCCIÓN 20 minutos

POR PASTA

204 calorías

10 g de grasas (de las cuales 1 g saturadas)

27 g de hidratos de carbono

0 g de sal

TÉCNICAS

Véase también separar huevos (pág. 52),
separar las cáscaras de los cítricos
(pág. 207)

1 Precaliente el horno a 180 °C (160 °C en uno de convección). Forre dos placas de hornear con papel de arroz. Vierta en un cuenco grande las claras y bátalas hasta que estén a punto de nieve. Mezcle en otro el azúcar, las almendras molidas, la cáscara de naranja y ¼ cucharadita de jengibre molido. Incorpore con una cuchara de madera las claras de huevo hasta formar una masa pegajosa.

2 Forme 12 bolas del mismo tamaño con la masa. Mezcle en un cuenco la harina con el resto del jengibre. Enharine un poco cada bola y sacuda el exceso. Coloque las bolas bien espaciadas sobre las placas de hornear preparadas. Aplane las bolas formando círculos.

3 Inserte una cereza confitada en el centro de cada pasta y hornee 15-20 minutos, hasta que estén ligeramente doradas. Déjelas enfriar sobre una rejilla metálica y recorte el exceso de papel de arroz.

Variantes

En vez de cerezas confitadas
puede emplear almendras
enteras o espolvorear cada pasta
con un poco de cáscara de limón.

Casitas de jengibre

PARA 4 CASITAS

350 g de harina blanca tamizada

1 cucharadita de bicarbonato sódico

2 cucharadas de jengibre molido

150 g de mantequilla

200 g de azúcar mascabado claro

2 cucharadas de jarabe de melaza dorado

1 huevo mediano, batido

Para la decoración

200 g de azúcar lustre tamizado

1 clara de huevo mediana

75 g de dulces variados

Materiales

Cartulina para preparar las tres plantillas:

techo: 10 x 6,5 cm

pared trasera: 10 x 6 cm

pared lateral: 6 x 8 cm

cuatro bases de cartulina de 15 cm
  forradas con papel

cinta y celofán

TIEMPO DE PREPARACIÓN 4 horas,
más 30 minutos de refrigeración
y 5 horas de secado

TIEMPO DE COCCIÓN 10 minutos

POR CASA

1.000 calorías

34 g de grasa (de las cuales 20 g saturadas)

172 g de hidratos de carbono

0,7 g de sal

Toques finales

Dibuje nombres sobre las tarjetas
de presentación y deje cuajar
la casa y las tarjetas 2 horas como
mínimo. Envuelva cada casita
de jengibre en papel de celofán
y ate éste con una cinta. Una
las tarjetas de presentación con
una cinta.

1 Engrase dos placas de hornear. Corte la cartulina en forma de plantillas para el techo y las paredes. Coloque en un cuenco la harina, el bicarbonato y el jengibre. Frote la harina con la mantequilla hasta que la mezcla parezca migas finas. Agregue el azúcar y mezcle. Caliente en un cazo el jarabe de melaza, viértalo sobre la harina y el huevo batido, y mezcle. Amase hasta obtener una masa blanda y homogénea. Divídala en 4 piezas, envuélvalas en una película de plástico y refrigere 15 minutos.

2 Extienda un trozo de masa con 3 mm de grosor. Corte 2 de cada plantilla. Colóquelos sobre las placas de hornear. Repita la operación con el resto de la masa. Estampe 4 corazones de los recortes y forme un agujero con una aguja en la parte superior de cada uno. Ponga sobre las placas de hornear. Refrigere 15 minutos. Precaliente el horno a 190 °C (170 °C en uno de convección). Hornee 8-10 minutos. Mientras esté caliente, haga pasar una broqueta por los agujeros. Enfríe 5 minutos sobre las placas y transfiera a una rejilla metálica.

3 Para decorar, bata el azúcar lustre con la mezcla de huevos hasta que forme picos. Introdúzcala en una manga pastelera y dibuje sobre las paredes, y el techo. Deje secar 2 horas. Aplique el glaseado. Deje secar 1 hora, coloque sobre una cartulina y llene con caramelos o dulces. Extienda el glaseado a lo largo del borde del tejado de cada casa y de las piezas del mismo y presione, manteniendo ambas piezas unidas 1-2 minutos hasta asegurarlas.

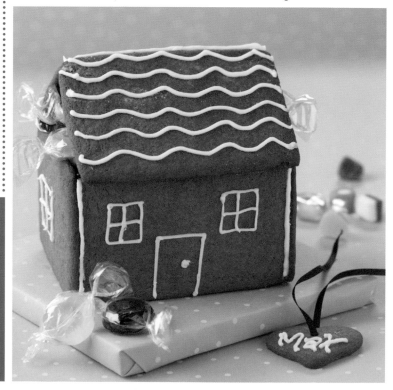

Mantecadas de frutos secos

PARA 16 PORCIONES

225 g de mantequilla ablandada,
   más un poco para engrasar
300 g de harina tamizada
una pizca de sal
125 g de azúcar blanquilla
125 g de azúcar mascabado tamizado
2 cucharadas de jarabe de melaza dorado
170 g de leche condensada
300 g de chocolate negro
100 g de nueces partidas por la mitad
100 g de avellanas ligeramente tostadas

TIEMPO DE PREPARACIÓN 40 minutos,
más 3 horas de refrigeración
TIEMPO DE COCCIÓN 40 minutos

POR PORCIÓN
450 calorías
26 g de grasas (de las cuales 12 g
   saturadas)
51 g de hidratos de carbono
0,3 g de sal

TÉCNICAS
Véase también tostar frutos secos
(pág. 218)

1 Precaliente el horno a 180 °C (160 °C en uno de convección). Engrase un molde para brazo de gitano de 20 x 20 cm. Bata en el recipiente del robot (o en una mezcladora) la harina, la sal, el azúcar blanquilla y 140 g de mantequilla hasta que la mezcla se cohesione. Presione la mezcla contra el molde y alísela con el dorso de una cuchara. Hornee de 20-30 minutos hasta que esté dorada. Déjela enfriar.

2 Coloque en un cazo el resto de la mantequilla, el azúcar mascabado, el jarabe de melaza y la leche condensada, y caliente a fuego lento, sin dejar hervir. Bata hasta que todo esté bien mezclado. Vierta esta mezcla sobre la mantecada, alise la superficie y refrigere 3 horas.

3 Derrita el chocolate en un cuenco refractario dispuesto sobre una cacerola con agua que no llegue a hervir. Mézclelo con los frutos secos y vierta sobre la preparación anterior. Alise la superficie y deje cuajar. Corte en porciones para servir.

Sequillos de chocolate y avellanas

PARA UNOS 20 SEQUILLOS

125 g de harina tamizada,
   más un poco para espolvorear

75 g de azúcar moreno claro

¼ cucharadita de levadura en polvo

una pizca de canela

una pizca de sal

1 huevo grande batido

1 cucharada de miel

¼ cucharadita de extracto de vainilla

25 g de avellanas

25 g de pepitas de chocolate

TIEMPO DE PREPARACIÓN 10 minutos

TIEMPO DE COCCIÓN 40 minutos

POR PASTA

50 calorías

1 g de grasas (de las cuales hay trazas
   de saturadas)

9 g de hidratos de carbono

0 g de sal

1   Precaliente el horno a 200 °C (180 °C en uno de convección). Vierta la harina en un cuenco grande. Mézclela con el azúcar, la levadura en polvo y la sal. Haga un hueco en el centro y mézclela ayudándose con un tenedor con los huevos batidos, la leche, el extracto de vainilla, las avellanas y las pepitas de chocolate, hasta obtener una masa pegajosa.

2   Amásela sobre la superficie de trabajo ligeramente enharinada y forme una bola. Haga con ella una salchicha de 28 cm de longitud, extiéndala sobre una placa de hornear y aplánala un poco. Hornee 20-25 minutos, hasta que adquiera un color dorado pálido.

3   Baje la temperatura del horno a 150 °C (130 °C en uno de convección). Coloque la salchicha de pasta sobre la placa de hornear y córtela en rodajas diagonales con un cuchillo para pan a intervalos de 1cm. Coloque las rodajas sobre la placa y hornee 15 minutos o hasta que estén doradas y secas. Transfiéralas a una rejilla para que se enfríen. Para consumirlas al estilo italiano, acompáñelas con café o un vino dulce.

Toques finales

Para preparar como un regalo, reparta las pastas sobre cuadrados grandes de papel de celofán, lleve las esquinas hacia arriba y átelas con una cinta. Incluya una etiqueta con los consejos de conservación y la fecha de consumo.

Madalenas de manzana

PARA 24 MADALENAS

150 g de mantequilla derretida y enfriada,
*   más un poco para engrasar*

3 huevos grandes

150 g de azúcar blanquilla

150 g de harina tamizada

½ cucharadita de levadura en polvo

2 manzanas peladas, descorazonadas
*   y finamente picadas*

azúcar lustre para espolvorear

TIEMPO DE PREPARACIÓN 15 minutos
TIEMPO DE COCCIÓN 8-10 minutos

POR MADALENA

106 calorías

6 g de grasas (de las cuales 4 g saturadas)

13 g de hidratos de carbono

0,1 g de sal

TÉCNICAS

Véase también manzanas (pág. 206)

1   Precaliente el horno a 200 °C (180 °C en uno de convección). Engrase los moldes de madalenas. Con ayuda de la batidora eléctrica, bata los huevos y el azúcar blanquilla hasta que la mezcla blanquee y espese (necesitará unos 8 minutos); agregue luego el extracto de vainilla. Incorpore suave pero rápidamente la harina, la levadura en polvo y las manzanas seguidas de la mantequilla derretida, asegurándose de que la mantequilla no se deposita en el fondo del cuenco.

2   Reparta la mezcla en los moldes de madalenas. Hornee 8-10 minutos, hasta que estén doradas; retírelas de los moldes y déjelas enfriar sobre rejillas metálicas. Espolvoréelas con azúcar lustre justo antes de servir.

Preparar con antelación

Puede preparar estas madalenas hasta con dos días de antelación. Complete la receta, enfríe, tape y guarde en un recipiente hermético.

Pastas de jengibre

**PARA 12 CUADRADOS GRANDES
O 24 TRIÁNGULOS PEQUEÑOS**

*350 g de mantequilla, más un poco
    para engrasar*

275 g de azúcar blanquilla

225 g de jarabe de melaza dorado

450 g de copos de avena

1 cucharada de jengibre molido

TIEMPO DE PREPARACIÓN 10 minutos

TIEMPO DE COCCIÓN 40 minutos

POR PORCIÓN

517 calorías por cuadrado grande

27 g de grasas (de las cuales 15 g
    saturadas)

67 g de hidratos de carbono

0,6 g de sal

259 calorías por triángulo pequeño

14 g de grasas (de las cuales 8 g saturadas)

33 g de hidratos de carbono

0,3 g de sal

TÉCNICAS

Véase también forrar moldes (pág. 322)

1 Precaliente el horno a 180 °C (160 °C en uno de convección). Engrase y forre un molde de 18 x 28 x 5 cm con papel de hornear antiadherente. Coloque en una cacerola la mantequilla, el azúcar y el jarabe de melaza, y caliéntelos hasta que se hayan derretido. Mezcle con los copos de avena y el jengibre molido hasta que estén bien amalgamados.

2 Vierta la mezcla en el molde, nivele la superficie y hornee 30-35 minutos, hasta que la superficie esté dorada en los extremos (*véase* recuadro).

3 Deje enfriar 15 minutos en el molde. Mientras la preparación todavía esté caliente, entállela con un cuchillo afilado en cuadrados o triángulos. Déjela enfriar en el molde por completo, vuélquela y recorte las porciones.

Consejo de cocinero

No cueza las pastas en exceso, pues quedarían duras y secas. Una vez cocidas, deben quedar todavía pegajosas y un poco blandas al presionarlas en el centro.

Negritos de chocolate

PARA 16 UNIDADES

200 g de mantequilla, más un poco para engrasar

400 g de chocolate de calidad

225 g de azúcar mascabado

1 cucharadita de extracto de vainilla

150 g de pacanas picadas no muy finas

25 g de cacao en polvo tamizado

75 g de harina con levadura tamizada

3 huevos grandes batidos

cacao tamizado para espolvorear

TIEMPO DE PREPARACIÓN 15 minutos, más 2 horas de cocción

TIEMPO DE COCCIÓN 1 hora 20 minutos

POR NEGRITO

257 calorías

11 g de grasas (de las cuales 6 g saturadas)

38 g de hidratos de carbono

0,2 g de sal

TÉCNICAS

Véase también escoger el chocolate (pág. 357),
picar frutos secos (pág. 218),
forrar moldes de tarta (pág. 322),
derretir chocolate (pág. 356)

1 Precaliente el horno a 170 °C (150 °C en uno de convección). Engrase y forre un molde cuadrado de 20 cm de lado y 5 cm de profundidad con papel para hornear antiadherente. Coloque la mantequilla y el chocolate en un cuenco refractario dispuesto sobre un cuenco con agua que no llegue a hervir y remueva hasta que se hayan derretido. Retire del fuego y mezcle con el azúcar, el extracto de vainilla, las pacanas, el cacao, la harina y los huevos

2 Vuelque la mezcla en el molde preparado y nivele la superficie con el dorso de una cuchara. Hornee 1 hora 15 minutos o hasta que el centro esté cuajado, pero ligeramente blando por debajo.

3 Deje enfriar en el molde durante 2 horas. Vuelque la preparación, espolvoree con cacao en polvo tamizado y corte en cuadrados. Deguste frío o sirva caliente con un helado.

Consejo de cocinero

El secreto de unos negritos jugosos estriba en el tiempo de horneado. Unos pocos minutos más en el horno y adquirirán una textura seca, por lo que no debe hornearlos demasiado tiempo.

Bizcocho de lima

PARA 12 BIZCOCHOS

*175 g de harina con levadura tamizada
    con una pizca de sal*

175 g de mantequilla a dados

175 g de azúcar moreno claro

3 huevos medianos batidos

50 g de coco seco rallado

la cáscara y el zumo de 2 limas

1 cucharadita de levadura en polvo

Para el glaseado

1 lima

125 g de azúcar lustre dorado y tamizado

1 cucharada de coco seco rallado

TIEMPO DE PREPARACIÓN 15 minutos

TIEMPO DE COCCIÓN 45-55 minutos

POR PORCIÓN

306 calorías

17 g de grasas (de las cuales 11 g
    saturadas)

38 g de hidratos de carbono

0,4 g de sal

TÉCNICAS

Véase también retirar las cáscaras
de los cítricos (pág. 207),
forrar un molde (pág. 323).

1 Precaliente el horno a 180 °C (160 °C en uno de convección). Forre un molde para pan de 900 g con papel sulfurizado.

2 Coloque en el cuenco de la mezcladora batidora (a la que habrá colocado las varillas de amasar) la harina, la sal, la mantequilla, el azúcar blanquilla, los huevos, el coco, la cáscara de lima y el zumo y la levadura en polvo. Mezcle poco a poco, incrementando la velocidad durante 2 minutos. También puede utilizar una batidora manual.

3 Vierta la mezcla (será bastante líquida) en el molde y hornee 45-55 minutos o hasta que la superficie esté dorada, haya subido y esté cocida. Al insertar una broqueta en el centro, ésta debe salir limpia. Deje enfriar 10 minutos y retire el pastel, pero no el papel.

4 Para preparar el glaseado, ralle finamente la cáscara de la lima y corte la membrana blanca. Pique la lima, póngala en una picadora mini con la cáscara y bata 1-2 minutos, hasta que quede muy fina. Vierta el glaseado sobre el pastel y esparza el coco por encima para decorar.

Bizcocho de almendras y naranja

PARA 12 BIZCOCHOS

aceite para engrasar

harina para enharinar

1 naranja mediana

3 huevos medianos

225 g de azúcar moreno claro

250 g de almendras molidas

½ cucharadita de levadura en polvo

azúcar lustre moreno para espolvorear

crema acidificada para acompañar

TIEMPO DE PREPARACIÓN 30 minutos

TIEMPO DE COCCIÓN 1 hora 50 minutos

POR PORCIÓN

223 calorías

13 g de grasas (de las cuales 1 g saturadas)

22 g de hidratos de carbono

0,1 g de sal

TÉCNICAS

Véase también forrar un molde para pan
(pág. 323)

1 Engrase un mole de paredes desmontables de 20 cm de diámetro y fórrelo con papel para hornear; engrase el papel. Coloque la naranja entera en un cazo pequeño y cúbrala con agua. Lleve a ebullición, cubra y cueza a fuego lento 1 hora como mínimo hasta que se ablande. Retírela del agua y déjela enfriar.

2 Corte la naranja por la mitad y retire las pepitas. Bátala en el robot o batidora hasta obtener un puré homogéneo.

3 Precaliente el horno a 180 °C (160 °C en uno de convección). Coloque en un cuenco los huevos y el azúcar blanquilla, y bátalos hasta que la mezcla blanquee y espese. Incorpórele las almendras, la levadura en polvo y el puré de naranja.

4 Vierta la mezcla en el molde preparado. Hornee 40-50 minutos, hasta que al insertar una broqueta en el centro ésta salga limpia. Deje enfriar en el molde.

5 Abra el molde y retire el pastel. Pele con cuidado el papel y coloque el pastel sobre una fuente de servicio. Espolvoréelo con azúcar lustre y córtelo en 12 porciones. Acompañe con crema acidificada.

Consejo de cocinero

Para ahorrar tiempo, puede poner la naranja en el microondas. Colóquela en un cuenco pequeño, cúbrala con 100 ml de agua y cuézala a una potencia de 900 W o en la posición de Alto, durante 10-12 minutos, hasta que se ablande.

Pastel de manzana y arándanos

PARA 8 PERSONAS

125 g de mantequilla a dados,
*   más un poco para engrasar*
225 g de harina con levadura tamizada
½ cucharadita de sal
175 g de azúcar granulado, moreno
*   si es posible*
2 huevos grandes batidos
2 manzanas Granny Smith grandes,
*   peladas, descorazonadas y a rodajas*
140 g de arándanos azules
175 g de confitura de albaricoque
1 cucharada de zumo de limón

TIEMPO DE PREPARACIÓN 20 minutos,
más la cocción
TIEMPO DE COCCIÓN 1 hora

POR PORCIÓN

394 calorías
15 g de grasas (de las cuales 9 g saturadas)
65 g de hidratos de carbono
0,6 g de sal

TÉCNICAS

Véase también manzanas (pág. 206),
forrar un molde para pan (pág. 323)

1 Precaliente el horno a 190 ºC (170 ºC en uno de convección) y engrase y forre la base de un molde de paredes desmontables de 20 cm de diámetro con papel para hornear antiadherente. Vierta en un cuenco mezclador grande la harina y la sal, agregue la mantequilla a dados y frótela con la harina hasta que la mezcla parezca migas finas. Agregue 140 g de azúcar y los huevos batidos, y remueva a fondo.

2 Extienda la mitad de la mezcla hasta formar una capa fina en el molde y coloque encima las manzanas y los arándanos repartiéndolos bien sobre la superficie, reservando un poco de fruta para recubrir el pastel. Espolvoree con el resto de azúcar y reparta la mezcla del pastel. Agregue el resto de las rodajas de manzana y los arándanos, presionándolos bien contra la mezcla.

3 Hornee 45-55 minutos, hasta que el pastel haya subido, esté firme al tacto y al insertar una broqueta en el centro ésta salga limpia. Deje enfriar el pastel en el molde unos 10 minutos, desmóldelo sobre una rejilla metálica y deje que se enfríe.

4 Caliente en un cazo pequeño la confitura y el zumo de limón hasta que estén bien mezclados. Tamice la mezcla y pincélela sobre el pastel mientras todavía esté caliente. Sirva enseguida.

 ## Consejo de congelación

Envuelva el pastel en una bolsa para congelar y congélelo hasta 1 mes.
Para servir Descongele 3 horas a temperatura ambiente. Caliente las porciones individuales en el microondas a potencia alta 1 minuto por porción.

Pastelitos de zanahoria

PARA 15 PASTELITOS

100 g de mantequilla picada,
más un poco para engrasar
140 g de zanahorias ralladas
100 g de sultanas
100 g de dátiles frescos picados
50 g de coco rallado
1 cucharadita de canela molida
½ cucharadita de nuez moscada
recién rallada
330 g de jarabe de arce (o miel)
150 ml de zumo de manzana
la cáscara y el zumo de 2 naranjas
225 g de harina integral tamizada
2 cucharaditas de bicarbonato sódico
125 g de nueces troceadas

Para la cobertura

la cáscara de ½-1 naranja
200 g de queso crema
200 g de crema acidificada
2 cucharadas de azúcar lustre
1 cucharadita de extracto de vainilla

TIEMPO DE PREPARACIÓN 30 minutos
TIEMPO DE COCCIÓN de 50 minutos
a 1 hora 5 minutos

POR PORCIÓN

399 calorías
25 g de grasas (de las cuales 13 g
saturadas)
41 g de hidratos de carbono
0,4 g de sal

TÉCNICAS

Véase también hortalizas de raíz
(pág. 181),
retirar las cáscaras de los cítricos
(pág. 207)

1 Precaliente el horno a 190 °C (170 °C en uno de convección). Engrase un molde para pastel de 23 cm de lado y fórrelo con papel sulfurizado.

2 Coloque en una cacerola la mantequilla, las zanahorias, las sultanas, los dátiles, el coco, las especias, el jarabe de arce, el zumo de manzana, y la cáscara y el zumo de naranja. Tape, lleve a ebullición y deje cocer unos 5 minutos. Transfiera la mezcla a un cuenco y déjela enfriar.

3 Mezcle en un cuenco grande la harina, el bicarbonato y las nueces. Añada la preparación de zanahoria fría y remueva a fondo.

4 Reparta la preparación en el molde y hornee 45 minutos–1 hora, hasta que esté firme. Enfríe el pastel dentro del molde y vuélquelo sobre una rejilla metálica.

5 Para el glaseado, corte la cáscara de naranja en trozos muy finos. Vierta en un cuenco el queso cremoso, la crema acidificada, el azúcar lustre y la vainilla, y mezcle con una espátula. Extienda el glaseado sobre el pastel y esparza por encima la cáscara.

Pan de plátano y chocolate

PARA 1 PAN (15 REBANADAS)

mantequilla para engrasar

175 g de harina tamizada

2 cucharaditas de levadura en polvo

½ cucharadita de bicarbonato sódico

½ cucharadita de sal

175 g de azúcar mascabado

2 huevos grandes

3 plátanos medianos aplastados

150 g de yogur natural

150 g de chocolate al caramelo picado
  no muy fino

100 g de pacanas picadas

1-2 cucharadas de azúcar demerara

TIEMPO DE PREPARACIÓN 20 minutos

TIEMPO DE COCCIÓN 1 hora

POR PORCIÓN

221 calorías

9 g de grasas (de las cuales 2 g saturadas)

34 g de hidratos de carbono

0,2 g de sal

TÉCNICAS

Véase también picar frutos secos
(pág. 218),
forrar un molde (pág. 323)

1 Precaliente el horno a 170 °C (150 °C en uno de convección). Engrase y forre un molde para pan de 1,4 kg con papel sulfurizado.

2 Vierta la harina, la levadura en polvo, el bicarbonato sódico y la sal en un cuenco grande y mezcle bien.

3 Bata en otro cuenco con la batidora eléctrica el azúcar mascabado con los huevos hasta que la preparación blanquee y esté esponjosa. Mézclala con los plátanos, el yogur, el chocolate y 50 g de pacanas, seguidos de la mezcla de harina.

4 Reparta la preparación en el molde y esparza por encima el resto de pacanas picadas y el azúcar demerara. Hornee 1 hora, hasta que al insertar una broqueta en el centro ésta salga limpia. Deje enfriar en el molde dispuesto sobre una rejilla metálica, vuelque el pan, córtelo en porciones y sírvalo.

 ## Variante

Si no encuentra una barra de chocolate al caramelo, utilice simplemente chocolate negro.

Anillo de jengibre

PARA 8 PORCIONES

100 g de mantequilla a dados,
*   más un poco para engrasar*
100 g de azúcar moreno blando
3 cucharadas de melaza
100 ml de leche
2 cucharadas de brandy
1 huevo grande batido
150 g de harina
2 cucharaditas de jengibre molido
2 cucharaditas de canela molida
1 cucharadita de bicarbonato sódico
75 g de ciruelas pasas deshuesadas,
*   picadas no muy finas*

Para la cobertura

225 g de azúcar lustre tamizado
2 trocitos de jengibre en almíbar, escurrido
*   del almíbar y picado no muy fino*

TIEMPO DE PREPARACIÓN 15 minutos,
más el enfriado
TIEMPO DE COCCIÓN 1 hora

POR REBANADA

375 calorías
12 g de grasas (de las cuales 7 g saturadas)
64 g de hidratos de carbono
0,3 g de sal

1 Precaliente el horno a 150 °C (130 °C en uno de convección). Engrase con abundante mantequilla un molde de anillo de 21 cm de diámetro y 600 ml de capacidad.

2 Coloque en un cazo la mantequilla, el azúcar moreno y la melaza, y caliente a fuego lento hasta que se derritan, removiendo sin parar. Añada la leche y el brandy. Deje enfriar y bata la mezcla con el huevo.

3 Tamice sobre un cuenco grande la harina, las especias y el bicarbonato. Haga un hueco en el centro, vierta dentro la mezcla de melaza y remueva hasta que toda la harina se haya incorporado (la preparación debe tener una consistencia blanda). Mézclela luego con las ciruelas picadas.

4 Vierta la masa en el molde engrasado y hornee 1 hora, hasta que el pastel quede firme y al insertar una broqueta en el centro ésta salga limpia. Deje enfriar el pastel dentro del molde durante 10 minutos, sepárelo de las paredes del molde y vuélquelo sobre una rejilla metálica.

5 Para el glaseado, mezcle el azúcar lustre con unas 2 cucharadas de agua caliente hasta obtener la consistencia adecuada. Vierta el glaseado sobre la superficie del pastel y las paredes, y luego decórelo con el jengibre confitado.

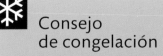

Consejo de congelación

Complete la receta hasta el paso 4, envuelva el pastel con una película de plástico y luego con papel de aluminio. Congélelo hasta 1 mes. **Para servir** Descongele el pastel 3 horas y complételo.

CHOCOLATE

El chocolate gusta a todos, tanto al natural como ingrediente de algo más elaborado. Este capítulo muestra todos los conocimientos básicos, desde derretir chocolate a preparar decoraciones, recubrir frutas y preparar salsas. Además ,se incluyen valiosos consejos a la hora de elegir el tipo de chocolate adecuado para una determinada preparación, así como para obtener resultados perfectos. La sección de recetas contiene asimismo recetas tan sabrosas como el pastel de *mousse* de chocolate blanco, el pastel de chocolate, el budín de pan y chocolate, el *fondant* de chocolate caliente, la *mousse* de chocolate blanco y las trufas de chocolate y avellanas.

Trabajar el chocolate

El chocolate es delicioso tal cual, pero puede combinarse con otros ingredientes para preparar recetas fabulosas. Sin embargo, tiene otros usos en la cocina y se puede transformar en decoraciones sorprendentes.

Derretir

1 Trocee el chocolate y colóquelo en un cuenco refractario en el recipiente superior de un hervidor doble, o bien coloque el cuenco sobre un cazo con agua apenas hirviendo.

2 Caliente el chocolate a fuego muy lento hasta que empiece a derretirse y luego mézclelo hasta que se haya derretido por completo.

Rallar

Es la decoración más sencilla ya que no es preciso derretir el chocolate.

1 Sostenga una tableta de chocolate de pie contra sobre la superficie de trabajo y vaya pasando un mondador de hortalizas para obtener pequeñas virutas.

2 Otra opción es rallar el chocolate contra la cara gruesa o mediana de un rallador.

Virutas

1 Derrita el chocolate como antes y extiéndalo de modo que forme una capa fina sobre un mármol o la superficie de trabajo limpia. Déjelo endurecer.

2 Utilice el extremo plano de la hoja de una rasqueta para pasta o una espátula dura para raspar el chocolate en un ángulo de 45 grados. El tamaño de las virutas vendrá determinado por el ancho de la hoja.

Consejo de cocinero

- Al derretir chocolate, hágalo a fu[...] suave.
- No deje que el agua o el vapor toquen el chocolate pues podría «agarrarse», volverse duro y difíci[...] de trabajar. Si se ha agarrado, intente salvarlo removiéndolo co[...] unas gotas de aceite vegetal inod[...]

Hojas de chocolate

1 Lave y seque unas hojas de rosa o laurel para recubrirlas. Extienda un poco de chocolate derretido enfriado sobre la cara brillante de las hojas hasta formar una capa fina y homogénea. Extienda hacia los extremos con un pincel, pero seque o retire cualquier gota que caiga sobre los bordes.

2 Deje enfriar por completo. Luego, pele la hoja levantándola del chocolate.

Láminas de chocolate

1 Puede preparar láminas planas o curvadas de cualquier tamaño. Corte un trozo de papel sulfurizado de la anchura requerida.

2 Pincele de modo uniforme el papel con el chocolate derretido y deje reposar hasta que éste casi haya cuajado.

3 Corte el chocolate (todavía sobre el papel) con un cuchillo en trozos del tamaño y forma deseados. También puede cortar formas con pequeños cortapastas.

4 Déjelo enfriar y endurecer por completo, ya sea sobre la superficie de trabajo (para láminas planas) o en torno a un rodillo (para formas curvadas).

5 Pele con cuidado el chocolate del papel, manejándolo el mínimo posible, y refrigérelo hasta 24 horas.

Elegir el chocolate

El tipo de chocolate elegido tiene un efecto determinado en el producto finalizado. Para obtener los mejores resultados, compre un chocolate con una elevada proporción de cacao, a ser posible con un 70% como mínimo, ya que tiene buen sabor y es apropiado para salsas, *ganaches* (*véase* pág. 359), gran parte de dulces, pasteles y postres. En la parte superior de la escala, el chocolate de cobertura es el preferido de los chefs para trabajos de pastelería y confitería, ya que proporcionan un intenso sabor a chocolate que quizás sea preferible reservar para pasteles y *mousses* especiales. Se encuentra disponible en las variedades de chocolate blanco, negro y de leche. Para la mayor parte de preparaciones utilice un chocolate de calidad con una elevada proporción de cacao: proporciona magníficos resultados.

Trabajar el chocolate

Moldes de chocolate

Puede convertir casi cualquier molde pequeño, como una taza de café expreso o una base de papel, en un molde de chocolate.

1 Vierta el chocolate derretido en el molde, déle la vuelta para recubrirlo de modo uniforme y luego deje caer el exceso. Déjelo enfriar hasta que cuaje.

2 Repita el proceso hasta que haya alcanzado el grosor requerido (*véase* recuadro). Deje cuajar y luego desmolde con mucho cuidado.

3 Otra opción es utilizar un pincel pequeño para pincelar el chocolate. Sumerja el pincel, escrupulosamente limpio, en el chocolate derretido y pincele el interior del molde con el mismo. Deje enfriar hasta que se haya cuajado, y luego vaya pincelando capas de chocolate hasta alcanzar el grosor deseado.

Consejo de cocinero

- El molde no debe tener esquinas ni ángulos difíciles, pues luego no se podría sepa el chocolate del molde. Un molde o recipiente de paredes rectas es lo más indicad
- Cuanto más grande sea el molde, más gruesa debe ser la capa de chocolate. En el caso de una tacita, el grosor puede ser de unas pocas capas de chocolate, mientras que para el caso de un molde de mayor tamaño el grosor debe ser de unos 6 mm.
- Asegúrese de que el molde está perfectamente limpio, seco y libre de fibras (si lo ha secado con un paño).

Dibujar

1 Realice sus dibujos sobre una hoja de papel blanco y luego extienda una lámina de papel sulfurizado por encima.

2 Prepare una manga pastelera o realice un cono con papel, insértele una boquilla fina y vierta dentro el chocolate derretido.

3 Aplicando una presión homogénea pero ligera, dibuje con el chocolate sobre el papel siguiendo el contorno del dibujo. Deje cuajar y retire los dibujos separándolos con un cuchillo de hoja fina.

Frutas recubiertas de chocolate

1 Derrita el chocolate en un cuenco dispuesto sobre una cacerola con agua caliente. Coloque una hoja de papel sulfurizado sobre la superficie de trabajo.

2 Asegúrese de que la fruta está seca. Si emplea frutas enteras, como fresas, sosténgalas por el rabillo y sumérjalas en el chocolate. Deje caer el exceso. Déjelas enfriar sobre el papel sulfurizado.

3 Si emplea trozos de frutas o frutas secas, sosténgalas de una en una con unas pinzas y sumérjalas en el chocolate, o bien coloque un puñado de frutas sobre una espumadera y suméjalas en el chocolate. Escurra y extienda las frutas sobre papel sulfurizado. Déjelas enfriar y refrigérelas hasta el momento de servirlas (1 día como máximo).

Salsa de chocolate

1 Pique chocolate negro de calidad (con 70 % de cacao como mínimo) y póngalo en un cazo con 50 ml de agua por 100 g de chocolate.

2 Caliente a fuego lento hasta que el chocolate se derrita y luego mezcle hasta que la salsa esté lisa. Para realzar esta sencilla salsa de chocolate, vea las variantes en el recuadro contiguo.

Ganache

Se prepara con chocolate de calidad mezclado con mantequilla y crema de leche. Al incrementar la proporción de crema de leche con relación al chocolate, obtendrá una *ganache* más ligera. A veces no se le pone mantequilla para que no resulte tan grasa. La receta de la pág. 368 (paso 2 de las trufas de chocolate y avellana) es muy versátil.

Variantes

Son apropiadas para una salsa preparada con 200 g de chocolate.

- **Leche o crema de leche ligera** Sustituye a toda el agua o parte de la misma.
- **Café** Mezcle una cucharadita de café instantáneo o una tacita de café expreso al derretir el chocolate.
- **Especias** Añada una pizca de canela molida, granos de cardamomo majados o nuez moscada rallada al chocolate en el momento de derretirlo.
- **Extracto de vainilla** Al derretir el chocolate, mézclelo con ¼ de cucharadita de extracto de vainilla.
- **Ron, whisky o brandy** Al derretir el chocolate, añada 1 cucharadita de alcohol.
- **Mantequilla** Agregue 25 g de mantequilla al final del proceso de derretido.

Pastel de chocolate y cerezas

PARA 12 PERSONAS

350 g de cerezas deshuesadas (o 400 g de cerezas enlatadas deshuesadas, y escurridas), más unas cuantas para decorar

3 cucharadas de ron añejo

50 g de almendras tostadas

50 g de harina tamizada

350 g de chocolate negro (70 % de cacao)

3 huevos grandes (separados)

125 g de mantequilla ablandada más un poco para engrasar

125 g de azúcar blanquilla

450 ml de crema de leche espesa

virutas de chocolate y cacao en polvo para decorar

crema de leche para acompañar (opcional)

TIEMPO DE PREPARACIÓN 1 hora, más 8 horas de maceración y refrigeración

TIEMPO DE COCCIÓN 45 minutos

POR PORCIÓN

537 calorías

41 g de grasa (de las cuales 23 g saturadas)

38 g de hidratos de carbono

0,2 g de sal

TÉCNICAS

Véase también deshuesar cerezas (pág. 208), tostar frutos secos (pág. 218), separar huevos (pág. 52), forrar moldes (pág. 322), preparar virutas de chocolate (pág. 356)

1 Coloque las cerezas en un cuenco con 2 cucharadas de ron. Tape y deje macerar 6 horas como mínimo. Pique en el robot las almendras con la harina hasta que estén finamente molidas. Precaliente el horno a 180 °C (160 °C en uno de convección). Engrase y forre un molde hondo para pastel de 23 cm de diámetro. Derrita 140 g de mantequilla con 3 cucharadas de agua en un cuenco dispuesto sobre una cacerola con agua apenas hirviendo. Retire del fuego, añada el resto del ron y las yemas, y bata hasta que la mezcla esté lisa. Incorpore sin dejar de batir la mantequilla y el azúcar hasta que la preparación esté ligera y esponjosa. Mézclela con el chocolate y añada la harina y las almendras. Bata las claras a punto de nieve y agréguelas con cuidado a la mezcla de chocolate. Vierta la preparación en el molde y hornee 30-35 minutos o hasta que al insertar una broqueta en el centro salga casi limpia. Deje enfriar el pastel en el molde durante 10 minutos y vuélquelo sobre una rejilla metálica para que se enfríe.

2 Pique el resto del chocolate en trozos no muy pequeños. Hierva la crema de leche y viértala sobre el chocolate; deje reposar 5 minutos y luego mezcle hasta que se haya derretido. Deje enfriar, y bata la preparación hasta que blanquee y espese. Limpie el molde y coloque dentro el pastel. Reparta por encima las cerezas y su líquido. Extienda la crema de chocolate, alise la superficie, tape y refrigere 2 horas. Decore con virutas de chocolate y acompañe con cerezas y crema.

Consejo de congelación

Complete el paso 2, pero no decore el pastel, envuélvalo y congélelo. **Para servir** Descongele el pastel toda la noche a temperatura ambiente. Complete la receta.

Pastel de *mousse* de chocolate blanco

PARA 10 PERSONAS

aceite vegetal para engrasar
450 g de chocolate blanco
285 ml de crema de leche espesa
la cáscara finamente rallada de 1 naranja
*   grande*
2 cucharaditas de licor de naranja,
*   como Grand Marnier*
300 ml de yogur griego

TIEMPO DE PREPARACIÓN 30 minutos,
más toda la noche en el congelador
TIEMPO DE COCCIÓN 20-30 minutos

POR PORCIÓN

461 calorías
32 g de grasas (de las cuales 19 g
   saturadas)
27 g de hidratos de carbono
0,2 g de sal

TÉCNICAS

Véase también derretir chocolate
(pág. 356),
retirar las cortezas de los cítricos
(pág. 207)

1 Engrase un poco un molde redondo de 20 cm de diámetro y fórrelo con papel para hornear.

2 Rompa el chocolate y colóquelo en un cuenco grande con la mitad de la crema de leche. Ponga a hervir agua en una cacerola, retírela del fuego y coloque encima el cuenco con el chocolate y la crema, asegurándose de que la base del cuenco no toca el agua. Deje reposar 20-30 minutos hasta que el chocolate se haya derretido. No remueva, sólo déjelo derretir.

3 Mientras, ponga la cáscara de naranja y el licor en un cuenco pequeño. Deje reposar. Bata el resto de crema de leche hasta que adquiera cierta consistencia.

4 Retire el cuenco con el chocolate derretido del fuego y mezcle con el yogur. Incorpore la crema batida con la cáscara y el licor.

5 Reparta la mezcla en el molde preparado, tape con una película de plástico y congele toda la noche o hasta 1 mes. Una hora antes de servir, transfiera el pastel del congelador a la nevera. Desenvuélvalo y preséntelo sobre una fuente de servicio.

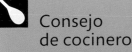

Consejo de cocinero

Si lo desea, puede decorar la *mousse* con unas fresas partidas, algunos arándanos y unos pétalos de rosa (sin productos químicos) con azúcar lustre.

Tarta de chocolate y almendras

PARA 8 PERSONAS

*400 g de cerezas deshuesadas, enlatadas
    o en frasco (escurridas)*

3 cucharadas de brandy o licor de almendras

150 g de mantequilla ablandada

*50 g de azúcar lustre, más
    un poco para espolvorear*

1 huevo pequeño batido

*225 g de harina blanca, más
    un poco para espolvorear*

PARA EL RELLENO

100 g de chocolate negro

125 g de mantequilla ablandada

125 g de azúcar blanquilla

3 huevos grandes batidos

125 g de almendras molidas

25 g de harina con levadura incorporada

50 g de almendrados aplastados

75 g de almendras fileteadas

TIEMPO DE PREPARACIÓN 30 minutos,
más 50 minutos de refrigeración

TIEMPO DE COCCIÓN 1 ½ horas, más
10-15 minutos de enfriado

POR PORCIÓN

777 calorías

50 g de grasas (de las cuales 22 g
    saturadas)

71 g de hidratos de carbono

0,7 g de sal

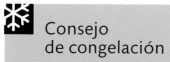

Consejo de congelación

Complete la receta hasta el
horneado del pastel en el paso 2,
enfríe, envuelva y congele.
Para servir Descongele a temperatura
ambiente toda la noche. Caliente
como arriba y espolvoree con azúcar
lustre antes de servir.

1 Coloque las cerezas en un cuenco con el brandy o licor y déjelas macerar 30 minutos. Vierta en el recipiente del robot la mantequilla, el azúcar lustre y el huevo, y bata hasta que la mezcla esté lisa. Añada la harina y continúe batiendo hasta obtener una pasta. Otra opción es la grasa con la harina, a mano o con un cortapastas, sobre la superficie de trabajo enharinada, luego envolverla y refrigerarla 30 minutos. Extienda la pasta sobre la superficie de trabajo ligeramente enharinada y forre un molde de base desmontable y paredes onduladas de 24 cm de diámetro. Refrigere 20 minutos. Precaliente el horno a 200 °C (180 °C en uno de convección). Forre el fondo de tarta con papel sulfurizado, cúbralo con judías y hornee 15 minutos. Retire el papel y las judías y hornee 5 minutos más. Reduzca la temperatura del horno a 150ºC.

2 Para el relleno, coloque el chocolate en un cuenco refractario dispuesto sobre una cacerola con agua apenas hirviendo. Mezcle hasta que se haya derretido. Déjelo enfriar. Bata en un cuenco la mantequilla con el azúcar hasta que la preparación esté pálida y esponjosa. Incorpore los huevos poco a poco, intercalándolos con las almendras y la harina. Mezcle con el chocolate y los almendrados. Reparta un tercio de la mezcla sobre el fondo de tarta y distribuya las cerezas por encima. Con el resto del relleno, cubra las cerezas. Esparza por encima las almendras y hornee 1 hora . El interior de la tarta deberá quedar blando y la superficie con una capa fina y crujiente. Deje enfriar la tarta en el molde 10-15 minutos, desmolde, espolvoree con azúcar lustre y sirva.

Pastel de chocolate

PARA 12 PERSONAS

225 g de mantequilla ablandada,
*   más un poco para engrasar*
300 g de chocolate troceado
225 g de azúcar moreno claro
225 g de almendras molidas
8 huevos grandes (separados)
125 g de migas de pan moreno frescas
4 cucharadas de confitura de albaricoques
*   (opcional)*

PARA LA *GANACHE*

175 g de chocolate negro troceado
75 g de mantequilla ablandada
4 cucharadas de crema de leche espesa

TIEMPO DE PREPARACIÓN 30 minutos
TIEMPO DE COCCIÓN 1 ½ horas,
más 2-3 horas de enfriado

POR PORCIÓN

687 calorías
49 g de grasas (de las cuales 23 g
    saturadas)
54 g de hidratos de carbono
0,7 g de sal

TÉCNICAS

Véase también separar huevos (pág. 52),
migas (pág. 308),
forrar moldes (pág. 322),
derretir chocolate (pág. 356),
batir claras (pág. 52),
comprobar la cocción de los bizcochos
(pág. 324),
enfriar pasteles (pág. 324)

1 Precaliente el horno a 180 °C (160 °C en uno de convección). Engrase y forre un molde de base desmontable de 23 cm de diámetro. Derrita el chocolate en un cuenco refractario dispuesto sobre una cacerola con agua apenas hirviendo. Retire del fuego. Coloque la mantequilla y el azúcar en un cuenco grande y bata hasta que blanquee y esté cremosa. Añada las almendras, las yemas y las migas. Bata bien hasta que todo quede bien mezclado. Incorpore el chocolate y mezcle con cuidado, no en exceso pues podría «agarrarse». Vierta las claras en un cuenco limpio y bátalas a punto de nieve. Añada la mitad a la mezcla de chocolate incorporándolas con una cuchara metálica. Añada luego el resto. Vierta la preparación en el molde y nivele la superficie. Hornee 1 hora 20 minutos, hasta que el pastel esté firme y al insertar una broqueta en el centro ésta salga limpia. Deje enfriar 5 minutos. Transfiéralo a una rejilla 2-3 horas.

2 Coloque la confitura, si la emplea, en un cazo y derrítala a fuego lento. Pincele la superficie y las paredes del pastel con la confitura.

3 Derrita el chocolate, la mantequilla y la crema en un cuenco refractario dispuesto sobre un cazo con agua apenas hirviendo. Remueva hasta que la mezcla quede homogénea. Coloque el pastel sobre el molde invertido o colóquelo (todavía sobre la rejilla) sobre una bandeja para recoger el glaseado. Vierta la *ganache* sobre el centro del pastel y sacuda un poco.

Budín de pan y chocolate

PARA 6 PERSONAS

200 g de pan

100 g de chocolate con leche picado
  no muy fino

500 g de crema de vainilla

150 ml de leche

1 huevo grande batido

1 cucharada de azúcar demerara

50 g de nueces picadas no muy finas

50 g de chocolate con leche o negro troceado

azúcar lustre para espolvorear

crema de leche ligera para acompañar
  (opcional)

TIEMPO DE PREPARACIÓN 20 minutos,
más 4 horas como mínimo de
refrigeración

TIEMPO DE COCCIÓN 55 minutos-1 hora

POR PORCIÓN

390 calorías

17 g de grasas (de las cuales 6 g saturadas)

51 g de hidratos de carbono

0,7 g de sal

TÉCNICAS

Véase también picar frutos secos
(pág. 218)

1 Pique el pan en trozos no muy pequeños y resérvelos en un cuenco grande. Coloque el chocolate con leche en un cazo con la crema y la leche, y caliente a fuego lento. Remueva con cuidado hasta que el chocolate se haya derretido, y bata entonces la mezcla con el huevo.

2 Vierta la preparación anterior sobre el pan, mezcle bien, tape y refrigere 4 horas como mínimo.

3 Precaliente el horno a 180 °C (160 °C en uno de convección). Reparta el pan remojado en una fuente refractaria engrasada con mantequilla de 1,4 l de capacidad y 7,5 cm de profundidad. Hornee 30-40 minutos.

4 Espolvoree la superficie con el azúcar demerara, las nueces y el chocolate. Devuelva al horno y cueza 20-30 minutos, hasta que el budín esté un poco cuajado. Espolvoree con azúcar lustre. Sirva el budín caliente, acompañado con crema de leche, si lo desea.

Fondant de chocolate caliente

PARA 6 PERSONAS

3 huevos enteros medianos, más 3 yemas

50 g de azúcar blanquilla

175 g de chocolate negro

150 g de mantequilla

50 g de harina tamizada

6 trufas de chocolate

helado de vainilla de calidad
  para acompañar

TIEMPO DE PREPARACIÓN 10 minutos

TIEMPO DE COCCIÓN unos 25 minutos

POR PORCIÓN

502 calorías

37 g de grasas (de las cuales 21 g
  saturadas)

39 g de hidratos de carbono

0,5 g de sal

TÉCNICAS

Véase también separar huevos (pág. 52),
derretir chocolate (pág. 356),
helado de vainilla (pág. 388)

1 Precaliente el horno a 200 °C (180 °C en uno de convección). Coloque en un cuenco grande los huevos, las yemas y el azúcar, y bátalo todo con una batidora eléctrica 8-10 minutos, hasta que la mezcla blanquee y esté esponjosa. Puede hacerlo a mano, pero necesitará más tiempo.

2 Derrita el chocolate y la mantequilla en un cuenco refractario dispuesto sobre una cacerola con agua hirviendo y sin que la base del cuenco toque el agua.

3 Mezcle con cuidado la harina con la preparación de huevo. Remueva una cucharada de la mezcla de huevo con la de chocolate derretido y luego agregue al resto de la mezcla de huevo.

4 Vierta una cucharada grande de la preparación en 6 moldes refractarios individuales de 200 ml de capacidad. Ponga una trufa de chocolate en el centro, sin empujarla hacia abajo. Divida el resto de la mezcla de chocolate por encima hasta recubrir la trufa. Cada molde debe llenarse a unos tres cuartos de su capacidad.

5 Hornee 10-12 minutos, hasta que la superficie esté firme y empiece a subir y cuartearse. Acompañe con helado.

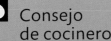

Consejo de cocinero

Compre chocolate de calidad con un contenido mínimo del 70 % de cacao. De ese modo, obtendrá el intenso sabor a chocolate necesario para este tipo de postre.

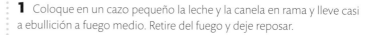

Mousse de chocolate blanco

PARA 6 PERSONAS

100 ml de leche entera

1 trozo de canela en rama

250 g de chocolate blanco de calidad

285 ml de crema de leche espesa

3 claras de huevo grandes

50 g de chocolate negro

un poco de cacao en polvo y canela
*   en polvo para decorar*

TIEMPO DE PREPARACIÓN 15 minutos,
más 4 horas como mínimo
de refrigeración

TIEMPO DE COCCIÓN 15 minutos

POR PORCIÓN

515 calorías

41 g de grasas (de las cuales 25 g
    saturadas)

31 g de hidratos de carbono

0,2 g de sal

TÉCNICAS

Véase también separar huevos (pág. 52),
derretir chocolate (pág. 356),
batir claras (pág. 52)

1 Coloque en un cazo pequeño la leche y la canela en rama y lleve casi a ebullición a fuego medio. Retire del fuego y deje reposar.

2 Derrita el chocolate blanco en un cuenco refractario dispuesto sobre un cazo con agua apenas hirviendo. Retire el cuenco de la cacerola y déjelo enfriar un poco.

3 Filtre la leche caliente sobre el chocolate derretido y mezcle a fondo hasta que la preparación esté uniforme. Deje enfriar 10 minutos.

4 Bata en un cuenco la crema de leche hasta que empiece a adquirir cierta consistencia (debe caer un poco). Bata las claras a punto de nieve. Incorpore la crema batida a la mezcla de chocolate trabajando con una cuchara grande metálica, y luego vaya incorporando con cuidado las claras batidas. Reparta la mezcla en 6 cuencos pequeños de unos 150 ml de capacidad y refrigere 4 horas o toda la noche.

5 Prepare unas virutas de chocolate negro con ayuda de un pelador de hortalizas y espárzalas sobre la *mousse*. Espolvoree con cacao en polvo y una pizca de canela.

Preparar con antelación

Prepare la receta hasta el final
del paso 4 con un día de antelación.
Tape y refrigere.
Para servir Complete la receta.

Pastel de galletas y chocolate

PARA 21 PERSONAS

125 g de mantequilla picada,
*   más un poco para engrasar*
150 g de chocolate negro troceado
250 g de sequillos finamente picados
100 g de galletas de mantequilla
*   finamente picadas*
2-3 cucharadas de amaretto, ron o brandy
helado para acompañar

TIEMPO DE PREPARACIÓN 15 minutos,
más 2 horas de refrigeración
TIEMPO DE COCCION 5 minutos

POR PORCIÓN

157 calorías
9 g de grasas (de las cuales 5 g saturadas)
17 g de hidratos de carbono
0,3 g de sal

TÉCNICAS

Véase también forrar moldes (pág. 322),
derretir chocolate (pág. 356)

1 Engrase un molde cuadrado de 18 cm de lado y fórrelo con papel para hornear. Coloque la mantequilla y el chocolate en un cuenco refractario dispuesto sobre una cacerola con agua apenas hirviendo. Remueva hasta que se hayan derretido y reserve.

2 Mezcle en un cuenco los sequillos con las galletas y el licor, ron o brandy. Agréguelos a la mezcla de chocolate y mezcle bien.

3 Vierta la preparación en el molde y refrigere 2 horas como mínimo. Corte el pastel en porciones y sírvalo con helado.

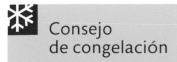

Consejo de congelación

Complete la receta, pero no corte el pastel en porciones. Envuélvalo y congélelo.
Para servir Descongele el pastel a temperatura ambiente y sírvalo.

Trufas de chocolate y avellanas

PARA UNAS 30 TRUFAS

100 g de avellanas

200 g de chocolate negro (mínimo 50 %
   de cacao) troceado

25 g de mantequilla

140 ml de crema de leche espesa

3 cucharadas de cacao en polvo tamizado

3 cucharadas de azúcar lustre dorado
   y tamizado

TIEMPO DE PREPARACIÓN 15-20 minutos

TIEMPO DE COCCIÓN 12 minutos,
más 1-2 horas de refrigeración

POR PORCIÓN

96 calorías

8 g de grasas (de las cuales 4 g saturadas)

6 g de hidratos de carbono

0,1 g de sal

TÉCNICAS

Véase también derretir chocolate
(pág. 356)

1 Coloque las avellanas en una sartén y caliéntelas a fuego lento 3-4 minutos, sacudiendo el recipiente de vez en cuando para tostarlas. Coloque 30 en un cuenco y déjelas enfriar. Pique finamente el resto en el robot y resérvelas en un cuenco.

2 Derrita el chocolate en un cuenco refractario dispuesto sobre una cacerola con agua apenas hirviendo, sin que el fondo del cuenco toque el agua. Derrita en otro cazo el resto de la mantequilla con la crema. Lleve justo al punto de ebullición y retire del fuego. Mezcle con el chocolate. Bata hasta que la preparación esté fría y densa, y refrigérela 1-2 horas.

3 Vierta el cacao y el azúcar lustre en platos hondos separados. Retire una cucharadita de la mezcla de trufa e introduzca una avellana en el centro. Trabajando rápidamente, forme una bola y pásela por el cacao en polvo, el azúcar lustre o las avellanas picadas. Repita la operación con el resto de la mezcla y refrigere.

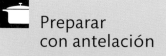

Preparar con antelación

Guarde hasta 2 semanas en un recipiente hermético en la nevera.

Chocolate caliente

PARA 6 PERSONAS

125 g de chocolate negro rallado
450 ml de leche
1 cucharada de maicena
4 cucharadas de azúcar moreno claro
140 ml de crema de leche espesa

TIEMPO DE PREPARACIÓN 10 minutos
TIEMPO DE COCCIÓN 8-10 minutos

POR PORCIÓN

306 calorías
20 g de grasas (de las cuales 12 g
   saturadas)
30 g de hidratos de carbono
0,1 g de sal

TÉCNICAS

Véase también derretir chocolate
(pág. 356),
rallar chocolate (pág. 346)

1 Coloque el chocolate rallado y la mitad de la leche en un cazo, y caliente a fuego lento hasta que el chocolate se haya derretido. Ponga en un cuenco la maicena y añada poco a poco el resto de leche mezclando bien. Añada la mezcla de maicena al cazo y bata con el chocolate derretido y luego mezcle con el azúcar. Cueza 3 minutos a fuego lento y sin dejar de batir, hasta que el chocolate caliente se espese. Retire el recipiente del fuego y continúe batiendo hasta que la mezcla esté lisa.

2 Bata la crema hasta que espese. Vierta el chocolate caliente en 6 tazas o vasos, cubra con la crema y sirva.

AZÚCAR

Increíblemente versátil, el azúcar puede calentarse y transformarse en toda clase de dulces, como caramelo, *toffee*, *fudge* y praliné, que pueden consumirse tal cual o bien utilizarse en recetas dulces. Este capítulo muestra las técnicas básicas, en concreto la preparación de decoraciones de caramelo, *toffee*, dulce de leche, *fudge*, praliné, almíbar de azúcar y azúcar hilado. La sección de recetas incluye algunas tan sabrosas como el *fudge* de chocolate y galletas, la piña caramelizada, las fresas al caramelo, el pastel de queso y dulce de leche, los pastelitos de plátano y dulce de leche, y las manzanas con salsa de caramelo.

Trabajar con azúcar

El azúcar es un ingrediente maravillosamente versátil. Cuando se calienta puede transformarse por completo, ya sea en crujiente caramelo o praliné, un *toffee* suave, un *fudge* cremoso o un delicado azúcar hilado, por nombrar tan sólo unas pocas preparaciones.

Caramelo seco

Puede realizarse con 24 horas de antelación y guardarse en un recipiente hermético.

1 Forre una placa de hornear con papel sulfurizado. Ponga 200 g de azúcar blanquilla en una cacerola de fondo grueso con 4 cucharadas de agua. Caliente a fuego lento hasta que el azúcar se disuelva.

2 Lleve a ebullición y cueza hasta que adquiera un color caramelo medio. Sumerja la base del recipiente en agua fría. Utilice enseguida antes de que el caramelo empiece a endurecerse.

3 Para preparar flores de caramelo, realice con un tenedor formas abstractas de 4 cm de diámetro sobre papel sulfurizado.

4 Para hacer cajas de caramelo, unte con aceite el dorso de un cucharón. Vierta por encima hilos de caramelo.

Consejo de cocinero

- Una vez el caramelo empiece a colorearse, puede oscurecerse enseguida, y un caramelo muy oscuro tiene un sabor amargo.
- Tenga a mano una cacerola con agua fría para poder sumergir dent la base del recipiente, y detener así la cocción del caramelo.

Caramelo húmedo

1 Vierta 200 g de azúcar y 150 ml de agua en un cazo de fondo grueso y caliente a fuego lento hasta que el azúcar se disuelva. Lleve a ebullición y cueza hasta que empiece a formarse un caramelo de color medio.

2 Retire el recipiente del fuego y vierta por encima 150 ml de agua. Caliente y remueva a fondo. Deje enfriar.

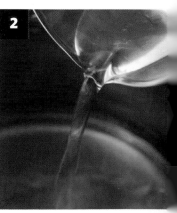

Toffee (caramelos de mantequilla)

Para preparar 500 g necesita 250 g de mantequilla y 250 g de azúcar.

1 Forre una fuente para asar poco profunda con papel de hornear untado en aceite. Coloque el azúcar y la mantequilla en un cazo de fondo grueso y cueza a fuego lento hasta que el azúcar se disuelva.

2 Suba el fuego y prosiga la cocción, removiendo con frecuencia, hasta que la mezcla adquiera un tono marrón oscuro. Debe leer 150 °C en un termómetro de cocina. Para comprobarlo, vierta un poco del almíbar en una taza de agua fría: debe formar enseguida unas hebras gruesas que se tuercen un poco y acaban rompiéndose.

3 Vierta la mezcla en la fuente para asar y alise la superficie con un cuchillo. Deje cuajar y corte en cuadrados o trocitos pequeños.

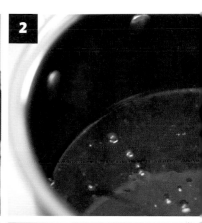

Toffees de frutos secos

Mientras el *toffee* se cuece, reparta sobre la fuente unos frutos secos picados en trozos no muy pequeños, como pacanas, almendras o nueces. Cuando el *toffee* esté listo, viértalo sobre los frutos secos y déjelo cuajar como antes. La mezcla es una magnífica combinación de sabores.

Dulce de leche

Esta salsa dulce y acaramelada es ideal en postres como crepes, helados y pastelitos.

1 Practique dos agujeritos en una lata de leche condensada. Coloque ésta en una cacerola, y vierta agua hasta alcanzar tres cuartos de la altura de la lata.

2 Cueza a fuego lento 2 horas (para una salsa de consistencia líquida), o 4 horas (pasta espesa); vaya añadiendo agua.

Fudge de vainilla

Para 50 porciones necesita 450 g de azúcar, 110 g de crema de leche espesa cuajada o común, 170 g de leche evaporada, 50 g de mantequilla y 1 cucharadita de extracto de vainilla

1 Engrase un molde cuadrado de 18 cm de lado. Coloque el azúcar, la crema, la leche y la mantequilla en un cazo. Caliente a fuego lento y remueva hasta que el azúcar se haya disuelto.

2 Deje hervir durante 30 minutos, y remueva cada 5 minutos hasta que la preparación tenga un color dorado claro. Sumerja la base del cazo en agua fría. Mezcle con la vainilla.

3 Bata la mezcla 5 minutos (raspe los lados), hasta que la mezcla esté espesa.

4 Viértala en el molde.

5 Enfríe y corte en trozos pequeños.

Praliné de nueces

Se emplea en helados y postres. Para 4 personas necesita 250 g de azúcar moreno claro y 175 g de frutos secos.

1 Ponga el azúcar en un cazo y caliéntelo a fuego lento. Forre una placa de hornear con papel para hornear y llene un cuenco con agua muy fría.

2 Agite el cazo con cuidado hasta disolver el azúcar, vigilando sobre todo cuando empieza a cambiar de color.

3 Cuando el azúcar haya adquirido un color marrón dorado oscuro, vierta dentro los frutos secos y remueva con una cuchara de madera.

4 Sumerja la base del cuenco en agua helada para que el praliné no se queme; viértalo sobre el papel y extiéndalo.

5 Déjelo enfriar 20 minutos y aplástelo pasando un rodillo por encima. Para obtener un praliné fino, muélalo en el robot o en un molinillo de café limpio.

Almíbar de azúcar

Perfecto para aliñar una simple ensalada de azucar o para verter sobre un bizcocho. Sírvalo al natural o aromatícelo (*véase* recuadro). Necesita 275 g de azúcar granulado.

1 Ponga el azúcar en un cazo con 600 ml de agua fría. Coloque el recipiente a fuego lento y caliente hasta que el azúcar se haya disuelto por completo.

2 Lleve la mezcla a ebullición y cueza 2-5 minutos.

3 Deje enfriar el almíbar y utilícelo enseguida o refrigérelo en un recipiente hermético hasta 1 semana.

Aromatizantes

- Añada la cáscara finamente cortada de 1 limón o ½ naranja al azúcar en el paso 1.
- Puede añadir al almíbar 1-2 cucharadas de brandy o ron al final del paso 2.

Azúcar hilado

El azúcar hilado, una de las decoraciones de azúcar más atractivas, se prepara con un caramelo ligero, con el que se forma un nido de hebras finas. Tan sólo se necesita un par de tenedores, un rodillo y hojas de papel para recoger las gotas de caramelo que caigan al suelo mientras se trabaja.

1 Ponga el azúcar y el agua en un cazo de fondo grueso, con 4 cucharadas de agua por 200 g de azúcar. Caliente a fuego lento hasta que el azúcar se disuelva.

2 Suba el fuego y lleve a ebullición. Continúe hirviendo el almíbar hasta que se convierta en un caramelo claro. Sumerja la base del recipiente en agua fría para enfriarlo y déjelo así 5 minutos.

3 Mientras, extienda papel de periódico por el suelo o mesa donde vaya a trabajar.

4 Sostenga dos o más tenedores con una mano y sumérjalos en el caramelo. Páselos de arriba abajo sobre un rodillo, que sostendrá con la otra mano sobre el papel, de forma que caigan unas hebras muy finas sobre aquél.

5 Cuando el rodillo esté lleno, deslice con cuidado las hebras y forme con ellas una bola o manténgalas tal cual. Utilice enseguida para decorar postres.

Fudge de chocolate y galletas

PARA 36 PIEZAS

aceite de girasol para engrasar
125 g de mantequilla
200 g de leche evaporada
450 g de azúcar moreno claro
1 cucharadita de extracto de vainilla
75 g de chocolate negro picado
25 g de avellanas, tostadas y picadas no muy finas
6 galletas Oreo picadas no muy finas

TIEMPO DE PREPARACIÓN 10 minutos
TIEMPO DE COCCIÓN 15 minutos

POR PIEZA
81 calorías
2 g de grasas (de las cuales 1 g saturadas)
17 g de hidratos de carbono
0,1 g de sal

TÉCNICAS

Véase también tostar frutos secos
(pág. 218),
fudge de vainilla (pág. 374)

1 Engrase un molde para pan de 450 g con un poco de aceite.

2 Ponga la mantequilla, la leche evaporada, el azúcar, el extracto de vainilla y 50 ml de agua en un cazo de fondo grueso, caliente a fuego lento y remueva hasta que la mantequilla se haya derretido y el azúcar se haya disuelto. Suba el fuego hasta que la preparación hierva y cueza 10 minutos, sin dejar de remover, hasta que el *fudge* forme una bola blanda al dejar caer una cucharadita del mismo en una taza de agua fría. Retire el recipiente del fuego y divida la mezcla en dos cuencos. Añada el chocolate a uno y deje que se derrita. Mezcle la preparación hasta que quede homogénea.

3 Vierta la mitad del *fudge* de chocolate en el molde y alise la superficie, luego reparta por encima la mitad de las avellanas y la mitad de las galletas.

4 Vierta el *fudge* de vainilla sobre las avellanas y las galletas, y recubra con el resto de avellanas y galletas.

5 Termine con una capa final de *fudge* de chocolate y deje enfriar. Cubra con una película de plástico y refrigere toda la noche para que quede firme. Una vez cuajado, retírelo del molde y córtelo en rebanadas.

 ## Toques finales

Para un obsequio, envuelva pilas de *fudge* en papel de celofán transparente y ate con un lazo bonito; luego ate una tarjeta a cada paquete con la fecha de caducidad y una nota indicando que deben guardarse en la nevera.

Piña caramelizada

1 Corte cada rodaja de piña por la mitad y retire el corazón fibroso central. Vierta el azúcar y el ron en un cuenco, y mezcle con la piña.

2 Caliente el aceite en una sartén antiadherente. Añada la piña, reservando el líquido a un lado, y fríala por ambas caras a fuego medio 4-5 minutos, hasta que esté dorada y caramelizada.

3 Divida la piña en 6 platos. Vierta la mezcla de ron y azúcar a la sartén y déjela hervir 1 minuto. Vierta la salsa resultante sobre la piña y sírvala.

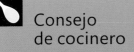

Consejo de cocinero

Para comprobar si una piña está madura, arránquele una hoja. Si puede hacerlo con facilidad, la fruta está madura.

Fresas al caramelo

PARA 4 PERSONAS

250 g de fresas lavadas, sin el rabillo
y a rodajas

2 cucharaditas de azúcar lustre
moreno claro

1 vaina de vainilla

400 ml de yogur griego

100 g de azúcar blanquilla moreno

TIEMPO DE PREPARACIÓN 15 minutos

TIEMPO DE COCCIÓN 5 minutos,
más 15 minutos de enfriado, o 2 horas
de refrigeración

POR PORCIÓN

240 calorías

10 g de grasas (de las cuales 5 g saturadas)

35 g de hidratos de carbono

0,2 g de sal

TÉCNICAS

Véase también fresas, moras y bayas
(pág. 209)

1 Coloque las fresas en la base de 4 moldes refractarios individuales o *ramequins*, y espolvoréelas con azúcar lustre.

2 Raspe las semillas de la vainilla y mézclalas con el yogur, luego vierta la mezcla resultante sobre la fruta.

3 Precaliente el grill a temperatura alta. Espolvoree de modo uniforme la superficie de los moldes con el azúcar blanquilla hasta que esté bien recubierta.

4 Ponga los moldes sobre una placa de hornear o la placa del grill y colóquela bajo el mismo hasta que el azúcar se oscurezca y caramelice. Deje enfriar 15 minutos, hasta que el caramelo se haya enfriado lo suficiente como para poder comerlo, o bien refrigere hasta 2 horas antes de servir.

Variantes

Utilice frambuesas o arándanos
en vez de fresas.

Tocinillos

PARA 4 PERSONAS

aceite vegetal para engrasar
50 g de azúcar blanco granulado
75 g de azúcar blanquilla dorado
1 cucharadita de extracto de vainilla
6 yemas de huevo grandes

TIEMPO DE PREPARACIÓN 20 minutos
TIEMPO DE COCCIÓN 30 minutos, más
el enfriado

POR PORCIÓN

210 calorías
8 g de grasas (de las cuales 2 g saturadas)
31 g de hidratos de carbono
0 g de sal

TÉCNICAS

Véase también separar huevos (pág. 52),
forrar un molde de pan (pág. 323),
caramelo (pág. 372)

1 Precaliente el horno a 170 °C (150 °C en uno de convección). Unte con aceite un molde para pan de 450 g y forre la base con papel para hornear.

2 Ponga el azúcar granulado en un cazo pequeño y caliente a fuego lento hasta que se disuelva. Lleve a ebullición y cueza 2-3 minutos, sacudiendo la sartén, pero no removiendo, hasta que el almíbar se convierta en un caramelo dorado. Viértalo en el molde preparado. Coloque el azúcar blanquilla en un cazo con 75 ml de agua fría y el extracto de vainilla. Caliente a fuego lento hasta que el azúcar se haya disuelto. Suba el fuego y hierva 3 minutos, hasta que esté almibarado. Déjelo enfriar 5 minutos.

3 Vierta las yemas de huevo en un cuenco grande y mézclalas poco a poco con el almíbar de azúcar enfriado ayudándose de una cuchara de madera. Filtre a través de un tamiz metálico dispuesto sobre el molde con el caramelo. Vierta 2,5 cm de agua en una fuente para asar y coloque encima una rejilla metálica con patas. Ponga el molde sobre la rejilla y cubra el conjunto con papel de aluminio. Hornee 25 minutos, hasta que la mezcla esté firme y al insertar una broqueta en el centro ésta salga limpia. Deje enfriar y refrigere.

4 Para servir, sumerja la base del molde en una fuente con agua hirviendo 10 segundos. Separe la crema con un cuchillo afilado y vuelque el tocinillo sobre una fuente. Corte 8 cuadrados y colóquelos en moldes de papel.

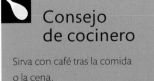

Consejo
de cocinero

Sirva con café tras la comida
o la cena.

Pastel de queso y dulce de leche

PARA 10 PERSONAS

300 g de galletas digestive troceadas
125 g de mantequilla derretida

Para el relleno

450 g de queso blanco granulado
140 ml de crema de leche espesa
el zumo de ½ limón
3 huevos medianos batidos
50 g de azúcar blanquilla moreno
6 cucharadas de dulce de leche,
* más un poco para repartir*

TIEMPO DE PREPARACIÓN 15 minutos,
más el refrigerado

TIEMPO DE COCCIÓN de 45 minutos
a 1 hora

POR PORCIÓN

379 calorías
24 g de grasas (de las cuales 13 g
    saturadas)
34 g de hidratos de carbono
1,1 g de sal

TÉCNICAS

Véase también dulce de leche (pág. 373)

1 Precaliente el horno a 200 °C (180 °C en uno de convección). Para preparar el fondo de tarta, introduzca las galletas en el robot y píquelas finamente (también puede ponerlas en una bolsa de plástico y aplastarlas con el rodillo). Transfiéralas a un cuenco, añada la mantequilla y mezcle un poco. Presione de modo uniforme la mezcla contra la base y las paredes de un molde de base desmontable de 20 cm de diámetro. Refrigere.

2 Para preparar el relleno, bata el queso blanco granulado y la crema en el robot o batidora hasta que la mezcla esté homogénea. Incorpore el zumo de limón, los huevos, el azúcar, el dulce de leche y bata de nuevo. Vierta en el fondo de tarta enfriado y hornee 10 minutos. Reduzca la temperatura del horno a 180 °C (160 °C en uno de convección), y hornee durante 45 minutos o hasta que la mezcla esté cuajada y dorada.

3 Apague el horno, deje la puerta entreabierta y enfríe el pastel. Cuando esté del todo frío, refrigérelo para endurecer el fondo.

4 Retire el pastel del molde pasando un cuchillo por las paredes. Abra el molde con cuidado y ayúdese con un cuchillo paleta para retirarlo. Córtelo en porciones, dispóngalas en platos de servicio y vierta por encima dulce de leche.

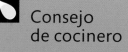

Consejo de cocinero

Para cortar el pastel con facilidad, utilice un cuchillo afilado previamente sumergido en una jarra con agua hirviendo y luego secado..

Merengues de almendra

PARA 4 PERSONAS

aceite para engrasar

25 g de azúcar mascabado claro

100 g de claras de huevo (3 huevos medianos)

225 g de azúcar blanquilla

25 g de almendras fileteadas

crema de leche batida para acompañar

Para las frutas veraniegas maceradas

*125 g de crème de cassis (crema
    de grosellas negras)*

el zumo de 1 naranja

2 cucharadas de gelatina de grosellas

200 g de frambuesas

*4 nectarinas partidas por la mitad,
    deshuesadas y a rodajas*

TIEMPO DE PREPARACIÓN 35 minutos

TIEMPO DE COCCIÓN 22-25 minutos,
más 15 minutos para que el azúcar
se enfríe y dejar reposar toda la noche
en el horno

POR PORCIÓN

485 calorías

4 g de grasas (hay trazas de saturadas)

95 g de hidratos de carbono

0,2 g de sal

TÉCNICAS

Véase también separar huevos (pág. 52),
filetear frutos secos (pág. 219),
deshuesar frutas (pág. 208),
merengues (págs. 58-59)

Consejo de cocinero

- Asegúrese de que el cuenco no toca el agua caliente mientras prepara los merengues.
- El sabor de las frutas maceradas mejora si las refrigera toda la noche (si el almíbar se espesa, mézclelo con zumo de naranja).

1 Para macerar las frutas, vierta la *crème de cassis*, el zumo de naranja y la gelatina de grosellas en un cazo pequeño. Caliente a fuego lento hasta que se derrita, y deje burbujear 2-3 minutos hasta que la mezcla esté almibarada. Viértala en un cuenco grande para que se enfríe. Agregue las frambuesas y las nectarinas, y mezcle. Tape y refrigere.

2 Precaliente el horno a 170 °C (150 °C en uno de convección) y el grill. Engrase con aceite una placa de hornear y esparza el azúcar mascabado. Ponga bajo el grill 2-3 minutos o hasta que el azúcar empiece a burbujear y caramelizarse. Enfríe 15 minutos y pique el azúcar en el robot hasta reducirlo a polvo grueso.

3 Vierta las claras y el azúcar blanquilla en un cuenco limpio dispuesto sobre una cacerola con agua apenas hirviendo. Remueva hasta que el azúcar se haya disuelto y las claras se hayan calentado (unos 10 minutos). Retire del fuego y coloque el cuenco sobre un paño. Bata la mezcla con la batidora eléctrica 15 minutos como mínimo, hasta que esté fría y brillante, y forme picos duros y brillantes al levantar las varillas. Cubra dos placas de hornear con papel para hornear antiadherente. Mezcle la mitad del azúcar molido con la mezcla de merengue. Realice 4 óvalos sobre las placas, dejando espacio entre ellos. Esparza por encima las almendras fileteadas y el resto del azúcar molido. Hornee 20 minutos, baje la temperatura y deje secar en el horno toda la noche. Sirva con las frutas maceradas y crema ligeramente batida.

Pastelitos de plátanos y dulce de leche

PARA 6 PERSONAS

150 g de galletas digestive

75 g de mantequilla derretida,
*   más un poco para engrasar*

1 cucharadita de jengibre molido
*   (opcional)*

450 g de dulce de leche

4 plátanos medianos, pelados, a rodajas
*   y mezclados con el zumo de 1 limón*

285 ml de crema de leche espesa
*   ligeramente batida*

chocolate rallado

TIEMPO DE PREPARACIÓN 15 minutos

POR PORCIÓN

827 calorías

55 g de grasas (de las cuales 32 g
    saturadas)

84 g de hidratos de carbono

1,2 g de sal

TÉCNICAS

Véase también dulce de leche (pág. 373),
rallar chocolate (pág. 356)

1 Coloque las galletas en el robot y bátalas hasta formar migas finas (póngalas en una bolsa de plástico y aplástelas con un rodillo). Transfiéralas a un cuenco y mézclalas con la mantequilla derretida y el jengibre, y bata o mezcle durante 1 minuto hasta combinarlas.

2 Engrase con mantequilla 6 moldes en forma de anillo o para tartaletas y fórrelos con papel sulfurizado. Presione en el fondo la mezcla de galletas. Divida el dulce de leche entre los moldes y cubra con los plátanos. Aplique un copete de crema batida por encima, espolvoree chocolate y refrigere. Retire de los moldes o anillos y sirva.

Toques finales

Termine los pastelitos con
cualquier decoración de chocolate
(el chocolate rallado, las virutas
y los rollos quedan magníficos,
véase pág. 356).

Triffle de naranja caramelizada

PARA 16 PERSONAS

125 g de azúcar mascabado claro

270 g de gelatina de naranja cortada a dados

100 ml de brandy

10 naranjas peladas y sin la membrana blanca

150 g de almendrados

4 cucharadas de jerez dulce

500 g de natillas (pueden ser compradas)

285 g de crema de leche espesa

500 g de queso mascarpone

¼ de cucharadita de extracto de vainilla

125 g de azúcar granulado

TIEMPO DE PREPARACIÓN 45 minutos, más 4 horas de cuajado

TIEMPO DE COCCIÓN 5 minutos

POR PORCIÓN

358 calorías

15 g de grasas (de las cuales 9 g saturadas)

48 g de hidratos de carbono

0,1 g de sal

TÉCNICAS

Véase también cítricos (pág. 207), azúcar hilado (pág. 375)

1 Coloque el azúcar mascabado en una cacerola de fondo grueso. Añada 100 ml de agua y disuelva el azúcar a fuego lento. Suba el fuego y cueza 5 minutos, hasta que el azúcar esté espeso y almibarado. Retire el recipiente y añada 450 ml de agua hirviendo (el azúcar chisporroteará). Incorpore la gelatina y remueva hasta que se disuelva. Mezcle con el brandy y reserve.

2 Corte la naranja a rodajas y reserve el zumo aparte. Añada el zumo (unos 125 ml) a la gelatina y deje enfriar. Coloque los almendrados en la base de un cuenco o ensaladera de 3,5 l y rocíelos con el jerez. Disponga encima las rodajas de naranja y vierta la gelatina por encima. Refrigere 4 horas hasta que cuaje. Vierta las natillas por encima y alise la superficie. Coloque la crema, el mascarpone y el extracto de vainilla en un cuenco y bata la mezcla con una batidora de varillas manual. Reparta tres cuartos de la mezcla sobre la crema y alise la superficie. Ponga el resto en una manga pastelera y forme 10 rosetones alrededor del extremo. Refrigere.

3 Forre una placa de hornear grande con papel de hornear. Llene el fregadero hasta la mitad con agua helada. Caliente el azúcar granulado en un cazo de fondo grueso hasta que se disuelva. Suba el fuego y cueza hasta obtener un caramelo dorado; sumerja enseguida la base del cazo en el agua del fregadero. Bañe un tenedor en el caramelo, levántelo y repártalo hacia adelante y hacia atrás sobre el papel hasta formar hebras finas. Coloque éstas sobre el *triffle*.

 Toques finales

Como alternativa, esparza por encima grageas plateadas, almendras fileteadas tostadas o chocolate rallado (*véase* pág. 356).

Budines de *toffee*

PARA 4 PERSONAS

1 cucharada de jarabe de melaza dorado

1 cucharada de melaza

150 g de mantequilla ablandada

25 g de pacanas o nueces

75 g de harina con levadura incorporada

125 g de azúcar blanquilla

2 huevos grandes batidos

crema batida o natillas para acompañar

TIEMPO DE PREPARACIÓN 20 minutos,
más 5 minutos de reposo

TIEMPO DE COCCIÓN 25-30 minutos

POR PORCIÓN

565 calorías

38 g de grasas (de las cuales 21 g
    saturadas)

53 g de hidratos de carbono

0,9 g de sal

TÉCNICAS

Véase también crema de vainilla
(pág. 26)

1 Precaliente el horno a 180 °C (160 °C en uno de convección). Coloque el jarabe de melaza, la melaza y 25 g de mantequilla en un cuenco, y bata hasta que la mezcla quede homogénea. Divídala entre 4 timbales individuales o *ramequins* de 150 ml de capacidad y reserve.

2 Pique finamente las nueces en el robot. Colóquelas en un cuenco, tamice la harina por encima y mezcle bien.

3 Ponga el resto de mantequilla y el azúcar en el robot o batidora eléctrica y bata brevemente. Añada los huevos batidos y la mezcla de harina, y bata o mezcle 30 segundos.

4 Reparta esta preparación en los moldes hasta cubrir la mezcla de melaza. Hornee 25-30 minutos, hasta que estén hinchados y dorados.

5 Retire los budines del horno y deje reposar 5 minutos; desmóldelos sobre platos de servicio calientes. Sirva enseguida con crema batida o natillas.

Manzanas con salsa de caramelo

PARA 6 PERSONAS

125 g de sultanas

2 cucharadas de brandy

6 manzanas golden grandes sin corazón

4 cucharadas de azúcar moreno claro

2 cucharadas de zumo de manzana

125 g de avellanas tostadas picadas

queso ricotta para acompañar

Para la salsa de caramelo

125 g de mantequilla

125 g de azúcar moreno blando

2 cucharadas de jarabe de melaza dorado

2 cucharadas de melaza

4 cucharadas de brandy

285 ml de crema de leche espesa

TIEMPO DE PREPARACIÓN 5 minutos, más 10 minutos de remojo

TIEMPO DE COCCIÓN 15-20 minutos

POR PORCIÓN

694 calorías

45 g de grasas (de las cuales 27 g saturadas)

65 g de hidratos de carbono

3,5 g de sal

TÉCNICAS

Véase también manzanas (pág. 206)

Preparar con antelación

Complete el paso 3 de la receta: deje enfriar, tape y refrigere hasta 1 día. Complete el paso 1 hasta con 4 horas de antelación. **Para servir** Complete la receta y lleve la salsa de nuevo a ebullición para servir.

1 Remoje las sultanas en el brandy durante 10 minutos y luego rellene las manzanas con las mismas.

2 Precaliente el horno a 220 °C (200 °C en uno de convección). Coloque las manzanas en una fuente para asar, esparza por encima el azúcar moreno y rocíe con el zumo. Hornéelas 15-20 minutos, hasta que se ablanden.

3 Mientras, prepare la salsa. En un cazo de fondo grueso derrita la mantequilla, el azúcar moreno, el jarabe de melaza y la melaza sin dejar de remover. Cuando el azúcar se haya disuelto y la mezcla burbujee, añada el brandy y la crema. Lleve de nuevo a ebullición y reserve. Retire las manzanas del horno.

4 Sirva las manzanas con la salsa de caramelo, las avellanas y un poco de queso ricotta.

HELADOS, SORBETES Y POSTRES HELADOS

Ligeros, cremosos, frescos, afrutados o dulces, los helados y los postres helados son fáciles de preparar. En este capítulo se muestran las técnicas básicas para preparar helados y sorbetes, ya sea con una heladora o a mano, así como para preparar *parfaits*, helados a capas, además de bombas heladas, marmolear y vetear. La colección de recetas incluye postres tan sabrosos como el helado de turrón, el sorbete de yogur helado, el helado de canela y nuez moscada, el merengue de limón helado, la bomba de arándanos navideña, y el suflé helado de frambuesa.

Helados

Los helados de calidad tienen una textura suave y cremosa. La heladora permite conseguirla sin problema, pero si congela y rompe los cristales de hielo a mano, también obtendrá buenos resultados.

Helado de vainilla

Para 4-6 personas necesita 300 ml de leche, 1 vaina de vainilla partida a lo largo, 3 yemas de huevo medianas, 75 g de azúcar moreno claro y 300 ml de crema de leche espesa.

1 Caliente la leche y la vainilla a fuego lento sin alcanzar el punto de ebullición. Enfríe 20 minutos y retire la vainilla. Bata en un cuenco las yemas con el azúcar hasta que espesen y blanqueen. Incorpore la leche sin dejar de batir y filtre la mezcla sobre la cacerola.

2 Cueza a fuego lento sin dejar de remover, hasta que la crema recubra el dorso de una cuchara (sin hervir). Vierta la crema en un cuenco frío y enfríe.

3 Bata la crema de leche con la vainilla.

4 En una heladora, congele o bata siguiendo las instrucciones del fabricante.

Variantes

- **Helado de frutas** Endulce 300 ml de puré de frutas (como frambuesas o fresas) al gusto, mezcle con la preparación anterior y congele.
- **Helado de chocolate** Omita la vainilla y añada 125 g de chocolate negro a la leche. Caliente a fuego lento hasta que se derrite. Lleve casi al punto de ebullición y siga como arriba.
- **Helado de café** Omita la vainilla y añada 150 ml de café fuerte frío a la crema cocida.

A mano

1 Baje la temperatura del congelador con 1 hora de antelación. Vierta la mezcla de helado en un recipiente poco hondo, tape y congele.

2 Vierta la preparación en un cuenco y aplástela con un tenedor hasta romper los cristales de hielo. Devuelva al recipiente y congele otras 2 horas.

3 Repita la operación y congele otras 3 horas.

Capas, montar bombas y marmolear

Los helados recién preparados son lo bastante blandos como para colocarlos en moldes, formar capas y marmolearlos en forma de una presentación elegante.

Preparar capas

1 Para formar capas, prepare dos o más helados aromatizados de distintos colores. Mientras el primero todavía esté blando, introdúzcalo en un molde forrado con una película de plástico. Congele hasta que esté firme, coloque encima una segunda capa de helado y congele de nuevo hasta que esté firme.

2 Proceda igual hasta finalizar los distintos sabores. Corte en porciones.

Bombas heladas

1 Prepare primero dos helados de diferentes sabores. Mientras el primero todavía está blando, presiónelo contra las paredes y la base de un molde o cuenco grande, dejando un agujero en el centro. Congele hasta que el helado esté firme.

2 Llene el hueco con el segundo helado blando y cubra con una película de plástico. Congele hasta que el helado esté firme, desmóldelo y córtelo en porciones.

Vetear y marmolear

1 Prepare un helado de vainilla en la heladora (o a mano) y congélelo hasta que esté espeso pero todavía blando. Extienda una capa en un recipiente para congelar y reparta por encima un puré de frutas. Cubra con más helado y puré.

2 Pase el mango de una cuchara de madera a través del helado 5 ó 6 veces hasta obtener unas vetas (marmoleado). Congele 4-5 horas, hasta que esté firme.

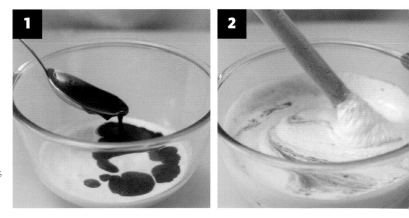

Parfaits

Un *parfait* helado es una especie de *mousse* dulce helada elaborada sin heladora. La mezcla puede congelarse tal cual, pues no necesita batirse.

Parfait de pistacho

Para 6 personas necesita 75 g de pistachos descascarillados más un poco para decorar, aceite para engrasar, 200 ml de crema de leche espesa, 4 claras de huevo grandes, 75 g de azúcar lustre, 2 cucharadas de licor de naranja como Grand Marnier, 75 g de chocolate blanco.

1 Tueste los pistachos en una sartén seca y píquelos finamente. Unte con un poco de aceite y forre 6 moldes *ramequin* de 150 ml de capacidad con papel sulfurizado. Espolvoree con 25 g de pistachos. Corte 6 tiras de papel sulfurizado de 5 x 25,5 cm y engrase con aceite un lado de cada tira. Espolvoree con 25 g de pistachos y forre el interior de cada molde con una tira, con los pistachos mirando hacia dentro.

2 Bata un poco la crema de leche.

3 Bata las claras hasta que empiecen a montarse y después con el azúcar lustre.

4 Incorpore el resto de pistachos a las claras con el licor y la crema montada.

5 Divida la mezcla entre los moldes y congele toda la noche.

6 Derrita el chocolate en un cuenco sobre agua caliente. Corte 6 tiras de papel para hornear de 5 x 25,5 cm y extienda sobre cada una el chocolate. Déjelo endurecer. Desmolde los *parfaits* y retire los papeles. Retire el chocolate de las tiras de papel y envuelva cada tira alrededor del *parfait*, con la cara del chocolate mirando hacia adentro. Congele 30 minutos. Retire el papel.

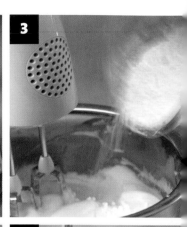

Consejo de cocinero

Para una decoración más sencilla, puede desmoldar el postre y omitir el chocolate. Realice la receta hasta el paso 5, desmolde los *parfaits* y sírvalos. Para decorar, utilice 75 g de chocolate blanco y virutas de chocolate siguiendo las instrucciones de la pág. 356.

Sorbetes

Los sorbetes tienen una textura homogénea y suelen estar aromatizados con frutas (pruébelas antes de congelar la preparación para asegurarse de que están dulces). Retire el sorbete del congelador 30 minutos antes de servirlo.

Sorbete de naranja

Para 6 personas necesita la cáscara de 3 naranjas y el zumo de 6 (unos 600ml), 200 g de azúcar blanquilla, 1 cucharada de agua de azahar y 1 clara de huevo.

1 Ponga en un cazo la cáscara de naranja y el azúcar con 300 ml de agua. Lleve lentamente a ebullición sin dejar de remover. Cueza 5 minutos a fuego lento, deje enfriar 2 minutos, filtre y deje enfriar por completo.

2 Filtre el zumo de naranja sobre el almíbar y agregue el agua de azahar. Refrigere 30 minutos.

3 Utilice una heladora siguiendo las instrucciones del fabricante, pero retire el sorbete a la mitad del tiempo indicado.

4 Bata la clara, añádala a la heladora y continúe batiendo hasta que el sorbete esté lo bastante firme como para retirar bolas.

Granizados

El granizado es un helado con cristales de hielo más grandes que los de un sorbete. No se bate, sino que se rompe con un tenedor. Se derrite con facilidad y debe servirse y consumirse rápidamente. Constituye un excelente refresco veraniego. Los granizados de frutas son tan populares como los de café.

Sorbete preparado a mano

1 Vierta la mezcla en un recipiente poco profundo, tape y congele unas 3 horas, hasta que esté parcialmente congelada y con una consistencia parecida al aguanieve. Bata con la batidora o un tenedor hasta que esté homogénea.

2 Bata la clara e incorpórela a la mezcla anterior, devuélvala al congelador y congele 2-4 horas, hasta que pueda formar bolas.

Helado de jengibre

PARA 8 PERSONAS

575 ml de crema de leche espesa

125 g de azúcar moreno blanquilla,
más 1 cucharada

4 huevos medianos (separados)

2 cucharaditas de jengibre molido

4 trocitos de jengibre confitado y picado
no muy fino

barquillos o tejas para acompañar

Para la salsa

50 g de mantequilla

50 g de azúcar moreno blanquilla

2 cucharadas de whisky

2 cucharadas de almíbar de jengibre
(del frasco de jengibre confitado)

TIEMPO DE PREPARACIÓN 30 minutos,
más 8 horas de congelación
TIEMPO DE COCCIÓN 5 minutos

POR PORCIÓN

541 calorías

46 g de grasas (de las cuales 28 g
saturadas)

27 g de hidratos de carbono

0,2 g de sal

TÉCNICAS

Véase también separar huevos (pág. 52),
marmolear helados (pág. 389)

1 Bata la crema de leche hasta que empiece a espesarse y refrigérela. Bata 125 g de azúcar moreno blanquilla con las yemas de huevo hasta que la mezcla esté bien cremosa.

2 Bata las claras en un cuenco sin grasa hasta que estén a punto de nieve. Bátalas a continuación con 1 cucharada de azúcar.

3 Incorpore la crema a la mezcla de yema y azúcar junto con el jengibre molido, e incorpore rápidamente las claras batidas. Vierta en un recipiente para congelar y congele 4 horas.

4 Para la salsa, coloque en un cazo la mantequilla, el azúcar, el whisky y el almíbar de jengibre, y caliente a fuego lento. Lleve a ebullición y cueza 5 minutos a fuego medio o hasta que la salsa espese. Déjela enfriar.

5 Agregue el jengibre confitado al helado y vierta la salsa por encima. Remueva 1 ó 2 veces hasta crear un efecto veteado y congele 4 horas más o toda la noche. Sirva el helado acompañado de tejas o barquillos.

Helado de turrón

PARA 6 PERSONAS

900 ml de leche entera

285 ml de crema de leche ligera

*200 g de turrón de Jijona troceado
    o picado*

8 yemas de huevo medianas

125 g de azúcar moreno blanquilla

*pistachos picados, almendras y azúcar
    lustre para decorar*

TIEMPO DE PREPARACIÓN 20 minutos,
más la refrigeración y congelación

TIEMPO DE COCCIÓN 20 minutos

POR PORCIÓN

520 calorías

32 g de grasas (de las cuales 15 g
    saturadas)

48 g de hidratos de carbono

0,5 g de sal

TÉCNICAS

Véase también separar huevos (pág. 52),
picar frutos secos (pág. 218),
helados (pág. 388)

1 Vierta la leche en una cacerola junto con la crema de leche. Lleve lentamente a ebullición. Retire del fuego y añada el turrón. Reserve hasta que se haya derretido, removiendo de vez en cuando.

2 Mientras, bata en un cuenco las yemas con el azúcar. Vierta la mezcla de leche caliente y turrón en el cuenco, mezcle bien y vierta de nuevo en la cacerola. Cueza a fuego lento, removiendo sin cesar durante 15 minutos, hasta que la mezcla recubra el dorso de una cuchara de madera. Viértala en un cuenco, déjela enfriar y refrigérela hasta que esté fría.

3 Una vez fría, trasládela al recipiente de la heladora y bátala siguiendo las instrucciones del fabricante hasta que se espese. Transfiera a un recipiente para congelar enfriado, nivele la superficie y cubra con un papel sulfurizado. Si desea preparar el helado a mano, transfiera la mezcla a un recipiente para congelar. Congele 4 horas y bata hasta romper los cristales de hielo. Congele otras 4 horas, bata de nuevo y tape con papel sulfurizado. Envuelva el helado y congélelo.

4 Ablande el helado 20 minutos antes de servirlo. Forme bolas, colóquelas en cuencos individuales, reparta por encima los pistachos picados y las almendras, y espolvoree azúcar lustre.

Helado de plátano instantáneo

PARA 4 PERSONAS

*6 plátanos maduros (unos 700 g), pelados,
cortados a rodajas finas y congelados
(véase recuadro)*

1-2 cucharadas de queso fresco sin grasa

1-2 cucharadas de zumo de naranja

1 cucharadita de extracto de vainilla

un chorrito de ron o Cointreau (opcional)

unas gotas de zumo de lima al gusto

TIEMPO DE PREPARACIÓN 5 minutos,
más 30 minutos de congelación

POR PORCIÓN

178 calorías

1 g de grasas (de las cuales 0 g saturadas)

42 g de hidratos de carbono

0,3 g de sal

1 Deje el plátano congelado 2-3 minutos a temperatura ambiente. Coloque los trozos todavía congelados en un robot o batidora con 1 cucharada del queso fresco, 1 cucharada de zumo de naranja, el extracto de vainilla y el licor (opcional).

2 Bata hasta que la mezcla quede homogénea, raspando las paredes del cuenco y añadiendo más queso fresco y zumo de naranja si fuese necesario hasta obtener una consistencia cremosa. Incorpore zumo de lima al gusto y sirva enseguida o guarde en un recipiente para congelar hasta 1 mes.

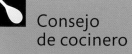

Consejo de cocinero

Para congelar plátanos, pélelelos y córtelos a rodajas muy finas, extiéndalas en una placa de hornear antiadherente e introdúzcala en el congelador 30 minutos, hasta que el plátano esté helado. Transfiéralo a una bolsa de plástico y congele.

Sorbete de yogur helado

PARA 8 PERSONAS

450 g de frutas variadas, descongeladas,
*   más un poco para acompañar*
100 g de miel clara
3 claras de huevo medianas
450 g de yogur griego descremado

TIEMPO DE PREPARACIÓN 15 minutos,
más 8 horas de congelación

POR PORCIÓN

120 calorías
6 g de grasas (de las cuales 3 g saturadas)
14 g de hidratos de carbono
0,2 g de sal

TÉCNICAS

Véase también separar huevos (pág. 52)

1 Forre un molde para pan de 750 ml con una película de plástico. Bata las frutas descongeladas en el robot o batidora hasta obtener un puré. Tamícelo sobre un cuenco, presionando todo el zumo con el dorso de una cucharada. Mezcle el zumo con la miel.

2 Bata las claras a punto de nieve en un cuenco libre de grasa y luego mézclelas con la fruta y el yogur. Vierta la mezcla en el molde preparado y congele 4 horas. Remueva hasta romper los cristales de hielo y congele de nuevo 4 horas. Mezcle otra vez y congele otras 4 horas, hasta que el helado esté firme.

3 Transfiéralo a la nevera durante 20 minutos, desmóldelo y retire la película de plástico. Corte en porciones y acompañe con una cucharada de las bayas descongeladas.

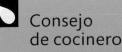

Consejo de cocinero

Utilice cualquier tipo de bayas congeladas. Las bayas veraniegas y los frutos del bosque dan unos excelentes resultados.

Helado de canela y nuez moscada

PARA 8 PERSONAS

½ cucharadita de canela molida,
más un poco para espolvorear

½ cucharadita de nuez moscada finamente
rallada

50 g de azúcar moreno blanquilla

140 ml de crema de leche espesa

250 g de mascarpone

400 g de natillas (compradas)

TIEMPO DE PREPARACIÓN 10 minutos,
más 6 horas de congelación
TIEMPO DE COCCIÓN 5 minutos

POR PORCIÓN

221 calorías

15 g de grasas (de las cuales 9 g saturadas)

16 g de hidratos de carbono

0,1 g de sal

TÉCNICAS

Véase también helado a mano (pág. 388)

1 Ponga en un cazo la canela, la nuez moscada, el azúcar y la crema de leche, lleve lentamente a ebullición y reserve hasta que se enfríe.

2 Coloque en un cuenco grande el mascarpone y bátalo hasta que esté liso. Mézclelo con las natillas y la crema especiada enfriada. Vierta la mezcla en un recipiente poco hondo para congelar y congele 2-3 horas.

3 Bata hasta romper los cristales de hielo y congele otras 2-3 horas antes de servir. Espolvoree en el último momento canela.

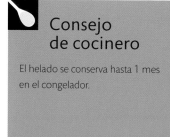

Consejo de cocinero

El helado se conserva hasta 1 mes en el congelador.

Merengue de limón helado

1 Precaliente el horno a 140 °C. Dibuje 3 rectángulos de 25 x 10 cm sobre papel de hornear. Corte alrededor de cada uno, dejando un borde de 10 cm. Dé la vuelta a los papeles y extiéndalos sobre placas. Bata las claras hasta que formen picos blandos. Agrégueles el zumo de limón y bata hasta que estén firmes. Incorpore sin dejar de batir 1 cucharada de agua hirviendo, y luego la maicena y el extracto de almendras. Divida la mezcla entre los rectángulos levantándola de modo que formen picos. Reserve 1 cucharada de almendras y esparza el resto sobre los merengues. Hornee 20 minutos, reduzca la temperatura del horno a 110 °C y hornee 1 ¼ horas. Apague el horno y deje secar los merengues.

2 Para el relleno, mezcle la maicena con 1 cucharada de agua y con las yemas, el azúcar, la cáscara de los cítricos y su zumo. Ponga a hervir la leche, mézclala con la maicena y remueva a fuego lento hasta que la crema se espese. Viértala en un cuenco, cubra con papel sulfurizado y deje enfriar. Bata la crema de leche y mézclala con la crema anterior. Extiéndala sobre los merengues, superponiendo uno sobre otro. Extienda la preparación sobre una placa y congele. Envuelva y devuelva al congelador.

3 Reserve 8 frambuesas y caliente el resto con el azúcar lustre y 1 cucharada de agua 5 minutos a fuego lento. Deje enfriar y tamice. Refrigere el merengue 5 minutos. Tueste las almendras, espárzalas, adorne con frambuesas y acompañe con el *coulis*.

Terrina de helado de mango

PARA 8 PERSONAS

aceite vegetal para engrasar

2 mangos pequeños, pelados y picados

2 huevos medianos

125 g de azúcar moreno blanquilla

285 ml de crema de leche espesa (batida)

1 ½ cucharaditas de licor Malibu

*4 almendrados picados en trozos
  no muy finos*

TIEMPO DE PREPARACIÓN

20-25 minutos, más toda la noche
en el congelador

POR PORCIÓN

306 calorías

21 g de grasas (de las cuales 13 g
   saturadas)

26 g de hidratos de carbono

0,1 g de sal

TÉCNICAS

Véase también preparar mangos
(pág. 210),
formar capas de helado (pág. 389)

1 Engrase con un poco de aceite un molde para pan de 900 g, y fórrelo a continuación con una película de plástico, dejándola caer por los lados y alisando las arrugas.

2 Bata los mangos en el robot o batidora hasta obtener un puré liso. Resérvelo. Ponga en un cuenco grande los huevos y el azúcar. Bata con la batidora eléctrica manual hasta que la mezcla esté espesa (unos 5 minutos).

3 Agregue la crema batida a la mezcla y únalas con una cuchara grande metálica. Incorpore tres cuartas partes del puré de mango y el Malibu. Reparta el resto del puré en el molde forrado hasta recubrir la base y luego vierta la mezcla de helado. Cubra con la película de plástico que cae de las paredes y congele toda la noche o hasta 1 mes.

4 Retire el helado del congelador 5 minutos antes de servirlo. Quite la película de plástico. Vuelque el helado sobre una fuente de servicio, esparza por encima los almendrados picados, corte en porciones y sirva.

Bomba de arándanos navideña

PARA 8-10 PERSONAS

125 g de azúcar granulado

300 ml de zumo de arándanos

225 g de arándanos y frambuesas
   (frescos o congelados)

2 claras de huevo grandes

75 g de azúcar blanquilla

aceite para engrasar

500 ml de helado de vainilla de calidad

Para grosellas azucaradas

unas ramitas de grosellas

1 clara de huevo grande ligeramente batida

un poco de azúcar blanquilla

TIEMPO DE PREPARACIÓN 30 minutos,
más 6 ½ horas de refrigeración
y congelación

TIEMPO DE COCCIÓN 15 minutos

POR PORCIÓN

236 calorías para 8 personas

6 g de grasas (de las cuales 4 g saturadas)

44 g de hidratos de carbono

0,1 g de sal

189 calorías para 10 personas

5 g de grasas (de las cuales 3 g saturadas)

35 g de hidratos de carbono

0,1 g de sal

TÉCNICAS

Véase también separar huevos (pág. 52),
batir claras de huevo (pág. 52),
bombas heladas (pág. 389)

1 Ponga en un cazo el azúcar granulado y el zumo de arándanos, y caliente hasta que el azúcar se haya disuelto. Lleve a ebullición, añada los arándanos, tape y cueza 15 minutos a fuego lento, hasta que la mezcla esté muy blanda. Déjela enfriar. Bata las frambuesas en un robot o batidora, presiónelas a través de un tamiz y refrigere. Bata las claras hasta que formen picos blandos. Incorpore sin dejar de batir el azúcar cucharada a cucharada hasta que la mezcla quede firme y brillante. Mézclela con el puré de frutas. Vierta en la heladora y bata hasta que se espese.

2 Mientras, engrase un molde de 1,4 l de capacidad con un poco de aceite (coloque un disco de papel de aluminio en la base). Congele durante 30 minutos. Vierta el sorbete en el molde (reserve 3-4 cucharadas), practique un agujero en el centro y devuelva el molde al congelador. Deje el helado 10 minutos a temperatura ambiente. Introdúzcalo en el centro del sorbete y presione bien hacia abajo. Extienda el resto del sorbete reservado por encima. Congele 4 horas, hasta que quede firme.

3 Para preparar las grosellas azucaradas, sumerja las ramitas en la clara batida y luego en el azúcar. Deje endurecer sobre una placa forrada con papel sulfurizado. Desmolde la bomba, sumerja la base del molde en agua caliente 10 segundos y separe los bordes con un cuchillo de hoja redondeada. Invierta el molde sobre una fuente y corte la bomba con un cuchillo caliente.

Pastel de helado italiano

PARA 10 PERSONAS

400 g de cerezas frescas, deshuesadas
*   y cuarteadas*

4 cucharadas de amaretto

10 cucharadas de licor de crema de cacao

200 g de bizcochos de soletilla

5 yemas de huevo medianas

150 g de azúcar blanquilla moreno

450 ml de crema de leche espesa
*   ligeramente batida*

1 cucharada de extracto de vainilla

75 g de avellanas o pistachos, picados
*   en un robot*

2-3 cucharadas de cacao en polvo

2-3 cucharadas de azúcar lustre

TIEMPO DE PREPARACIÓN 40 minutos,
más 5 horas de congelación

POR PORCIÓN

522 calorías

33 g de grasas (de las cuales 15 g
    saturadas)

46 g de hidratos de carbono

0,2 g de sal

TÉCNICAS

Véase también deshuesar cerezas
(pág. 208),
separar huevos (pág. 52),
picar frutos secos (pág. 218)

Toques finales

Utilice el molde para cortar
un círculo de papel sulfurizado
y luego dóblelo hasta formar
8 triángulos. Córtelos, coloque 4
sobre el pastel y espolvoree cacao
en polvo. Retire los triángulos.
Cubra el cacao con 4 triángulos
y espolvoree azúcar lustre.

---

1 Ponga en un cuenco las cerezas y el *amaretto*, cubra con una película de plástico y reserve. Vierta la crema de cacao en un plato hondo y tenga a mano una tabla de picar grande. Sumerja rápidamente un bizcocho de soletilla en el licor (sólo por el lado no azucarado para que no se humedezca demasiado y se rompa), colóquelo sobre la tabla y córtelo por la mitad para separar la parte azucarada de la remojada. Repita la operación con cada bizcocho.

2 Forre un molde redondo de 24 cm de diámetro y 4 cm de altura con una película de plástico. Coloque los bizcochos con el lado azucarado contra la base del molde. Reparta por encima el resto de crema de cacao.

3 Vierta en un cuenco las yemas y el azúcar blanquilla, y bátalas hasta que blanqueen y queden esponjosas. Agrégueles la crema de leche, el extracto de vainilla, los frutos secos, el chocolate y las cerezas, más el resto de *amaretto*. Reparta esta mezcla sobre los bizcochos dispuestos en el molde y cubra con el resto de bizcochos de soletilla, con el lado cortado hacia abajo. Tape con una película de plástico y congele 5 horas como mínimo.

4 Para servir, vuelque el molde sobre una fuente de servicio y retire la película de plástico. Tamice sobre el pastel el cacao y el azúcar lustre, y córtelo en porciones. Déjelo 20 minutos a temperatura ambiente o 1 hora en la nevera para que las cerezas se descongelen y el helado se ablande.

Soufflé helado de frambuesa

PARA 8 PERSONAS

el zumo de 1 naranja

el zumo de 1 limón

700 g de frambuesas

225 g de azúcar blanquilla

450 ml de crema de leche espesa

2 claras de huevo grandes

400 g de chocolate

350 g de bayas variadas, como grosellas,
arándanos y moras

TIEMPO DE PREPARACIÓN 1 ¼ horas,
más 9 horas de congelación

POR PORCIÓN

683 calorías

45 g de grasas (de las cuales 27 g
saturadas)

69 g de hidratos de carbono

0,1 g de sal

TÉCNICAS

Véase también separar huevos (pág. 52)

1 Envuelva 8 vasos de 100 ml de capacidad con papel de hornear antiadherente, (6,5 x 22,5 cm) hasta formar un collar sobre el borde del vaso. Vierta 2 cucharadas de los zumos de cítricos en el robot o batidora y bata con las frambuesas y el azúcar hasta que la mezcla quede homogénea; luego tamícela. Vierta el resto de la salsa en un cuenco grande. Bata la crema hasta que adquiera cierta consistencia, y luego mézclela con la salsa. Bata las claras hasta que formen picos blandos. Incorpórelas a la crema de frambuesas y reparta la preparación en los vasos. Congele toda la noche.

2 Corte 8 tiras de papel de hornear antiadherente. Derrita 225 g de chocolate en un cuenco refractario dispuesto sobre una cacerola con agua apenas hirviendo. Déjelo enfriar un poco y pincele el chocolate sobre las tiras de papel hasta cubrirlas por completo. Retire los soufflés del congelador y pele el papel. Envuelva con cuidado las tiras de papel recubiertas de chocolate alrededor del borde de los soufflés y devuélvalos 5 minutos al congelador. Pele el papel del chocolate y congele de nuevo.

3 Derrita el resto del chocolate como antes y extiéndalo sobre la superficie de trabajo o un mármol. Cuando haya cuajado, empuje la hoja de un cuchillo en un ángulo de 25 grados sobre el chocolate hasta formar unas virutas. Refrigere los soufflés 20 minutos antes de servir. Decore con las bayas, las virutas de chocolate y la salsa reservada.

Consejo de cocinero

- No bata la crema de leche demasiado, pues la acidez de las frambuesas ayudará a espesarla.

- Si el chocolate no forma virutas con facilidad y se rompe, quizás haya cuajado demasiado. Derrítalo y utilícelo de nuevo.

- Para preparar un soufflé grande, forre la parte externa de un molde de 1,3 l de capacidad con un collar de papel de hornear antiadherente, que debe sobrepasar en 5 cm el borde del molde. Omita el collar de chocolate (paso 2) y no vuelque el soufflé del molde para servirlo.

CONFITURAS Y CONSERVAS

No hay nada mejor que una alacena repleta de confituras caseras, mermeladas, encurtidos y otras deliciosas conservas. Siga las técnicas paso a paso para saber cómo esterilizar frascos y tarros, así como para conocer los tipos básicos de conservas. Se incluyen útiles consejos para obtener los mejores resultados y evitar fallos, así como una práctica tabla con el contenido en pectina y las propiedades de cuajado de diferentes frutas. En la sección de recetas encontrará todo tipo de sabrosas preparaciones, como la confitura de fresas y grosellas, la mermelada rápida, las clementinas al brandy, el *chutney* de ciruelas, el condimento de maíz, los higos agridulces o la salsa barbacoa, por nombrar tan sólo unas cuantas.

Preparar los frascos

Los frascos y tarros esterilizados son esenciales a la hora de preparar conservas y asegurarse de que el contenido se conserve correctamente, sin enmohecerse. Existen varias formas de esterilizar frascos.

Métodos de esterilización

Prepare los frascos o tarros con antelación para que estén listos en el momento de llenarlos.

1 Lave a fondo los frascos, tanto viejos como nuevos (remójelos primero en agua caliente si fuese necesario para retirar las etiquetas).

2 En el horno Precaliente el horno a 140 °C (120 °C en uno de convección). Coloque los frascos sobre una placa de hornear o fuente limpia e introdúzcalos en el horno 10-15 minutos, hasta que estén del todo secos.

3 En el microondas Asegúrese primero de que no quedan partes metálicas en los frascos. Llénelos en una cuarta parte con agua y dispóngalos en círculo dentro del microondas. Lleve a ebullición a plena potencia. Retire los frascos con guantes, vierta el agua y colóquelos boca abajo sobre un paño limpio o papel de cocina.

4 En el lavavajillas Limpie los frascos boca abajo con un ciclo completo caliente.

Seguridad e higiene

Al preparar confituras y conservas en grandes cantidades, y que por tanto han de durar más tiempo, es esencial esterilizar los frascos para que no queden bacterias dentro, que podríar hacer que las conservas se estropeara y enmohecieran.

Llenar los frascos

Todo cuanto necesita para tapar, sellar y etiquetar las confituras y conservas puede comprarse en packs. Éstos suelen contar con discos de cera para cubrir la confitura, papel de celofán para cubrir el frasco y gomas elásticas para sujetarlo. Utilice tapas metálicas, que a su vez pueden cubrirse atractivamente con papel o tela si se desea.

Etiquetar

Una etiqueta blanca autoadhesiva es mejor forma de identificar el conteni de los frascos. Escriba el nombre de la confitura o conserva, así como la fecl de elaboración. Cuando los frascos se hayan llenado, estén sellados y completamente fríos, pegue la etiqu y guárdelos en un lugar frío y seco.

Envasar las confituras y conservas

El correcto envasado de las conservas caseras, con el correspondiente sellado de la superficie y el cierre de los frascos al vacío, es imprescindible. Etiquete cada frasco para saber qué contiene y cuándo lo preparó.

Llenar y cubrir

Todas las conservas deben envasarse en los frascos una vez preparadas y sellarse de inmediato. Corte redondeles de papel sulfurizado o encerado que se ajusten exactamente al diámetro del borde de los frascos.

1 Cuando el contenido haya alcanzado el punto de cuajado (*véase* recuadro), déjelo enfriar unos pocos minutos mientras prepara los frascos.

2 Vierta el contenido en los frascos con un embudo para confituras, hasta unos 5 mm del borde.

3 Coloque encima del contenido un círculo de papel encerado (con el lado encerado hacia abajo).

4 Humedezca un círculo de celofán y colóquelo sobre el frasco, luego asegúrelo con una goma elástica.

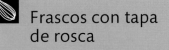

Frascos con tapa de rosca

Si utiliza tapas de rosca, esterilícelas junto con los frascos. Llénelos hasta 1 cm del borde y siga las instrucciones a partir del paso 3. Utilice tapas de rosca en vez de discos de celofán en el paso 4. El resultado final será un poco más profesional, pero algunas personas prefieren el acabado doméstico.

Comprobar el punto de cuajado

1 **Test del termómetro** Sumerja un termómetro para azúcar o un termómetro de lectura instantánea en el centro de la cacerola antes de finalizar la cocción. Manténgalo alejado de la base y las paredes del recipiente, y déjelo sólo unos breves momentos; las confituras y las gelatinas cuajan cuando la temperatura alcanza los 105 ºC. Si tiene que realizar una segunda lectura, lave el termómetro antes de utilizarlo de nuevo.

2 **Método del plato** Introduzca dos o tres platillos en el congelador para que se enfríen. Cuando la conserva esté casi lista, retire la cacerola del fuego y vierta un poco de la misma en un platillo; déjela enfriar unos pocos minutos. Cuando se haya enfriado, presione la superficie con el dedo: si se arruga, y en vez de romperse deja entrever una confitura líquida, significa que ya ha cuajado.

3 **Método del copo** Con una cuchara de madera grande, levante un poco de confitura de la cacerola. Déjela enfriar y mueva la cuchara de forma que la confitura caiga en la cacerola. Si ha alcanzado el punto de cuajado, se desplazará al borde de la cuchara y formará copos.

Confituras

Puede utilizar un recipiente especial para preparar confituras, pero una cacerola grande de acero inoxidable con una base gruesa también le servirá. Debe tener una capacidad de 9 l como mínimo.

Confitura de verano

Para preparar 3,2 kg de confitura necesita 900 g de frutas veraniegas preparadas (frambuesas, moras, zarzamoras o arándanos), 900 g de azúcar granulado o para conservas, 2 limones y una pizca de sal.

1 Prepare las frutas y colóquelas en un cuenco no metálico de modo que formen capas con el azúcar (no las rompa). Exprima el zumo de los limones y viértalo sobre las frutas y el azúcar. Cubra el cuenco y deje reposar 8 horas como mínimo, hasta que el azúcar se haya disuelto.

2 Coloque la fruta y el líquido que las acompaña en una cacerola para conservas y lleve lentamente a ebullición. Hierva lo más rápido posible sin dejar que se desborde hasta alcanzar el punto de cuajado (*véase* pág. 405). Agregue luego la sal y deje enfriar un poco.

3 Vierta la confitura en frascos calientes esterilizados (*véase* pág. 404). Selle, etiquete y conserve hasta un año en un lugar fresco y oscuro.

Confituras perfectas

- Las frutas maduras tienen una mayor concentración de pectina. Asegúrese de que están en perfectas condiciones y deseche frutas demasiado maduras.
- No lave las frutas si no es necesario, pues los restos de agua aguarían el zumo.
- Deje las frutas veraniegas enteras, pero retire los tallos. Corte albaricoques y ciruela por la mitad y deshuéselos.
- Los albaricoques alcanzan pronto el punto de cuajado, pero, para mejorar el sabo cuézalos hasta que adquieran un intenso tono terracota.
- Si va a preparar confitura con fresas enteras u otras frutas, déjela reposar 15 minut antes de envasarla para evitar que la fruta suba.

Pectina

Se encuentra de forma natural en las frutas y se combina con azúcar para que las frutas cocidas cuajen. Las frutas con bajo contenido en pectina se cuecen con otras con un contenido elevado, o bien con pectina comercial, ácido cítrico o tartárico para que cua

Contenido en pectina	Fruta
Alto	manzanas para cocinar, arándanos, cítricos, ciruelas damascenas, uvas espinas, grosellas blancas y negras, membrillo.
Medio	albaricoques, zarzamoras, manzanas de postre, moras Logan, frambuesas, y algunas ciruelas.
Bajo	plátanos, cerezas, higos, uvas, nísperos, calabaz melones, nectarinas, melocotones, peras, piñas ruibarbo, fresas.

Mermeladas

Existe una variedad infinita de mermeladas, desde las de una fruta, como la de naranja, hasta las elaboradas con dos o más frutas, como limón, pomelo o lima.

Mermelada de naranjas amargas

Para preparar 1,4 kg necesita 450 g de naranjas amargas (de Sevilla), 1 limón y 900 g de azúcar granulado.

1 Lave las naranjas y córtelas por la mitad. Exprima el zumo y viértalo en un cuenco junto con las pepitas. Exprima el limón sobre el mismo recipiente y retire la piel. Recoja las pepitas, más las membranas que se hayan desprendido al exprimir, y átelas en un trozo de muselina.

2 Corte la cáscara de la naranja y póngala en la cacerola para confituras junto con los zumos de la fruta, la bolsa de muselina y 1,1 l de agua. Cueza a fuego lento unas 2 horas, hasta que la piel esté blanda y el líquido se haya reducido a la mitad.

3 Retire la bolsa de muselina y exprima el zumo sobre el recipiente. Añada el azúcar.

4 Caliente a fuego lento y mezcle hasta que el azúcar se haya disuelto. Lleve de nuevo a ebullición y hierva unos 15 minutos, hasta que alcance el punto de cuajado (*véase* pág. 405). Retire la espuma que se forme sobre la superficie con una espumadera.

5 Vierta en frascos calientes esterilizados (*véase* pág. 404). Selle, etiquete y conserve en un lugar frío y seco hasta 1 año.

Confitura perfecta

- Las pieles de los cítricos aportan a la mermelada su sabor y textura distintivos, pero al ser duras necesitan una cocción prolongada. Los cítricos son ricos en pectina, por lo que las mermeladas tienden a cuajar bien.
- Las naranjas amargas o de Sevilla son de lejos la mejor elección debido a su sabor ácido.
- Lave bien los cítricos para retirar la cobertura de cera que los recubre.
- La piel y las membranas de los cítricos contienen pectina, lo que hace cuajar la mermelada. Recoja las pepitas y póngalas en una bolsa de muselina para cocerlas junto con la fruta; deséchelas a continuación.
- Exprima el zumo de los cítricos y agréguelo a la cacerola junto con la piel.
- Asegúrese de que la piel está muy blanda y tierna antes de añadir el azúcar, pues no se ablanda una vez añadido.

Gelatinas

Las gelatinas transparentes de bayas veraniegas, ciruelas y grosellas son conservas muy interesantes, adecuadas para emplear en postres y pasteles.

Gelatina de bayas variadas

La receta utiliza una mezcla de frutas, pero puede sustituirlas por otras, o bien utilizar tan sólo una clase.

Para preparar 3,2 kg de gelatina, necesita 450 g de grosellas, 400 g de frambuesas, 450 g de cerezas, 450 g de fresas, 4 cucharadas de zumo de limón y azúcar granulado.

1 Coloque todas las frutas en una cacerola para confituras junto con el zumo de limón y 600 ml de agua. Cueza 1 hora a fuego lento, hasta que las frutas estén bien blandas y pulposas. Remueva de vez en cuando para que no se peguen.

2 Ate una bolsa para gelatinas o un lienzo denso a las patas de un taburete invertido, y coloque un cuenco grande sobre la parte interna del asiento. Transfiera la pulpa a la bolsa y deje filtrar 12 horas como mínimo.

3 Deseche la pulpa que quede en la bolsa. Mida el extracto mesurando el volumen del zumo y viértalos en una cacerola para confituras. Añada 450 g de azúcar por cada 600 ml de extracto.

4 Caliente a fuego lento y sin dejar de remover hasta que el azúcar se haya disuelto. Lleve a ebullición y hierva unos 10 minutos, hasta que haya alcanzado el punto de cuajado (*véase* pág. 405). Retire la espuma con una espumadera.

5 Deje enfriar un poco, y vierta en frascos calientes esterilizados (*véase* pág. 404). Selle, etiquete y conserve hasta 2 años en un lugar frío y oscuro.

Gelatinas perfectas

- Las gelatinas caseras necesitan más tiempo de preparación que las confituras y mermeladas, ya que la pulpa debe dejarse escurrir a través de una bolsa hasta quedar tan sólo el zumo. La fruta no se pela ni deshuesa, pues se desecha una vez filtrada, aunque las frutas grandes, como las manzanas y las peras, deben picarse e trozos. La fruta, una vez cocida, se filtra muy lentamente (a ser posible toda la noc El azúcar se añade al zumo de fruta tras la cocción inicial.
- Elija frutas con un elevado contenido en pectina (*véase* pág. 406).
- La gelatina debe cocerse a fuego muy lento (entre 30 minutos a 1 ½ horas).
- Escalde la bolsa de gelatina en agua hirviendo antes de añadir la fruta para escurrir
- La gelatina obtenida debe ser de un color vivo y transparente, por lo que no se de exprimir la bolsa de gelatina que se ha empleado para escurrir la fruta, pues la gela quedara turbia.

Cremas y pastas de frutas

Las cremas de frutas se preparan con huevos. La popular crema de limón es especialmente deliciosa cuando se prepara en casa. Si tiene una gran cantidad de frutas con hueso, la pasta de frutas constituye una excelente opción para conservarlas.

Crema de limón

Para preparar 700 g necesita 4 limones, 100 g de mantequilla, 4 huevos y 350 g de azúcar blanquilla.

1 Coloque la cáscara y el zumo de los limones en un recipiente doble. Corte la mantequilla a dados y añádala con los huevos y el azúcar. Coloque el recipiente sobre un cazo con agua apenas hirviendo y cueza sin dejar de remover 20 minutos, hasta que el azúcar se disuelva.

Variantes

Tanto la crema de lima como la de naranja se preparan de la misma forma.
En vez de limones, utilice
- 5-8 limas, en función del tamaño.
- 2-3 naranjas

Pasta de ciruelas

Para 1,4 kg necesita 1,4 kg de ciruelas damascenas y azúcar.

1 Lave la fruta y póngala en una cacerola, cúbrala con agua y cuézala a fuego lento 15-20 minutos, hasta que se ablande. Vaya retirando los huesos que suban a la superficie.

2 Presione la pulpa de la fruta a través de un tamiz de nailon o acero inoxidable. Mida el puré y devuélvalo a la cacerola.

3 Agregue 350 g de azúcar por cada 600 ml de puré de frutas. Caliente a fuego lento y sin dejar de remover, hasta que el azúcar se disuelva; lleve a ebullición y hierva a fuego bajo 30-40 minutos, removiendo de vez en cuando, hasta que la mezcla esté tan espesa que al pasar una cuchara por el fondo de la cacerola deje una línea limpia.

4 Envase y cubra la pasta de frutas, o déjela cuajar en varios recipientes o moldes.

Cremas y pastas de fruta perfectas

- En las cremas de frutas se utiliza huevo como espesante. Por ello, no duran tanto tiempo como las confituras, mermeladas o gelatinas. Refrigérelas y no las conserve más de dos semanas.
- Las pastas de frutas se preparan con frutas de hueso, como las ciruelas, y son muy útiles cuando las frutas son económicas y abundantes, pues se necesita una buena cantidad para preparar un puré.
- Al igual que en cualquier preparación que lleve huevos, el control del calor es esencial. No deje que la base del recipiente toque el agua caliente, y retírelo del fuego durante un minuto si cree que va a alcanzar el punto de ebullición.
- Prepare sólo la cantidad que vaya a consumir en el plazo de 2 semanas.

Envasar frutas

Las frutas conservadas de esta forma pueden cocerse en un almíbar aromatizado. En esta receta, los melocotones se conservan en un almíbar de brandy.

Melocotones al brandy

Para preparar 450 g necesita 225 g de azúcar, 450 g de melocotones frescos y unos 150 ml de brandy o licor de naranja.

1 Prepare un almíbar ligero disolviendo 100 g de azúcar en 300 ml de agua. Sumerja los melocotones en agua hirviendo y pélelos con cuidado. Pártalos por la mitad y deshuéselos, luego escalfe las frutas en el almíbar 4-5 minutos.

2 Retire el recipiente del fuego. Escurra los melocotones, reserve el almíbar y déjelos enfriar. Coloque la fruta en frascos de boca ancha esterilizados (*véase* pág. 404).

3 Agregue el resto del azúcar al almíbar y disuélvalo poco a poco. Lleve a ebullición y hierva a 110 °C. Deje enfriar.

4 Mida el almíbar y añada la misma cantidad de brandy o licor. Vierta sobre los melocotones y cierre los frascos. Etiquete y deje reposar de 2 a 3 meses antes de consumir.

Frutas envasadas perfectas

- Las frutas se conservan enteras o partidas, rodeadas de un almíbar de azúcar hervic Es esencial emplear frutas frescas y maduras de la mejor calidad. Asegúrese de que están bien limpias y preparadas, sin tallos ni pedúnculos.
- Este método es adecuado para una amplia variedad de frutas, como bayas, manzanas, melocotones y ciruelas.
- Es preferible utilizar un termómetro de azúcar o uno de lectura instantánea mientras se prepara el almíbar. Si no lo tiene, hierva el almíbar 1-2 minutos, más que suficientes para alcanzar la temperatura adecuada.

Encurtidos

Las hortalizas encurtidas en un buen vinagre especiado combinan a la perfección con las carnes frías y los embutidos. Las cebollas encurtidas son una de las opciones más populares.

Cebollas encurtidas

Para preparar 1,8 kg necesita 1,8 kg de cebollas, sin pelar, y con las raíces recortadas, 450 g de sal y 1,1 l de vinagre especiado (*véase* pág. 430).

1 Coloque las cebollas sin pelar en un cuenco grande. Disuelva la mitad de la sal en 2,3 l de agua, vierta sobre las cebollas y deje reposar 12 horas.

2 Escurra las cebollas, entalle las pieles con cuidado, pélelas y colóquelas en un cuenco.

3 Cubra las cebollas con una salmuera preparada con el resto de sal y 2,3 l de agua. Déjelas reposar 24-36 horas.

4 Escurra las cebollas y enjuáguelas bien. Póngalas en frascos esterilizados (*véase* pág. 404) y cúbralas con el vinagre especiado. Calcule que un frasco de 450 g contendrá unos 450 g de hortalizas preparadas. Tape y selle los frascos, etiquete y deje reposar tres meses antes de consumir.

Encurtidos perfectos

- Para encurtir frutas y hortalizas frescas o ligeramente cocidas se emplea vinagre, pero primero deben remojarse en una salmuera para extraer el zumo. Un buen vinagre aromatizado con hierbas y especias es esencial para obtener el mejor sabor. Los encurtidos deben dejarse reposar 1 mes como mínimo.
- Elija hortalizas jóvenes, firmes y frescas para obtener el mejor sabor y textura.
- Lave a fondo las hortalizas, retire las partes estropeadas, pélelas y prepárelas según la receta.
- Las hortalizas, como las cebollas, se preparan en una salmuera líquida (se sumergen en una solución salada), mientras que las que contienen una buena proporción de agua se preparan en una salmuera seca (se colocan en un cuenco en forma de capas con abundante sal) para extraer el exceso de agua, que diluiría el sabor y reduciría el tiempo de conservación.

Chutneys

Los *chutneys* difieren de otras conservas en que pueden consumirse una vez preparados. También pueden conservarse durante largo tiempo si se embotellan en recipientes esterilizados.

Chutney de tomate

Prepare este *chutney* cuando los tomates sean de temporada, abundantes y tengan buen sabor.

Para preparar 3 kg necesita 700 g de tomates, 1 manzana, 50 g de cebolla finamente picada, 1 diente de ajo picado, 1 cucharadita de jengibre fresco finamente picado, 125 g de azúcar moreno blando, ½ cucharadita de cúrcuma, 125 g de sultanas y 50 ml de vinagre de vino blanco.

1 Pele, retire las semillas y pique los tomates. Pele la manzana, descorazónela y píquela finamente.

2 Coloque los ingredientes en una cacerola y lleve a ebullición. Cueza 30 minutos a fuego lento o hasta que hayan reducido y espesado (casi no debe quedar líquido). Enfríe y utilice el *chutney* enseguida, o enváselo en frascos esterilizados, selle y etiquete.

Chutney de ciruelas

Para preparar 3 kg necesita 2kg de ciruelas, 2 manzanas para cocer, 2 cebollas rojas finamente picadas, 600 ml de vinagre de vino tinto, 600 g de azúcar mascabado, 1 cucharadita de clavos, 1 cucharadita de sal y 1 cucharada de mostaza.

1 Corte por la mitad, deshuese y pique finamente las ciruelas. Pele las manzanas, descorazónelas y píquelas a trozos.

2 Coloque todos los ingredientes en una cacerola grande y cueza a fuego lento y sin dejar de remover hasta que el azúcar se disuelva.

3 Lleve a ebullición y cueza a fuego lento y con el recipiente destapado durante 3 horas, hasta que la mezcla quede espesa y pulposa. Casi no debe quedar líquido.

4 Deje enfriar el *chutney* y utilícelo enseguida, o enváselo en 6 frascos esterilizados de 300 ml de capacidad, selle y etiquete (*véase* pág. 404).

Chutney perfecto

- Cuando prepare *chutney* para su uso inmediato, haga siempre más para guardar.
- El sabor de un *chutney* mejora con el tiempo.
- Utilice frascos con tapas de plástico o recubiertas del mismo, pues el vinagre corroe las tapas metálicas. Los *chutneys* deben cubrirse siempre con tapas que cierren al vacío y que no puedan corroerse.

Conservas refrigeradas

Algunas conservas se mantienen sólo unas semanas en vez de meses. Lo bueno de estas preparaciones es que saben estupendamente bien al día siguiente de haberlas preparado.

Aceitunas maceradas

Puede utilizar aceitunas verdes o negras, o bien ambas.

Para preparar 1 kg necesita 750 g de aceitunas con el hueso, una pizca de orégano seco y tomillo, 2 hojas de laurel, 3 dientes de ajo, 1 chile pequeño cortado por la mitad y sin semillas, 100 ml de vinagre de vino tinto, 2 cucharadas de pimienta negra en grano y 200 ml de aceite de oliva virgen.

1 Pele el ajo y aplástelo con la hoja de un cuchillo, pero déjelo entero.

2 Coloque todos los ingredientes en un cuenco de vidrio. Cubra con una película de plástico y refrigere 1 día como mínimo, removiendo de vez en cuando.

3 Transfiera a 2 frascos y refrigere 2 días antes de consumir; agítelos de vez en cuando. Conserve hasta 1 mes.

Salsa de chile

Para que la salsa quede más picante, deje parte o todas las semillas de los chiles, y varíe los condimentos.

Para preparar unos 600 ml necesita 100 g de chiles frescos (sin semillas y picados), 50 g de piñones, 15 dientes de ajo picados, 1 cebolla pequeña picada, 1 cucharadita de comino molido, 1 cucharadita de cilantro molido, ½ cucharadita de pimentón, ½ cucharadita de orégano seco, 2 cucharadas de tomate concentrado, 300 ml de vinagre de vino tinto, sal y pimienta negra molida.

1 Coloque los chiles picados en el recipiente de la batidora.

2 Tueste los piñones en una sartén seca hasta que estén dorados y añádalos a la batidora junto con el resto de ingredientes. Bata hasta que la mezcla quede homogénea y luego agréguele 300 ml de agua.

3 Vierta en 2 ó 3 botellas de vidrio limpias y refrigere hasta 2 meses.

Consejo de cocinero

- Las conservas refrigeradas se conservan mejor si no llevan ingredientes de origen animal, como grasa, carne o productos lácteos.
- Aunque no están pensadas para durar demasiado, se conservan más tiempo en una botella o frasco esterilizado (*véase* pág. 404).

Condimentos

Los condimentos son un tipo de encurtido, pero mientras que éstos pueden ser tanto crudos como cocidos, los primeros se cuecen siempre.

Condimento a la mostaza

Para preparar 1,4 kg necesita 225 g de coliflor, 100 g de tomates, 1 pimiento rojo y 1 verde, 175 g de pepino finamente picado, 175 g de cebolla finamente picada, 225 g de pepinillos frescos a rodajas gruesas, 25 g de sal, 1 cucharada de semillas de mostaza, 250 g de azúcar, 25 g de harina, ½ cucharadita de mostaza en polvo, ½ cucharadita de cúrcuma y 450 ml de vinagre de malta.

1 Separe la coliflor en ramitos. Retire el corazón fibroso de los tomates y píquelos en trozos no muy pequeños. Saque las semillas a los pimientos y píquelos finamente. Coloque todas las hortalizas en un cuenco grande. Disuelva la sal en 1,1 l de agua y viértala sobre las hortalizas, cúbralas y déjelas reposar toda la noche.

2 Escurra las hortalizas y enjuáguelas bien. Bata el resto de ingredientes, excepto el vinagre, en una cacerola amplia y mezcle poco a poco con el vinagre. Lleve a ebullición mientras remueve.

3 Agregue todas las hortalizas a la cacerola y lleve a ebullición.

4 Reduzca el calor y cueza a fuego lento y sin tapar durante unos 30 minutos, hasta que todas las hortalizas se hayan ablandado. Remuévalas con cuidado de vez en cuando para que no se peguen.

5 Vierta la preparación en frascos calientes esterilizados (*véase* pág. 404). Selle, etiquete y, una vez fría, guarde en un lugar frío y oscuro hasta 1 año.

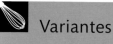
Consejo de cocinero

- No emplee menos azúcar que el indicado; el condimento podría fermentar si no hubiera suficiente.
- Los condimentos, al igual que los *chutneys*, deben cubrirse con tapas herméticas resistentes a la corrosión del vinagre. Utilice frascos con tapas de plástico o metálicas pero recubiertas.
- Añada una rodaja de chile en el paso 4 para obtener un sabor picante.

Variantes

En vez de preparar el condimento con una combinación de hortalizas, puede adaptar esta receta para incluir una o dos. Utilice las hortalizas con un peso total comparable al de la receta. Otras hortalizas adecuadas para usar son el maíz, los tomates verdes, las judías verdes, los calabacines, la calabaza y el apio.

Salsas

Las salsas que pueden conservarse son una opción muy útil cuando el ingrediente principal puede comprarse muy fresco, de la mejor calidad y a un precio razonable. En el caso de los tomates, esto significa que el kétchup debe prepararse en verano.

Kétchup de tomate

Para preparar 1,1 l necesita 2,7 kg de tomates maduros, 225 g de azúcar, 300 ml de vinagre especiado (*véase* pág. 430), 1 cucharada de vinagre de estragón (opcional), una pizca de pimienta de Cayena, 1 cucharadita de pimentón y 1 cucharadita de sal.

1 Corte los tomates a rodajas y cuézalos unos 45 minutos a fuego muy lento y removiendo con frecuencia, hasta que se reduzcan a una pulpa. Lleve a ebullición y cueza removiendo a menudo hasta que la pulpa se espese.

2 Presione la pulpa a través de un tamiz de nailon o acero inoxidable, devuélvala a la cacerola y mézclela con el resto de ingredientes. Cueza a fuego lento hasta que la mezcla se espese.

3 Vierta el kétchup en botellas calientes esterilizadas. Selle, etiquete y guarde en un lugar frío y seco hasta 1 año.

Salsa de tomate

No lleva aceite ni mantequilla, por lo que puede añadirle un poco antes de servir.

Para preparar 2,5 kg necesita 2,7 kg de tomates maduros, 6 dientes de ajo finamente picados, 150 ml de pasta de tomates secados al sol, 1 cucharada de orégano fresco finamente picado, sal y pimienta negra molida.

1 Pele, retire las semillas y cuartee los tomates, luego pique la carne.

2 Coloque todos los ingredientes en una cacerola amplia y lleve a ebullición. Cueza a fuego lento y sin tapar 25-30 minutos, removiendo de vez en cuando, hasta que la salsa esté espesa y pulposa. Salpimiente al gusto y cueza unos pocos minutos más.

3 Vierta la salsa en frascos calientes esterilizados (*véase* pág. 404). Selle, etiquete y guarde hasta 6 meses en un lugar frío y oscuro.

Confitura de fresas y grosellas

PARA 1,4 KG APROXIMADAMENTE
700 g de azúcar granulado o para conservas
1 kg de fresas sin el rabillo y partidas
   si fuesen grandes
225 g de grosellas sin el tallo
el zumo de 1 limón

TIEMPO DE PREPARACIÓN 2minutos
TIEMPO DE COCCIÓN 30 minutos

POR CUCHARADITA
11 calorías
0 g de grasas
3 g de hidratos de carbono
0 g de sal

TÉCNICAS
Véase también fresas, moras y bayas
(pág. 209),
esterilizar frascos (pág. 404),
comprobar el punto de cuajado
(pág. 405),
envasar conservas (pág. 405),
etiquetar (pág. 404),
confituras (pág. 406)

1 Coloque el azúcar en una fuente para hornear y caliéntelo a 180 °C (160 °C en uno de convección) durante 10 minutos. Vierta la mitad de las fresas y todas las grosellas en la cacerola para conservas, y cueza a fuego lento hasta que las frutas estén blandas y liberen el zumo.

2 Agregue el resto de las fresas a la cacerola y lleve a ebullición. Incorpore el zumo de limón y el azúcar calentado a la cacerola, lleve a ebullición y cueza a fuego lento hasta que el azúcar se disuelva. Deje hervir 25 minutos, hasta que la confitura alcance el punto de cuajado (*véase* pág. 405). Déjela enfriar y colóquela en frascos, tápelos y etiquételos. Guarde hasta 6 meses en un lugar fresco y seco.

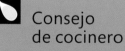

Consejo de cocinero

La confitura de fresas puede quedar bastante líquida, por lo que cuaja mejor si se le añaden grosellas y zumo de limón, ambos ricos en pectina.

Mermelada rápida

PARA 4,5 KG

900 g de naranjas amargas de Sevilla, bien lavadas y picadas, sin pepitas

2 kg de azúcar para conservas

TIEMPO DE PREPARACIÓN 25 minutos
TIEMPO DE COCCIÓN 1 hora 10 minutos

POR CUCHARADITA

9 calorías

0 g de grasas

2 g de hidratos de carbono

0 g de sal

TÉCNICAS

Véase también esterilizar frascos
(pág. 404),
comprobar el punto de cuajado
(pág. 405),
envasar conservas (pág. 405),
etiquetar (pág. 404),
mermelada (pág. 407)

1 Pique un poco las naranjas en el robot o batidora y colóquelas en una cacerola para conservas con 1,6 l de agua. Lleve a ebullición y cueza 1 hora a fuego lento.

2 Añada el azúcar y remueva a fuego lento hasta que se disuelva. Hierva 4 minutos a fuego vivo hasta alcanzar el punto de cuajado (*véase* pág. 405). Deje enfriar 5 minutos, removiendo 1 ó 2 veces, luego introduzca en frascos y tápelos. Etiquete una vez la mermelada esté fría, y guárdela hasta 6 meses en un lugar fresco y seco.

Consejo de cocinero

Las naranjas amargas son ideales para esta preparación debido a su sabor. Sólo se encuentran disponibles en temporada y durante un breve lapso de tiempo, por lo general a mediados o finales de invierno.

Gelatina de arándanos y manzana

PARA 1,4 KG APROXIMADAMENTE

1,4 kg de manzanas para cocer (lavadas)
900 g de arándanos (lavados)
azúcar granulado

TIEMPO DE PREPARACIÓN 25 minutos,
más 12 horas como mínimo de reposo

TIEMPO DE COCCIÓN 1 hora 20 minutos

POR CUCHARADITA

10 calorías
0 g de grasas
2,7 g de hidratos de carbono
0 g de sal

TÉCNICAS

Véase también esterilizar frascos (pág. 404),
comprobar el punto de cuajado
(pág. 405),
envasar conservas (pág. 405),
etiquetar (pág. 404),
gelatinas (pág. 408)

1 Retire las partes estropeadas de las manzanas y luego píquelas sin pelarlas ni descorazonarlas.

2 Coloque las manzanas y los arándanos en la cacerola para conservas, cúbralas con agua y cueza de 45 minutos a 1 hora a fuego lento, hasta que la fruta esté blanda y pulposa. Mézclela de vez en cuando para evitar que se pegue a la cacerola.

3 Transfiera la fruta a una bolsa de gelatina o lienzo atado a las patas de un taburete vuelto al revés, y deje que filtre el líquido sobre el cuenco durante 12 horas como mínimo.

4 Deseche la pulpa que quede en la bolsa de gelatina. Mida el extracto y devuélvalo a la cacerola junto con 450 g de azúcar por cada 600 ml de extracto. Lleve lentamente a ebullición sin dejar de remover, hasta que el azúcar se haya disuelto y luego hierva 10 minutos, hasta que alcance el punto de cuajado (*véase* pág. 405).

5 Retire con una espumadera, introduzca en frascos y cubra. Etiquete los frascos una vez fríos y guárdelos hasta 6 meses en un lugar frío y oscuro.

Consejo de cocinero

No exprima la bolsa de gelatina para agilizar el proceso de filtrado, pues la gelatina obtenida quedaría turbia.

Clementinas al brandy

PARA 2 FRASCOS DE 500 ML

350 g de azúcar blanquilla

14 kumquats o naranjas enanas
*   sin pepitas*

5 cm de rizoma de jengibre fresco, pelado
*   y a rodajas finas*

1 cucharadita de pimienta de Jamaica

8 clementinas peladas y sin las membranas

6 hojas de laurel frescas

225 ml de brandy

TIEMPO DE PREPARACIÓN 25 minutos

TIEMPO DE COCCIÓN 13 minutos

POR FRASCO

999 calorías

0 g de grasas

197 g de hidratos de carbono

0 g de sal

TÉCNICAS

Véase también especias frescas (pág. 429),
esterilizar frascos (pág. 404),
envasar conservas (pág. 405),
etiquetar (pág. 404)

1 Vierta 175 g de azúcar y 300 ml de agua en una cacerola amplia y caliente poco a poco hasta disolver el azúcar. Añada los kumquats, el jengibre y pimienta de Jamaica. Caliente por debajo del punto de ebullición y escalfe con el recipiente tapado 8 minutos, hasta que se ablanden.

2 Retire los kumquats con una espumadera y resérvelos. Añada el resto del azúcar y disuélvalo removiendo a fuego lento. Suba el fuego y hierva con el recipiente destapado unos 5 minutos, hasta que el líquido se reduzca a unos 250 ml. Déjelo enfriar un poco.

3 Pinche de modo uniforme las clementinas con una broqueta y colóquelas en los frascos esterilizados con los kumquats, las especias y las hojas de laurel. Añada el brandy al almíbar y vierta sobre la fruta, asegurándose de que queda sumergida. Selle, etiquete una vez la conserva esté fría y refrigere hasta 1 mes.

Chutney de ciruelas

PARA 6 FRASCOS DE 300 ML

*2 kg de ciruelas partidas por la mitad,
    deshuesadas y picadas no muy pequeñas*

2 cebollas rojas finamente picadas

*2 manzanas para cocer, peladas,
    descorazonadas y picadas
    no muy pequeñas*

600 ml de vinagre de vino tinto

600 g de azúcar mascabado claro

1 cucharadita de clavos y otra de sal

1 cucharada de semillas de mostaza

TIEMPO DE PREPARACIÓN 20 minutos
TIEMPO DE COCCIÓN 3 – 3 ½ horas

POR CUCHARADITA

30 calorías

0 g de grasas

2 g de hidratos de carbono

0 g de sal

TÉCNICAS

Véase también deshuesar frutas
(pág. 208),
esterilizar frascos (pág. 404),
envasar conservas (pág. 405),
chutneys (pág. 412)

1 Colque todos los ingredientes en una cacerola grande y cueza sin dejar de remover a fuego lento hasta que el azúcar se disuelva.

2 Lleve a ebullición y cueza a fuego lento y con el recipiente destapado 3 – 3 ½ horas, hasta que la mezcla quede espesa. Casi no debe quedar líquido.

3 Reparta el *chutney* en 6 frascos de 300 ml de capacidad, y cubra con un disco de papel encerado y un círculo más grande de papel húmedo (asegúrelo alrededor del borde con una goma elástica). Etiquete cuando la conserva esté fría y déjela enfriar en un lugar fresco y oscuro durante 1 mes para que madure. Guárdela hasta 6 meses.

Chutney de ruibarbo y jengibre

PARA UNOS 1,6 KG

1 kg de tallos de ruibarbo gruesos,
recortados y cortados en trozos de 5 cm
4 cucharaditas de sal
225 g de cebollas rojas a rodajas gruesas
700 g de azúcar mascabado oscuro
450 ml de vinagre de vino blanco
25 g de rizoma de jengibre fresco, pelado
y rallado no muy fino
¼ cucharadita de pimienta de Jamaica
125 g de pasas

TIEMPO DE PREPARACIÓN 15 minutos,
más 12 horas de reposo
TIEMPO DE COCCIÓN 1 ¼ horas

POR CUCHARADITA

10 calorías
0 g de grasas
3 g de hidratos de carbono
0,1 g de sal

TÉCNICAS

Véase también cebollas (pág. 170),
especias frescas (pág. 429),
esterilizar frascos (pág. 404),
envasar conservas (pág. 405),
etiquetar (pág. 404),
chutneys (pág. 412)

1 Coloque el ruibarbo en un cuenco no metálico y mézclelo con
1 cucharadita de sal, tape y deje reposar en un lugar frío durante 12 horas.

2 Escurra y enjuague el ruibarbo, y colóquelo en la cacerola con el resto de
ingredientes, excepto las pasas. Cueza a fuego lento hasta que el azúcar se haya
disuelto, suba el fuego y deje burbujear de 45 minutos a 1 hora, hasta que
la mezcla esté bien reducida. Agregue las pasas y deje hervir 5 minutos.

3 Envase la conserva tanto fría como caliente (no tibia), y etiquete los frascos
una vez fríos. Guarde en un lugar fresco y oscuro hasta 6 meses.

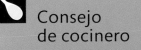

Consejo de cocinero

Este *chutney* especiado es
una conserva muy útil; además,
acompaña muy bien los quesos
curados y las carnes frías.

Condimento de maíz

PARA 2,3 KG

6 mazorcas de maíz preparadas, sin hojas
   ni fibras

½ col blanca pequeña, preparada
   y picada a trozos

2 cebollas medianas, peladas y cortadas
   por la mitad

1 ½ pimientos rojos, lavados, sin semillas
   y cuarteados

2 cucharaditas de sal

2 cucharadas de harina

½ cucharadita de cúrcuma molida

175 g de azúcar

2 cucharaditas de mostaza en polvo

600 ml de vinagre destilado

TIEMPO DE PREPARACIÓN 25 minutos
TIEMPO DE COCCIÓN 40 minutos

POR CUCHARADITA

5 calorías
trazas de grasas
1 g de hidratos de carbono
0 g de sal

TÉCNICAS

Véase también hortalizas (págs. 170-182),
esterilizar frascos (pág. 404)

1 Cueza las mazorcas de maíz en agua salada hirviendo durante 3 minutos y escúrralas a continuación. Con ayuda de un cuchillo afilado, corte los granos de la mazorca. Pique en trozos no muy finos la col, las cebollas y los pimientos rojos, y mézclelos con el maíz.

2 Mezcle en la cacerola la sal, la harina, la cúrcuma, el azúcar y la mostaza, y luego incorpore poco a poco el vinagre sin dejar de remover. Caliente a fuego lento y remueva hasta que el azúcar se haya disuelto, luego lleve a ebullición. Reduzca el fuego, añada las hortalizas y cueza 25-30 minutos a fuego lento, removiendo de vez en cuando.

3 Transfiera la preparación a frascos, cubra y selle. Etiquételos una vez fríos y guárdelos en un lugar fresco y seco hasta 3 meses.

Higos agridulces

PARA UNOS 700 G
(10 PERSONAS)

450 ml de vinagre de malta destilado
(o blanco)

un trozo pequeño de rizoma de jengibre
fresco, pelado y a rodajas finas

3 bayas de pimienta de Jamaica

6 granos de pimienta negra

3 clavos enteros

2 trozos de canela en rama

la cáscara rallada de 1 limón

2 cucharadas de miel

250 g de azúcar

700 g de higos verdes firmes y sin el tallo

TIEMPO DE PREPARACIÓN 20 minutos,
más toda la noche de reposo
TIEMPO DE COCCIÓN 15 minutos

POR PORCIÓN
198 calorías
1 g de grasas (de las cuales 0 g saturadas)
50 g de hidratos de carbono
0,1 g de sal

TÉCNICAS
Véase también utilizar especias (pág. 429),
retirar las cáscaras a los cítricos (pág. 207),
esterilizar frascos (pág. 404)

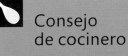

Consejo de cocinero

Sirva estos higos encurtidos
con queso o carne asada fría.

1 Vierta el vinagre en una cacerola amplia con el jengibre, la pimienta de Jamaica, la pimienta en grano, los clavos, la canela, la cáscara de limón, la miel y el azúcar. Caliente a fuego lento sin dejar de remover hasta que el azúcar se haya disuelto.

2 Lleve a ebullición durante 1 minuto y retire del fuego. Corte los higos a rodajas gruesas y agréguelas al vinagre. Lleve a ebullición y luego cueza 1 minuto sin tapar a fuego lento, empujando los higos bajo el vinagre. Transfiera con cuidado los higos y el vinagre a un cuenco grande (no metálico). Cubra bien con una película de plástico y deje reposar toda la noche.

3 Retire los higos del vinagre con una espumadera e introdúzcalos en los frascos limpios precalentados. Devuelva la mezcla de vinagre a una cacerola limpia y llévela a ebullición. Hierva hasta que se reduzca a 150 ml.

4 Vierta el vinagre caliente en los frascos. Cubra y selle. Etiquete una vez frío y guarde 1 semana como mínimo antes de usar.

Encurtidos variados

PARA 1,5 – 2 KG

1 coliflor (unos 550 g) en ramitos pequeños

*175 g de calabacines cortados en rodajas
    diagonales de 5 mm*

*1 pimiento verde (unos 225 g) cortado
    en tiras de 5 mm*

*175 g de judías verdes finas, con los
    extremos recortados y partidas*

*100 g de cebollitas para encurtir, peladas
    y con las raíces intactas*

1 pepino por la mitad a lo largo y a rodajas

225 g de sal gruesa

1,1- 1,3 l de vinagre de vino blanco

2 cucharadas de especias para encurtir

1 cucharada de sal

100 g de azúcar

2 dientes de ajo

2 tallos de eneldo fresco

1 cucharadita de eneldo seco

2 tallos de estragón

TIEMPO DE PREPARACIÓN 30 minutos,
más 24 horas de reposo
TIEMPO DE COCCIÓN 15 minutos

POR CUCHARADA, SIN LÍQUIDO

13 calorías

0 g de grasas

2 g de hidratos de carbono

0,1 g de sal

TÉCNICAS

Véase también hortalizas (págs. 170-182),
esterilizar frascos (pág. 404),
encurtidos (pág. 411)

1 Coloque en un cuenco grande todas las hortalizas preparadas. Cúbralas con sal gruesa, mezcle, tape y deje reposar en un lugar frío durante 24 horas.

2 Coloque el resto de ingredientes en una cacerola para conservas. Caliente por debajo del punto de ebullición. Retire del fuego y deje enfriar por completo.

3 Escurra las hortalizas, enjuáguelas bien y déjelas escurrir de nuevo. Ponga a hervir 2 cacerolas grandes con agua. Añada las hortalizas y lleve a ebullición. Escúrralas y refrésquelas bajo el chorro del agua fría para detener el proceso de cocción y conservar el color. Déjelas escurrir bien.

4 Introduzca las hortalizas en los frascos precalentados. Déjelas reposar 1 hora y escúrralas luego por completo. Cubra y selle los frascos, y luego etiquételos. Los encurtidos se oscurecerán un poco, pero se mantendrán en perfectas condiciones si se refrigeran hasta 1 mes.

Salsa barbacoa

PARA UNOS 300 ML

3 cucharadas de aceite de oliva

3 dientes de ajo finamente picados

3 cucharadas de vinagre balsámico

4 cucharadas de jerez seco

3 cucharadas de pasta de tomates secados
al sol o tomate concentrado

3 cucharadas de salsa de chile dulce

300 ml de tomate frito

5 cucharadas de miel clara

TIEMPO DE PREPARACIÓN 5 minutos

TIEMPO DE COCCIÓN 15 minutos

POR CUCHARADITA

12 calorías

1 g de grasas (de las cuales 0 g saturadas)

2 g de hidratos de carbono

0,1 g de sal

TÉCNICAS

Véase también ajo (pág. 171),
esterilizar frascos (pág. 404)

1 Mezcle el aceite, el ajo, el vinagre, el jerez, la pasta de tomates o el concentrado y la salsa de chile.

2 Transfiera a una cacerola pequeña, añada el puré de tomate y la miel. Lleve a ebullición, baje el fuego y cueza 10-15 minutos a fuego lento, hasta que la salsa esté espesa y brillante. Embotéllela en frascos esterilizados y refrigere hasta 1 mes.

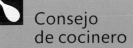

Consejo de cocinero

Esta salsa es rápida de preparar y acompaña muy bien al pollo, el cerdo, las hamburguesas y las salchichas.

18 HIERBAS Y ESPECIAS

Las hierbas y especias constituyen un ingrediente imprescindible en cualquier cocina y, sin duda, marcan la diferencia entre un buen plato y otro delicioso. Este capítulo muestra cómo obtener el mejor partido de las mismas. Además de preparar hierbas frescas y especias secas, se enseña a elaborar vinagres aromatizados que pueden utilizarse en salsas y aliños, azúcares aromatizados para emplear en postres y pasteles, y sales también aromatizadas, que aportan sabor a los platos salados.

Hierbas

La mayoría de hierbas se venden a menudo con parte del tallo intacto. Deben lavarse, recortarse y luego picarse o trocearse.

Lavar

1 Recorte las raíces y parte de los tallos de las hierbas. Sumérjalas en agua fría y sacúdalas. Déjelas en agua unos minutos.

2 Retírelas del agua y colóquelas en un tamiz o colador, luego enjuáguelas de nuevo bajo el grifo del agua fría. Déjelas escurrir unos minutos y séquelas a fondo con papel de cocina o un paño. También puede utilizar una centrifugadora de ensaladas.

Picar

1 Retire los tallos más tiernos. Si la hierba tiene un tallo leñoso, como por ejemplo el romero o el tomillo, quizás sea más fácil retirar las hojas frotando el manojo entero entre las manos; las hojas deben poderse arrancar simplemente de los tallos.

2 Si va a picar las hojas, forme con ellas una bola compacta en una mano, manteniendo el dedo pulgar alrededor de la misma (pero sin aplastarlas).

3 Píquelas con un cuchillo grande mediante un movimiento de vaivén y dejando escapar un poco de la bola con los dedos a medida que trabaja.

4 Cuando las hierbas estén picadas en trozos más o menos pequeños, continúe picándolas hasta formar tiras finas o copos.

Hierbas perfectas

- No vierta las hierbas y el agua en el tamiz, pues las impurezas podrían quedar atrapadas en las hojas.
- Si la hierba tiene tallos carnosos, como el perejil o el cilantro, los tallos pueden guardarse para aromatizar una sopa. Forme un manojo y átelos con un hilo.

Especias

El sabor de las especias es más pronunciado cuando se tuestan y se muelen antes de utilizarlas. El rizoma de jengibre fresco es una de las especias húmedas más empleadas; además, es fácil de preparar.

Tostar especias

Las especias enteras pueden tostarse en una sartén seca para realzar el sabor.

1 Caliente una sartén pequeña a fuego vivo. Cuando esté muy caliente, agregue las especias y cuézalas hasta que adquieran un color más oscuro y empiecen a explotar y a desprender su fragancia. No las deje quemar.

2 Transfiéralas a un cuenco y enfríelas.

Moler

Con el método tradicional se emplea el mortero. Una opción más rápida consiste en comprar un molinillo de especias, o bien emplear un molinillo de café, que deberá reservarse sólo para especias, pues de lo contrario aromatizarían el café.

Especias frescas

El jengibre, la galanga y la cúrcuma son las especias frescas más comunes. Se preparan de la misma forma.

1 Rallar Pele una sección grande de la especia con un pelador de hortalizas y corte las partes marrones.

2 Con un rallador fino de madera o metálico, dispuesto sobre un cuenco o plato, vaya rallando la especia. Deseche las fibras grandes adheridas a la pulpa.

3 Picar Corte rodajas de la especia y retire la piel con cuidado, así como las manchas marrones. Si necesita una buena cantidad, pele una sección grande con un pelador de hortalizas antes de cortar las rodajas.

4 Apile éstas y córtelas a tiras del grosor requerido. Para preparar daditos, apile las tiras y corte en sentido contrario en forma de dados.

5 Prensar Si sólo necesita el zumo, corte rodajas gruesas de jengibre o galanga y retire la piel con cuidado, así como las partes marrones blandas situadas bajo la piel. Si necesita una buena cantidad, puede pelar una sección grande con un pelador de hortalizas. Corte las rodajas a trozos y páselas por un prensaajos sobre un cuenco pequeño.

Vinagres aromatizados

Se preparan fácilmente con hierbas como estragón, tomillo o romero, y pueden conservarse en un lugar fresco y oscuro hasta un mes. Utilice botellas esterilizadas, lave a fondo todos los ingredientes y séquelos antes de añadirlos al vinagre.

Vinagre de hierbas

Necesita 25 g de hierbas frescas, más ramitas para embotellar así como 600 ml de vinagre de vino tinto o blanco.

1 Coloque las hierbas y el vinagre en una cacerola y lleve a ebullición. Vierta en un cuenco, tape; deje reposar 1 noche.

2 Filtre por un tamiz forrado con muselina y embotelle con hierbas. Guarde 1 semana antes de consumir.

Vinagre de frutas

Necesita 450 g de frambuesas y zarzamoras, más un poco para embotellar, así como 600 ml de vinagre de vino.

1 Rompa la fruta con el dorso de una cuchara y agregue el vinagre. Tape y deje reposar 3 días. Remueva de vez en cuando.

2 Filtre por un tamiz forrado con muselina y embotelle con frutas. No consumir antes de 2 semanas.

Vinagre especiado

Ideal para encurtir. Necesita 500 ml de vinagre de malta, 1 cucharada de arilo de macís, 1 cucharada de pimienta de Jamaica, 1 cucharada de clavos, 18 cm de canela en rama, 6 granos de pimienta, 4 chiles rojos y 1 hoja de laurel pequeña.

1 Coloque todos los ingredientes en una cacerola y lleve a ebullición. Retire del fuego, tape y deje en infusión unas 2 horas.

2 Filtre el vinagre a través de un tamiz forrado con muselina para retirar las hierbas y las especias.

3 Vierta el vinagre en botellas esterilizadas y selle. El vinagre puede utilizarse enseguida o guardarse hasta cuando se necesite.

Azúcar y sal aromatizados

El azúcar y la sal aromatizados con especias o aromatizantes es una forma ideal de aportar sabor instantáneo a los platos dulces y salados. Pueden guardarse casi indefinidamente dentro de un recipiente hermético en un lugar seco.

Azúcares aromatizados

Son perfectos para utilizar en pasteles, pastas y postres.

1 Azúcar de canela Mezcle 1 cucharada de canela molida con 200 g de azúcar blanquilla.

2 Azúcar de cítricos Mezcle 200 g de azúcar blanquilla con 1 cucharada de cáscara de naranja, limón o lima finamente molida, y guarde en un recipiente hermético. Cubra y deje reposar unos días antes de emplear.

3 Azúcar de lavanda Mezcle 200 g de azúcar blanquilla con 2 cucharadas de flores de lavanda secas. Cubra y deje reposar 1 semana antes de utilizar.

4 Azúcar de vainilla Coloque una vaina de vainilla entera en un recipiente hermético y cúbrala con azúcar blanquilla. Cubra y deje reposar 1 semana como mínimo antes de emplear.

Sales aromatizadas

1 Sal de chile Muela en forma de polvo 2 cucharadas de copos de chile secos y mézclelos con 4-6 cucharadas de sal fina.

2 Sal de hierbas Muela finamente 2 cucharadas de hierbas secas y mézclelas con 4-6 cucharadas de sal fina.

3 Sal especiada Tueste 2 cucharadas de especias enteras (*véase* pág. 429) y déjelas enfriar; muélalas finas en un mortero o molinillo de especias. Mezcle con 4-6 cucharadas de sal fina.

Variantes

- **Especias** Granos de pimienta blanca o negra, cardamomo, cilantro, comino, hinojo, fenogreco, semillas de mostaza.
- **Hierbas** Perifollo, hierbas variadas, mejorana, orégano, perejil, romero, salvia, estragón, tomillo.

CONGELAR Y SECAR

Disponer de un congelador bien surtido constituye una auténtica bendición. Este capítulo proporciona valiosos consejos sobre cómo congelar todo tipo de preparaciones, tanto líquidas, como caldos, sopas y guisos, como sólidas, como carne, pescado, frutas y hortalizas. También encontrará información sobre cómo empaquetar y etiquetar los alimentos y los tiempos de conservación adecuados. Sin embargo, congelar no es, ni mucho menos, el único sistema para conservar los alimentos, de ahí que se enseñe también a secar frutas, hortalizas y hierbas, así como a reconstituirlos con posterioridad.

Caldos, salsas y guisos

Los caldos, los guisos, las salsas y las sopas pueden congelarse hasta cuatro meses. De hecho, los platos líquidos se encuentran entre los más adecuados para congelar. Asegúrese de que el recipiente no esté demasiado lleno y que quede bien cerrado.

Congelar en contenedores de plástico

1 Vierta la preparación en una bolsa sobre el contenedor de plástico dejando un espacio libre de 2,5 cm en el borde para que la comida pueda expandirse al congelarse.

2 Cierre herméticamente y congele lo antes posible. Una vez congelados, puede retirar los alimentos del contenedor y guardarlos en la bolsa.

❄ Consejos de congelación

- Utilice recipientes aptos para congelar y que cierren bien.
- No introduzca en el congelador alimentos calientes ni tibios.
- Deje espacio libre en la parte superior del recipiente, pues los alimentos se expanden al congelarse.

Congelar caldo

El caldo congelado es muy útil en la cocina, aunque ocupa mucho espacio. Para reducirlo, concentre el caldo antes de congelarlo. Para ello, reconstitúyalo a su volumen inicial agregándole agua.

1 Concentrar el caldo Vierta el caldo clarificado y desgrasado (*véase* pág. 35) en una cacerola limpia y lleve a ebullición. Hiérvalo a fuego vivo hasta reducir un 25% de su volumen.

2 Vierta el caldo en contenedores de plástico, dejando un espacio libre de 2,5 cm en el borde.

3 Tape y congele lo antes posible.

Cubitos de caldo congelados

1 Congele el caldo reducido en un recipiente para cubitos, luego transfiéralos a una bolsa o contenedor y cierre. Puede retirar los cubitos que desee y volver a cerrar el recipiente. Si han formado hielo sobre la superficie, lávelos bajo un chorro de agua fría antes de añadirlos al plato.

Fruta

Las frutas pueden congelarse hasta seis meses. Aunque el congelado altera la textura, conservan el sabor maravillosamente. De hecho, la fruta descongelada es perfecta para cocinar, preparar purés y batidos.

Azucarar

La mayoría de frutas pueden congelarse sin cocinarse, pero al descongelarse se ablandan debido a que las células se estropean al formarse cristales de hielo. Para minimizarlo, congele las frutas troceadas después de haberlas espolvoreado con azúcar o sumergido en un almíbar. Sólo debe seguir este método con frutas que vaya a usar en un plato dulce.

1 Lave la fruta y séquela a fondo con un paño o papel de cocina. Prepárela y colóquela en una placa de hornear o fuente plana, espaciándola bien.

2 Espolvoréela con el suficiente azúcar lustre para proporcionar a las frutas una cobertura homogénea y generosa.

3 Congélelas hasta que estén sólidas, transfiéralas de inmediato a un recipiente cerrado y devuélvalas al congelador.

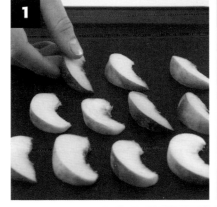

❄ Congelados perfectos

- Espolvoree con azúcar las frutas deshuesadas o cortadas a rodajas y las bayas (excepto las frambuesas).
- Congelar en almíbar es apropiado para cualquier tipo de fruta, excepto los plátanos, que deben congelarse con la cáscara y emplearse en pasteles y madalenas.

Congelar en almíbar

Necesita 175 g de azúcar por 600 ml de agua.

1 Disuelva el azúcar en el agua a fuego lento. Lleve a ebullición y hierva 2 minutos; luego deje enfriar.

2 Lave y seque la fruta, y córtela en trozos del tamaño requerido. Colóquela en un recipiente hermético y cúbrala con el almíbar. Si la fruta sube a la superficie, apriétela hacia abajo con un papel sulfurizado; luego congele.

❄ Conservación

- Etiquete siempre los recipientes indicando el contenido y la fecha.
- Revise de forma periódica el congelador para no guardar la comida demasiado tiempo.
- Sitúe los productos más antiguos en la parte anterior del congelador.

Hortalizas

Las hortalizas pueden congelarse hasta seis meses. La mayoría deben precocerse mediante blanqueado antes de congelarlas para reducir la actividad de las enzimas, que afectarían su calidad y valor nutricional.

Blanquear en agua

1 Lave y prepare las hortalizas, y córtelas en trozos del tamaño deseado.

2 Ponga a hervir agua en una cacerola utilizando como mínimo 6 litros de agua salada por 450 g de hortalizas. Tenga al lado un cuenco grande con agua helada.

3 Sumerja las hortalizas en el agua hirviendo, llévelas a ebullición y cuézalas tal como se indica en la tabla inferior. Deben quedar un poco tiernas, pero no cocidas por completo.

4 Retírelas con una espumadera y sumérjalas en el agua helada.

5 Séquelas a fondo con papel de cocina y póngalas en recipientes aptos para congelar. Congele.

De temporada

Congele las hortalizas cuando sean de temporada, pues entonces son abundantes, económicas y están en su mejor momento. Si cultiva sus propias hortalizas, mucho mejor. Congélelas recién recolectadas, pues el sabor es aún mejor.

Blanquear al vapor

Ideal para la mayoría de hortalizas, en especial aquellas que quedan aguadas si se hierven.

1 Lave y prepare las hortalizas. Tenga al lado un cuenco con agua helada.

2 Cueza las hortalizas al vapor durante el tiempo indicado en la tabla de la derecha. No deben quedar del todo cocidas, sino un poco tiernas. Sumérjalas en el agua helada. Séquelas, póngalas en los recipientes y congélelas.

Tabla de tiempos para blanquear

Los tiempos aquí indicados son para blanquear las hortalizas en agua hirviendo; para blanquearse al vapor, añada 2-4 minutos. Compruebe la cocción regularmente.

Hortaliza	Preparación	Tiempo de blanqueado
Espárragos	extremos recortados	2-4 minutos
Habas	desgranadas	2-3 minutos
Brécol	extremos leñosos recortados	3-5 minutos
Coles de Bruselas	bases recortadas	3-5 minutos
Coliflor	separadas en ramitos	3-5 minutos
Judías verdes finas	extremos recortados	2-3 minutos
Judías verdes anchas	extremos recortados y troceadas	2-3 minutos
Maíz	mazorcas enteras y sin la envoltura	4-6 minutos

Carne y pescado

Todos estos alimentos siguen procedimientos y principios similares. El secreto estriba en que no entren en contacto con el aire para evitar la llamada «quemadura por congelación». Respete los tiempos de congelado indicados para mantener la calidad de los alimentos.

Congelar en bolsas

1 Ponga el alimento en la bolsa, colocándolo lo más plano posible.

2 Expulse el aire de forma que la bolsa se adhiera alrededor del alimento.

3 Ate la bolsa y congele enseguida.

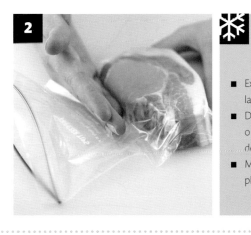

❄ Consejos de congelación

- Expulse todo el aire para evitar la «quemadura por congelación».
- Divida las porciones, como bistés o hamburguesas, entre dos hojas de papel encerado.
- Mantenga los alimentos lo más planos posible.

Congelar en placas

1 Las porciones individuales pueden congelarse por separado y luego colocarse en la misma bolsa para poder utilizarlas por separado cuando las necesite.

2 Extienda las porciones en una placa de hornear (no deben tocarse). Congélelas hasta que estén sólidas.

3 Transfiéralas a una bolsa, expulse el aire y selle. Devuelva al congelador.

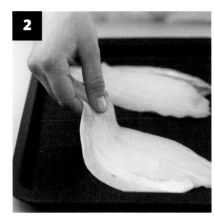

❄ Tiempos de congelación máximos

Carne	Tiempo máximo	Carne	Tiempo máximo
Picada (cualquiera)	3 meses	Aves enteras	1 año
Beicon	1 mes	Aves troceadas	9 meses
Salchichas	1 mes		
Bisté	6 meses	**Pescado**	**Tiempo máximo**
Chuletas	4 meses	Pescado blanco (bacalao, merluza y lenguado)	6 meses
Cortes magros	10 meses	Pescado azul (caballa, sardina)	2 meses
Cortes grasos	4 meses	Pescado cocido	4 meses
Asados	3 meses	Pescado ahumado	2 meses
Carne cocida	3 meses	Marisco	3 meses

Secar frutas, hortalizas y hierbas

Es muy útil conservar las hierbas frescas veraniegas para su uso posterior. Pueden congelarse hasta tres meses pero, también pueden secarse, al igual que otros alimentos, como las frutas, las setas y los tomates.

Secar frutas

Puede secar cualquier fruta en el horno o al aire libre si el tiempo es seco y caluroso. Un deshidratador eléctrico es muy útil si seca fruta con regularidad.

1 Prepare la fruta para secar (*véase* recuadro). Precaliente el horno a la temperatura mínima.

2 Introduzca la fruta en el horno y deje la puerta entreabierta. Seque la fruta hasta que haya perdido el 90 % de su peso. Esto puede llevar hasta 24 horas para las frutas grandes o 6-8 horas para las rodajas.

3 Enfríe la fruta y colóquela en recipientes herméticos llenándolos hasta los dos tercios; cubra holgadamente. Deje reposar 7 días, sacudiendo el recipiente cada día para distribuir la humedad restante. Coloque la fruta en contenedores herméticos y guárdela 12 meses como máximo.

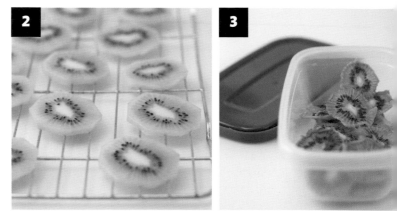

Preparar frutas para secar

Las enzimas de las frutas hacen que se decoloren una vez cortadas. Puede retrasar su actividad remojando la fruta en un baño de agua acidulada. Exprima el zumo de 6-8 limones y mézclelo con el mismo volumen de agua o con 1 cucharadita de ácido cítrico disuelto en 1 litro de agua, o bien prepare una solución de ácido ascórbico aplastando 4 pastillas de 500 mg de vitamina C no aromatizada por 1 litro de agua. Lave la fruta y prepárela: las manzanas, las piñas y los plátanos deben cortarse a rodajas de unos 5 mm de grosor, las frutas de hueso deben deshuesarse y partirse, y las cerezas deshuesarse. Remoje la fruta 10 minutos y luego escúrrala sobre una rejilla antes de secarla.

Secar setas

1 Extienda las setas sin lavar sobre una rejilla metálica plana.

2 Séquelas en un lugar bien ventilado 1-2 días, dándoles la vuelta de vez en cuando.

3 Cuando estén secas, guárdelas hasta 1 año en un recipiente hermético. Para reconstituirlas, remójelas en agua caliente 10-20 minutos, hasta que estén blandas. Límpielas antes de utilizarlas.

Secar tomates

1 Corte los tomates por la mitad a lo largo y retire el corazón fibroso y las semillas. Espolvoréelos con sal y colóquelos sobre una rejilla metálica boca abajo. Déjelos escurrir 30 minutos.

2 Precaliente el horno a la temperatura más baja. Seque los tomates 10-12 horas, hasta que estén arrugados y secos. Guárdelos hasta 6 meses en un recipiente hermético.

Sabores concentrados

■ Utilice tomates pera o Roma para obtener los mejores resultados, pues tienen una piel gruesa y un menor porcentaje de semillas y gelatina con relación a la carne.

■ Elija tomates de verano rojos y maduros de sabor intenso.

Secar hierbas

1 **Secar hierbas al aire** Átelas en manojos pequeños y cuélguelos en un lugar cálido bien ventilado hasta secarse.

2 **Secar hierbas en una bolsa** Átelas en manojos pequeños y practique agujeros en bolsas de papel marrón. Ponga cada manojo en una bolsa, con el lado de las hojas hacia abajo, y ate los tallos. Cuelgue en un lugar cálido hasta secarse.

Secar en una bolsa

Las siguientes hierbas son propensas a enmohecerse, por lo que es preferible secarlas en una bolsa de papel. No las seque nunca en una bolsa de plástico.

■ Albahaca
■ Melisa
■ Menta
■ Estragón

Cubitos de hierbas helados

A diferencia del secado, la congelación conserva perfectamente el sabor de las hierbas. Sin embargo, altera la textura, lo que las hace más apropiadas para cocinar que para adornar. Una de las formas más simples de congelar hierbas consiste en congelarlas en forma de cubitos. Añádalas a la preparación mientras cocina:

el cubito se derretirá y liberará las hierbas.

1 Lave las hierbas, séquelas y píquelas finamente. Ponga 1 cucharadita en cada división de una bandeja de cubitos, llene con agua y congele.

2 Retire los cubitos de la bandeja y póngalos en una bolsa para congelar. Retire el aire, selle, etiquete y congele. Utilice en el plazo de 3 meses.

MICROONDAS

Además de descongelar y recalentar, el microondas es útil para cocinar ciertos platos y alimentos. Este capítulo muestra cómo sacar el mejor partido del microondas, desde las preparaciones básicas, como descongelar, calentar y cocinar hortalizas, pescado y carne, a consejos sobre seguridad y explicaciones sobre su correcto funcionamiento. También encontrará una pequeña colección de recetas básicas, en concreto huevos revueltos, gachas, salsa de queso rápida, chocolate derretido, confitura y budín almibarado.

Utilizar el microondas

El microondas, si bien es una de las innovaciones culinarias más útil, es también un aparato poco utilizado. Cuando sepa cómo usarlo, podrá transformar su vida en la cocina.

Cómo funciona

Los microondas emiten ondas de energía a través de los alimentos, lo que provoca que las moléculas cambien de posición rápidamente y colisionen unas con otras, generando calor. Puesto que la energía sólo penetra un par de centímetros en el interior de los alimentos, éstos deben reposar antes de servirse para que las áreas calientes cocinen las más frías o bien descongelen las congeladas.

Conocer el microondas

No todos los microondas son iguales. Algunos hornos de «combinación» tienen un grill y un horno de convección ordinario, por lo que se puede cocinar utilizando ambos tipos de energía juntos, o por separado. Incluso los hornos sólo de microondas presentan diferentes niveles de energía. Lo normal es un nivel máximo de energía en torno a los 800-900 W, aunque algunos alcanzan los 1.000 W y otros incluso los 1.500 W. En general, cuanto más alta sea la potencia más rápidamente trabajará el horno, aunque sus dimensiones internas también afectan la velocidad a la que se transporta la energía. Estas variables hacen difícil proporcionar tiempos exactos para descongelar, recalentar o cocinar. Los fabricantes ofrecen programas para realizar ciertas tareas, como descongelar, cocinar ciertos platos, etc. Dichas instrucciones deben utilizarse como guía. La mejor forma de aprender a utilizar el microondas es a través de la propia experiencia.

Descongelar

Es muy difícil descongelar algo por completo sin calentarlo y, por lo tanto, iniciando el proceso de cocción. Si lo hace con antelación, incluso 30 minutos antes, dispondrá del tiempo suficiente para que el alimento se descongele por completo. No descongele a potencia máxima, sino a alta para empezar y luego a media.

1 Para descongelar un bisté, desenvuélvalo y extiéndalo en un plato. Introdúzcalo en el microondas 1 minuto a 600 W y luego otro minuto a 300 W.

2 Toque el bisté para ver si va calentándose. En dicho caso, déjelo reposar unos minutos, déle la vuelta y descongélelo 1 minuto a 300 W.

3 Cuando casi esté descongelado, déjelo reposar a temperatura ambiente 30-60 minutos para que se descongele por completo.

Recalentar

1 Para recalentar 1 l de sopa, por ejemplo, métala en el microondas a 900 W durante 2 minutos y mezcle a continuación (no llene el recipiente demasiado para que el líquido no se derrame al calentarse).

2 Caliente 1 minuto más a potencia máxima. Remueva de nuevo la sopa y póngala a potencia máxima 1 minuto más o hasta que burbujee.

Seguridad

- Los microondas son seguros siempre y cuando estén en perfectas condiciones.
- Compruebe que los alimentos están bien calientes.
- Remueva una vez como mínimo durante la cocción y deje reposar unos pocos minutos antes de servir.
- Los alimentos calentados a 88 °C durante unos pocos minutos, reúne todos los requisitos de seguridad alimentaria.

Cocinar en el microondas

El microondas no puede realizar todos los tipos de cocción, pero es excelente para preparar ciertos platos, en especial aquellos que se cuecen bien al vapor. A continuación se ofrecen algunos ejemplos.

Hortalizas

1 Córtelas en trozos iguales y colóquelas en un recipiente para el microondas. Añada un chorrito de agua, sazone y tape. Cueza a potencia máxima 2 minutos. Mezcle, cubra de nuevo y cueza 2 minutos más.

2 Continúe cocinando a intervalos de 2 minutos hasta que estén cocidas *al dente*. Al finalizar el tiempo de cocción, hágalo a intervalos de 1 minuto.

Hortalizas perfectas

- No cueza un volumen grande de hortalizas a la vez (no más de 12 cm de profundidad).
- Utilice un recipiente que permita remover las hortalizas con facilidad.

Pescado

Los enteros pueden cocinarse en el microondas, aunque las rodajas o filetes son más fáciles.

1 Coloque el pescado en una fuente de paredes bajas. Sazone, cubra con una película de plástico y cueza a potencia máxima 2 minutos. Prosiga la cocción a intervalos de 2 minutos hasta que casi esté cocido. Al finalizar el tiempo de cocción, cueza a intervalos de 1 minutos.

Pescado perfecto

- Utilice filetes de pescados planos, enrollados y con los condimentos en la parte interna para obtener una cocción más uniforme.
- Emplee una fuente profunda para contener las porciones de forma que no sobrepasen el borde. Colóquelas cerca de los bordes de la fuente.

Aves

1 Corte el pollo en porciones regulares y adóbelo (*véase* pág. 117), o cúbralo con salsa. Tape con una película de plástico y cueza a potencia máxima durante 2 minutos.

2 Mezcle bien y prosiga la cocción a intervalos de 2 minutos hasta que casi esté cocido. Al finalizar el tiempo de cocción, hágalo a intervalos de 1 minuto. Deje reposar 2-3 minutos antes de servir.

Aves perfectas

- Utilice trozos pelados y de 2,5 cm de grosor como máximo. Cúbralos con aceite o un adobo para que no se resequen.
- No cueza más de 450 g de pollo a la vez.

Cocinar en el microondas

Huevos revueltos

1 Ponga los huevos, la leche y la mantequilla en un cuenco y bata a fondo.

2 Cueza 1 minuto a potencia máxima (la mezcla debe empezar a cuajarse alrededor de los bordes) y bata de nuevo.

3 Cueza 2-3 minutos a potencia máxima, removiendo cada 30 segundos, hasta que los huevos estén cocidos a su gusto.

Gachas

1 Siga las instrucciones indicadas en el paquete, y vierta la avena y la leche en un cuenco de servicio.

2 Cueza en el microondas a potencia máxima 4-5 minutos, removiendo a menudo.

3 Deje reposar un par de minutos antes de servir.

Salsa de queso rápida

Para preparar unos 300 ml de salsa, necesita 300 ml de leche, 25 g de mantequilla, 25 g de harina, 50 g de queso cheddar o gruyere rallado, ½ cucharadita de mostaza, sal y pimienta negra molida.

1 Bata la leche, la mantequilla y la harina en una jarra medidora (la mantequilla no se mezclará bien, pero no se preocupe). Caliente a potencia máxima 2 minutos.

2 Retire la jarra del microondas, bata, cueza 2 minutos más y bata de nuevo. La salsa debe estar en este punto espesa y uniforme.

3 Salpimiente con generosidad, añada el queso y la mostaza, y remueva hasta que el queso se haya derretido.

Derretir chocolate

1 Rompa el chocolate en trozos y colóquelos en un cuenco.

2 Introduzca éste en el microondas a potencia máxima durante 1 minuto. Remueva y cueza a intervalos de 30 segundos hasta que el chocolate se haya derretido por completo y esté homogéneo.

Confitura

Para preparar 900 g, necesita 700 g de azúcar, 700 g de fruta preparada y el zumo de 2 limones.

1 Coloque los ingredientes en un cuenco apto para microondas de 2 l de capacidad y mezcle bien. Cueza a potencia máxima 12-16 minutos, removiendo 1 ó 2 veces; compruebe el punto de cuajado (*véase* recuadro). Deje reposar 5 minutos antes de enfrascar (*véase* pág.405).

Punto de cuajado

- Esta confitura tiene un punto de cuajado blando y queda mejor al cabo de dos o tres días.
- Utilice un termómetro (debe leer 110 ºC), o bien ponga un poco de confitura en un plato frío un par de minutos (debe arrugarse al pasar el dedo por encima).

Budín almibarado

Para 4 personas necesita 50 g de mantequilla ablandada, 50 g de azúcar blanquilla, 1 huevo, 125 g de harina con levadura , la cáscara de 1 limón, 3-4 cucharadas de leche y 2 cucharadas de jarabe de melaza dorado.

1 Ponga la mantequilla, el azúcar, el huevo, la harina y la cáscara de limón en un cuenco y bátalos hasta que esté uniforme y cremosa; agregue la leche removiendo hasta adquirir cierta consistencia.

2 Vierta el jarabe en un molde para budín de 600 ml engrasado. Agregue la mezcla anterior y cueza en el microondas a potencia máxima 5-7 minutos.

3 Deje reposar durante 5 minutos, luego vuelque el budín con cuidado sobre una fuente y acompáñelo con natillas.

Salud y nutrición

Una dieta saludable, variada y sabrosa debe ser el objetivo de cualquiera. Una dieta sana, combinada con ejercicio regular, le ayudará a mantenerse en buen estado y pleno de energía, incluso con nuestro exigente sistema de vida. La dieta no sólo condiciona el peso, sino también el bienestar emocional. El secreto es una dieta equilibrada. Ahora bien, ¿pero qué significa exactamente?

Los alimentos nos proporcionan energía en forma de calorías, que se queman en la vida diaria. Pero si consumimos más calorías de las que nuestro cuerpo puede utilizar, incluso con más ejercicio, el exceso se acumula en el cuerpo en forma de grasa y el resultado es un aumento de peso.

Un conocimiento básico de los alimentos le ayudará a seguir una dieta saludable. Es importante consumir una amplia variedad de alimentos, evitando a toda costa comer en exceso, y cortar hasta cierto punto el consumo de grasas saturadas. Para mantener un cuerpo saludable, todos necesitamos proteínas, vitaminas, minerales, fibra, hidratos de carbono y un poco de grasa.

Proteína Está formada por pequeñas unidades denominadas «aminoácidos», que son una parte importante de cada célula del cuerpo y, en consecuencia, necesarias para una piel saludable, además de dientes, órganos internos y otros tejidos en buenas condiciones. El cuerpo puede manufacturar algunos de estos aminoácidos por sí mismo, aunque los esenciales deben obtenerse de los alimentos. Las proteínas animales y las de la soja tienen casi todas estas proteínas, que se consideran «completas».

Las mejores fuentes de proteína son la carne, el pescado, los huevos, los productos lácteos, como el yogur, la leche y el queso, y los productos de soja. Otras proteínas vegetales adolecen de uno o más aminoácidos esenciales. Sin embargo, esto no es necesariamente un problema para los vegetarianos (*véase* pág. 449).

Vitaminas Son vitales para los diferentes procesos del cuerpo y su deficiencia se traduce en enfermedad. Las vitaminas solubles en grasa (A, D, E y K) se obtienen principalmente de los alimentos que contienen grasa, aunque el cuerpo adquiere gran parte de la vitamina D de la acción del sol sobre la piel. Estas vitaminas se almacenan en el hígado. Las vitaminas hidrosolubles B y C no pueden almacenarse en el cuerpo, por lo que es importante consumirlas de forma regular a través de la dieta.

Minerales Se necesitan en pequeñas cantidades para mantener un cuerpo saludable. El hierro, el calcio y el zinc son especialmente importantes. Una deficiencia de hierro provoca anemia. La carne y las hortalizas de hoja verde son buenas fuentes de hierro, cuya absorción se ve incrementada si se consume vitamina C, un vaso de zumo de naranja, por ejemplo, en la misma comida.

Hidratos de carbono Proporcionan al cuerpo la fuente de energía más rápida. Los hidratos de carbono en forma de azúcares se encuentran en las frutas, la leche y el azúcar; los hidratos de carbono feculentos se encuentran en los cereales, la pasta, el arroz, las patatas, el pan y las legumbres. En una dieta saludable, estos hidratos de carbono proporcionan mayor cantidad de energía que las grasas o los hidratos de carbono procedentes del azúcar.

Grasa Es importante en pequeñas cantidades en una dieta saludable para mantener la energía y facilitar la absorción de las vitaminas A y D solubles en grasa, que están presentes en los alimentos grasos. Todas las grasas están formadas por pequeñas unidades, denominadas «ácidos grasos». Hay tres tipos de ácidos grasos: saturados, monoinsaturados y polinsaturados, presentes en diferentes proporciones en los alimentos. Los ácidos grasos saturados están relacionados con un nivel elevado de colesterol en la sangre, que puede provocar problemas cardiovasculares.

Las grasas saturadas se encuentran sobre todo en los productos lácteos, especialmente en la mantequilla y la crema de leche, así como también en la carne; las monoinsaturadas se encuentran en el aceite de oliva, y las polinsaturadas en los aceites vegetales obtenidos a partir de frutos secos, legumbres y semillas. El pescado graso, como la caballa, las sardinas y los arenques, es rico en grasas insaturadas, importantes para la salud.

Fibra No puede clasificarse como nutriente, pero es necesaria para el correcto funcionamiento del sistema digestivo. Se encuentra presente en los cereales no refinados, los panes integrales, las pieles de las frutas y hortalizas, y, por supuesto, en el salvado. Si inicia el día con un cereal integral y consume abundantes frutas y hortalizas, obtendrá fibra suficiente en su dieta.

Sal Contiene minerales, pero debe añadirse a los alimentos con moderación; recuerde que los alimentos enlatados y procesados son ricos en sal, por lo que siempre debe comprobar la información nutricional facilitada en la etiqueta. No debería consumir más de 6 g de sal diarios.

Agua Es esencial para la vida en tanto que es el componente principal de todas las células, lo que se olvida con demasiada facilidad, pues gran parte de nosotros no bebe diariamente el agua necesaria.

En concreto, se debe beber como mínimo 1,5 l de agua al día. Con temperaturas elevadas, o si se realiza actividad intensa, se debe beber más.

Equilibrar la dieta

Comer de forma variada es esencial para que el cuerpo reciba todos los nutrientes que precisa, pero también es importante un consumo equilibrado. Los suplementos no son necesarios, excepto cuando hay pérdidas excesivas de ciertos nutrientes: durante el embarazo, una enfermedad, invalidez o una dieta pobre. Una dieta estará equilibrada siempre que se ingieran diariamente algunos alimentos de las siguientes categorías:

- **Cereales y granos** Pan, pasta, arroz y cereales, para obtener fibra, energía, vitaminas B, calcio y hierro.
- **Frutas y hortalizas** Son fuentes excelentes de vitaminas, sobre todo de la C y la A (en forma de betacaroteno), así como de minerales, en concreto hierro y calcio. También son buenas fuentes de antioxidantes, que refuerzan el sistema inmunitario y proporcionan protección frente a algunas formas de cáncer y otras enfermedades. Se recomienda consumir al día cinco porciones como mínimo de frutas y hortalizas (una porción equivale a 80 g de fruta fresca o enlatada u hortalizas; 150 ml de zumo de frutas y 1 cucharada colmada de frutas secas. Los zumos de frutas y frutos secos sólo cuentan como una porción diaria, no importa la cantidad que consuma).
- **Carne y pescado** Indispensables por los valiosos aminoácidos que forman las proteínas, además del hierro y la energía. A no ser que

siga una dieta vegetariana, coma un poco de carne roja una o dos veces a la semana, equilibrada con pollo o pavo y pescado durante la semana (no necesariamente cada día). Intente comer pescado graso, como sardinas, caballa o atún fresco, una vez a la semana, pues son buenas fuentes de ácidos grasos omega-3.
- **Legumbres, frutos secos y semillas** Contienen proteínas, fibra, calcio, hierro y zinc.
- **Productos lácteos** Fuentes valiosas de proteína, energía, calcio, minerales, vitaminas D y B_{12}.
- **Agua** Al menos cinco vasos diarios, incluyendo zumos de frutas, leche, etc., que ayudan a eliminar las impurezas del cuerpo y equilibrar la pérdida de agua durante la noche. No se incluye el consumo de té y café, ambos con efectos diuréticos (y que hacen que el cuerpo pierda agua), por lo que deben consumirse con moderación.

Platos preparados

Es muy fácil recurrir a comidas preparadas, que sólo deben ponerse en el microondas y están listas en un minuto. Sin embargo, una comida preparada y cocinada con rapidez a partir de ingredientes frescos es incomparablemente mejor desde el punto de vista nutricional. Los platos refrigerados son aceptables de vez en cuando, pero intente acompañarlos con hortalizas frescas recién cocinadas o una ensalada, seguidas de una fruta fresca, si es posible. Tenga la nevera y despensa alimentos con los que pueda preparar una comida saludable en pocos minutos. De esta forma, consumirá menos alimentos preparados.

Dieta vegetariana

Una dieta vegetariana es aquella en la que se excluye la carne y el pescado. Muchos vegetarianos tampoco consumen otros productos de origen animal, como gelatina, manteca y sebo, y cuajo animal en quesos no vegetarianos. Sin embargo, la mayoría come diariamente productos lácteos, como leche, quesos vegetarianos y huevos ecológicos. Los auténticos vegetarianos siguen una dieta más restrictiva, que excluye todos los productos lácteos, los huevos e incluso alimentos como la miel.

Siempre que se consuma un amplio abanico de alimentos, es difícil que una dieta vegetariana sea deficiente, pero la variedad es importante a la hora de asegurarse una buena ingesta de proteínas. Las de origen vegetal adolecen de uno o más aminoácidos esenciales, pero, si se consumen ciertos alimentos juntos, este problema desaparece. Así, por ejemplo, puede obtener proteínas completas combinando cereales con leche u otros productos lácteos; las legumbres o frutos secos con productos lácteos, y los frutos secos con granos. Esto ocurre de forma natural en gran parte de los platos vegetarianos; por ejemplo, servir pasta con una salsa de queso o un curry de lentejas o garbanzos con arroz.

Una dieta vegetariana estricta puede ser deficiente en vitamina B_{12}, que sólo se encuentra presente en los productos animales y lácteos. Para evitarlo, se deben consumir cereales para el desayuno enriquecidos, extracto de levadura y/o leche de soja. Los productos elaborados con soja son muy ricos en proteínas, energía, calcio, minerales, vitamina B_{12}, vitamina D y beneficiosos ácidos grasos omega-3.

Conservación e higiene alimentaria

La correcta conservación de los alimentos y su preparación de forma higiénica permite que se mantengan nutritivos y sabrosos, al tiempo que reducen el riesgo de intoxicación alimentaria. Al preparar alimentos, siga siempre estas reglas:

- Lávese las manos a fondo antes de manejar los alimentos, así como también al trabajar con distintos tipos de comida, como por ejemplo carne cruda y cocida. Si tiene heridas o cortes en las manos, cúbralas con una tirita impermeable.
- Lave regularmente las superficies de trabajo con una solución suave de detergente o un producto de limpieza concebido para varias superficies.
- Utilice el lavavajillas si es posible. En caso contrario, lave con guantes de goma, para que la temperatura del agua pueda ser más elevada de la que soportarían las manos desnudas. Cambie los paños de cocina y limpieza de forma periódica. Tenga en cuenta que dejar escurrir los platos es más higiénico que secarlos con un paño.
- Mantenga separados los alimentos crudos de los cocidos, sobre todo la carne y el pescado. Lave los utensilios de cocina al preparar alimentos crudos y cocidos. No ponga nunca alimentos cocidos o listos para comer directamente sobre una superficie en la que haya habido pescado o carne cruda.
- Los animales domésticos deben mantenerse fuera de la cocina a ser posible o, en cualquier caso, alejados de la superficie de trabajo.

La compra

Elija siempre alimentos frescos en óptimas condiciones, y adquiéralos en tiendas o mercados que tengan una buena rotación de mercancías para asegurarse de que son lo más frescos posible.

Siga las siguientes normas:

- Asegúrese de que los productos están dentro de la «fecha de caducidad». Los alimentos con una fecha de caducidad más larga llevan escrito «consumir preferentemente antes de»; los más perecederos, «consumir antes de».
- Coloque los productos congelados y refrigerados en una bolsa para congelados y luego introdúzcalos lo antes posible en el congelador o nevera al llegar a casa.
- Si hace calor, compre los alimentos perecederos justo antes de volver a casa. Al introducir los alimentos en bolsas, en la caja del supermercado, júntelos de acuerdo con el sitio donde los vaya a guardar al llegar a casa: nevera, congelador, despensa, contenedor de hortalizas, frutero, etc. De esta forma, los guardará más fácilmente y con mayor rapidez.

La despensa

Es fundamental disponer de una despensa bien surtida con los ingredientes básicos esenciales. Por más que éstos se conserven largo tiempo, es importante un almacenamiento correcto.

Siga los siguientes consejos:

- Compruebe siempre las instrucciones del paquete, incluso en el caso de alimentos familiares, ya que las condiciones de almacenamiento pueden variar si se ha reducido la cantidad de aditivos, azúcar o sal.
- Compruebe que los alimentos no han pasado la «fecha de caducidad» y no los utilice en dicho caso.
- Mantenga la despensa escrupulosamente limpia y asegúrese de que los frascos y paquetes estén bien cerrados.
- Una vez abiertos, trate los alimentos enlatados como si fuesen frescos. Transfiera siempre el contenido de las latas a un recipiente limpio, tápelo y refrigérelo. Los frascos de cristal, las salsas embotelladas y los cartones deben refrigerarse una vez abiertos (lea la etiqueta para conocer el tiempo de conservación una vez abiertos).
- Transfiera los alimentos secos tales como azúcar, arroz y pasta a recipientes herméticos. Cuando haya agotado el contenido, lave a fondo el recipiente y séquelo del todo antes de llenarlo con otra tanda nueva.
- Guarde los aceites en una alacena oscura, lejos de cualquier fuente de calor, que podría enranciarlos y alterar el color. Por la misma razón, compre aceite de oliva en botellas de color verde oscuro.
- Almacene los vinagres en un lugar fresco, ya que tienden a estropearse en un ambiente cálido.
- Conserve las hierbas secas y las especias en un lugar fresco y oscuro, o en frascos oscuros. Cómprelas en pequeñas

cantidades, pues su sabor no se mantiene de forma indefinida.

■ Guarde la harina y el azúcar en recipientes herméticos.

Refrigerar

Los alimentos frescos deben guardarse en la nevera para mantenerlos en buenas condiciones y evitar el desarrollo de bacterias perjudiciales. Guarde los alimentos perecederos, tales como frascos de confitura y gelatina, mayonesa y salsas embotelladas, en la nevera, junto con los huevos, los productos lácteos, los zumos de fruta, el beicon, la carne fresca y cocida (en estantes separados), y las ensaladas y hortalizas (excepto las patatas, que no son adecuadas para refrigerar).

La nevera debe mantenerse a una temperatura de 1-5 ºC. Tenga a mano un termómetro para asegurarse de que mantiene la temperatura correcta.

Para que la nevera funcione perfectamente, siga estos consejos:

■ Guarde los alimentos cocidos y crudos en estantes separados para evitar la contaminación bacteriana (coloque los cocinados en el estante superior). Asegúrese de que todos los alimentos estén bien tapados.

■ No introduzca nunca comida caliente en la nevera, pues hará que la temperatura del interior suba.

■ No llene la nevera en exceso, pues ello restringe la circulación del aire y, en consecuencia, el aparato no enfría como debería.

■ La nevera necesita cierto tiempo para volver a la temperatura correcta si la puerta ha estado abierta, por lo que no la debe dejar abierta más tiempo del necesario.

■ Limpie la nevera con regularidad; utilice para ello un germicida, o bien una solución de bicarbonato (1 cucharada de bicarbonato sódico por litro de agua).

■ Si la nevera no se descongela de forma periódica, hágalo a mano con regularidad.

Tiempos máximos de refrigeración

En el caso de los alimentos envasados, siga las instrucciones del paquete. En otros alimentos, siga los tiempos indicados a continuación, siempre que estén en condiciones óptimas al introducirlos en la nevera y que ésta funcione correctamente:

Hortalizas y frutas

Hojas de ensalada	2-3 días
Hortalizas verdes	3-4 días
Frutas blandas	1-2 días
Frutas duras y con hueso	3-7 días

Lácteos

Leche	4-5 días
Queso blando	2-3 días
Queso duro	1 semana
Huevos	1 semana

Pescado

Pescado	1 día
Marisco	1 día

Carne cruda

Trozos	3 días
Aves	2 días
Caza	2 días
Carne cruda a filetes	2 días
Carne picada	1 día
Despojos	1 día
Salchichas	3 días
Beicon	7 días

Carne cocida

Trozos	3 días
Cazuelas/guisos	2 días
Empanadas	2 días
Carne a lonchas	2 días
Jamón	2 días
Jamón envasado al vacío	1-2 semanas
(o siguiendo las instrucciones del paquete)	

Glosario de términos culinarios

abrir en forma de mariposa Abrir y aplanar un alimento, como por ejemplo una gamba grande o un picantón, casi por la mitad , para que se cueza antes.

adobar Remojar carne, aves o caza cruda, por lo general en una mezcla de aceite, vino, vinagre y hierbas, para ablandarlas y darles sabor. La mezcla, que se denomina adobo, también puede emplearse para rociar los alimentos durante la cocción.

agua acidulada Agua a la que se ha añadido zumo de limón o vinagre y en la que se remojan frutas u hortalizas para evitar que se oxiden.

ahumar Curar carne o pescado exponiéndolos a un humo de madera.

al dente Término italiano utilizado para describir alimentos, sobre todo pasta y hortalizas, cocidos hasta que están tiernos, pero todavía firmes.

albardillar Cubrir las pechugas de las aves de corral o de caza con grasa para que la carne no se reseque durante el asado.

almíbar de azúcar Solución concentrada de azúcar en agua que se emplea para escalfar frutas y preparar sorbetes, granizados, zumos de frutas, etc.

amasar Trabajar una masa aplastándola con las palmas de las manos.

antipasto Selección italiana de carnes y pescados fríos, ensaladas, etc., servida como entrada.

aplastar Golpear una masa de levadura por segunda vez tras el levado para conseguir una textura homogénea.

asar Cocer carne mediante el calor seco del horno.

asar a la cazuela Cocer carne en una cazuela tapada, con grasa y un poco de líquido.

azúcar vainillado Azúcar al que se ha añadido una vaina de vainilla para impartirle sabor.

baño María Baño de agua que se emplea para mantener alimentos delicados, como cremas y salsas, a una temperatura constante durante la cocción. Se coloca sobre el fuego una cacerola doble o bien se dispone un cuenco sobre una cacerola con agua caliente por debajo del punto de ebullición; en el horno, la fuente para hornear se coloca en una fuente para asar, donde se ha vertido previamente agua caliente hasta alcanzar la mitad de la altura de la fuente en cuestión.

batir Incorporar aire a una mezcla o ingrediente agitándola vigorosamente con una cuchara, tenedor, batidora eléctrica o manual. Esta técnica también se emplea para ablandar ingredientes.

batir a punto de crema Batir juntos ingredientes como grasa y azúcar hasta que la mezcla blanquee y esté esponjosa, y se parezca a la crema batida en textura y color. Este método se emplea en pasteles y budines que contienen una elevada proporción de grasa y requieren la incorporación de mucho aire.

bechamel Salsa blanca básica de origen francés, que se emplea como base de otras salsas y en platos salados.

blanquear Sumergir brevemente un alimento en agua hirviendo para desprender las pieles, como en los tomates y albaricoques; para retirar el sabor amargo, así como para destruir enzimas y conservar el color, el sabor y la textura de las hortalizas (sobre todo antes de congelar).

brasear Cocinar a fuego lento carne u hortalizas en una pequeña cantidad de líquido en una cacerola o cazuela con una tapa que ajuste a la perfección. Los alimentos se suelen dorar primero en aceite o grasa.

brazo de gitano Mezcla esponjosa o de bizcocho enrollada en torno a un relleno dulce o salado.

bridar Atar un ave mediante broquetas para conservar su forma original durante el asado.

broqueta Alimentos cocidos en una broqueta.

cacerola Utensilio culinario provisto con una tapa que ajusta perfectamente y que se emplea para cocer carne y hortalizas. A veces dicho término se emplea para referirse a platos preparados de esta forma.

caldo corto Líquido de cocción aromático que lleva vino, vinagre o zumo de limón, y que se emplea para escalfar pescados delicados, aves y hortalizas.

caloría Dicho término (en realidad, kilocaloría) se utiliza en dietética para medir el valor energético de los alimentos.

canapé Pequeñas preparaciones que se sirven con bebidas.

caramelizar Cocer azúcar o un almíbar de azúcar hasta que adquiera un color marrón, que da lugar al caramelo.

carbonada Carne guisada o braseada con cerveza.

cáscara Capa externa coloreada de los cítricos, que puede retirarse en tiras finas con un mondador de cítricos.

clarificar Retirar los sedimentos o impurezas de un líquido. El caldo se clarifica calentándolo con clara de huevo, mientras que la mantequilla se clarifica derritiéndola y espumándola. La mantequilla clarificada soporta temperaturas más altas de fritura. Para clarificarla, caliéntela hasta que se derrite y cese de burbujear. Retírela del fuego y déjela reposar hasta que los sedimentos se depositen en el fondo del recipiente; luego filtre con cuidado la grasa a través de un tamiz forrado con una muselina hasta retirar los sedimentos.

cocer al vapor Cocer los alimentos al vapor, por lo general en una vaporera dispuesta sobre agua hirviendo.

cocer por debajo del punto de ebullición Mantener un líquido justo por debajo del punto de ebullición.

colgar Suspender carne en un lugar fresco y seco durante unos días para ablandarla y potenciar el sabor.

compota Fruta fresca o seca cocida en un almíbar de azúcar. Se sirve fría o caliente.

concassé Ingredientes frescos picados que se utilizan como guarnición. Este término se suele aplicar a los tomates pelados y sin semillas.

confitar Cubrir con un baño de azúcar las frutas o semillas para hacerlas más agradables al paladar; cocer las frutas en almíbar; endulzar, suavizar.

consistencia Término empleado para describir la textura de una mezcla, por ejemplo, firme, de vertido o blanda.

copos Separar un alimento, como por ejemplo pescado cocido, en lascas o capas.

cortar una salsa Esto ocurre cuando las salsas o las mezclas cremosas se separan una vez se les ha añadido huevo, por lo general al calentarlas o batirlas en exceso.

coulis Puré suave de frutas o bien hortalizas, alargado si es necesario hasta obtener cierta consistencia.

crepe Término de origen francés para designar a las tortitas.

cristalizar Conservar frutas en un almíbar de azúcar.

croqueta Mezcla sazonada de patata cocida y pescado, carne u hortalizas modelada en forma de rollo recubierta

con huevo y pan rallado, y frita. También mezcla de carne, queso, pescado u hortalizas cocidos y mezclados con salsa bechamel, preparada de la misma forma.

croûte Círculo u otra forma de pan frito que se utiliza como base para servir aves de caza pequeñas.

crudités Hortalizas crudas que se suelen cortar en rodajas o tiritas, y que se sirven con una salsa para mojar a modo de aperitivo.

cuajo Enzima de origen animal que se emplea para coagular la leche en la preparación del queso. También existen alternativas vegetarianas.

curado Conservar pescado o carne mediante los procesos de ahumado, secado o salado.

charcutería Término utilizado para designar los productos del cerdo curados o cocidos, como jamones, salchichas y terrinas.

daule Carne braseada con hortalizas y caldo, a la que se añaden a menudo vino y hierbas.

desespinar Retirar las espinas de un pescado para que pueda rellenarse o enrollarse antes de la cocción.

desespumar Retirar las impurezas, espuma o grasa de la superficie de un caldo, guiso, salsa, confitura, etc. Para ello, utilice una espumadera, una cuchara o papel de cocina.

desglasar Calentar un caldo, vino u otro líquido con los fondos de cocción depositados en el recipiente tras un asado o salteado, raspándolos y removiéndolos con fuerza hasta disolver los sedimentos del fondo del recipiente.

deshuesar Retirar los huesos de la carne, aves, caza, para que puedan rellenarse o simplemente enrollarse antes de la cocción.

desplumar Retirar las plumas de las aves de corral y de caza.

destripar Retirar las tripas de aves y pescados.

emulsión Mezcla de dos líquidos que no se disuelven el uno en el otro, como el aceite y el vinagre. Se emulsionan batiéndolos con fuerza o calentándolos, como es el caso de la vinagreta.

en croûte Alimento envuelto en pasta antes de cocinarlo.

en papillote Alimento envuelto en papel sulfurizado o para hornear y en forma de paquete que posteriormente se hornea y se sirve en el mismo papel.

encurtido Conservar hortalizas en salmuera o vinagre.

entallar Cortar líneas paralelas sobre la superficie de alimentos como el pescado (o la cara grasa de la carne) para mejorar la apariencia o para que se cuezan antes.

enzima Sustancia orgánica que se encuentra en los alimentos y que provoca cambios químicos. Las enzimas forman un grupo complejo. Su acción se detiene durante la cocción.

escabechar Tratar alimentos, sobre todo el pescado (y a veces las aves) en vinagre aromatizado con especias.

escaldar Verter agua hirviendo sobre los alimentos para limpiarlos o separar las pieles, como en el caso de los tomates. También se utiliza cuando se calienta leche justo por debajo del tiempo de ebullición.

escalfar Cocer poco a poco los alimentos en un líquido por debajo del punto de ebullición.

escalope Loncha fina de carne, como cerdo, ternera o pavo, por lo general cortada en la parte superior de la pierna o muslo, y a menudo salteada.

Glosario de términos culinarios

escarchar Cubrir hojas y flores con una capa fina de azúcar a mode de decoración.

espolvorear Cubrir con un poco de harina, maicena, azúcar lustre, etc.

esterilizar Destruir las bacterias en los alimentos al calentarlos.

eviscerar Retirar las entrañas de aves o caza.

extracto Aromatizante concentrado que se usa en pequeñas cantidades, por ejemplo extracto de levadura, extracto de vainilla, etc.

fermentar Dejar levar una masa de pan (por lo general por segunda vez) tras el modelado.

fermento Cambio químico deliberado o accidental provocado por agentes fermentadores, como la levadura o las bacterias. Los fermentos se utilizan para preparar pan, yogur, cerveza y vino.

filete Término empleado para referirse a las pechugas de aves deshuesadas, los filetes de pescado sin espinas y el solomillo de buey, ternera, cerdo o cordero.

flamear Aromatizar una preparación con alcohol, por lo general brandy o ron, que luego se enciende para que el contenido alcohólico se queme.

freír Cocinar los alimentos en grasa o aceite caliente. Hay diferentes métodos: freírlos en un poco de grasa en una sartén, freírlos por inmersión, freír en seco (en este caso los alimentos grasos se cuecen en una sartén antiadherente sin grasa extra). *Véase también* saltear.

galette Preparación en forma de galleta dulce o salada de forma redonda.

glaseado Cobertura brillante que se aplica a preparaciones tanto dulces como saladas para mejorar la apariencia y a veces el sabor. Entre los ingredientes aptos para glasear se encuentra el huevo batido, la clara de huevo, la leche y el almíbar.

gluten Proteína que se encuentra en cereales como el trigo y el centeno. Se desarrolla cuando la harina se mezcla con agua y aporta elasticidad a las masas.

gratinar Plato cubierto con una salsa, espolvoreada con pan rallado o queso y dorado bajo el grill en el horno. Para ello se utilizan fuentes individuales o grandes bastante planas.

guarnición Decoración, por lo general comestible, como perejil o limón, que se emplea para realzar el aspecto de un plato salado.

guisar Cocinar alimentos, como trozos de carne dura, en un líquido aromatizado que se mantiene por debajo del punto de ebullición.

harina sazonada Harina mezclada con un poco de sal y pimienta que se utiliza para espolvorear la carne, pescado, etc., antes de freírlos.

hornear a ciegas Prehornear un fondo de tarta antes de rellenarlo. El fondo de tarta se forra con papel sulfurizado y luego se coloca encima un peso de legumbres secas o piedras cerámicas.

incorporar Método mediante el que se combina una mezcla batida o cremosa con otros ingredientes cortándolos o mezclándolos de forma que se mantenga ligera. Para ello se emplea una cuchara metálica o una espátula de plástico.

incorporar frotando Método para incorporar grasa en la harina frotando ambas con las yemas de los dedos. Se emplea cuando se precisa una textura arenosa, como es el caso de pastas para tartas, pasteles y galletas.

infusionar Sumergir ingredientes aromáticos como hortalizas, hierbas, especias y vainilla en un líquido para impartirle sabor. El líquido infusionado suele llevarse a ebullición y luego se deja reposar un poco.

juliana Tiras finas de hortalizas o de cáscara de cítricos, que a veces se utilizan como guarnición.

levadura en polvo Agente levante consistente en un ácido, por lo general cremor tártaro y un álcali como el bicarbonato sódico, que al reaccionar producen dióxido de carbono. Éste se expande durante el horneado, lo que hace que panes y pasteles suban.

ligar Mezclar huevo batido u otro líquido con una mezcla seca para unirlas.

ligazón Agente espesante o de cohesión basado en una combinación de ingredientes, como harina y agua, o aceite y huevo.

macerar Ablandar y aromatizar alimentos crudos o secos remojándolos en un líquido, por ejemplo remojar frutas en alcohol.

mandolina Marco plano de metal o madera y con hojas cortantes ajustables para cortar hortalizas.

mantequilla amasada o *beurre manié* Partes iguales de harina y mantequilla amasadas juntas hasta obtener una pasta. Se utiliza para espesar sopas y guisos. Se bate poco a poco con el líquido caliente al finalizar la cocción.

marinar Remojar pescados crudos en una mezcla, por lo general a base de aceite, vino, vinagre y hierbas, para realzar el sabor. También puede emplearse para remojar el pescado durante la cocción.

mechar Insertar tiras finas de grasa o tocino entreverado en la carne de las aves de caza o en carnes secas antes de cocinarlas. Para ello se utiliza una aguja especial.

medallón Pequeña porción de carne circular, por lo general de buey o ternera.

membrana Recubrimiento blanco amargo situado bajo la cáscara de los cítricos.

moler Reducir alimentos como café, judías, frutos secos y especias enteras en pequeñas partículas con ayuda de un molinillo, un mortero, un molinillo eléctrico o un robot.

mondar Pelar finamente la piel o cáscara de frutas y hortalizas.

pan plano Pan preparado sin un agente levante, como por ejemplo el pan *pitta*.

parrilla Utensilio plano, metálico, grueso y pesado que se utiliza sobre el quemador de la cocina para asar a la plancha o soasar.

paté Mezcla salada de carne finamente picada, pescado y/o hortalizas, que se suele servir a modo de entrada con pan o tostadas.

pectina Sustancia natural presente en un gran número de frutas y algunas hortalizas, necesaria para cuajar confituras y gelatinas. La pectina comercial y el azúcar con pectina se utilizan para preparar dichas conservas.

picar Cortar alimentos a dados pequeños. También, picar finamente carnes o pescado con ayuda de una picadora, robot o cuchillo.

picatostes Trocitos pequeños de pan frito o tostado con que se acompañan sopas y ensaladas.

placa para pastelillos Placa con diversos compartimentos para hornear pastelillos o tartaletas.

puré Alimentos como hortalizas, pescado o frutas reducidos a una pulpa homogénea mediante majado, tamizado o batido. Forman a menudo la base de sopas y salsas.

quemado Plato cubierto con una capa fina de azúcar caramelizado.

rallar Obtener hebras finas de alimentos duros, como queso y zanahorias, con un rallador o un robot.

ramillete de hierbas aromático Pequeño ramillete de hierbas, por lo general una mezcla de tallos de perejil, tomillo y una hoja de laurel, atados o envueltos en una muselina, que se utiliza para aromatizar caldos, sopas y guisos.

reducir Hervir un caldo u otro líquido en un recipiente destapado hasta evaporar el agua y concentrar el sabor.

refrescar Enfriar hortalizas sumergiéndolas en agua helada, o bien pasándolas bajo un chorro de agua fría para detener el proceso de cocción y conservar el color.

rizar Decorar el borde de una empanada, tarta o mantecada, pinzándola a intervalos regulares para conferirle un aspecto acanalado.

remojar Sumergir los alimentos en un líquido caliente o frío para ablandarlos y, a veces, para atenuar sabores pronunciados.

rociar Ir mojando carne u hortalizas durante el tiempo de asado con grasa derretida o el propio fondo de cocción para mantenerlos jugosos.

roux **o rubio** Mezcla por partes iguales de mantequilla (u otra grasa) y harina cocidas juntas para formar la base de muchas salsas.

saltear Cocer trozos pequeños y regulares de alimentos en un poco de grasa, removiéndolos sin cesar a fuego vivo, por lo general en un wok. También, cocer alimentos en un poco de grasa a fuego vivo y sin dejar de sacudir la salteadora (una sartén de paredes rectas y base amplia).

sebo Grasa dura de origen animal que se utiliza en la preparación de pastas y budines cocidos al vapor.

secar Conservar alimentos, tales como frutas, pasta y legumbres mediante la deshidratación.

soasar Dorar la carne en un poco de grasa caliente antes de asarla al horno o a la parrilla.

sudar Cocer hortalizas picadas o a rodajas en un poco de grasa, sin líquido y en un recipiente tapado dispuesto a fuego lento para que se ablanden.

tamiz Utensilio sobre el que se hacen pasar alimentos para obtener una textura homogénea.

tamizar Sacudir ingredientes secos sobre un tamiz para evitar la formación de grumos.

termómetro para azúcar/grasa Se utiliza para medir la temperatura exacta de los almíbares de azúcar, así como de la grasa durante las frituras. Existen termómetros de doble uso.

tibio Término utilizado para describir una temperatura cercana a la corporal, por ejemplo, 37 °C.

Índice